|光明社科文库|

连云港理论前沿
（2023）

张国桥 ◎ 主编

光明日报出版社

图书在版编目（CIP）数据

连云港理论前沿. 2023 / 张国桥主编. -- 北京：光明日报出版社, 2025.1. -- ISBN 978-7-5194-8436-1

Ⅰ. C127.533

中国国家版本馆 CIP 数据核字第 2025SG7245 号

连云港理论前沿（2023）

LIANYUNGANG LILUN QIANYAN（2023）

主　　编：张国桥	
责任编辑：宋　悦	责任校对：刘兴华　王秀青
封面设计：中联华文	责任印制：曹　净

出版发行：光明日报出版社

地　　址：北京市西城区永安路 106 号，100050

电　　话：010-63169890（咨询），010-63131930（邮购）

传　　真：010-63131930

网　　址：http://book.gmw.cn

E – mail：gmrbcbs@gmw.cn

法律顾问：北京市兰台律师事务所龚柳方律师

印　　刷：三河市华东印刷有限公司

装　　订：三河市华东印刷有限公司

本书如有破损、缺页、装订错误，请与本社联系调换，电话：010-63131930

开　　本：170mm×240mm

字　　数：340 千字　　　　　　　　印　　张：20.5

版　　次：2025 年 1 月第 1 版　　　印　　次：2025 年 1 月第 1 次印刷

书　　号：ISBN 978-7-5194-8436-1

定　　价：98.00 元

版权所有　　翻印必究

前言

为打造社科理论高地贡献智慧和力量

张国桥

"这是一个需要理论而且一定能够产生理论的时代,这是一个需要思想而且一定能够产生思想的时代",习近平总书记在哲学社会科学工作座谈会上强调要"推动理论创新""继续发展21世纪马克思主义"。他既对广大社科工作者寄托了无限厚望,也提出了更高要求,这对正本清源、凝聚共识有重大作用,催人奋进、鼓舞人心。

近年来,连云港市社科联深入贯彻落实习近平总书记关于哲学社会科学的重要论述和视察江苏重要讲话精神,在市委、市政府的正确领导和省社科联的关心指导下,对标省、市宣传思想文化工作重点任务,紧紧团结和依靠全市社科工作者,弹奏"蓄势""聚智""搭台""唱戏"四部曲,努力写好全市社科工作"大文章",推出了一批富有时代气息、具有港城特色的优秀成果,推动全市社科工作取得新进展、开创新局面。一是蓄风劲扬帆之势,校准推进工作的主攻方向。习近平总书记先后两次对连云港发展作出重要指示,赋予连云港实现"后发先至""打造标杆和示范"的光荣使命;党中央国务院高度重视连云港发展,江苏沿海地区发展、国家东中西区域合作、自由贸易试验区等国家战略纷纷聚焦连云港;省委、省政府提升连云港发展站位,大力支持连云港加快"一带一路"强支点建设。如何贯彻落实好总书记重要指示精神和省委、省政府的决策部署,对连云港提出了一系列需要深入研究的重大课题。2022年全国首部社科领域综合性地方性法规《江苏省哲学社会科学促进条例》施行,江苏正式启动建设全省设区市社科联一市一品工程,为社科事业高质量发展带来了重大机遇。省人大常委会副主任、省社科联主席曲福田曾两次率队来连调研和指导我市社科工作,要求"充分认识哲学社会科学不可替代的重要地位,在思想引领、培根铸魂、治国理政和增强国家软实力上充分发挥其重要作用";省社科联党组书记、常务副主席张新科专程来连指导市社科联"一市一品"项目建设，希望"抓住机遇，奋力拼搏，推动社科工作开创新局面，取得新进步"；市委书记马士光，市长邢正军，市委常委、宣传部长赵云燕等市委市政府主要领导、分管领导多次出席市社科联有关活动，要求"练好基本功，唱好地方戏，为连云港经济社会发展贡献更多的社科力量"。各级领导对社科工作的高度重视，为全市社科事业发展提供了不竭动力，也为全市各级各类社科组织和社科工作者指明了前进方向。二是聚五路大军之智，答好后发先至的实践之问。如何多出研究回答全市重大理论和现实问题成果，这是新时代社科联工作必须答好的课题。近年来，连云港市社科联注重发挥"联"的功能，动员全市社科界"五路大军"充分发挥思想库、智囊团作用，以基础研究支撑应用研究，以应用研究带动基础研究，促进基础研究与应用研究、成果转化融通发展。创新开展书记市长圈题等全市应用研究资助项目，组织动员各类研究机构和研究人员聚焦连云港经济社会发展重大课题，推出研究成果200余篇，其中40余篇成果报送市领导和有关部门决策参考，多篇成果获市领导肯定性批示。注重建立健全决策咨询制度，畅通《决策内参》直报和课题成果专报市领导渠道，编印12期《决策内参》，多次获得市政府主要领导肯定性批示。高标准开展连云港市社科优秀成果评奖工作，选送优秀成果参评江苏省哲学社会科学优秀成果奖，我市喜获一等奖1项、二等奖1项、三等奖8项，获奖数量和获奖等次取得历史性突破。三是搭学术交流之台，丰富港城社科界的思想气韵。推进学术交流研讨，是促进经验新知交流，推进各领域学术工作协同发展的重要举措。2022年，市社科联围绕"迎接宣传贯彻党的二十大，服务推动连云港新时代后发先至"年度主题，克服新冠疫情影响，创新办会方式，采取线上线下相结合的方法组织举办了全市社科界第七届学术大会，圆满完成"学习贯彻党的二十大精神理论研讨会""《西游记》与连云港暨纪念全国首届西游记学术研讨会40年"等8个学术专场研讨活动，邀请多位国内知名专家作主旨报告，举办规模和层次规格显著提升，连云港学术界的传播力和影响力持续增强。高标准做好省社科界第十六届学术大会苏北区域专场联办协办工作，我市征集论文160余篇，36篇获奖，位居苏北五市第一。首次出台《连云港市社科联科研诚信管理办法（试行）》，并建立大型学术活动论文征集查重机制，进一步净化了学术环境。四是唱本土特色之戏，讲好新时代连云港故事。积极开展系列社科宣传普及活动，讲好新时代连云港故事，也是市社科联紧密联系群众、彰显职责使命的重要内容。2022年以来，市社科联坚持突出本土特色，开展系列科普活动，大力讲好新时代连云港故事。深入挖掘将军崖岩画、藤花落古城、《西游记》《镜花缘》、徐福东渡等特色历史文化资源，加强宣传普及，推进中华优秀传统文化创造性转化、创新性发展。大力加强"一带一路"强支点、自贸区建设的普及宣传，引导市民增强开放意识、拓宽国际视野，弘扬包容精神，助力连云港更好融入国际国内两个循环。开展第十九届社科普及宣传周活动，推动党的二十大精神和社科知识进社区、进企业、进农村、进网络。积极打造"港城社科大讲堂"精品讲坛，组织开展"学习贯彻党的二十大精神""连云港海洋文化与海洋文学"等6个专场讲座；编印《板浦有部镜花缘》《淮北盐民生活习俗》等科普书籍，为我市申报历史文化名城贡献力量。在首届全国各省市区社科普及基地讲解员大赛中，我市选送的作品《潮河湾畔是我家》在百余部参赛作品中脱颖而出，荣获全国一等奖。

当前，连云港改革与发展进入了关键阶段，在全市上下紧紧围绕全面推进中国式现代化连云港新实践，加快实现新时代后发先至的大环境、大背景下，为更好地探索发展规律、把握发展趋势、寻找发展对策，而作全局性、战略性、前瞻性研究的必要性和紧迫性比以往任何时候都更为突出。一系列新的课题迫切需要哲学社会科学作出深入研究和回答，一系列新的经验迫切需要哲学社会科学进行新的提炼和概括，一系列新的事物迫切需要哲学社会科学提供更加有力的理论解释和说明。全市社科理论界要充分发挥哲学社会科学认识世界、传承文明、创新理论、咨政育人、服务社会的重要功能，进一步增强做好哲学社会科学的紧迫感、责任感和使命感，努力推进哲学社会科学事业的繁荣发展。一要把握政治导向，在重大理论的研究阐释上作贡献有作为。深入阐释中国特色社会主义理论体系、全面解读新时代中国特色社会主义思想的丰富内涵，不断提高社会各界的理论水平、道德素质、科学素养。二要坚持服务大局，为党委政府科学决策当智囊出高招。坚持植根实践，突出问题导向，把基础理论研究和应用对策研究相融合，切实加强对重大现实问题的研究，努力推出一批事关长远、事关全局、破解难题的研究成果。三要突出理论研究，为繁荣哲学社会科学求创新出精品。加大对哲学社会科学基础研究的资助和支持力度，鼓励专家学者站在全球的历史高度来研究人类发展的重大理论问题。四要强化宣传普及，为提高全民社科素养筑基础搭平台。精心组织社科普及宣传周活动，切实抓好国家和省、市社科普及示范基地创建，着力整合全市社科普及资源，健全经常性社科普及载体，多运用群众喜闻乐见、入脑入心的方式促进社科知识普及，提升公众人文社科素养。五要加强社科类社会组织建设，在服务群众和维护权益上下功夫求突破。抓住社会组织建设生命线，新发展一批学科优势明显、特色鲜明、代表方向的社团组织；切实加强群众合法权益维护工作，努力在服务学会、服务群众方面实现新突破。六是推进改革创新，为做好社科工作拓展新空间新境界。进一步创新体制机制，不断完善成果评价激励、资源优化配置、成果应用转化等机制，建立健全社科联常委会及专门委员会等制度，努力推动市县区高校社科联和各社科类社团形成合力，创新哲学社会科学体系，让哲学社会科学的价值得到最大程度的彰显，为全面推进中国式现代化连云港新实践贡献智慧和力量。

　　伟大的时代呼唤伟大的理论。我们正阔步走在全面推进中国式现代化和实现中华民族伟大复兴中国梦的新征程上，新时代新要求呼唤哲学社会科学的大繁荣大发展，哲学社会科学工作者使命光荣、责任重大。下一步，我们将团结全市社科界的力量，以更加昂扬的姿态和更加旺盛的斗志，踔厉奋发、勇毅前行，大力推动连云港哲学社会科学全面繁荣、持续发展，奋力谱写更多更好的新篇章！

（作者系连云港市哲学社会科学界联合会党组书记、主席）

目 录
CONTENTS

一、政治学类

坚守新时代奋斗者的价值追求 …………………………………… 许思文（3）

新中国成立以来集体主义价值观的演进历史与新时代发展

………………………………………………………… 崔家新（5）

二、法学类

整治根除石梁河库区违法采砂的纪检监察担当 … 高煜之 鲍婉婉（17）

检察机关服务化工园区环境问题防治的路径 …… 周小纯 李佳杰（20）

三、经济学管理学类

关于打造富有连云港特色高铁商圈的调研报告

………………………………… 连云港市政协专题调研组（29）

外商直接投资是否影响中国制造业的技能工资差距

………………………………… 张纪凤 王冠儒 何 兵（34）

四、社会学类

中国的"能水关联"治理：科学政策互动的视角 ………… 许胜晴（43）

积极老龄化视角下老年人的网络参与 ………………… 武宜娟（54）

新时代网络社会的发展困境与治理机制探析 ……………… 张 元（71）

关于连云港市学校食堂及学生营养餐食品安全问题的调研报告

…………………………………………………… 王鹏翔（86）

五、教育学类

隐匿与彰显：论高校思政课教学中的中共党史学习教育 … 程　刚（95）

教出语文课堂的生命气象……………………… 张团思　李　霞（105）

情绪　情境　情感　情意：历史探究性学习课堂四重境

　　——以人民版《新中国外交（1949-1955）》为例…… 李南亮（114）

聚木成林：高中生物学"生命观念"培育的基本路径与实践策略

　　………………………………………………………… 陈　维（126）

清中后期淮北盐业与海州地方文化教育

　　——以敦善书院为中心……………………………… 李传江（142）

六、文艺语言学类

也论隐喻为什么可能……………………………………… 龚玉苗（153）

再论隐喻为什么可能*——回归现象意识 ……………… 龚玉苗（167）

跨界与融合：论加拿大现实主义文学的蜕变…………… 赵晶辉（180）

七、服务决策类

连云港自贸片区特色发展研究

　　——加快连云港自贸区建设系列研究之一………………………

　　……………………………… 古龙高　古　璇　赵　巍（191）

加快连云港自贸片区生物医药产业发展研究

　　——加快连云港自贸片区建设系列研究之二………………………

　　……………………………… 古龙高　古　璇　赵　巍（196）

连云港自贸片区发展新型商贸业态研究

　　——加快连云港自贸片区建设系列研究之三………………………

　　……………………………… 古龙高　古　璇　赵　巍（201）

连云港自贸区发展总部经济研究

　　——加快连云港自贸区建设系列研究之四………………………

　　……………………………… 古龙高　古　璇　赵　巍（206）

连云港自贸片区制度创新的重点与路径研究
　　——加快连云港自贸片区建设系列研究之五……………………
　　…………………………………… 古龙高　古　璇　赵　巍（212）
加快自贸片区人才队伍建设研究
　　——加快连云港自贸片区系列研究之六……………………………
　　…………………………………… 古龙高　古　璇　赵　巍（217）
以大陆桥国际航运中心建设带动连云港自贸片区链式发展
　　——加快连云港自贸片区建设系列研究之七……………………
　　…………………………………… 古龙高　古　璇　赵　巍（222）
将连云港建设成为千万标箱集装箱大港作为整个江苏"十四五"发
　　展必须完成目标的建议……………… 古　璇　古龙高　赵　巍（227）
推动中国（江苏）自由贸易试验区连云港片区创新发展思路与对策
　　研究 ………………………………… 江苏海洋大学课题组（233）
高标准建设"一带一路"强支点推动连云港高质量发展对策研究
　　…………………………………………………… 张国桥　谢朝清（258）
不做局外人：探寻跨境电商借力融入自贸试验区的现实路径
　　——全域自贸系列研究之一………… 张永华　吴　迪　孟昶酉（286）
加快产学研深度融合　释放自贸区创新红利
　　——全域自贸系列研究之二………… 张永华　吴　迪　孟昶本（294）
自贸试验区+联动创新区："高质发展、后发先至"新增长极
　　——全域自贸系列研究之三………… 张永华　吴　迪　孟昶酉（302）
基于连云港视角看RCEP时代下江苏自贸试验区面临的机遇与挑战
　　——全域自贸系列研究之四………… 张永华　吴　迪　孟昶酉（308）

后　记 ………………………………………………………………（316）

01

政治学类

坚守新时代奋斗者的价值追求

许思文

习近平同志对全国优秀共产党员王继才同志的先进事迹作出重要指示强调：王继才同志守岛卫国32年，用无怨无悔的坚守和付出，在平凡的岗位上书写了不平凡的人生华章。我们要大力提倡这种爱国奉献精神，使之成为新时代奋斗者的价值追求。深入学习贯彻这一重要指示精神，广大党员、干部要以王继才同志为标杆，坚守新时代奋斗者的价值追求，奏响新时代奋斗者的英雄之歌。

弘扬对党忠诚、信念坚定的担当精神。作为一名共产党员，王继才同志对党忠诚，始终听从党的召唤、服从组织安排，用生命诠释了共产党人的思想品质和精神境界。黄海前哨开山岛战略位置十分重要，但条件异常艰苦。为兑现对组织的承诺，体现一名党员的担当，王继才同志自1986年起毅然担负起守卫开山岛的重任。他一生守岛，坚守了"直到守不动的那一天"的上岛誓言。党员、干部学习王继才同志的先进事迹，就要学习他的忠诚品格，大力弘扬其对党忠诚、信念坚定的担当精神，做到始终对党绝对忠诚，以实际行动坚决维护习近平同志的核心地位、坚决维护党中央权威和集中统一领导，认真履行党和人民赋予的神圣职责。

弘扬胸怀祖国、心系海防的爱国精神。守岛就是卫国，国安才能家宁。王继才同志常说，岛虽小，也是国家的领土，我要让国旗永远在岛上高高飘扬。一朝上岛，一生报国。32年，11600多个日日夜夜，在远离大陆的孤岛上，鲜艳的五星红旗每天升起，昭示着祖国的主权和尊严。王继才夫妇每天升旗、巡岛、观天象、护航标、写日志，精益求精、一丝不苟，从未间断。在与不法分子的斗争中，王继才同志先后发现并协助公安边防部门破获多起走私、偷渡案件，为国家挽回巨额经济损失。爱国不是空洞的口号，而是实实在在的行动。党员、干部学习王继才同志的先进事迹，就要学习他的爱国情怀，大力弘扬其胸怀祖国、心系海防的爱国主义精神，自觉投身中国特色社会主义伟大事业。

弘扬爱岗敬业、公而忘私的奉献精神。为了守好岛，王继才夫妇坚持以岛为家，舍小家为大家，守岛32年中仅有5个春节离岛与家人团聚。岛上潮湿，王继才同志因此得了严重的湿疹和关节炎，久治不愈，但这丝毫没有动摇其守岛的决心。他用持之以恒的坚守，践行了一名共产党员"随时准备为党和人民牺牲一切"的初心和誓言。党员、干部学习王继才同志的先进事迹，就要学习他的高尚人格，大力弘扬其爱岗敬业、公而忘私的奉献精神，牢固树立正确的世界观、人生观、价值观，坚持国家利益至上、人民利益为先，吃苦在前、享受在后，不计得失、甘于奉献，真正把责任挑起来、把担子扛起来，不辜负党的信任和人民的期待。

弘扬不畏艰险、风雨无阻的奋斗精神。面对岛上恶劣的环境，王继才同志没有退缩、没有逃避，而是以苦为乐、迎难而上，始终保持旺盛的革命斗志和昂扬的精神状态。他登岛后，不等不靠，就地取材，主动修缮营房、建设码头、维护航标。从栽树种菜入手，以燕子衔泥、精卫填海的精神建设小岛、美化家园，使得荒无人烟的小岛绿树成荫、瓜果飘香。党员、干部学习王继才同志的先进事迹，就要学习他的过硬作风，大力弘扬其不畏艰险、风雨无阻的奋斗精神，不驰于空想、不骛于虚声，紧握奋斗之桨，高扬奋斗之帆，用奋斗创造美好未来。

《人民日报》（2018年10月18日07版）

作者系连云港市档案馆党组书记、馆长；本文获江苏省第十七届哲学社会科学优秀成果奖三等奖。

新中国成立以来集体主义价值观的演进历史与新时代发展

崔家新

新中国成立70年来，集体主义价值观作为社会主义国家的政治底色、精神动力和价值标准发挥了巨大的作用。然而，改革开放后，对集体主义价值观的质疑之声开始不断涌现，时至今日仍不绝于耳。这些质疑主要以对集体主义的质疑为落脚点，表现为三种类型：一是集体主义虚无论，刻意虚无新中国的建设成就，放大建设过程中的弯路和挫折，通过虚无社会主义道路虚无集体主义价值观念，意图推翻集体主义的存在前提。二是集体主义无用论，认为集体主义与社会主义市场经济是对立的，发展社会主义市场经济就不需要坚持集体主义。三是集体主义过时论，认为现在的青年人崇尚个性，对集体已经没有兴趣，尤其是移动互联网的发展，青年人有了更广泛的利益表达空间，集体主义价值观念已经跟不上时代步伐。面对这些质疑，需要着眼于集体主义价值观70年的发展历程，明晰其存在的历史性价值，更需要面向未来拓展其引导性价值，以此夯实集体主义价值观的存在基础。

一、新中国成立之初集体主义价值观的功能性价值

新中国成立后，经过社会主义改造，我国确立了社会主义制度。作为一种承接社会主义制度的价值观念，集体主义价值观也被直接确立为社会的主导价值观，成为当时人们行为处事的必然遵循，印证了马克思主义的理论构想、夯实了社会主义制度、激发了人们的精神动力，展现出强有力的功能性价值。

（一）作为一种理论构想彰显马克思主义底色

作为与我国社会主义制度相适应的集体主义价值观，"是社会主义本质属性在价值观上的集中体现"，[1]来源于马克思、恩格斯对"真正的共同体"与"虚假的共同体"的对比分析。马克思、恩格斯在《德意志意识形态》中对此表述得很清楚，"从前各个人联合而成的虚假的共同体，总是相对于各个人而独立的；由于这种共同体是一个阶级反对另一个阶级的联合，因此对于被统治的阶级来说，它不仅是完全虚幻的共同体，而且是新的桎梏。在真正的共同体的条件下，各个人在自己的联合中并通过这种联合获得自己的自由"。[2]在这里，马克思、恩格斯通过虚假共同体与真正共同体的对比表达了一种以集体力量寻求个人自由的理论构想。他们认为，个人之间联合所形成的共同体是实现个人自由的前提，个人自由只有通过真正的共同体才能实现，虚假共同体和真正共同体的根本不同在于虚假共同体中由于阶级、私有制的存在，阶级的联合形成了新的桎梏，无法真正实现个人自由。因此，个人只有通过集体凝聚实现自由的力量，冲破各种影响自由的桎梏，才能保证个人自由的实现。为了凝聚斗争的力量，实现人真正的自由全面发展，无产阶级政党建立和发展无产阶级政权必须也只能以集体主义价值观来处理个人与集体之间的关系。

这种理论构想强调集体力量的发挥，其价值追求在于以集体力量促进个人利益的实现。正如斯大林所强调的"集体主义、社会主义并不否认个人利益，而是把个人利益和集体利益结合起来"[3]。在这种理论构想中，集体利益和个人利益是统一的。虽然新中国成立之初，我国对集体利益的强调、对集体力量的重视在一定程度上遮蔽了个人利益，但这并不影响这一理论构想的马克思主义底色。这是特定历史条件下的必然要求。新中国刚刚成立，百废待兴，面临着发展经济、积聚力量的迫切要求，所以在当时突出强调集体主义价值观是必要的也是必需的，这样一方面可以快速凝聚发展的力量，另一方面也可以夯实新中国的社会主义制度。

（二）作为一种政治依托指明个人发展的政治性标准和道德性要求

"集体主义的出发点是无产阶级的整体利益，最高价值目标是自由人联合体中每个人利益的全面实现。"[4]所以，集体主义价值观与社会主义制度紧密相连，具有鲜明的政治性色彩，并作为一种意识形态成为处理集体与个人关系的政治依托。事实上，新中国成立之初，我国就将集体主义价值观视为社会主义制度的政治标准予以弘扬。《中华人民共和国宪法》充满着集体主义的品格，[5]《中国共产党章程》也旗帜鲜明地将集体主义价值观作为无产阶级政党的指导性思想予以明确，毛泽东更是将集体主义价值观提高到党性的高度，认为"一致的行动，一致的意见，集体主义，就是党性"。[6]

不仅如此，作为一种政治性依托，集体主义价值观还表现为一种社会公德，着眼于集体与个人关系的协调，并以此支撑着社会主义制度的根基。这种社会公德提倡个人对社会的贡献与付出，是与个人主义相对的道德要求。个人主义是同资产阶级和资本主义相适应的价值观念和思想体系[7]。这种价值观念以个人为本位，将人作为目的，以对个人自由、个人利益的绝对推崇作为处事原则。显然，个人主义价值观与社会主义制度对人民利益的整体维护、对社会发展的不懈推动是格格不入的。所以，新中国成立之初，我国将集体主义作为基本的道德要求予以弘扬，确立了集体主义价值观的主导地位。这样既满足了中国革命事业的建设需要，又提升了人们的道德境界。

（三）作为一种精神动力凝聚奋斗的力量

新中国成立之初，我国经济上推行高度集中的计划经济体制。这一体制有两个典型特点，一是资源的集中管理和分配，二是生产上依靠国家指令性计划实施。这两个典型特点背后都有赖于集体主义价值观的支撑。集体主义价值观在人们的思想观念上树立"公家"观念，强调集体高于一切，集体劳作、集体分配、集体协作。这时，集体主义价值观就成为一种凝聚人心、激励人们为集体贡献力量的精神动力。这种精神动力依托于当时特定的政治、经济、文化背景使集体主义价值观发挥着功能性作用：一是政治上筑牢了社会主义社会的思想根基，人们在集体参与中建立了对社会主义的政治认同，更加拥护社会主义制度；另一方面，经济上在较短时间内建成了完整的工业体系，提高了国家综合国力，使人民看到了集体力量的强大。

总之，大力弘扬集体主义价值观不仅在于它的社会主义本色，更在于这种价值观适应了当时的经济社会发展形势，成为巩固社会主义制度，快速凝聚建设力量的有力依托。虽然这一时期的集体主义价值观存在对集体主义的片面理解，对个人利益关照不足，但是面向人的自由全面发展的奋斗目标是明确的，只不过侧重于生产力的发展，而更多地表征了集体主义价值观的功能性价值。

二、集体主义价值观演进中的自为性价值

新中国成立70年来，随着社会的发展变革，集体主义价值观在理论内涵、价值导向以及应对方向上都发生了诸多变化。这是集体主义价值观主动适应形势变化、主动调整作用方式的具体体现，呈现出与时俱进的特点，展现了自为性价值。

（一）顺应新形式，由抽象的符号表达向马克思主义本原回归

改革开放前，受苏联模式、计划经济影响，我国所确立的集体主义价值观虽然在国民经济发展上发挥了重要作用，但内涵上却陷入了抽象集体主义的漩涡。这种抽象性表现为两个方面：一是集体主义价值观将集体观念绝对化。马克思曾说过："单个人的利益是要占有一切，而群体的利益是要使每个人所占有的都相等。因此，普遍利益和个人利益是直接对立的。"[8] 基于集体利益与个人利益的这种矛盾性，绝对化的集体主义价值观必然要求批判个人主义价值观，所以"狠斗私字一闪念"成为那时的主流。二是集体主义价值观符号化。这种符号化的集体主义价值观将集体利益作为符号镌刻在每个人的思想中，忽视个人的利益诉求。人们无法真正理解社会主义集体主义价值观的准确内涵，只是在集体利益的绝对化框架中将集体崇高化。

这种对于集体主义价值观绝对化和符号化的理解随着我国社会主义市场经济体制的推进逐步被扭转。对此，有学者将社会主义市场经济条件下的集体主义称之为社会主义市场经济集体主义价值观或新集体主义价值观，认为这种转变的集体主义价值观唤醒了个人的主体性观念，同时关注个体的权益。[9] 现实确实如此，社会主义市场经济的建立，激活了人的主体意识，人们开始在集体之外更多地考虑个人利益，由此形成了极具时代特色的社会主义市场经济集体主义价值观，全面解放了个人的利益需求。这得益于经济体制改革的推动，是在本原上对马克思主义集体主义价值观的完整回归。

（二）立足新要求，由政治性标准向道德性要求转向

如前文所述，集体主义价值观兼具政治性标准和道德性要求。无论政治性还是道德性都是一种价值导向。这种价值导向服务、服从于中国特色社会主义的政治、经济、文化建设。随着我国经济社会的发展，集体主义价值观在价值导向上已呈现出由政治依托向道德寄托的演进趋势。如果从时间上划分，集体主义价值观作为政治依托主要表现在改革开放前30年。这30年，新中国经历了从成立到发展的过程，需要以政治上的统一凝聚共识、集聚发展的力量，政治性制度建设也就成了党和国家的首要任务。这一背景下，集体主义价值观作为无产阶级政党执政的鲜明底色自然成为有力的政治依托，它所内含的政治性就表现得更加鲜明。正如有学者所认为的那样，"计划经济时代的集体主义上升到政治的高度，成为国家层面的指导思想，对个人来说不是遵循不遵循的问题，而是必须服从的一种命令式的规范要求"[10]。得益于

这种政治依托，改革开放前我国的政治制度建设已经完成并保持稳定，这为改革开放奠定了政治基础。

改革开放后40年集体主义价值观更多地展现出道德性的一面，侧重于调整个人利益与集体利益的关系。在这种调整中，个人利益与集体利益的关系更加理性、务实，越来越全面地反映集体与个人之间的辩证统一关系。对此，邓小平作了很好的诠释，他指出："在社会主义制度之下，归根结底，个人利益和集体利益是统一的。"[11]所以，集体主义的道德内涵在于促成这种利益的一致性，不存在忽视个人利益的问题。此后，集体主义作为社会主义道德原则先后写进了《关于加强社会主义精神文明建设若干重要问题的决议》《公民道德建设实施纲要》《中共中央关于深化文化体制改革推动社会主义文化大发展大繁荣若干重要问题的决定》之中，既强调它的政治性，同时将它作为一种道德寄托对待。

(三) 应对新变化，主动引领网络社群的发展

进入21世纪，随着网络社会的发展，人与人的交流超越了空间的限制，变得方便、快捷。基于共同兴趣，各种网络社群逐渐形成。"社群"一词译自英文Community，表达共同体之意，是人合群性交往的自然本性，不同于基于利益选择的"社会"。然而，随着网络社会的发展，之前基于自然需求所形成的社群越来越带有社会性倾向，这种社会性生成于人们的网络交往需要，发展于日新月异的网络媒介，并以某种固定的关注对象、价值取向、互动参与维系群体的生存，如粉丝群、微信群、直播群都是这类社群的典型表现。从这些网络社群的内部看，它是围绕某一兴趣、某一价值观而自发形成的小集体；从外部看，这种社群对外又释放着同一的价值观念，相较于社会而言，它是聚合化的"个人"。作为聚合化的个人，它们与外界社会也发生联系，客观上也影响着社会关系。所以，这种网络社群具有集体的特征，可以说是集体观念在网络社会的拓展。然而，这种网络社群借助于网络聚集，得益于网络的快速传播而发展迅速，但它们组织程度较低，聚散都较为自由，虽存在某种同一的价值观，但仍不是稳定而系统的集体组织，严格意义上讲是网络化的群体，而非集体。尽管如此，这种网络社群在青年人中很有市场，以群体之名宣扬个人主义和享乐主义，客观上冲击了社会主流价值观，影响青年人的价值认同和组织认同。对此，党和国家以集体主义价值观的弘扬主动予以回应。一方面，通过思想政治教育将集体与个人的关系讲透，让青年人意识到"只有把自己的小我融入祖国的大我、人民的大我之中，与时代同步伐、

与人民共命运，才能更好实现人生价值、升华人生境界"。[12]另一方面，通过社会主义核心价值观的培育与践行巩固马克思主义的意识形态指导地位，强化理想信念教育，从侧面推动青年的集体主义价值观认同。

总之，新中国成立以来集体主义价值观经历了由工具性存在向价值性存在的演进过程。新中国成立之初集体主义价值观是凝聚力量的"工具"，为了筑牢这一"工具"的存在基础，经济上，通过社会主义改造将生产资料私有制经济改造为社会主义公有制经济，确立了社会主义计划经济体制，将集体的观念融入经济之中；政治上，完成了由新民主主义社会向社会主义社会的转变，建立了社会主义制度，明确了集体主义价值观的政治地位；文化上通过肃清封建的、买办的、法西斯主义的思想，加强马克思主义的世界观和价值观的教育引导，以马克思主义为指导的社会主义文化在中国得以确立，歌颂集体主义价值观的文化作品不断涌现；法律上"五四宪法"以法律的名义确定了我国的社会主义政治、经济、文化制度，社会主义集体主义价值观获得了法律认同。这种情况下，集体主义在经济上表现出极大的物质生产力，成为凝聚人心、汇聚力量的主导性力量，也正是因为如此，集体主义价值观在我国的经济建设中发挥了巨大的作用，以集体的力量提振了国家实力。然而随着经济社会的发展，人们对个人的利益需求逐渐显现，尤其是改革开放后社会主义市场经济体制的建立，直接唤醒了人们心中的利益诉求。顺应这种变化，我国的集体主义价值观也开始寻求个人利益与社会利益的辩证统一，既强调它的政治性色彩，也关注它的道德性要求，主动回应网络社群的发展，这都体现出我国集体主义价值观自我完善、与时俱进的理论特质。这种理论特质适应了经济社会发展状况，有利于在社会道德层面强化人们的社会责任感，有利于增强中国特色社会主义的道路自信、理论自信、制度自信和文化自信。所以，集体价值观在当前是一种必要性存在和自为性存在，所谓的过时论、无用论都是对集体主义价值观的片面性判断。

三、面向新时代拓展集体主义价值观的引导性价值

集体主义价值观具有引导性价值，这种引导性以人的自由而全面的发展为目标指向，着眼于个人与社会关系的协调，在个人与社会发展共同性上寻求着平衡。面向新时代，个人主义价值观对集体主义价值观的挑战依旧，集体精神与个性张扬的矛盾日渐突出，网络社群的发展展现了一种新的群体观念。解决这些问题，需要我们在新时代积极拓展集体主义价值观的引导性价值，以集体主义价值观的强化夯实其存在基础。

(一) 明晰个人与社会的辩证统一关系,夯实集体主义价值观的引导基础

个人与社会的关系是集体主义价值观的核心内容,强调个人是社会中的个人,个人的利益通过社会的发展予以实现,个人利益与集体利益统一性存在是社会主义集体主义价值观的主要观点。与此相对,个人主义价值观是"一种以自然人性论为基础的,把个人的利益、自由、权利、潜能等放在首位的价值观"。[13]虽然在社会主义市场经济体制下,我国不断调整之前的片面的集体主义价值观,开始主动寻求集体利益与个人利益的辩证统一。但我们在明晰集体利益与个人利益辩证统一关系的同时,也应明确集体利益是第一位的,个人利益与集体利益具有共融性,个人应将"为他人或集体利益所做的牺牲,看作个人自我利益实现的一种崇高方式"。[14]这才是社会主义市场经济条件下集体主义价值观的正确打开方式。如果我们不坚持并强调这一点,在享乐主义、实用主义日益侵蚀人们思想的情况下,个人主义价值观就有可能遮蔽集体主义价值观,弱化集体主义的话语权,从而陷入个人主义优先论的怪圈。

为此,面向新时代的集体主义价值观应紧紧围绕集体利益与个人利益的辩证统一关系,旗帜鲜明地弘扬集体主义价值观。一方面,明确集体和个人的主体地位,实现二者主体间互动与统一。雅思贝尔斯曾将人的交往方式分为共生主体性交往、交互客体性交往,以及外在的主体间性交往、内在的主体间性交往。他所提到的共生主体性交往类似于改革开放前集体对个体的一定程度的遮蔽,凸显集体的绝对化地位;而交互客体性交往则彰显个人的主体性地位,发展个性自我,这类似于改革开放后个人对集体的僭越。无论共生主体性交往还是交互客体性交往都是片面的交往方式,而主体间性的交往方式才是全面的交往方式,更有利于实现个体与共生体的统一。外在主体间性建立在外在的规范约束之下,内在主体间性建立于内在的人格尊重、关怀和公共利益的基础之上。我们所寻求的集体利益与个人利益的统一就应是这种既以外在规范约束彰显集体地位,又以对公共利益的认同寻求共生发展的主体间关系。另一方面,以对"他者"的关怀言明个人的社会性及所承担的社会责任。主体间性存在建立在利益之上,而"他者"理论构建则"是以责任为核心的伦理关系"。[15]这是对主体间性的升华。同理,个人与集体除了具有利益上的共生关系之外,个人作为社会性的人也具有对社会发展的自然责任。所以,责任是集体与个人相统一的另一个结合点。立足于新时代,既应培养人们的社会责任感,也应激发个人发展潜力、提升个人利益获得感,唯

有如此，才能获得个人利益的长久发展和社会发展的持久动力。

（二）寻求集体主义精神与个性自由的平衡，提升集体主义价值观的引导水平

改革开放前，我们较为强调以集体的共性限制人的个性的发展与张扬，在日常生活中较少看到个性张扬的表达方式，只有整齐划一的穿着、行为；改革开放后，经济的发展使人们的眼界开阔，激发了人们心中个性表达的火种，个性变成了潮流，不再承受异样的目光，反而成为人们争相模仿的对象。其实，个性与共性并不存在绝对的矛盾，集体主义价值观对共性的追求，并不要求形式上的整齐划一，而是如前文所述以共性的存在维护着集体的利益。而且集体主义精神之下更需要以人的个性展现创造力，进而以创造力推动社会不断进步。

丰富个性的存在是人们凝聚创造力的源泉，新时代更需要创新驱动发展。所以，从共性与个性的角度弘扬集体主义价值观，就是要寻求集体主义精神与尊重人的个性的平衡。这种平衡既否认个性发展不受社会条件的制约，又否认社会对个人的完全遮蔽。一方面，认识到丰富个性的存在是激发创造力的源泉，是社会得以不断进步的保障；另一方面，强调人的创造力的实现与社会发展的关联性。只有优化后的社会关系才能使人的个性、特长融合为具有创造性的行动力量。

（三）着眼于网络社群的发展，进一步增强集体主义价值观的引导力

面对网络社群的发展，当前我们主要从集体主义价值观的认同上坚定集体主义价值观，以此认清网络社群发展中的不足。然而，这种以"堵"代"疏"的做法容易遮蔽网络社群发展的积极一面。面向新时代，我们更需要拓展集体主义价值观的引导性价值，增强集体主义价值观对网络社群的引导力。对此，首先必须弄清楚网络社群的典型特征是什么？有学者认为网络社群的形成来源于重新构建集体生活的努力，实质上以群体面目出现的个人主义。[16]也有学者持不同意见，认为网络社群本质上属于集体主义，是对自由主义所代表的个人主义的排斥，但是社群主义所构建的却是一种区别于国家层面的一种小共同体。[17]其实，这两种貌似矛盾的观点恰恰揭示了网络社群的特点，我们可以将其理解为以"集体之形"存在的个人主义。所以，从根本上讲网络社群所凝聚的价值观有别于甚至反抗于集体主义价值观，它注重的仍是个体的利益要求和个性表达，并没有兼顾甚至对抗国家、社会大集体

的利益。弄清楚网络社群的典型特征,也就为引导网络社群的发展确立了衔接点。这就是基于网络社群与集体主义的相似性,以把控网络社群的发展方向,注入集体主义意识为突破口:一方面,占领网络阵地,依托网络平台积极弘扬集体主义价值观,激发网络群体的社会责任感;另一方面,主动参与网络社群建设,主动与网络群体对话,培养网络意见领袖,以对困惑的回应、需要的满足在网络社群中播下集体主义价值观的种子。

作者系江苏海洋大学马克思主义学院副院长、副教授;本文获连云港市第十五届哲学社会科学优秀成果奖一等奖。

参考文献：

[1] 邓小平. 邓小平文选：第 2 卷 [M]. 北京：人民出版社，1999.

[2] 林泰. 问道：改革开放以来的社会思潮与青年思想政治教育研究 [M]. 北京：中国社会科学出版社，2013.

[3] 罗国杰. 罗国杰文集：上 [M]. 保定：河北大学出版社，2000.

[4] 毛泽东. 毛泽东文集：第 3 卷 [M]. 北京：人民出版社，1996.

[5] 邱吉，王易. 轨迹：当代中国青年价值观变迁研究 [M]. 北京：人民出版社，2012.

[6] 中共中央马克思恩格斯列宁斯大林著作编译局. 马克思恩格斯文集：第 1 卷 [M]. 北京：人民出版社，2009.

[7] 中共中央马克思恩格斯列宁斯大林著作编译局. 斯大林文集：1934—1952 [M]. 北京：人民出版社，1985.

[8] 陈明辉. 中国宪法的集体主义品格 [J]. 法律科学（西北政法学院学报），2017（2）.

[9] 冯建军. 从主体间性、他者性到公共性：兼论教育中的主体间关系 [J]. 南京社会科学，2016（9）.

[10] 冯洁. 论"集体主义"概念在近代中国发展的历史脉络和内在逻辑 [J]. 理论月刊，2012（9）.

[11] 康兰波. 走出"抽象集体主义"误区 [J]. 青海社会科学，2012（1）.

[12] 马永庆. 集体主义话语权的重构 [J]. 道德与文明，2016（4）.

[13] 王杨，张攀. 个体化存在与圈群化生活：青年群体的网络社交与圈群现象研究 [J]. 中国青年研究，2018（2）.

[14] 习近平. 在纪念五四运动 100 周年大会上的讲话 [N]. 人民日报，2019-05-01（2）.

[15] 姚大志. 什么是社群主义 [J]. 江海学刊，2017（5）.

[16] 钟志凌. 马克思恩格斯集体主义思想及其当代启示 [J]. 西南大学学报（社会科学版），2003（3）.

02

法学类

整治根除石梁河库区违法采砂的纪检监察担当

高煜之　鲍婉婉

石梁河水库是江苏省最大的水库,从20世纪80年代起长期存在无序采砂乱象,周边28个行政村皆有采砂业主,水库岸线拥挤着90余家采砂码头,采运船只达到1800余艘,年采砂量超2000万方,从事采洗运砂人员逾2万人,严重破坏生态环境和社会秩序。2019年2月起,连云港市纪委监委会同公安、水利等部门,坚持综合整治和科学开发利用一体推进,违法采砂"顽疾"得到根治,产生良好生态效益。

一、强化执纪办案,切实为综合整治破冰清障

20世纪80年代以来,随着房地产行业的兴起,黄砂价格持续上涨,大量私营业主涌入石梁河库区违法采砂,给当地环保、安全和廉政带来巨大风险隐患,其中黑恶势力与"保护伞"交织等问题较为突出,成为库区环境整治的主要障碍。该市纪委抓住扫黑除恶专项行动契机,深挖保护伞,切实为综合整治破冰清障。一是深挖问题线索。市纪委监委结合全市信访大起底工作,全面梳理2015年以来213件信访举报,通过对调查办理情况逐一过堂、分析研判,重点排查黑恶势力插手采砂区划定、收取保护费、公职人员参与非法采洗砂甚至充当"保护伞"等问题,共起底梳理出问题线索30余条,全部实行重点督办、对账销号。对2018年中央生态环境保护督察"回头看"期间交办的8件相关问题信访件,实行挂牌督办,明确目标靶向,做到精准发力。二是坚决扫黑除恶。积极联合公安部门,以扫黑除恶专项斗争为重要抓手,加大涉砂黑恶势力打击力度,为整治顺利推进扫清障碍。调查组摸排发现,石梁河库区南辰大桥附近问题最为复杂,特别是东海县石梁河镇原北辰村主任周某某利用宗族势力肆意打压周边砂场,采取寻衅滋事、设卡拦路等方式干扰周边砂场正常运营。在对相关问题线索核查后,迅速锁定其买卖砂源、违规采砂、欺行霸市等涉恶事实,最终周某某被判处有期徒刑二年三个月。行动期间,共核查公职人员参与非法盗采洗砂问题线索16条,查处问责29

人，打掉黑恶团伙4个，共计70余人，在当地形成强烈震慑。三是着力打伞破网。整治期间，市纪委监委督促指导县区深化打伞破网，对重要问题线索提级办理，确保力度不减、尺度不松。在梳理东海县恶势力团伙周某长期盗采水库资源一案中，发现群众向东海县水政监察大队第五中队反映数十次无果，指导对时任第五中队中队长冯某某失职失察问题开展核查。经审查，冯某某利用职务便利多次收受他人贿赂，长期放任、纵容周某在水库非法取砂，造成400余万元的重大损失，被开除党籍、开除公职，移送司法机关。全市共立案审查调查公安、水务等公职人员25人，5人充当"保护伞"被采取留置措施，有力斩断非法采砂"关系网"。

二、整合监督资源，助力打好三大关键战役

针对库区治理涉及部门多、范围广的特点，纪检监察机关立足"监督的再监督"，探索成立"组地"联动监督组，由市纪委派驻水利局纪检组牵头，派驻公安、交通、自然资源、交通控股集团纪检组、东海县纪委和赣榆区纪委共同参与，定期会商会办重点监督事项，将监督精准嵌入核销采砂证、清理余砂、拆解砂船三大攻坚战关键环节，确保全面覆盖、不留死角。一是依法核销采砂证。紧盯采砂证这一库区整治"七寸"，市纪委监委会同水利部门对前期梳理出的425张采砂证进行逐件审查，对持件人身份、资质、运营等情况开展分析研判，排查出8名持有采砂证的村干部，通过开展纪法和政策宣传教育，劝导其主动带头退出砂场经营，对周边涉砂群众发挥示范效应，425张采砂证全部依法核销。二是有序清理采砂船。为稳妥推进船只清退和人员安置工作，整治前期，督察组会同市水利局梳理信访矛盾源点，及时做好应急预案，通过与涉砂群众面对面座谈、登船入户等方式广泛宣传，赢得群众支持。督促执法部门逐船查验资质，坚持所有"三无"船只一律拆解，共拆除洗砂机214台、清理拆解采运砂船1805艘。三是全面清理堆砂场。在余砂清理中，督促执法部门严格运用法律手段，提前张贴清理余砂公告，依法与砂场主签订清退协议，明确要求在2019年8月31日前按照2013年航拍图将砂场占地恢复原貌。106家砂场主将砂堆全部清理完毕，收回滩地360万平方米，整治期间未发生一起集访事件，河库范围内违法行为全部"清零"。

三、聚焦常态长效，持续巩固拓展整治成果

立足服务大局，着力促进发展，督促职能部门治本抓源、强化管理，推进综合治理与乡村振兴战略同频共振。一是重塑库区管理秩序。督促水利部门制订水库管理和保护规划以及采砂规划，督查推进规划执行情况，推动落实"退圩、退田、退渔"要求。面向国企公开招标，推动组建国营采砂公司，以市交通控股集团为主，与东海县、赣榆区组建合资公司，按照原采砂量1/5的规模，分段有序开采，有效提升采砂规范化水平。对库区周边规模化渔业养殖企业进行改造，市纪委派驻四组对网箱整治工作进行重点督办，已核销非法养殖户374个、清理网箱5.6万个，组织出鱼5.17万吨。二是健全利益分配机制。坚持将国有资源开采收益还富于民，组织召开联席会议，督促交通控股、财政、自然资源等部门制订补贴方案，明确采砂收益中按每方砂4元标准上缴市财政，用于水库水利工程维护和渔业旅游业规划编制，按每方砂10元标准上缴市财政设立乡村振兴引导资金，对库区周边28个经济薄弱村每村每年给予18万元用于村集体经济发展，切实把石梁河水库打造成生态河湖建设的标杆品牌、乡村振兴的富民工程。三是持续推进生态修复。采取政企联合的方式，协助引入市交通控股集团投资6亿元，实施水库生态修复Ⅰ期工程，市纪委派驻交控纪检组跟进监督工程招投标等关键环节，严控廉政风险，推动建成生态林示范点100余公顷，种植景观苗木10万株，解决就业300余人，实现经济效益、生态效益、社会效益有机统一。

作者高煜之系连云港市纪委监委法规研究室主任，鲍婉婉系连云港市纪委监委党风政风监督室主任；本文获连云港市第十五届哲学社会科学优秀成果奖一等奖。

检察机关服务化工园区环境问题防治的路径

周小纯　李佳杰

化工产业园区作为苏北地区乃至江苏省一项重要的产业发展聚集模式，为所在地区经济社会发展做出了巨大贡献。由于园区设立初期门槛低、规划不到位等原因，多数化工产业园区环保基础非常薄弱，环保问题长期存在，污染了当地水流、土壤和空气等，影响了百姓的生活。在生态文明建设成为社会发展主流的大背景下，如何有效预防和治理化工产业园区环境污染问题，对未来化工产业发展和地区经济发展大局有着重要影响。检察机关作为国家的法律监督机关，在维护地方经济社会发展，维护生态文明建设上，具有义不容辞的责任。如何有效发挥检察职能，促进化工产业园区环境问题的预防和治理是检察机关当前需重点思考的问题。

一、苏北地区化工产业园区环境防治问题分析

苏北地区的化工产业园区主要分布在五个地级市的指定区域，其中以盐城和连云港的沿海化工经济带为主。2016年5月，江苏省环保厅发布通报，位于苏北的灌云县临港产业区和灌南县江苏连云港化工产业区环保问题突出被省环保厅挂牌督办。通报同时指出了淮安盱眙经济开发区、盐城响水生态化工园区环境违法问题比较严重，并责令限期整改。

（一）化工园区存在的主要环境问题

普遍来说，园区企业存在着内部"三废"管理不到位、环保公共设施滞后等问题，化工污染、化工安全等直接危害群众切身利益，关乎社会和谐稳定。近年来，虽然各地政府在园区环境治理方面的投入不断加大，但是由于环保问题积累时间长、源头性问题多、企业环保意识不强、缺乏有效的公众监督、行政执法监督力量分散和不到位、制度机制不健全等原因，多数园区仍存在一些暗管偷排、超标排放、不正常运行污染防治设施、非法倾倒和处置危废等破坏环境违法行为，园区环保问题要得到有效解决依然任重道远。

（二）问题治理难的原因分析

一是环境污染治理形式体系化不足。环境污染治理综合性引导力度不够，目前多以行政手段推进；各行政执法部门间缺乏有效的协助配合机制，缺乏综合治理合力；环境污染综合治理专项基金制度不完善。二是环境污染问题解决法治化程度不高。环境监管领域行政处罚与刑事司法衔接不严密，针对化工产业园区案件尚无直接的行政处罚与刑事司法衔接平台；信访案件多数通过行政查处、限期整改等方式进行解决，法治化化解方式较少。三是环境污染预防法治教育不够。预防警示宣传教育形式单一，执法、司法机关以案释法式预防渠道不畅，缺乏专业的预防环境污染宣传教育平台。

（三）化工产业园区未来的发展方向

党的十八大把生态文明建设纳入中国特色社会主义事业五位一体的总布局，提出了建设美丽新中国的目标。江苏省第十三次党代会作出了生态优先、绿色发展的部署，明确了苏北地区新一轮发展的方向和重点。党的十九大报告指出，要构建市场导向的绿色技术创新体系，发展绿色金融，壮大节能环保产业、清洁生产产业、清洁能源产业。目前，苏北化工园区存在的各类环境问题，也说明了目前化工园区产业层次仍比较低，还处于产业链、价值链的中低端。因此，努力向低污染、低消耗、高科技、高效益的绿色产业转型发展，成为各地化工产业园区发展的主要方向。下一步，化工产业园区要以开展环境问题专项治理为契机，积极培养壮大新医药、新材料、新能源等战略性新兴产业，推动园区产业瞄准高端化、绿色化、智能化的方向，促进产业链向高附加值、高技术含量环节延伸，加快向大型炼化一体化为代表的现代化工产业转型升级。

二、检察机关服务保障化工产业园区环境问题防治的优势

苏北地区水陆相同，山海相依，区位独特，生态资源丰富，同时由于产业结构偏重，环保基础薄弱，化工园区整治任务艰巨等，生态环境建设也面临巨大压力。为此，检察机关作为国家的法律监督机关，有责任、有义务通过积极发挥检察职能作用，加大化工园区生态环境司法保护力度，努力服务保障"青山绿水蓝天"的生态文明建设。

（一）检察机关服务保障生态文明建设基础扎实

近年来，各地检察机关充分履行检察工作职能，在维护地区生态环境上作出了积极贡献。如连云港市检察机关依法审查起诉了中央媒体曝光的灌云县临港产业区江苏和利瑞科技发展有限公司污染环境案，涉案单位和涉案人员均获有罪判决。连云港市连云区检察院办理的尹宝山等人非法捕捞水产品刑事附带民事公益保护案入选全国环境资源十大典型案例。由江苏省人民检察院支持起诉的泰州市环保联合会诉泰兴锦汇化工有限公司等水污染民事公益诉讼案，在全国环境公益诉讼案件办理领域具有里程碑的意义。此外，各地检察机关还结合司法办案，通过发出督促履职检察建议、纠正违法通知等方式，推动解决了一批环保监管领域行政执法不严格、不规范问题，促进了环保领域规范化管理。

（二）法治化防治化工园区环境污染问题需求凸显

以连云港市为例，江苏连云港化工产业园区在为地区经济社会发展做出重大贡献之时，因环保基础薄弱、法治化治理能力不高等原因，导致环境问题治理工作任务仍然艰巨。2017年，江苏省委提出连云港要发挥地区优势，打造世界级的石化产业基地，成为江苏"临港石化产业区"的发展目标。有效预防和治理连云港化工产业园区环境污染问题，对未来连云港经济大局的发展有着很好的借鉴作用。党的十九大报告提出，必须把党的领导贯彻落实到依法治国全过程和各方面，坚定不移走中国特色社会主义法治道路。对此，检察机关需要充分履行检察职能，深入开展调研，积极寻求通过法治化手段防治化工园区环境污染问题。

（三）司法改革为检察机关开展生态保护工作提供支撑

随着司法改革的不断深入，检察机关通过深入推进司法责任制改革、以审判为中心的刑事诉讼制度改革以及全面加强检察信息化建设等工作，检察机关司法办案专业化水平不断提升。2017年6月，全国人大常委会对民事诉讼法和行政诉讼法作出了修改，正式赋予检察机关公益诉讼权，明确检察机关可以对生态环保领域相关行为提起公益诉讼，从而进一步拓展了检察机关服务保障生态文明建设的途径和方式。在此背景下，检察机关要坚持全面履职与突出重点相结合，突出办理生态环境和资源保护领域公益诉讼案件，检察机关服务保障生态文明建设等经济社会发展大局的能力和水平将得到进一步提升。

三、检察机关服务化工产业园区环境治理和预防的途径和思考

围绕化工园区环境治理法治化工作需求,结合检察工作职能,检察机关可以从以下五个方面有针对性地开展工作,为预防化工产业园区环境污染、促进园区产业转型升级提供有力检察保障。

（一）加强执法司法联动,增强园区环境治理工作合力

一是积极参与执法联动。推动公安、环保、国土、市场监管等部门整合执法资源,建立联合执法机制,检察机关跟进监督,及时发现和督促解决群众反映强烈的环保突出问题。探索与环保等相关职能部门共同建立园区环境污染"黑名单"信息库,将有严重污染行为的企业纳入其中,实行重点监管。推进园区建立企业信用体系,根据企业信用类别分等级、分层次有针对性地开展监管工作。二是广泛开展司法联动。联合法院园区审务工作站、公安局园区公安检查站同步开展工作,形成具有地方特色的司法联动机制,对发生在园区内的案件,全程实现现场办理、快速办理,充分发挥案件办理的震慑、教育和指引功能。在地方党委、政府的支持下,加快推进公检法信息共享协同平台建设,进一步规范环境资源案件办理,提升案件办理质效。三是不断完善"两法衔接"机制。不断完善园区行政执法与刑事司法相衔接工作机制和信息平台建设,建立信息通报、备案审查、联席会议等制度,及时发现环保违法线索,督促开展移送立案侦查,共同研究解决执法司法难题,统一法律认识和执法司法尺度。拓展司法机关个案协助机制,在第一时间由公安机关、检察机关对案件进行提前介入,及时指导行政执法机关收集、固定证据,帮助完善证据收集程序,有效实现监督关口前移,增强检察机关监督实效。

（二）坚持惩防并举预防为先,积极营造园区绿色发展良好法治环境

一是推动建立环境保护警示教育基地。检察机关立足司法办案工作成效,会同有关单位,建立专门的场所,打造常态化的环保警示教育基地。内容包括展示生态环境破坏的微场景、图片、发布环境资源犯罪典型案例、环保法律法规宣传等。同时,划定专门区域作为环境资源类案件"异地补偿"和"劳役代偿"示范场所,全面展示天然生态补植等环境治理成果,有效提升企业和群众环保意识。二是大力开展园区环保法制宣传。充分依托检察机关法制宣讲组织和生态志愿者服务队,组织编印《环境保护法律法规手册》《环境

污染案例汇编》，举办典型案例"以案释法"专题讲座等，深入园区企业开展法制宣传，提升企业知法守法意识。结合个案加强对破坏环境犯罪的警示教育和预防宣传，通过进企业、进社区开展环保法律知识宣传，提高企业、群众的环保意识。三是充分发挥打击犯罪特殊预防作用。严厉打击人民群众反映强烈、党委政府关注、社会影响恶劣的园区环境污染及妨碍环境执法犯罪案件，增强打击犯罪的震慑力。结合办案，协助有关单位及其主管部门建章立制、改进工作，促进从源头上预防和减少犯罪发生，从而达到打击一个、教育一片的效果。四是加强园区环保风险防范和化解工作。建立园区重点企业重大项目领导负责制，针对园区不同类型企业，分别建立服务档案，有针对性地开展法律服务。深入企业排查环境污染风险源和管理漏洞，协助建章立制，提升企业防范和化解环境污染风险能力。围绕发现的带有倾向性、普遍性的环境治理突出问题和潜在的隐患及不稳定因素，积极开展风险研判，为党委、政府和上级检察院领导决策提供参考，促进在更大范围、更高层面解决问题。

（三）突出检察监督重点，规范园区环境执法监管行为

一是畅通环境污染信息发现渠道。建立检察院与法制办、信访局、数字化城市管理指挥中心（原12345政府热线）等部门联系制度，不断拓宽行政违法行为检察监督渠道，及时发现群众反映突出的环保问题，督促相关部门依法履行环保监管职责。推进建立环境违法行为举报奖励制度，充分调动群众的监督热情。二是进一步丰富检察监督形式。认真履行环保领域案件立案、侦查、审判和执行监督职能，全面保障园区环境综合治理。主动介入园区企业重大工程建设项目，包括重大环境保护工程建设项目，参与工程招标、投标以及环境评估，及时发现苗头性、倾向性问题，从源头上杜绝环境污染。综合运用检察建议、纠正违法等手段，督促行政执法机关依法履行职责，把好企业环保准入关，促进园区绿色发展。推动建立"双向承诺"制度，即行政执法部门与检察机关签订严格执法"绿色协议"，园区企业与行政执法部门签订环保达标"绿色协议"，检察机关居中监督双向承诺的落实和执行。三是全面增强检察监督效力。以全面加强行政执法检察监督工作为契机，推动地方党委、政府将行政执法机关执法规范、案件移送、接受检察监督等情况纳入地方综合考评体系，增强环保领域检察监督工作效力。同时，落实地方人大常委会制定的关于进一步加强检察建议工作的规范性文件要求，加快建立检察建议督查机制，提请人大组织相关部门对行政机关落实检察建议情况进

行督查，有效促进环保领域检察建议有效落实。

（四）加强工作机制创新，切实保障园区生态环境修复

一是推动设立环境诉讼公益基金。将环境公益诉讼中判决执行的赔偿金、补偿金以及惩罚性赔偿金一律纳入基金，统筹用于环境保护修复，并推动化工企业每年上缴一定的环保补偿金，纳入公益基金；推动建立化工企业环保保证金制度，对于发生环境污染的企业从保证金中先予扣除赔偿金；对于企业投入的环保技改资金将依法酌情在罚没款中予以抵扣，通过司法办案引导企业转型升级。二是推动设立环境责任强制保险制度。习近平总书记在党的十九大报告中指出，要"提高污染排放标准，强化排污者责任，健全环保信用评价、信息强制性披露、严惩重罚等制度"。除此之外，我们还要立足化工园区实际情况，积极探索建立环境责任强制保险制度，通过要求园区企业强制购买环境责任保险，对将来突然、意外发生的污染事故由保险公司承担保险责任，从而降低企业经营风险，有效减少政府环境治理压力。三是积极开展检察公益诉讼工作。随着检察机关提起公益诉讼工作的不断深入，对破坏生态环境资源的园区企业，检察机关可以通过提起环境公益诉讼，结合直接提出刑事附带民事诉讼和支持、督促有关单位提起刑事附带民事诉讼的方式来强化监督方式，建立多样化的检察监督体系。同时，对于园区生态环境和资源保护负有监督管理职责的行政机关违法行使职权或者不作为，致使国家利益或者社会公共利益受到侵害的，检察机关应当依法开展行政公益诉讼工作，督促相关机关依法履行职责，切实维护国家和社会公共利益。

（五）加强机构和能力建设，提升服务园区环保工作专业化水平

一是建立生态执法检察监督动态工作机制。检察机关开展生态执法检察监督工作，对外以检察机关的名义对各环境执法部门进行监督，内部则由侦监、民行、公诉等部门分别承担职责范围内的监督工作。对此，应建立健全检察机关内部各部门和外部各单位之间的协作配合机制。内部各部门之间，在做好本职监督工作之时，发现涉及其他部门监督案件线索的及时进行移送，并配合开展相关监督工作。同时，检察机关还要加强对环境执法重点领域及相关专业知识的了解，探索建立相关部门之间的长效对接机制，促进环境资源领域"两法衔接"等相关工作高效、有序开展。二是探索设立专业化工作机构。对应当前一些法院探索设立的环境资源巡回法庭，检察机关设立专门的环境资源检察部门，集中、对称办理辖区内的一审环境资源类案件。积极

开展园区环保领域行政公益诉讼、民事公益诉讼和刑事附带民事诉讼等工作，深入推进"补植复绿"等恢复性司法工作，促进修复园区自然环境。三是充分发挥派驻检察室一线服务优势。依托检察机关派驻基层检察室，积极打造一站式园区企业服务中心，通过完善企业检察信息联络员制度、开通园区企业行贿犯罪档案查询绿色通道、常态化开展环保法治宣传教育、接受园区企业、当地群众环境保护法律咨询和控告等，零距离服务园区发展。四是努力提升专业化办案水平。加强环境案件办理专业化人才队伍建设，通过选派检察干警到环保等部门挂职锻炼、邀请专家授课等形式，着力培养一批专门型、专家型检察人才。建立健全环境案件专业化办案工作机制，通过成立检察委员会专业研究小组、业务部门专门办案小组等形式，切实提高案件办理质量。建立完善环保典型案例指导制度，及时总结发布具有普遍指导意义的环保典型案例，为办案提供指导。

作者周小纯系连云港市妇女联合会党组书记、主席；李佳杰系连云港市人民检察院检察官；本文获连云港市第十五届哲学社会科学优秀成果奖二等奖。

03

经济学管理学类

关于打造富有连云港特色高铁商圈的调研报告

连云港市政协专题调研组

高铁因其速度快、准点、客运能力强、安全可靠等优势，深刻改变了人们对时空观念、认知观念、出行观念和外出交通方式的选择。高铁的影响，小到普通市民的出行方便，大到推动一个地方的经济结构调整、产业布局优化、城市规划修编、发展理念创新，已经成为推动区域经济发展的新动能。2018年12月26日青盐铁路联网运营，标志着连云港市正式迈进高铁经济时代，进入全国高铁路网。为了充分发挥高铁经济效应，形成对连云港市产业转型升级与加快商务中心建设进程的有力支撑和引领作用，市政协组织专题小组深入调研并经常务委员会讨论，认为打造富有连云港特色的高铁商圈，应该围绕国家物流枢纽承载城市建设，形成连云港中央核心商务中心（CBD）、离岸金融中心、航运中心、商品交易中心，利用现代化铁公水立体交通运输网络，在积极融入长三角一体化发展中，发挥高铁互联互通快速通道的优势和作用。

一、全市高铁路网建设基本情况

（一）高铁路网建设情况

连盐铁路、青连铁路合并为"青盐线"，2018年12月26日正式联网运营；连淮扬镇铁路主体工程基本完成，连淮段预计2019年年底建成；连徐高铁，预计2020年年底建成运营。到2020年，连云港市境内在建高铁项目将建成投入运行，高铁运营总里程240公里，初步形成支撑"一带一路"倡议支点建设的高铁枢纽格局。

（二）高铁站建设情况

连云港高铁站综合客运枢纽，规划建设南、北两侧铁路站房，规划建设南、北两个广场作为客流集散地。目前已建成的南站房建筑面积2万平方米，地下车场 3.87 万平方米，含社会车辆停车场 35300 平方米（758 个车位），出租车位 3400 平方米（60 个车位）。（淮安高铁站：站房面积 4.5 万平方米，地下车位 2000 多个；扬州高铁站：站房面积 2.8 万平方米，地下车位 1200 个）。

（三）高铁商圈规划情况

目前规划部门提供的连云港高铁商圈是：北至蔷薇河、东至沈圩路、南至大浦河、解放西路，西至临洪西路，面积约 3.08 平方公里。其中核心区范围南至人民路，面积约 2.16 平方公里，主要功能是酒店、商场等商业网点，解决过往旅客的吃住行问题。

二、连云港高铁站及规划高铁商圈存在的问题

现有连云港高铁站的有利方面是，充分利用老站，投资少，绿皮车与高铁零换乘，充分利用现有的生活服务功能，方便海州地区群众交通出行。但与建设连云港现代化海滨城市、国际化对外开放城市和全面融入长三角一体化发展的要求相比，也显示了不足之处：

（一）站场发展空间不足，高铁枢纽建设受限

连云港站站场总规模未来将达到 12 台 29 线，是全国唯一的客货、绿皮车、动车与高铁混合运行的车站，行车干扰大，空气污染严重。南邻老城区，北面受蔷薇河生态廊道、临洪大道规划限制，地下是大浦磷矿塌陷区，北广场候车功能与南广场重叠，车站扩建技术难度大、投资大。

（二）车站附近道路快速集疏运能力严重不足，通行能力差

没有通往连云新城、港口及徐圩的快速通道，进出车站的现有道路陈旧，沿线红绿灯多，不能形成快进快出的通行能力，与高铁速度快优点形成较大反差。

（三）车站处于棚户区之中，难以展示海滨城市形象

车站四周管线没有入地，城市绿化率处于最低端，也是棚户集中区，短期内改变市容市貌难度大。

（四）规划的高铁商圈理念过于狭隘

规划核心区只限于在高铁站辐射 3 平方公里内建设吃住行便民服务设施，没有把商圈理念提高到彰显连云港优质资源要素、服务高质发展后发先至、发挥"一带一路"倡议支点的作用和融入长三角一体化发展的国家战略上来。

（五）城市交通的负面效应容易造成油水穿肠过

来连云港旅游的客人大都是到东部城区看海，连云港的经济发展的重心和商务中心都在东部城区，公务活动也主要集中在中、东部城区，与高铁站相隔 1 小时车程。连云港、日照、青岛同处沿海一线，高铁再有 1 小时，已到日照了，很可能造成连云港部分客源过而不留。

三、对策建议

为了从长计议，使高铁经济在推动市委、市政府提出的"八大突破"的落实，实现高质发展后发先至、建设美丽新港城的目标中起枢纽作用，建议如下：

（一）规划预留 350 km/h 高铁线路走廊

当前，我国正处于高铁新一轮大发展时期，省委省政府高度重视苏北高铁经济发展，苏北多条高铁都在规划和建设之中，同时又在做"十四五"高铁规划。周边城市高铁建设形势咄咄逼人，宁淮高铁、宁盐高铁时速 350km 即将开工，日（照）临（沂）高铁时速 350km 明年建成运营，与江苏省连徐高铁并行，形成竞争局面，青岛向南也规划预留了时速 350km 的高铁线路。尽快规划连云港至淮安、盐城和日照 350km/h 高铁对接的线路走廊，积极争取纳入国家、省"十四五"高铁路网规划并开工建设。

（二）科学论证规划连云港高铁东站

根据市规划部门意见，现有连云港高铁站预留北广场，在北广场建设快速通道，以弥补现有高铁站不足之处。将现有高铁站扩建与在猴嘴镇重新建设连云港高铁东站，进行经济、技术和可行性论证比较，选择最佳方案，或者把猴嘴站作为高铁预留备用站址。猴嘴镇处于城市中心位置，距离港口、开发区、海州基本在 5~10 公里，能否将 350km/h 高铁路网全面集中到猴嘴，将绿皮车、货运车留在原老站，组织有关专家进行科学论证，充分发挥高铁经济统筹推进港口、徐圩、开发区、连云新城和海州老城区发展的作用。

（三）高水平规划富有特色的高铁商圈

连云港高铁商圈应该以世界眼光、开放的理念，高起点、高标准、高水平规划建设，着眼于"建设大港口、构建大交通、推动大开放、发展大产业、提升大城建、实现大发展"。连云港作为国家中西部地区最便捷的出海口和对外开放门户，拥有国家东中西区域合作示范区、中哈（连云港）物流中转基地和上海合作组织出海基地，承担"一带一路"倡议支点重要作用。连云港的商圈应在东部城区。连云新城应该规划建设连云港中央商务中心区（CBD），集口岸金融、航运中心、交易中心、会展中心、旅游为一体，彰显连云港对外开放特色，徐圩、开发区是全市工业中心，将高铁站通过城市快速通道连接东部城区和徐圩新区，助推连云港融入长三角经济1.5小时经济圈。

（四）量力而行建设好高铁商业服务中心

现在高铁站已建成运行，根据连云港的客流量能满足5~10年的需求。当前，首先要解决已建成车站对外交通能力提升问题。打通高铁站到新机场、花果山景区、连岛度假区以及新港城大道的快速通道。其次车站周边生态环境营造要进一步提升。借助全国文明城市创建的契机，下力气解决一批群众反映强烈、严重影响市容市貌的疑难问题和薄弱环节，使之成为文明城市、卫生城市、生态城市、公园城市的窗口和亮丽风景线。三是商业服务功能要进一步提升，解决临时滞留旅客的生活需求。至于是否建设北广场，请市政府进行科学论证。

（五）高铁经济要推动山海旅游经济发展

连云港市旅游资源丰富，拥有花果山、连岛、渔湾、海上云台山等优质旅游品牌。实践证明，高铁对旅游经济有着强大的助推作用，宣传展示连云港旅游品牌的资源。设立"大圣故里、西游胜境"等动漫标示牌和宣传形象产品，形成浓厚的西游记文化，让游客一踏入连云港就进入了西游记故里，感受到浓浓的"山海连云、西游胜境"的城市气息。进一步规划建设高铁周边特色街区，重点打造民主路老街、陇海步行街、盐河巷酒吧街，展示连云港传统风情，丰富其文化内涵。规范管理经营，实现高铁商圈与特色街区的联动繁荣。借助高铁推动文旅产业成为新的支柱产业，激活旅游相关的文化创意产业，做好游客"落地"服务、旅游"提档"工作。根据连云港山海旅游城市特色，把汽车北站改造成旅游专用车站，同时为网约车、租赁车、共享车等新业态提供发展空间。

调研组成员：邱占山系市政协副主席，金建猛系市政协社法民宗委原主任（已退休），王玉娟系市政协社法民宗委副主任，王振晔系连云港市自然资源和规划局徐圩新区分局局长；本文获连云港市第十五届哲学社会科学优秀成果奖一等奖。

外商直接投资是否影响中国制造业的技能工资差距

张纪凤　王冠儒　何　兵

一、引言

自经济全球化发展以来，工资收入差距不断扩大一直是学术界的一个热门话题。大量研究探讨了技能工资差距的现状及原因。有研究证据表明，熟练工人和非熟练工人之间的工资收入不平等不断加剧（Xu 和 Ouyang，2015；Bogliaccini 和 Patrick，2017）。一些研究发现，技能工资差距与外商直接投资密切相关。Girma 和 Görg（2007）发现，英国的外商投资企业支付的平均工资高于同层次的国内企业，并且这些工资溢价的幅度在熟练工人和非熟练工人之间有所不同。根据 2017 年度《中国统计年鉴》的数据资料，2002 至 2016 年间，中国外商投资企业的年平均工资比本土企业高 11.9%。

在过去的 30 年里，流向中国的外商直接投资迅速增长。因此，关于中国外商直接投资的研究文献十分丰富，特别是关于引进外商直接投资对经济增长和生产率提高的影响研究（Yao，2006；Hale 和 Long，2011）。然而，大多数研究使用的是国家层面的时间序列数据，忽略了行业内的具体差异，而且也没有关注到外商直接投资的流入对工资收入分配的影响。我们的研究分析了外商直接投资对行业内技术工人和非技术工人收入差距的影响。Figini 和 Görg（2011）分析了外商直接投资对工资不均衡的影响，但它侧重于不同国家的制造业部门，并没有按制造业各细分行业进行深入分析。在本研究中，我们通过固定效应模型使用面板数据来探讨外商直接投资对中国制造业技能工资差距的影响。为什么选择制造业行业作为研究的样本？这是由于我国制造业行业吸收了比其他行业更多的外商直接投资，并且在就业和工资收入模式方面表现出相对的不平等。我们的研究分析了外商直接投资对制造业行业内技术工人和非技术工人收入不均衡的影响。

二、模型构建

基于 Aghion 和 Howitt 的技术模型，Figini 和 Görg（2011）研究并发现了外商直接投资与发展中国家的技能工资差距之间存在的非线性效应。为了检验外商直接投资的流入对中国制造业行业内技能工资差距的影响，我们建立了以下方程式：

$$INEQ_{it} = \alpha_0 + \alpha_1 \ln FDI_{it} + \alpha_2 \ln FDI_{it}^2 + \beta_1 Control_{it} + \varphi_i + \varphi_t + \varepsilon_{it} \quad (1)$$

上述方程式（1）检验了外商直接投资与技能工资差距之间是否存在非线性的关系。其中，下标 i，t 分别表示细分行业部门和具体年份。技能工资差距（INEQ）是通过技术工人与非技术工人的平均工资比率来衡量的。外商直接投资（FDI）是通过外资企业的就业人数占行业总就业人数的比例来衡量的。Taylor 和 Driffield（2005）研究发现一些变量，如每个行业的产出（Y）、研发投入（R&D）、进口依存度（Imp）和资本存量（K）等，都对技能工资差距产生影响，这些变量被确定为控制变量。在本研究中，我们还将每个行业的平均规模（Scale）当作控制变量，这是因为我们认为规模较大的行业内工资差距较小。

三、实证结果

（一）描述性统计

本研究采用了 2002—2016 年中国制造业行业 26 个细分行业的面板数据。技能工资差距（INEQ）数据来源于《中国科技统计年鉴》。外商直接投资（FDI）数据来源于《中国工业统计年鉴》。控制变量 Y、K、Scale 数据来源于《中国工业统计年鉴》，研发投入数据来源于《中国科技统计年鉴》。进口依存度（IMP）的数据来源于联合国贸易统计数据库。基于盛斌（2002）的计算方法，将进口数据从国际标准贸易产品分类（SITC）的产品数据转换为国际工业标准分类（ISIC）的行业数据。各变量的描述性统计分析结果如表 1 所示。

表 1 描述性统计分析结果

变量名	样本量	平均值	标准差	最小值	最大值
技能工资差距	390	0.292	0.180	−0.571	0.684

续表

变量名	样本量	平均值	标准差	最小值	最大值
外商直接投资	390	0.277	0.175	0.002	0.900
行业产出	390	17792.370	20682.410	492.800	138295.300
资本存量	390	12446.430	12574.060	448.590	68227.470
研发投入	390	0.008	0.006	0.001	0.030
进口依存度	390	0.153	0.285	0.001	1.959
行业平均规模	390	2.943	7.655	0.203	64.091

注：《中国工业统计年鉴》的数据集中缺少烟草制造业（2013—2014年）外商直接投资数据。

（二）基本回归分析

表2给出了基于方程（1）的回归分析结果。在第（1）和（2）列中，技能工资差距是基于对外商直接投资进行了回归分析，外商直接投资的系数虽然为正但不显著。在第（3）列和第（4）列中，加入了外商直接投资的二次方程式来检验非线性效应，结果表明：第（3）列外商直接投资的系数为0.143且在1%水平上显著，第（4）列外商直接投资的系数为0.112且在10%水平上显著。这说明，外商直接投资每增加1%将显著增加约0.1%的技能工资差距水平，这与Chen等（2017）的观点基本一致。

在第（5）列中，我们通过替代被解释变量来检验实证结果的稳健性。技能工资差距的衡量标准被技术工人的平均工资与每个行业平均工资的比率所取代。通过比较第（5）列与第（4）列的回归结果，我们得出相同的结论，即外商直接投资显著加大了技能工资差距。为了获得异方差和自相关的一致标准误差，我们采用Driscoll和Kraay（1998）的方法进行稳健性检验。分析结果如第（6）列所示，IFDI、IFDI^{2}的系数仍然显著为正，验证了外商直接投资与技能工资差距之间的正相关关系。

表2 固定效应分析

	（1）	（2）	（3）	（4）	（5）	（6）
外商直接投资	0.039 [0.027]	0.025 [0.027]	0.143*** [0.051]	0.112* [0.058]	0.336** [0.127]	0.143*** [0.036]
外商直接投资的平方			0.021** [0.009]	0.017* [0.009]	0.044** [0.018]	0.021** [0.006]
行业产出	0.028 [0.050]	-0.116 [0.080]	0.007 [0.046]	-0.097 [0.078]	-0.284** [0.129]	0.007 [0.045]
资本存量	0.062 [0.075]	0.116 [0.071]	0.086 [0.066]	0.120 [0.072]	0.367*** [0.125]	0.086** [0.036]
研发投入	0.053 [0.057]	0.135 [0.085]	0.068 [0.061]	0.152 [0.090]	0.104 [0.072]	0.068 [0.005]
进口依存度	-0.005 [0.031]	-0.018 [0.034]	-0.017 [0.034]	-0.024 [0.037]	-0.007 [0.057]	-0.017 [0.025]
行业平均规模	-0.242*** [0.033]	-0.141 [0.108]	-0.245*** [0.031]	-0.171 [0.103]	-0.105 [0.166]	-0.245*** [0.035]
行业固定	是	是	是	是	是	是
年份固定	否	是	否	是	是	是
判断系数	0.439	0.580	0.451	0.585	0.606	0.451
样本数	388	388	388	388	388	388

注：此处所有变量均取自然对数。在方括号内显示的是行业的聚类标准误差。***，**和*分别为显著水平1%、5%和10%。

（三）分样本分析

由于不同行业吸引外商直接投资流入的能力有很大差异，外商直接投资对技能工资差距的影响可能不同。为了进行分样本分析，本文根据技术水平和要素密集度将制造业行业各分为两个分样本。此外，由于2008年全球金融危机的影响，流入发展中国家的外商直接投资规模急剧下降。因此，另一个分样本是按时间顺序将总样本分为2008年之前和2008年之后进行分析。

表3的结果表明，外商直接投资的平方项（IFDI^2）不再具有统计意义。第（1）和（2）列表明，外商直接投资显著加剧了低技术行业的工资收入不平等，而在高技术行业中则没有体现。这是因为对中国的外商直接投资大多在低技术行业。此外，研究结果表明，研发投入（R&D）与技能工资差距正相关，尤其是在高科技行业。资本存量（K）的系数和企业平均规模的系数分别为正和负，但仅在第（2）列中显著。

如第（3）和（4）列所示，外商直接投资显著加剧了劳动密集型行业的工资不均衡，而资本密集型行业的工资不均衡则没有受到影响。原因可能是，外商直接投资大多流向了技术水平相对较低的行业和劳动密集型的行业。此外，有证据表明行业平均规模（Scale）与技能工资差距呈现负相关关系。结果表明，研发投入（R&D）显著扩大了高技术产业的工资收入差距。正如第（3）列和第（4）列所示，行业平均规模较大的行业的收入分配不平等现象明显减少。

根据第（5）和（6）列，我们可以得出以下结论，外商直接投资在2008年之前显著加剧了工资收入的不平等，但在2008年之后没有体现出影响。此外，行业平均规模（Scale）对工资收入不平等的影响与之前的分析是一致的，都是显著的负向关系。结果表明，研发投入（R&D）在1%的显著性水平上扩大了工资收入的不平等，并且这一影响在2008年后变得更大。

表3 分样本分析

变量	（1）低技术	（2）高技术	（3）劳动密集	（4）资本密集	（5）2002—2008	（6）2009—2016
外商直接投资	0.104** [0.045]	-0.074 [0.101]	0.163* [0.091]	-0.026 [0.086]	0.303** [0.141]	0.073 [0.051]
外商直接投资平方	0.011 [0.007]	-0.045 [0.029]	0.032 [0.023]	0.005 [0.011]	0.039 [0.024]	0.013 [0.009]
行业产出	-0.041 [0.053]	-0.073 [0.120]	0.042 [0.098]	-0.048 [0.067]	-0.098 [0.090]	-0.043 [0.139]
资本存量	0.074 [0.049]	0.315** [0.098]	0.048 [0.077]	0.185** [0.073]	0.047 [0.081]	0.068 [0.130]
研发投入	0.060** [0.024]	0.311*** [0.039]	0.034 [0.037]	0.288*** [0.036]	0.170*** [0.043]	0.224*** [0.030]

续表

变量	(1) 低技术	(2) 高技术	(3) 劳动密集	(4) 资本密集	(5) 2002—2008	(6) 2009—2016
进口依存度	-0.002 [0.017]	-0.025 [0.033]	0.019 [0.030]	-0.020 [0.022]	0.019 [0.036]	-0.053* [0.029]
行业平均规模	-0.089 [0.055]	-0.351*** [0.095]	-0.428*** [0.095]	-0.148** [0.061]	-0.174** [0.074]	-0.176** [0.079]
判断系数	0.694	0.673	0.647	0.645	0.405	0.665
样本数	208	180	180	208	182	206

注：此处所有变量均取自然对数，所有模型均具有年份和行业固定效应。方括号中是行业的聚类标准误差。显著水平为 *** $p<0.01$，** $p<0.05$，* $p<0.1$。

四、结论

本文利用 2002—2016 年中国 26 个制造业行业的面板数据，通过建立模型，分析外商直接投资对中国行业内技能工资差距的影响。研究结果表明，外商直接投资显著加剧了工资收入的不平等，并且二者间是非线性的关系。外商直接投资的流入使得行业内工资收入差距不断扩大，但是这种影响在 2008 年金融危机后并不显著。正如 Sara 和 Pietro（2018）所言，这种关系与外商直接投资流入的周期性特征和中国当前的经济发展状况密切相关。

基于实证分析的结果，本文提出了促进我国收入公平分配的建议。第一，我国应继续注重引进高质量的外商直接投资。为了推进供给侧结构性改革，我国将持续欢迎技术管理水平高的跨国公司来华投资兴业。第二，我国应充分利用外商直接投资的技术外溢和干中学效应，优化收入分配结构。外资企业支付的工资水平高于本土企业，这提高了技术工人的相对薪酬水平。这种工资溢价有助于改善中国劳动力市场的供给结构。第三，我国应该加大职业技能培训以及学历再教育力度，以推动劳动者质量的整体提升。适度的工资收入差距有利于优化各类要素资源的优化配置，但过大的工资收入差距不利于经济稳定增长和社会公平。

作者张红凤系江苏海洋大学商学院教授，王冠儒系江苏海洋大学硕士研究生，何兵系江苏海洋大学商学院讲师；本文获连云港市第十五届哲学社会科学优秀成果奖二等奖。

参考文献：

［1］国家统计局. 中国统计年鉴［M］. 北京：中国统计出版社，2017.

［2］盛斌. 中国对外贸易政策的政治经济分析［M］. 上海：上海人民出版社，2020.

［3］BOGLIACCINI J A，EGAN P J W. Foreign Direct Investment and Inequality in Developing Countries：Does Sector Matter？［J］. Economics and Politics，2017，29（3）.

［4］CHEN C，ZHAO H M，ZHOU Y B. Foreign Direct Investment and Wage Inequality：Evidence from the People's Republic of China［J］. ADBI Working Paper Series，2017.

［5］DRISCOLL J C，KRAAY A C. Consistent Covariance Matrix Estimation with Spatially Dependent Data［J］. Review of Economics and Statistics，1998，80（4）.

［6］FIGINI P，GÖRG H. Does Foreign Direct Investment Affect Wage Inequality？ An Empirical Investigation［J］. The World Economy，2011，34（9）.

［7］GIRMA S，GÖRG H. Evaluating the Foreign Ownership Wage Premium Using a Difference-In-Differences Matching Approach［J］. Journal of International Economics，2007，72（1）.

［8］HALE G，LONG C. Did Foreign Direct Investment Put an Upward Pressure on Wages in China？［J］. IMF Economic Review，2011，59（3）.

［9］SARA A，PIETRO M P C. Inward Greenfield FDI and Patterns of Job Polarization［J］. Sustainability，2018，10（4）.

［10］TAYLOR K，DRIFFIELD N. Wage Inequality and the Role of Multinationals：Evidence from UK Panel Data［J］. Labor Economics，2005，12（2）.

［11］XU Y，OUYANG A Y. China Wage Inequality：The Role of Trade and Technology［J］. Applied Economics，2015，47（47）.

［12］YAO S J. On Economic Growth，FDI and Exports in China［J］. Applied Economics，2006，38（3）.

04

社会学类

中国的"能水关联"治理：科学政策互动的视角

许胜晴

一、引言

随着环境压力的增加，自然资源的可持续性已成为政策和社会关注的焦点。新兴的关联方法对于实现可持续性至关重要，因为它有助于减少负外部性，促进资源规划整合、管理和治理（Liu 等，2018）。近年来，在关于环境和自然资源治理的文献中，关联方法得到了广泛的讨论。学者们主要利用资源—环境足迹的量化、评价和系统模拟以及优化管理等方法，对关联方法的定量方面进行了探索（Endo 等，2020）。相关研究应用的典型方法包括投入产出分析（IOA）（Wang 等，2020）、贝叶斯网络（BN）（Chai 等，2020）和系统动态（SD）（Halbe 等，2015）。学者们关联分析的定量工具已经被开发出来，其中包括社会和生态系统多尺度综合分析（Giampietro 等，2009 年）；气候、土地、能源和水战略（Howells 等，2013 年）；以及世界经济论坛 Nexus Tool2.0（Daher 和 Mohtar，2015）。

虽然科学可以支持关联方法的有效实施，但仅仅依靠有力的科学是不够的（Ding 等，2020），治理或制度维度也起着关键作用（Kurian，2017）。治理模式从单一部门决策向跨多资源领域的更连贯的政策、规则和/或立法的转变是采用关联方法的必要条件（Olawuyi，2020）。理解科学—政策互动对于确保科学在公共决策中的有效作用至关重要（Per-rings 等，2011）。科学知识有助于界定政策问题，为政策辩论提供信息，并评估政策选择。适当的科学—政策互动将这两个相对独立的领域连接起来，并确保相关政策是在科学的基础上制定的。对于自然资源管理，关联方法的优势已得到广泛承认。但如何将其要求融入政策制定过程，仍需进一步探索。科学—政策互动理论为解决这一问题提供了一个有价值的框架。然而，相关文献尚未解决这一问题，特别是在中国的特定背景下，关于科学—政策互动本身的研究很少（Zheng 等，2019）。

本文运用科学—政策互动理论，分析了"能水关联"在中国应用的障碍和制度安排。第 2 部分论述了"能水关联"的一般原理，并探讨了中国应用"能水关联"的必要性。在第 3 部分，本文详细阐释了科学政策互动理论及影响其高效实现的因素，同时这一部分还阐述了中国自然资源治理中运用关联方法在科学政策互动上的障碍。第 4 部分，论文提出了中国自然资源治理领域实现有效的科学政策互动的建议。

二、"能水关联"及其在我国应用的必要性

（一）"能水关联"

自然资源的关联关系包括水、能源和其他资源之间的核心关联关系，以及核心关联关系与经济、社会和环境等子系统之间的外围关系（Li 等，2019）。关联方法旨在定义水、能源和其他系统之间的权衡和协同效应，将社会和环境影响内部化，并指导跨部门政策的制定（Albrecht 等，2018；Foran 等，2016）。它有以下主要组成部分：（1）促进利益相关者建立有关不同资源具有关联关系的意识和能力（Rasul 和 Sharma，2015）；（2）确保跨部门的政策一致性和协调，缓解政策冲突（Mayor 等，2015）；（3）推动多尺度公私合作，促进信息流通、规划和治理；（4）促进能源和水资源的解耦，缓解能源和水系统的脆弱性（Shi 等，2020）。

关联方法建立在能源和水之间的相互联系上。水用于燃料的提取、运输和加工，也用于发电。根据国际能源署（IEA，2016 年）的数据，能源部门占全球抽取水量的 10%，主要用于发电厂的运营和化石燃料的生产。到 2035 年，全球用于发电的用水量将增加 85%。反过来，能源对于提供淡水和处理废水也至关重要。据估计，水资源部门使用了超过 1 亿吨油当量的热能（IEA，2016）。

（二）中国妥善处理"能水关联"关系的必要性

对能源和水的需求不断增长，使得能源和水的联系成为一个迫切需要善治的领域。然而，资源供给和需求的挑战，加上我国自然资源管理体制的不足，给资源的可持续利用带来了巨大的压力。

1. 水资源压力和能源工业不断扩大的用水需求

我国的水资源既受到严重的水资源短缺的影响，又受到人口增长和经济快速发展所导致的需求增长的影响。中国拥有超过世界五分之一的人口，但

淡水资源却只占世界的7%。华北平原的人口约占中国总人口的24%，但水资源却只占全国的6%。中国人均可用水量约为世界平均水平的四分之一，而且还在不断减少。

能源生产进一步增加了水的压力。国际能源署估计，中国用于能源生产的取水和消耗将增加38%（400亿立方米）和83%（140亿立方米）（IEA，2012）。虽然中国将可再生能源作为能源发展的重点，但燃煤发电目前占总发电量的80%，并将在不久的将来继续占我国发电的主导地位（Wang等，2018）。煤炭主导的电力行业加剧了水安全与发电之间的困境（Li等，2018）。

我国的"十三五"规划旨在限制燃煤发电能力。到2020年达到11亿千瓦，比2015年增加2亿千瓦。到2020年6月，煤电装机容量已经达到10.8亿千瓦。尽管一些项目被取消，"十三五"期间煤电装机容量继续扩大（Xu等，2020）。而且，国家发展规划缺乏法律约束力，地方政府有审批燃煤电厂的权力，装机容量约束目标不能完全抑制燃煤发电的扩张。因此，虽然2007年以来火电生产用水强度呈下降趋势，但随着火电规模的扩大，2016年以来用水量呈上升趋势（见图1）。中国未来煤电行业的扩张将进一步对本已紧张的水资源构成压力（Wang等，2019）。

2. 中国能源和水资源决策中存在的问题

由于经济增长是一项重要的国家任务，自然资源管理的重点往往是扩大资源生产，而忽视可持续发展。我国现有的能源水资源决策机制没有充分考虑能—水的关系主要体现在两方面。

（1）能源决策的碎片化。碎片化可以从两个维度来解释。纵向上，中央政府和省级政府有不同的能源决策权：中央政府制定国家政策，各省制定各自的发电和消费计划。中央政府和地方政府之间的权力和责任的分散，使协调困难。在横向维度上，中国能源政策职能分散在国家发改委、自然资源部、水利部、国家电力监管委员会、生态环境部等10多个部门。大型国有能源公司也承担了一些政策职能。能源政策职能的分散化导致了多重政治结果、职能重叠、相互制约，难以形成统一的政策框架。

（2）能源与水资源决策分离。我国目前的资源管理体制主要是部门管理体制。相应的决策过程通常由各部门单独进行（Fan等，2018）。根据新的行政改革，2018年成立自然资源部和生态环境部。中国自然资源管理的碎片化在一定程度上发生了变化。然而，能否运用"关联"的方法并不取决于部门的数量，更重要的是管理思维从单一部门向"关联"的转变；否则，机构改革难以达到一体化治理效果。因此，如何将关联治理方法付诸实践的问题还

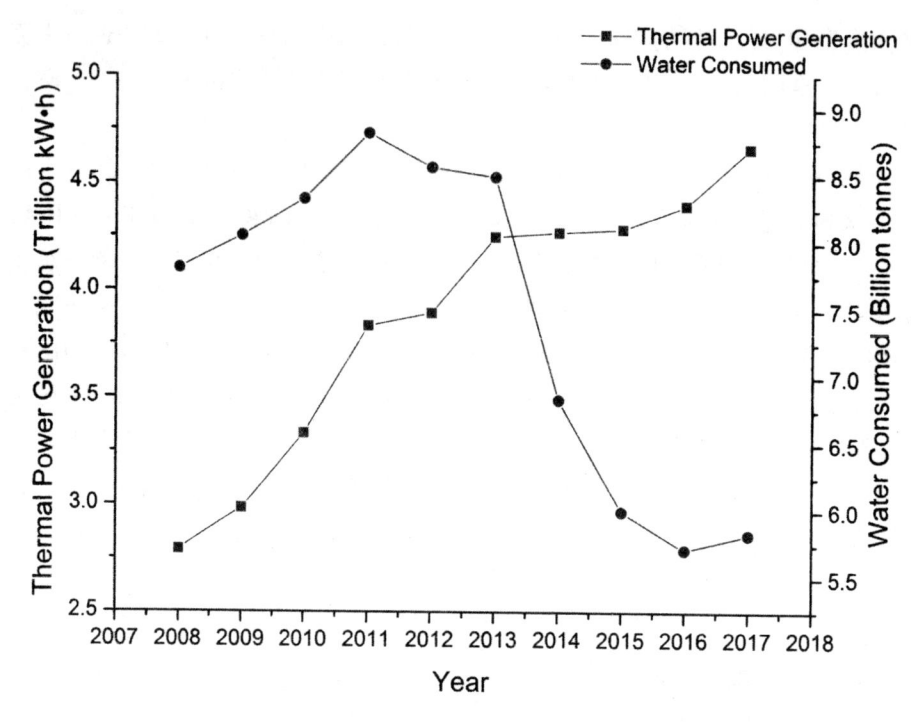

图1 火电发电量及用水量变化情况（2008—2018年）

资料来源：《中国能源统计年鉴2018》。

有待进一步探讨。

燃煤发电项目的建设和页岩气的开发突显出能源领域缺乏联系思维。在我国的14个大型燃煤发电项目中，大多数位于资源压力很大的北方地区。这表明能源发展规划与当地的水资源承载能力存在很大差距。页岩气开发是我国需要采用"关联"方法的又一例证。为了解决日益增加的能源安全压力，我国计划到2030年达到每年生产800亿到1000亿立方米页岩气的目标。然而，我国的页岩气储量主要集中在四川和塔里木盆地，这两个地区的水资源供应面临巨大压力。页岩油气储量大的地区人口密集，意味着页岩气的水资源利用将与农业、工业和生活用水形成竞争（Hu and Xu, 2013）。

3. 中国应用"能水关联"模式的收益分析

恰当地实施关联法意味着充分考虑和平衡了利益相关者的需求，决策所提供的整体社会效益大于相应的机会成本。关联方法的应用有助于阐明能源和水政策之间的权衡。它可以促进各利益攸关方之间的深入对话，使他们能够找到更加协调和可持续的解决方案。使用这种方法，政策（包括但不限于税收、技术和项目）可以被完整和动态地评估。例如，如果工业水费提高 1.6 元/立方米，到 2030 年，火电在我国电力生产结构中的份额将比 2012 年降低 2%（Fan 等，2018）。与水冷式电厂相比，部署空冷机组可节约 743 万~841 万 m³ 水资源，但它将带来额外的 21.7 万~28.4 万吨碳排放（Zhang 等，2014）。

以风能替代煤炭将减少 60%的碳排放和 40%的水利用，有助于以协同方式实现资源保护和减缓气候变化的目标（Nanduri 和 Saavedra–Antoninez，2013）。关联评估提供了关于不同资源治理场景的科学知识。有了这些数据和预测，不同政策的影响就可以被识别出来，然后由利益相关者进行讨论。如果实施得当，关联方法有可能减少负外部性，促进综合规划、管理和治理（Liu 等，2018）。

三、科学—政策互动下的中国关联治理研究

关联方法的发展使它成为可持续发展的一个重要选择，但它在政策领域的应用需要对政策过程和连接科学知识和政策的科学—政策互动有良好的理解。

（一）科学—政策互动

科学—政策互动是科学家和其他行动者（决策者、知识中介、公民等）在政策过程中相互作用的社会过程，包括传递的交流、共同进化和知识的共同构建，目的是丰富决策（Vandenhove，2007）。它作为一个连接科学和政策这两个相对独立的领域的空间，侧重于将知识整合到政策中的方法（见图 2）。

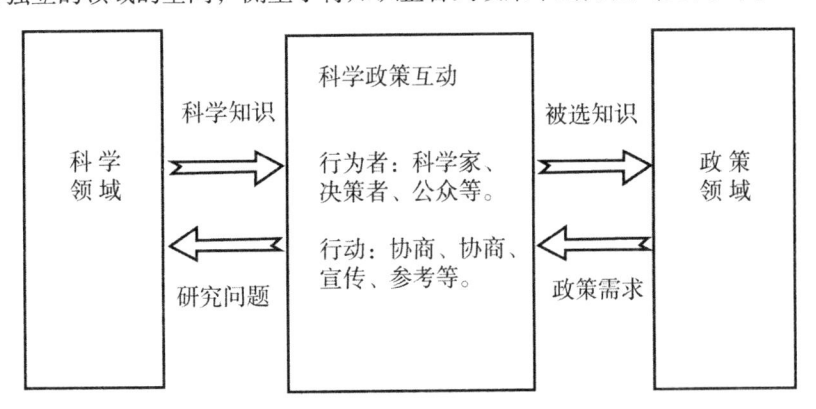

图 2 科学政策的互动过程

虽然政策的有效性需要科学的支持，但科学上正确或合理的政策可能在政治上不可行，甚至可能得不到政治家或立法者的认可（Gluckman，2016）。

事实上，描述和理解科学知识在决策中使用的方式是一项具有挑战性的工作（Rose 等，2017）。科学领域发展起来的理论和方法并不总是能够转化为政策，如何建立科学和政策之间富有成效的相互作用的问题仍然是解决环境问题的一个巨大挑战（Sundqvist 等，2015）。

造成这一现象的原因之一在于，科学和政策在社会中扮演着不同的角色，尽管它们是紧密相连的，而且两者都是在一个技术复杂的世界中政策正常运行所必需的（McCool 和 Stankey，2004）。不同领域的文化差异、群体之间的差异、决策机构内部的制度障碍以及研究设计和实际知识需求之间的不匹配是科学—政策互动无效的主要原因（Young 等，2016）。政策制定是一个具有高度争议性、非线性和多部门的领域，除了知识之外，制度、主观方面、价值、利益和权力关系也发挥着作用（Caceres 等，2016），而科学只是政策过程中的一个影响因素（见图3）。

因素：发展目标、科学、利益、社会价值观、经济

↓ 影响

利益相关者：既存者、挑战者、科学家、公众

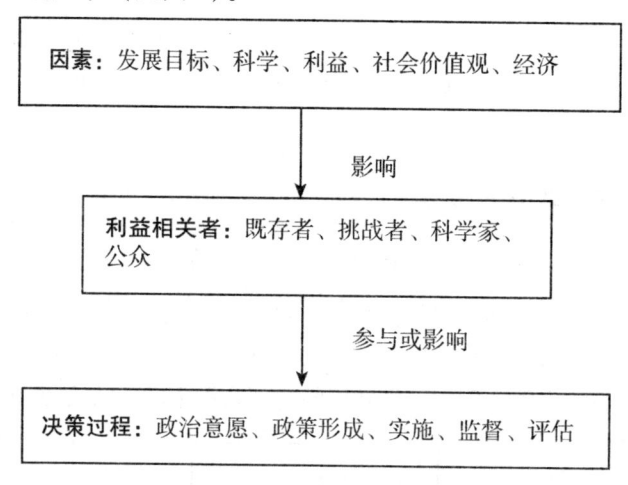

↓ 参与或影响

决策过程：政治意愿、政策形成、实施、监督、评估

图3 作为决策影响因素之一的科学

由于可持续环境政策的成功依赖于对科学知识的正确理解和应用，因此有效的科学政策互动机制是必要的（Grunwald，2004）。以下四方面是有效的科学政策互动的关键。

（1）有利的背景。是否能形成有效的科学政策互动受到文化、政治、制度和社会背景的高度影响。在社会和政治领域有一种尊重科学的文化是必要的。结构性因素，包括不同的制度设置，明显地影响着知识的跨边界转移，而参与决策的科学家受到政治结构和议程的限制（Weichselgartner 和 Kasperson，2010）。

（2）知识的可信度及其与政策相关性。可信度与研究是否稳健和研究结

果是否科学可信有关（Belcher 等，2016）。重要的是，科学证据为当前的理解提供了一个可靠的和事实的解释。仅凭信誉是不足以使知识被纳入政策过程的，知识应该被认为在学术界之外是有用的；即它应该具有政策相关性，并响应社会需求（Ramirez 和 Belcher，2018）。

（3）流畅的沟通。沟通是互动的前提，包括对话、协商、调解和知识的共同构建。知识中介对于政策和科学的有效互动是必要的，因为科学家和决策者通常有不同的观点（Young 等，2016）。在沟通渠道方面，边界组织在解决边界双方的价值差异和利益冲突方面起着重要作用。政府间气候变化专门委员会（IPCC）是一个典型的边界组织。根据来自世界各地的数百名科学家的工作，IPCC 对气候变化的评估提供了对气候变化的物理科学基础的全面评估，并使各级政府的决策者能够做出合理的基于证据的决策（More，2019 年）。

（4）交互过程的善治。善治是一种公共生活的协同管理，由国家和公民共同实施。总结这一主题的文献，善治有六个主要要素：参与、透明度、响应性、有效性、问责制和法治（Yu，2018；Rotberg，2014；维斯，2000）。善治有利于科学家参与政策过程，并促使决策者或政府对政策的科学质量承担更多责任。善治也与研究的合法性有关。其中，合法性指的是通过研究进行的公平感，以及它如何考虑演员的价值观、关注和观点（Ramirez 和 Belcher，2018）。

（二）在关联方法应用中实现科学政策有效互动面临的障碍

考虑到需要的复杂性和跨部门方法，对大多数机构来说，从整体上考虑能源、水和其他问题往往是具有挑战性的，而采取大胆行动所需的政治意愿往往很难找到（Waughray，2009）。中国形成了实行资源综合管理、系统治理的强烈政治意愿。自然资源部的成立反映了这一趋势，但如何协调相关资源管理，实现各部门之间的协调仍是一个艰巨的挑战。

资源管理机构的合并并不能保证关联方式的应用。事实上，政治和社会背景在实现良好的关系治理过程中是至关重要的（Miljand，2020）。揭示"隐藏的"挑战对有效的联系政策至关重要，政治维度在最近几年得到了广泛的解决（van Gevelt，2020）。Foran（2015）认为，单一部门的方法没有考虑推动当代水、食品和能源规划和监管体系形成的历史、社会和政治轨迹。实际上，我国能源水资源治理碎片化有广泛的政治和社会原因，主要体现在以下三方面：

(1)制度惯性。制度抵制变化从而稳定政策的倾向可以理解为制度惯性，这是由多种因素造成的，包括转型成本、沉没资本、既得权利和认知图式（Ebbinghaus，2009；Munck af Rosenschold 等，2014）。制度往往具有一种路径依赖特征，这使得它们难以改变，行为者可能会利用他们的资源和权力来阻止制度改革（Kuzemko 等，2016）。我国目前的自然资源管理主要是基于部门决策方法。这种单一部门管理的体制和思想源远流长，涉及了各种利益群体。关联方法的实施也受到沉没资本的阻碍，即已在能源和水部门进行的投资。此外，向关联治理的制度转型需要政权和管理理念的双重转型。制度化的认知维度也可能强化制度惯性或路径依赖，因为社会中的主导行为规范被内化为认知图式，并被社会化为理所当然的惯例（Ebbinghaus，2009）。

(2)公众参与不充分。公众和科学界对环境决策的参与程度不够。政府为了追求政治权力的绝对权威和具体政策的效率，往往要么漠不关心，要么拒绝科学家和公众参与决策，以致科学建议和公众意见难以得到充分考虑。决策者和研究者往往缺乏稳定的互动渠道。一方面，决策者有时过于参与科学决策组织的活动，这往往使科学咨询成为对政策决策的认可。另一方面，由于与决策者缺乏充分的沟通和互动，科学界有时无法深入了解政策决策的具体需要。

(3)利益多元化。由于能源和水资源涉及不同的利益相关者，不同利益相关者的利益有时会发生冲突。以可再生能源开发为例，尽管清洁能源的发展，如风能和太阳能，可以节约水资源也可以减少二氧化碳排放，但目前大规模缩减风电和火电的扩张反映了政策冲突，也反映出不同的能源行业对于政府低碳发展决策目标的反应存在差异。中央政府最近对煤电投资进行了限制，这类投资一直由有权批准投资的地方政府主导。然而，由于经济增长、就业和税收目标，地方政府热衷于投资和保护燃煤电厂。因此，一项有利于关联治理的政策能否有效实施，需要考虑现实社会中的利益差异。

四、建议

考虑到上述挑战和科学—政策互动善治的要求，以下选择具有重要意义：

(1)促进关于政治和社会领域的关系的科学知识的传播。决策者、私营部门和一般公众的决策受到可靠和坚实的科学知识的影响（Watson，2005年）。公众对关联方法的认识是支持政策的必要条件，而建立这种认识可能是增加对政策干预支持的重要途径（Portney 等，2018）。关联方法的应用需要一个有效的科学—政策互动，而"能水关联"的广泛知识为关联治理的重要性和一般方法提供了共识。

在这方面，科学家可以扮演公民和科学家的双重角色，跨越传统的学科边界和制度结构，发展与能—水关系相关的创新理念，并促进有关这种关系的科学知识的普及（Urban，2017）。与环境相关的学者有一个独特的道德义务来提高公众的科学素养，这将增加对政府的政治压力，以证明他们的决定是如何基于科学的，并平衡游说团体的影响（Lalor 和 Hickey，2013）。鉴于边界组织可以为一体化的科学和政策提供稳定的渠道，可以授权关联关系专家委员会评估有关法律，法规，政策的影响，并给予"能水关联"知识涉及相关政策（Mercure 等，2019）。

应该指出的是，科学家的双重角色会影响他们的客观性。但科学的客观性也是社会互动的结果。来自不同政治立场或行业的科学家的参与有助于促进有关科学问题的辩论，这反过来提高了相关科学知识的客观性。因此，在科学家参与决策的过程中，应注意双重身份对客观性的影响。决策中应纳入不同政治立场或不同行业的科学家，提高参与的代表性，使决策所依赖的知识更加客观。

（2）通过协同治理缓解政策冲突。协同治理可以提高关系治理的整体实践和有效性。Ansell 和 Gash（2008）协同治理定义为"治理安排在一个或多个公共机构直接接触非国有股权持有者在集体决策过程，是正式的、寻求共识的协商，旨在公开或实现公共政策或管理程序"（Ansell 和 Gash，2008）。Emerson 等（2012）认为协同治理是公共政策决策和管理的过程和结构，使利益相关者能够合作实现公共目的。这两种定义都强调在形成共识和促进效率方面的公私合作，后者也适用于企业、公共机构和不同级别的政府。"能水关联"是一个复杂的问题，涉及许多利益相关者。因此，关联治理需要各相关者更好地共享对关联方法的理解，其应该相互合作并就解决方案达成一致。值得注意的是，学术和非学术团体之间的知识共同生产对于可持续发展研究是必要的（Poh 等，2010；Norstro 等，2020 年）。人为与自然系统耦合的各个组成部分的集成对于可持续性是必要的，不同利益相关者需要协同治理（Liu 等，2015）。通过让多个利益相关者参与规划和决策，协同治理有助于探索协同路径，并调整依赖于关联系统各部分提供的服务和产品的参与者之间的关系。与此同时，公众参与对于获取稳健和可用的决策数据也至关重要（Monteiro 和 Rajao，2017）。

（3）加快社会善治转型。正如 Wostl（2017）所指出的，如果在实践中应用关联方法，自然资源治理中长期形成的部门地位和权力格局将会发生变化。

治理问题影响解决这些艰巨挑战的政策、制度和结果的选择（Lele 等，2013年）。关联治理离不开社会政治环境。善治是有效的科学—政策互动的前提，可以为关联方法的应用提供积极的环境，而应用关联方法需要机构改革，政府应具有将传统的权力导向模式转变为善治模式的政治意愿。

然而，制度变革发生在既有以及历史上所依赖的组织环境中（Parkhurst，2017）。根据世界银行制定的《世界治理指标》，2017 年中国在六个方面的治理需进一步强化（见图 4），这种治理背景给关联关系的善治带来了重要挑战。

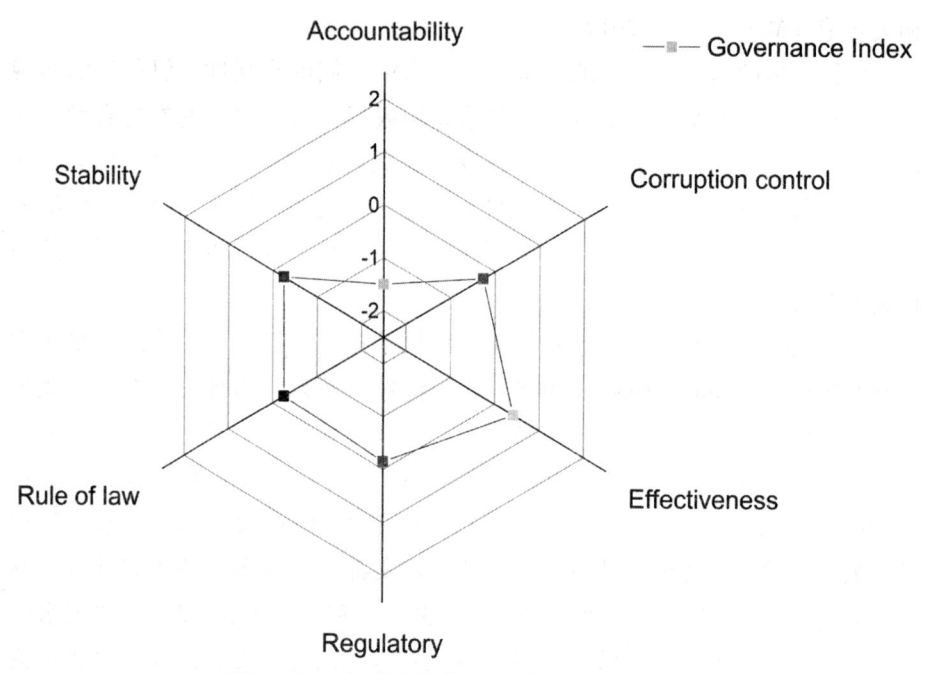

图 4　2017 年《世界治理指标》中国治理指数

注：该治理指数也称为 KKZ 指数。这些指标是根据关于治理的 30 多个现有数据源（如盖洛普世界民意调查）计算得出的。一种被称为不可观测成分模型（UCM）的统计工具用于构建每个国家每个来源的数据的加权平均值（Kaufmann 等，1999 年）。

从自上而下的决策体制向参与式治理体制的转变是提高科学决策作用的前提。善治对效率、响应性、透明度和问责制的要求为科学决策提供了机会。环境决策需要向协同治理发展，决策者应积极参与全社会合作，而不是被动地应对公众压力（Popovi，2020）。同时，政府的决策过程应该受到社会的监督。遵循科学的政策有利于提高治理效率和社会认可度，也有利于政府切实保护环境资源，实现可持续发展。因此，我国资源的关联治理要求社会治理向善治方向发展，形成既尊重科学又应用科学的决策环境和制度文化（Angelo，2008）。

五、结论

科学知识在决策中的应用是一件复杂的事情，其应用过程受各种环境因素的影响，包括公众参与、科学素养和不同的社会利益。一项科学的政策要得到有效的实施，就必须考虑它所适用的政治和社会背景，并在变革过程中平衡不同的利益。中国的自然资源环境压力和促进生态文明和可持续发展的国家发展目标，为运用关联治理提供了机遇；然而，长期以来单一部门的管理思维对其有效应用提出了挑战。

在我国实现治理体系和治理能力现代化的背景下，关联治理为揭示部门间的协同效应和权衡提供了重要的理论基础和可资借鉴的治理模式。考虑到资源压力和关联治理所带来的收益，我国在运用"能水关联"方法来促进自然资源治理方面有巨大潜力。虽然在短时间内实现资源治理的根本性变革具有挑战性，但重要的是，政治和社会领域应逐步加深对这一问题的认识，走向善治。由于本研究从宏观和理论的角度出发，如何在特定的政治和社会环境中设计具体的关联治理机制和工具是未来研究的可行途径。

作者系江苏海洋大学文法学院副教授，法学系主任；本文获连云港市第十五届哲学社会科学优秀成果奖一等奖。

积极老龄化视角下老年人的网络参与

武宜娟

人口老龄化已经成为全球共同关注的重大问题。为应对人口老龄化，国际社会陆续提出了成功老龄化、健康老龄化、生产性老龄化、积极老龄化等理论。其中积极老龄化理论延续和发展了前几种理论的内涵，相对全面和充分地阐释了应对老龄化问题的理念和思路。2002年世界卫生组织出版的《积极老龄化：从论证到行动》一书明确了积极老龄化的概念和内涵，同年召开的联合国第二次老龄问题世界大会通过的《老龄化马德里政治宣言》和《老龄问题国际行动计划》为积极老龄化提供了指导原则和行动建议。会后，世界卫生组织又出版了《积极老龄化政策框架》一书，进一步阐明了积极老龄化的理论基础、决定因素，并提出了相应的政策建议。在世界卫生组织的积极倡导和推动之下，联合国大会、国际劳工组织和欧洲联盟等国际机构也纷纷采取行动，促进了积极老龄化在全球范围内的推进。积极老龄化逐渐成为国际社会最具共识的应对人口老龄化的理论策略和行动指南。

同时，全球信息化进程的不断加速正在前所未有地改变着世界。新兴信息技术带来的巨大颠覆力及其激发的创新浪潮，使人口老龄化面临更加复杂的形势，也对积极老龄化的全球推进不断提出新的课题。在我国，随着互联网络技术的不断发展，网络越来越普遍和深入地介入了老年人的生活世界，对老年人的影响也越来越深远。在这样的形势下，关注信息化时代我国老年群体的网络生活，探究老年人的网络参与行为及其对积极老龄化的影响，对于推动老年人跟上时代节奏，使他们在享受网络化时代红利的同时更加从容自如地应对老年生活，进而更好地贯彻实施积极应对人口老龄化的国家战略，有着重要的价值和意义。

一、积极老龄化理念诠释

按照世界卫生组织的定义，积极老龄化是指人到老年时，为了提高生活质量，使健康、参与和保障的机会尽可能发挥至最大效应的过程。它以1991

年《联合国老年人原则》中的"独立、参与、照顾、自我充实、尊严"五大原则为指导,站在一个更具战略前瞻性和更加立体多维的视角看待人口老龄化问题。较之其他几种老龄化理论,积极老龄化表达了更加丰富和完整的含义,传达了更为广泛而深刻的内涵。

在积极老龄化的视域里,老龄化问题不是一个简单的个体生理变化问题,也不仅仅是老年群体的问题,而是一个全人口全生命周期的议题。[1]横向看,老年人生活的社会是不同年龄阶段的人口群体共存共生的社会,各年龄段之间的相互依存和代际团结是老龄化社会始终需要遵循的重要原则,社会应该为老年人创建支持性的优良环境和促进健康的选择;纵向看,老年阶段是个人完整生命历程的一个有机组成部分,老年健康状况与生命前期的经历和健康行为积累息息相关,应对老龄化要从终身考虑,在个体生命的各个阶段进行干预。[2]9-12作为个体生命周期的最后一个阶段,老年生活过程并非就是一段逐渐走向生命终点的令人沮丧的悲伤历程,它应当与其他年龄段的生活一样积极向上、充满活力。

按照积极老龄化的观点,老年人既是社会发展的受益者,同时也要被视作年龄一体化社会的积极参与者和贡献者。[2]45-46大多数老年人在老龄时依然可以保持独立,不应把他们同退休、疾病和依赖联系在一起。他们是拥有巨大开发潜力的群体,是社会的宝贵资源和财富。老年人应当尽可能保持独立,尽可能长时间地保持健康的身体状态、精神状态和良好的社会适应能力,积极参与一些力所能及的社会、经济、文化及公益活动,以各种形式为社会发展做出生产性贡献。

积极老龄化基于对老年人权利的承认,强调从"需求为基础"到"权利为基础"[2]11的观点转变,认为老年人享有在各自文化环境下的各种权利。老年人的生命权、健康权、独立权、参与权、自我实现权等权利应该得到充分的承认和尊重。在不能维持和保护自己的情况下,老年人还拥有获得充分的健康保护、医疗保障、生活照料和临终关怀的权利,政府、社会和家庭都有责任保证老年人的这些权利不被削弱或剥夺。老年人的尊严应该得到维护,政府、社会和家庭对老年人不应存在年龄上的歧视、观念上的偏见和行为上的虐待。

在《联合国老年人原则》指导下,积极老龄化的政策框架围绕健康、参与、保障三个支柱问题而设计并开展行动。[2]17健康是自然基础,参与是内在动力,保障是重要支撑,三者互构而共生。没有健康,参与就无法进行,保障也无从谈起;没有参与,老年人的晚年生活就陷入了消极等待生命走向终结的状态，在这样的状态之下，健康没有价值，保障也失去了意义；没有保障，健康难以维护，参与也难以实现。健康、参与、保障这三个支柱"三位一体"的最优结合是积极老龄化得以实现的关键。[3]在开展积极老龄化行动时，应当通过各个部门的通力合作和老年人家庭内外的代际支持，帮助老年人保持健康和活跃、拥有自主和独立、享有权利和尊严、获得干预和保护，进而提高他们晚年生活的质量，延长健康的预期寿命。

二、我国老年人的网络参与生态

随着我国互联网的不断普及和网络应用的日益广泛，越来越多的老年人与网络发生了关联。与看报纸、听广播、看电视这"老三样"相比，"上网"越来越成为对老年群体更具吸引力的新鲜事物。近年来移动互联网的迅猛发展，使得上网越来越轻松便捷，迅速催生了一大批老年网民。新冠疫情更是加速推动了全社会数字化转型的浪潮，促使更多的老年人开始"触网"。网络参与日益成为我国老年人的生活常态，成为老年人进行社会参与的重要渠道和形式。

（一）参与数量逐年递增

中国互联网络信息中心（CNNIC）发布的历次《中国互联网络发展状况统计报告》显示，近五年来我国网民增长速度持续攀升，其中老年网民的增速尤为明显。从网民规模看，2015年12月，我国网民人数为6.88亿，其中60岁及以上老年网民约2683万人，占比为3.9%；到2020年12月，我国网民人数达9.89亿，其中60岁及以上老年网民人数增至11077万人，占比升至11.2%，规模十分可观。随着互联网进一步向中老年群体渗透，未来老年网民的增速会更快，老年网民数量将更加庞大。

（二）参与内容日益丰富

老年人的网络参与内容，几乎涉及人们社会生活的所有方面。第一是获取各种信息，如浏览国内外新闻，获取天气、旅游、交通、就业等即时资讯，查找各种资料，进行在线学习等。第二是进行网络沟通，包括即时通信和联络家人及亲朋、结交网友、登录各种APP进行互动等网络社交活动，以及反馈信息、建言献策、表达诉求、主张权利等网络政务活动。第三是开展网络商务交易，如进行网络购物、网络购票，以及完成各种生活支付、进行网络投资理财等。第四是寻求网络服务，如网络预约挂号、网络问诊、营养健康在线咨询、旅游酒店在线预订、网约叫车、网上办事甚至网络倾诉等。第五是开展网络娱乐活动，包括玩棋牌等网络游戏、欣赏网络音乐、阅读网络文学、观看网络视频、参与网络直播，以及通过上传自己的各种作品来展示自我才艺等。上述内容中，尤以获取社会资讯和开展网络娱乐活动为最，二者几乎成为所有参与网络的老年人每天的"必修"项目。

（三）参与意愿不断增强

对新鲜事物的好奇是人的天性，对便捷生活的追求是人的本能。当老年人看到身边的人仅凭一部手机便能完成日常生活中的绝大部分事务的时候，自然也会跃跃欲试。尤其是当老年人从网络参与中获得了良好的体验之后，他们对于网络的需求感和依赖感都会大大增强，其参与网络的意愿也会不断增强。近年来我国网络基础设施建设的全覆盖、网络普惠的深入推进和网络治理的逐步完善为网民提供了日渐清朗的网络空间和日益健康的网络生态，也促使越来越多的老年人积极主动地去拥抱网络。据移动内容平台"趣头条"联合"澎湃新闻"发布的《2020老年人互联网生活报告》称，60岁以上老人已经成为新兴"网络冲浪族"，他们在移动互联网上投入的时间已不输于年轻人，并形成了固定的网络生活轨迹。该报告显示：60岁及以上老年用户日均登录5次APP，高于其他年龄段用户；老年用户日均使用APP时长达到64.8分钟，比40岁及以上用户的平均水平多16.2分钟，也高于所有用户的平均水平。老年人网络参与的热情已经远远超出人们的意料，越来越多的老年人走在了成为网络达人和网络"潮人"的路上。

三、老年人网络参与对积极老龄化的促进

网络参与打破了老年人过去几十年形成的许多固有观念和固有习惯，解构着老年人传统的思维模式和行为方式，重塑着老年人的生产生活状态和社会关系，也对老龄产业的资源禀赋和政策安排提出了新的诉求。从积极老龄化的视角来看，老年人合理而适度的网络参与不仅有利于促进老年人的身心健康，也有利于提升老年人的社会参与能力，还可以为老年人获得健康保障保驾护航。网络参与为将老年人健康、参与、保障的机会尽可能发挥至最大效用提供了更多的可能性，有助于积极老龄化的推进。

（一）适度的网络参与有利于促进老年人的健康

在积极老龄化的视角下，健康是个多维度的概念，它不仅包括身体健康，

更指精神健康以及社会适应良好。2015年世界卫生组织发布《关于老龄化与健康的全球报告》，对健康的含义作了进一步丰富，强调健康的老龄化是"发展和维护老年健康生活所需的功能发挥的过程"[5]，把对老年人健康问题的关注点从静态的健康状况转向动态的功能发挥，从以疾病为中心的治疗模式转向以老年人本身为中心的综合关怀模式，从单纯地考虑促进老年人个体健康转向为老年人提供其生命历程中所需的各项健康支持，使得"健康"在理念上更先进，在视角上更新颖，在内涵上更丰富，在外延上更宽广。

随着参与网络的老年人越来越多，网络对老年人健康的影响也越来越大。已有研究表明，老年人参与网络对健康的影响是多方面的。尽管目前尚未形成统一的研究结论，但总体上来看，互联网的使用能够显著改善和提升老年人的身心健康水平。合理而适度地参与网络，不仅有利于老年人的身心健康，更有利于积极老龄化健康理念的践行。

1. 对老年人身体健康有帮助

老年人可以通过网络更加便捷地获取各种健康信息，包括营养学方面的知识、老年常见疾病的预防知识、突发疾病的科学应对和家庭救助方法、老年运动的相关计量和分析数据及相应建议等。国外有研究证实，患有高血压和心脏病的老年群体通过互联网搜索掌握相关预防保健知识，能够有效地降低这两种疾病的发病率。老年人在日常运动过程中使用相关APP进行运动计步、心率监测等，可以在确保安全的前提下保持合适的运动强度。各种网络游戏可以训练老年人的注意力和认知加工速度，对其他认知功能的退化也具有一定的改善作用。而掌握了网络购物、网络交费等功能的老年人更可以不必依赖他人就能解决日常生活中的诸多不便，同时可以规避线下操作可能给身体带来意外伤害的风险。

从积极老龄化的视角看，通过网络参与，老年人不再完全静止被动地等待外在的健康帮助和救治，转而能够通过积极主动的健康行动和健康预防，不仅为自己争取到了更多的健康机会和身体保护，还为"医疗、照护与环境"相结合的老年健康综合服务体系的构建提供了更为便捷的通道。

2. 对老年人精神健康有提升

第一，网络参与带来的便捷和高效可以极大地方便和改善老年人的日常生活，提升老年人的生活满意度。网上"冲浪"可以开阔老年人的眼界，丰富老年人的人生体验，增强老年人的自我认同感和对生活的掌控感，进而提升老年人的主观幸福感。

第二，网络参与可以满足老年人对亲情的期待。现代社会的生存压力和地区隔离使许多老年人难得与晚辈面对面沟通：身边子女忙于自身事务而无暇与老人沟通互动，远在异国他乡学习或工作的子女更是难以履行家庭角色义务，难以满足父母的感情需求。当老年人对亲缘关系的期待在现实空间里不能得到充分满足的时候，网络却可以提供一个虚拟的在场空间，帮助人们在身体缺场的情况下实现亲人间的交流互动。这对于子女不在身边的空巢老人而言尤为重要。有研究显示，那些子女不在身边的老年人几乎都会将与子女保持联系作为自己使用互联网的主要目的之一。虽然远隔千山万水，但老人们通过视频聊天，仍然能够感受到儿孙的一颦一笑，甚至可以在网上帮助子女"照看"孩子[6]。尽管这种场景互动是虚拟的，但它带给老年人的感受却是真切的。这种虚拟的亲切感和亲人的"远方在场"感觉可以给老年人带来极大的情感满足。

第三，网络参与可以满足老年人与外界沟通交流的愿望。网络使老年人可以摆脱身体条件的局限，与外界建立起一道成本低廉的、高仿真的沟通桥梁，便利了老年人与朋友、工作伙伴、邻居的相互联系以及与家庭成员的代际沟通。网络上丰富多样的沟通手段使得关心、问候不再需要见面，倾诉、交流不必诉诸纸笔，仿真而不失真的情感互动同样能够让老年人获得精神上的慰藉，缓解了老年人因社会网络萎缩、社交频率下降而产生的孤独感、颓废感和失落感，降低了老年人陷入焦虑、抑郁等不良精神状态的风险，提升了老年人的精神健康水平。

3. 对老年人社会适应有促进

人进入老年阶段后，一些社会角色的自然丧失和社会活动的逐步缺失会导致老年人产生社会疏离感和社会脱节感，觉得自己已经落伍了，跟不上时代潮流了，一些失能、半失能老人更容易产生自己已经成为家庭负担和社会包袱的消极想法。这些都会给老年人的社会情绪和社会认知带来消极影响，导致他们难以重新融入社会和适应社会。互联网给老年人提供了获取外界信息的便捷渠道，可以帮助老年人及时了解其周围正在发生的事情，让老年人感觉到自己与周围的世界是有联系的，因而有助于提升老年人的社会联结水平和理解他人情绪的能力，促进其心理健康水平的提升。[7]适度的网络参与能够帮助老年人始终保持敏锐的社会代入感，在能动地参与社会的过程中维系与周围世界的人际亲密度，在紧跟时代前进步伐的过程中保持良好的社会适应感，在关爱他人、友爱社会、共建老年友好型环境的过程中获得良好的社会适应状态，从而在人生道路上永不落伍，以一种积极健康的姿态走完自己最后的生命旅程。

（二）合理的网络参与有助于提升老年人社会参与能力

社会参与是积极老龄化的内生动力，也是积极老龄化的实现途径。老年人积极能动地参与政治、经济、文化与社会公共事务，在动态参与社会的过程中挖掘老年生活的精彩、享受老年生活的过程、建构积极向上的老年生活世界、完成人生最后阶段的积极生命体验，是对积极老龄化理念的一种实践阐释。在积极老龄化的视野中，社会参与不仅是老年人的一项基本权利，也是老龄化社会开发老年人力资源、缓解社会保障压力、保持老年人独立自尊、支持老年人追求自我实现、促进老年人身心健康、提高老年人生活质量的重要实践路径。

随着信息技术的不断发展，网络为老年人更好地参与社会提供了更多的机会。网络超越时空限制的特点使老年人摆脱了因身体行动不便和线下社交萎缩而造成的各种参与机会缺失，从而保障了他们的社会参与权利；网络中多样化的交互手段使老年人的社会参与渠道和参与方式变得更加多元化，让老年人这一宝贵的社会资源有了更多的用武之地；网络"去中心化"的特点淡化了老年人在社会参与过程中被边缘化的感觉，从而帮助他们更加自信地参与社会；网络上海量的共享信息也为老年人终身学习和提升社会参与能力提供了各种便利，让他们的人生理想和价值追求更有可能实现。在网络化与老龄化长期共存的当代社会，网络为老年人的社会参与开拓了更多、更新的空间，提升了他们在各个领域的社会参与度和参与水平，对于引导和推动老年人建立自强自立的积极老龄观、将积极老龄化往纵深方向推进，发挥着越来越重要的作用。

1. 网络为老年人的政治参与提供了新渠道

政治参与是法律赋予我国公民的基本权利，老年公民的政治参与权利受到我国宪法和老年人权益保障法的保护。从积极老龄化的立场看，政治参与是老年人社会参与的一个重要表现，是老年人维护健康和自尊、主张民主权利的主要渠道，也是反对老年歧视的必然要求。与其他年龄群体相比，老年人有着更为丰富的人生阅历和社会经验，在主张政治权利、表达政治诉求时较为理性和中肯，在参与民主决策、民主管理和民主监督时也较为理智和稳重，在政治参与过程中往往能够提出一些有见地的见解和主张，他们应当成为我国公民政治生活中的一支重要力量。

然而，我国老年公民的政治参与率并不高。有研究显示，即便是像投票选举这类民众参与率相对较高且影响较大的制度化政治参与，老年人的参与率也未过半。我国老年人的制度化政治参与跟发达国家相比还存在不小的差距,[8]非制度化的政治参与更是良莠不齐。究其原因,一是身体条件的制约导致一些高龄老人和健康状况不佳的老人因现场参与有困难而放弃参与;二是参与信息不通畅、参与渠道受限制,导致部分老年人对政治参与缺乏信任,进而放弃参与或减少参与;三是社会对老年人存在政治偏见,认为老年人知识陈旧、思想僵化、跟不上时代,导致老年人陷入社会权力结构运作的边缘地带,其政治参与的意愿被排斥或者忽视,政治参与的积极性受到打击。

网络政治参与在一定程度上解决了上述问题。网络投票让老年人摆脱了年龄和健康状况的限制,降低了老年人政治参与的体力成本和时间成本,从而提高了老年人政治参与的积极性。电子政务的快速发展提升了我国政治运作的透明度,各级政府网站和政务新媒体的开通便捷了政治参与信息的传递,拓展了政治参与的渠道,在很大程度上克服了老年人的制度信任危机。网络议政、网络听证、网络咨询、网上征求意见、网络社会公示等让老年人有了为社会建言献策和展示自己智慧学识的机会,在面对老年人权益保障、老龄事业发展等关乎切身利益的问题时也可以不再"失声",而能够以主人翁的姿态表达观点和诉求,彰显自身权利。网络的开放性和平等性、多渠道和多元化让老年人能够克服年龄和身份的障碍,公平自主地表达自己的政治主张,从而摆脱了在政治生活中被"边缘化"的弱势境地,重新找回了社会存在感和价值尊严。网络政治参与让老年人的政治生命有了重新勃发的机会。随着我国数字政府建设的扎实推进,网络参与在提升老年人政治参与程度方面的作用将越来越强。

2. 网络为老年人的经济参与开拓了新空间

老年人根据自己的身体和能力状况,按照自身的需求和爱好,参与一些经济活动,不仅可以增加经济收入,改善家庭经济状况,为自己身体健康状况的提升提供经济支撑,也能够让老年人摆脱"老而无用"的思想包袱,通过为社会做出生产性贡献来丰富晚年生活的意义。

然而,我国老年人参与经济活动的道路并不平坦。由于年龄歧视、社会偏见以及老年人自身在文化程度、知识技能更新、体能和精力等方面的不足,除了极少数技术型岗位人员外,大多数老年人只能务农或从事诸如零售、小吃、门卫、保洁等比较辛苦且收入较低的边缘服务工作。老年人的从业之路充满艰辛,且存在着明显的不公。

互联网在一定程度上减轻了老年人在经济参与过程中遭遇的不公平,维护了老年人的人格和尊严,也为他们的经济参与提供了更多的机会。第一,网络经济活动对年龄、性别、身份的弱限制降低了老年人经济参与的门槛，为老年人提供了相对公平的就业机会。网络也便利了老年人再就业信息的搜寻获取和就业事务的交流沟通，降低了老年人搜寻工作机会的成本。第二，网络提供了更加多元化的经营模式，为老年人增加了不少再就业的新渠道。一些拥有专业知识和技术经验的老年人可以运用网络平台进行信息咨询和技术指导，或者通过一些知识付费项目来继续服务社会，同时为自己增加收入。国家的网络扶贫行动让大量的从事农业生产活动的老年人受惠，一些老年人可以在网上售卖自家产品，甚至可以通过网络直播等方式为自家产品打广告、做宣传。此外，网络还为部分老年人增加了投资机会和投资渠道，一些有一定经济实力和投资经验的老年人可以通过在线买卖债券、股票、基金，以及余额宝、理财通等低风险理财产品[9]，来增加收益，做到足不出户就能完成自有财产的保值增值。总之，网络经济活动让老年人摆脱了年龄、身份和健康的局限，释放了老年人参与经济社会发展的潜能，使其既增加了自身收入，又为社会作出了生产性贡献。网络经济活动帮助老年人在重返社会、参与社会的过程中找到自身的价值，催生出新的人生目标，拓展了老年生命的社会宽度，让老年人在服务社会、贡献社会的过程中赢得社会的认可和尊重，找回自我的尊严，在"老有所为"的实践中提升了老年生活的幸福感。

3. 网络为老年人的文化参与开辟了新舞台

文化参与是老年人社会参与的重要内容之一。老年人自愿、民主地参与各种文化学习和文化娱乐活动，有助于提升身体机能、扩大社会交往、提高社会适应能力、扩展社会支持网络、实现自我价值和体现社会价值[10]，是积极老龄化的重要表现形式。互联网与文化产业的跨界融合催生出大量的新兴文化业态，也为老年人的文化参与提供了更为宽广的舞台，帮助老年人在互联网的天地里充分展示自己的风采，实现老有所乐。很多老年人在青壮年时期忙忙碌碌，年少时的许多梦想还不曾实现，许多爱好、潜在才艺和生活技能还未曾发挥。如今，网络文化参与能够让他们弥补人生早年的诸多遗憾。通过在社交平台上展示自己的作品或展现当下生活状态，老年人可以在追逐梦想的道路上不断绽放自信的风采，重新诠释自我，丰盈和充实自己的人生履历。各种在线教育平台满足了老年人继续学习的愿望，电子书、手机报等网络出版物克服了老年人线下阅读的时空障碍，一些有声读物的推出还解放了老年人的双眼。网络音频、视频满足了老年人观赏的需要，在线游戏让棋牌等娱乐活动在疫情防控期间也可以继续。QQ、微信等交际工具和新媒体平台便利了老年人的聊天互动，各种内容推送满足了老年人的文化信息需求。

甚至，老年人线下群体性的健身、旅游、歌舞、棋牌等文体活动也可以借助网络来进行邀约和安排，既省时、便捷、经济，又易于联络感情。网络文化参与让老年人的精神文化活动变得更加便捷高效、多姿多彩。

4. 网络为老年人的社会公益参与拓展了新天地

公益作为社会文明和进步的标签，传递和展示着人们心中的人道精神和博爱情怀。在积极老龄化的生活境遇里，公益是一面爱的旗帜，可以帮助老年人找到晚年生活的"精神家园"，使老年人从消极的享受者和等待者转变为积极的进取者和奉献者。老年人不仅是公益活动的受惠者，也是公益活动的热心参与者。设身处地、感同身受是许多老年人参与公益活动的初衷和原动力，参与公益又让老年人在参与社会、回报社会的同时收获身心上的愉悦和满足。"互联网+公益"营造了一个全新的公益生态。借助互联网的技术优势，网络公益的参与门槛不断降低，参与形式不断丰富，参与信息越来越透明，公益监管越来越有力，这些都吸引着越来越多的老年人参与网络公益事业。在互联网公益社群和公益虚拟社区的强大支撑下，在微信、QQ、支付宝上动动手指就可以完成一次公益捐赠，让老年人的公益梦想变得不再难以实现；众筹捐款为社会奉献爱心，"捐声音"为盲胞读书，"捐步数"为环保尽力，这些活动形式让公益成为老年人快乐生活的源泉；在社交平台上转发各种公益信息，让老年人也成为爱心火炬的传递手；而耐心的网络陪伴疏导，更是让老年人在帮助他人的同时获得了自我心灵上的慰藉。老年人积极的网络公益参与不仅让老年群体受益，使一些弱势老人能够获得实际的帮助，感受到社会的温暖，也让老年人以自己的方式回馈了社会，在奉献社会的过程中充分体验晚年生活的幸福与满足。

(三) 必要的网络参与有助于提高老年保障水平

作为积极老龄化的三大支柱之一，保障是积极老龄化得以实现的必备条件，是老年人获得健康、实现参与的制度保证和政策支撑。积极老龄化视野下的老年保障，既包含着确保老年人获得基本的生活、医疗、安全保障和必要的社会救助，也包含着保护老年人的各种需求、权利和尊严，还包含着保证老年人在失能和半失能状态下得到保护、照料和获得人文关怀，体现了国家和社会在老年健康维护、医疗保障和长期照护等方面的制度安排。

"互联网+"行动的迅速推进，让我国的老龄保障事业也焕发出了新的生机。随着智能终端、大数据、人工智能、物联网、区块链等新兴信息技术的快速发展，老龄保障事业与互联网的关联也越来越密切。不断升级换代的网络技术使老年保障的漏洞越来越小,"横到边、纵到底"的网上服务体系使老年保障的死角越来越少。互联网技术给老年人带来的日益优质、高效和完备的保障服务既吸引着老年人,也倒逼着老年人进行必要的网络参与。老年人要在信息化社会中享受红利并获取相应的服务保障,就不能将网络拒于门外。

1. 让老年保障更有温度

网络参与使老年人的各种基础生活保障获得了进一步的改善,老年人的各种需求、权利和尊严也得到了进一步的保护。网络让老年人看病就医可以提前预约好就诊时间,转账汇款和理财可以不用跑银行,免去了排队等候之苦;出行可以叫网约车或者提前查询好公交线路,买车票、订酒店可以在家就轻松搞定,出门旅行变得更加从容淡定;办事可以动动手指便一站式完成,而不必跑冤枉路和看各种人的脸色,老年人的权利和尊严得到了更充分的维护;疫情防控形势之下健康码的使用,既保护了老年人自己,也保护了他人。对于空巢老人、独居老人而言,网络参与便利了他们预约家政服务以及送餐、助浴、护理等居家养老服务。对于失能、半失能老人而言,网络参与让情感陪伴和人文关怀更显温情,使保护和照料更具人性化色彩。

2. 让智慧养老大有可为

智慧养老是一种新型养老模式,它依托智能化的设施设备和科技手段,通过线上线下相结合的服务方式,实现养老服务资源的跨界供给与融合,为老年人提供个性化养老服务,最大程度地满足老年人养老需求,增强老年人在养老和享老过程中的获得感、幸福感和安全感。这种养老模式适应了信息化、智能化的发展趋势,是我国推进"积极应对人口老龄化"国家战略的重要举措。它可以给老人提供优越的养老服务,对老人的身体状态、安全情况和日常活动进行有效监控,全面满足老年人在生活、健康、安全、娱乐等各方面的需求,实现对老年人的全方位保障。

要让智慧养老充分发挥其最佳功能,就要求老年人成为"智能化的老人,或者说是智慧老人"[11]。使用网络无疑是其最基础的一步。网络参与可以助力老年人操作各种融合了互联网科技元素的智能设备,使老年人在医疗救治和紧急求助、健康管理和安全监护、家庭服务和生活照料、精神慰藉和远程关怀、学习教育和文化娱乐等方面获得及时、全面的服务和保障,并为进一步拓展和深化智慧养老服务领域、丰富智慧养老服务内容、提高智慧养老服务效率,打造高效优质的"智慧康养"服务体系,更好地满足老年人的多样化需求创造更多的条件。

四、老年人网络参与中存在的问题

如前所述，在信息化社会里，科技革命正在迅速改变着原有的生产生活方式、产业结构和社会形态，也为应对人口老龄化提供了更加丰富的创新资源和更多的可能路径。老年人积极能动地参与网络，合理适度地使用网络，无疑有利于积极老龄化的践行。然而，互联网也是一柄双刃剑，它在给予人们一些东西的同时，也拿走了一些东西。在朝气蓬勃的银发网络背后，同样隐藏着各种问题，网络技术快速更迭与老年人网络素养欠缺之间的矛盾让老年人步入新信息环境的路途多了不少荆棘。

（一）沉迷网络造成健康损害

随着移动互联网的迅速发展，智能手机和家用 Wi-Fi 日益普及，让老年人的居家网络参与变得更加便捷，也让一些老年人患上了网络依赖症。越来越多的老年人变成了"宅老"和"手机控"，早上一睁眼就摸过老花镜戳手机，晚上很晚还不睡觉，窝在沙发里刷朋友圈。《2020老年人互联网生活报告》根据在"趣头条"APP上日均在线超过10小时的老年人数推算，全国可能有超过10万的老人几乎全天候生活在移动网络上。打游戏、刷微信、追网剧、刷短视频让一部分老年人沉迷于网络不能自拔而变成了"网瘾老年"。过度上网给老年人的身体健康带来了一定的负面影响，可能会引发眼疾、头晕耳鸣、腰颈椎病、失眠以及原有基础疾病加重等健康损害。沉迷网络还扰乱了老年人正常的生活秩序，导致许多老年人不再愿意出门，面对面交流不再亲密，线下社交圈不断缩小，社会适应能力不升反降。对网络的严重依赖和迷恋还导致一些老年人出现了认知和情感上的偏差。网络的隐匿性和虚拟性使得网络人际交往充满了迷惑性和未知性，让沉迷其中的老年人失去了分辨真伪的能力。"假靳东事件"等各种网络骗局既暴露了网络平台监管上的欠缺，也反映了老年人因沉迷网络情境而导致的认知偏差和情感扭曲给自身带来的精神伤害。

（二）网络陷阱造成生活困扰

信息化时代，网络成为老年人获取信息的重要场所。每天各种海量网络信息扑面而来，既给老年人提供了诸多新鲜有益的资讯，也让老年人陷入了形形色色的网络陷阱和网络套路之中。2018年人民网与腾讯公司联合发布的《中老年人上网状况及风险网络调查报告》显示，网络谣言、虚假广告、网络诈骗与低俗色情是中老年网民群体遭遇占比最高的四类风险。其中，网络谣言对老年人的影响最大，绝大多数老年人在生活中都曾遭受过不同程度的网络谣言误导和伤害。据2017年北京地区网站联合辟谣平台和腾讯"较真"平台对网络大数据进行分析和梳理后发布的《谣言易感人群分析报告》显示，60岁及以上的老年人中，超过三成（33.8%）属于谣言易感人群。许多网络谣言制造者抓住老年人渴望健康的心理，在发布一些健康养生、食品安全类的谣言时，往往使用"有毒""致癌""致死"等刺激性字眼，配合一些看似"专业"的名词、"确凿"的数据、"客观"的实验，让老年人产生焦虑和恐慌，从而落入谣言的圈套；不仅如此，老年人还常常出于"宁可信其有"的认知取向和"我是为你好"的关切心态，在不知不觉中成了网络谣言的二传手，推动谣言实现了病毒式传播，甚至让一些早已被辟谣的信息沉渣泛起、死灰复燃。[12]与此同时，网络上的虚假信息、不良甚至有害信息，以及各种网络骗术，也严重干扰了老年人的正常生活。五花八门的虚假新闻借由网络推手的"流水线式"造假和"标题党式"浮夸来吸引人的眼球，对老年人造成很大的认知干扰和情感误导。各种虚假的保健品、营养品宣传广告直接影响了老年人对产品的信息判断和现实选择，可能让老年人花费无数却买来一堆无用或性价比很低的东西。各式各样的保健品诈骗、红包诈骗、彩票中奖诈骗、网络传销诈骗、理财集资诈骗、仿冒公检法类诈骗、网购诈骗以及婚恋诈骗让老年人防不胜防，老年人一旦中招，就会遭受很大的财产损失和心理伤害。网上不时跳出的低俗色情画面也让老年人不堪其扰。形形色色的网络陷阱给老年人带来了诸多的生活困扰，严重的网络欺诈甚至导致老年人陷入悔恨、自责的煎熬之中久久难以走出，不仅影响了老年人的晚年生活质量，也影响了老年人对网络社会的信任度，使他们从此对网络参与心生畏惧，减少甚至拒绝使用互联网的诸多功能。

（三）信息泄露造成安全烦恼

在网络参与过程中，私人信息泄露和被滥用的风险时常会让老年人产生担忧和焦虑情绪。人们在互联网上的各种行为，可能在没有任何提示的情况下被储存、记录、利用甚至泄漏。在老年人自己不知情的情况下，其个人的网络言论、上传的照片可能被传播，家庭住址、社会关系可能被"人肉"，浏览记录、网购记录可能被利用，这些都有可能给老年人带来安全困扰。大数据让网络隐私问题更加突出。个人位置定位、在线消费（网购）记录、浏览记录、聊天记录、日常生活动态等看似无关紧要的信息，在经过大数据整合和分析之后却往往具有了一定的商业价值，导致许多老人因此而遭遇到网络媒体和商家的各种信息骚扰，破坏了老年人的生活安宁。在进行电子商务交易、享受医疗健康服务、参与网络社交活动时，个人身份信息、健康信息、通信信息、账户信息等的安全风险也常常让一些老年人忧心忡忡。一旦账号、密码被盗取，设备被病毒或木马攻击，则更有可能给老年人带来直接的经济损失，引发老年人更大的安全忧虑。在智慧养老情境中，老年人使用联网的智能终端设备，将自己置于远程控制、摄像头、监控器的时刻监视之下，这种没有任何个人隐私空间的"透明人"生活状态也给老年人带来了身体安全之下的"心理不安全"之烦恼。

五、多措并举助力老年人更好地实现网络参与

在信息化社会里，网络与人们的关联越来越密切，网络使用也越来越成为网络化生存境遇之下大众的一项基本技能。随着中国老龄化进程的快速推进，信息化与老龄化的并存和交融将成为未来中国社会的常态。让网络参与为老年人的生活赋能赋力、赋新赋彩，是时代的使命；帮助老年人在网络世界里趋利避害、合理应对，是社会的责任。在实施"积极应对人口老龄化"国家战略的征途中，应当通过各领域的齐头并进和多部门的协同作战，推动和帮助老年人与时俱进，在合理参与网络的过程中更加健康地过好晚年的生活、更为主动地把握人生的价值、更有尊严地享受生命的意义，从而在积极老龄化的道路上走得更加从容、自信。

（一）构筑老年人网络安全壁垒

老年人虽然日历年龄偏长，但在网络社会里却属于新生代，也是网络世界中的弱势群体。在网络参与的过程中，老年人因技术水平有限，自我保护能力不足，常常成为不法分子觊觎和侵害的对象。对此，国家应当制定专门针对老年人的网络安全保护法规或规章，对老年人的个人信息进行特殊保护，严格规范大数据时代老年人数据的管理和使用，加大对网络平台的综合治理力度，加强对老年人的网络安全监管和保护，严厉打击针对老年人的网络犯罪行为，对针对老年人的网络诈骗和骚扰行为加大惩戒力度。要充分利用大数据、云计算、人工智能技术保护老年群体上网安全，用云计算、数据挖掘等相关技术对老年用户保留在各个网络节点中的敏感信息进行处理，用人工智能技术来识别、过滤和屏蔽网络恶意入侵以及各种网络诈骗链接，从源头上保证老年人网络参与的安全。

（二）建设老年友好型网络生态环境

在全社会营造关爱、支持和帮助老年人参与网络的良好氛围。报纸、杂志、广播、电视、户外宣传媒体和网络媒体都应当进行宣传介绍和舆情引导，推动和帮助老年人学习上网。社区、图书馆、高校、老年大学、老年协会、养老机构和各种社会公益组织应当通过组织讲座、公益培训、技术咨询等形式帮助老年人掌握互联网知识、技能以及各种网络风险防范办法。互联网企业和软件公司应当根据老年人的需求，对网页和APP进行"适老化"改造，推出一些富有人性化特点且容错性良好的友好界面，方便老年人使用。网络运营商应通过降低资费、推出老年优惠套餐等方式吸引更多的老年人参与网络，让网络普惠覆盖到更多老年人。通过多方合力，打造一个绿色安全的老年网络生态环境，帮助老年人跨越"数字鸿沟"，在友爱亲善的网络环境中体会不分年龄人人共建共治共融共享的老年友好型社会带来的参与感、获得感和幸福感。

（三）提升老年人网络参与能力

1. 发展老年教育，在润物无声中培育老年人网络素养

网络素养是个人在信息时代特别是网络时代所必备的网络生存与发展的基本素养。[13]它包括掌握基本的网络知识与网络操作技能，具备对网络信息的识别判断和获取使用及反思能力、参与网络活动的能力、开展网络合作的能力以及网络使用的自我管理能力，具有良好的网络道德和网络安全素养。老年人要在网络世界的海洋中自在遨游，就必须具备相应的网络素养。为此，社区教育机构、职教中心、老年大学，以及开放大学、广播电视大学等远程教育机构，在开展老年教育活动时应当把网络素养教育纳入课程体系，为老年人提供老年网络素养读本或手册等免费学习材料，通过专题教学、在其他老年教育课程中有机渗透网络素养教育内容以及鼓励老年人自我学习等方式，培养老年人提升网络素养的内在动力和自觉意识，潜移默化地促进老年人网络素养的提升和良好网络参与行为的养成。

2. 进行文化反哺，在答疑解惑中提高老年人网络参与技术

当人类进入后喻文化时代后，知识的迭代更新、技术的变革进步都以前所未有的速度不停地改变着这个世界，也让老年人过去获得的一些知识和经验逐渐失去了传喻的价值。在新知识、新信息的获取和利用上，年长一代反而需要接受年轻一代的文化反哺。在家庭内部，老年人网络参与过程中的许多"第一次"都来自晚辈手把手的技术指导。晚辈的技术反哺不仅可以帮助

老年人迅速地掌握网络技术、提升网络参与能力，也可以很好地缩小代际鸿沟，增进年轻一代对老年人的理解与情感支持，这也是我国孝文化传统在当代社会的一种呈现。最好的孝敬是带老人跟上时代，晚辈在技术反哺过程中不仅要耐心细致，还应辅以情感激励和心理支持，在老人疑惑时不厌其烦、犯错时理解包容，成为老人上网的积极引导者、热心支持者和耐心呵护者。在社会场域，扶老上网、助老上网是年轻一代的责任，年轻人应当树立文化反哺共识，主动帮助老年人克服网络恐惧、解决技术困难。老年人也应该以开放的心态主动向年轻人请教和学习，以尽快提高自己的网络参与技术，更好地适应网络时代的快节奏变化。

3. 坚持终身学习，在自我挑战中提升老年人网络参与水平

终身学习是 21 世纪人的"通行证"，是贯穿个体生命全程的一项追求，也是我国建设学习型社会的核心内涵之一。世界在不停地变化，个体在生命的每个阶段都不应该停下学习的脚步。只有坚持终身学习，才能更好地学会生存，实现可持续发展。信息化时代，终身学习是老年人不断提升网络参与水平的关键路径。老年人应秉持终身学习的理念，不断挑战自我，让自己始终保持积极进取的姿态，活到老学到老，在攻克一个个技术难关的过程中不断提升自己的网络参与水平，以更好地适应信息化时代社会生活的剧烈变革，这也是对积极老龄化之理念贯彻和行动开展的一个有力注脚。

本文获连云港市第十五届哲学社会科学优秀成果奖一等奖

参考文献：

[1] 世界卫生组织. 积极老龄化政策框架 [M]. 中国老龄协会, 译. 北京: 华龄出版社, 2003.

[2] 丁志宏, 夏咏荷, 张莉. 我国老年人制度化政治参与现状及影响因素研究 [J]. 兰州学刊, 2019 (5).

[3] 洪建中, 黄凤, 皮忠玲. 老年人网络使用与心理健康 [J]. 华中师范大学学报（人文社会科学版）, 2015, 54 (2).

[4] 胡湛, 彭希哲. 对人口老龄化的再认识及政策思考 [J]. 中国特色社会主义研究, 2019 (5).

[5] 孟伦. 网络沟通对老年人家庭角色缺失的补偿 [J]. 新闻界, 2013 (7).

[6] 彭小辉, 李颖. 互联网促进了老年群体的消费吗？[J]. 消费经济, 2020, 36 (5).

[7] 王伟军, 王玮, 郝新秀, 等. 网络时代的核心素养：从信息素养到网络素养 [J]. 图书与情报, 2020 (4).

[8] 邬沧萍, 彭青云. 重新诠释"积极老龄化"的科学内涵 [J]. 中国社会工作, 2018 (17).

[9] 邬沧萍. 积极应对人口老龄化理论诠释 [J]. 老龄科学研究, 2013, 1 (1).

[10] 左美云. 智慧养老的内涵、模式与机遇 [J]. 中国公共安全, 2014 (10).

[11] 胡玲玲. 老年人文化参与的功能研究：以武汉市 M 社区为例 [D]. 武汉：华中师范大学, 2016.

[12] 魏寅. 让老年人远离网络谣言 [N]. 人民日报, 2018-07-30 (5).

[13] 世界卫生组织. 关于老龄化与健康的全球报告 [R]. 日内瓦：世界卫生组织, 2016.

新时代网络社会的发展困境与治理机制探析

张 元

网络社会环境深刻地改变着人们的生活、思维方式和行为模式，已然构成了一种无处不在、如影随形的网络社会生活情境和话语场域。但存在着治理主体结构单一，多元利益群体出现对利益整合提出新要求，主流意识形态主导地位受到挑战，这些快速变化给治理带来了诸多盲区。十九大报告指出：要"高度重视传播手段建设和创新，提高新闻舆论传播力、引导力、影响力、公信力。加强互联网内容建设，建立网络综合治理体系，营造清朗的网络空间。落实意识形态工作责任制，加强阵地建设和管理"[1]。习近平同志强调："随着移动互联网发展，社会治理模式正在从单向管理转向双向互动，从线下转向线上线下融合，从单纯的政府监管向更加注重社会协同治理转变。加快推进网络信息技术自主创新，加快数字经济对经济发展的推动，加快提高网络管理水平，加快增强网络空间安全防御能力，加快用网络信息技术推进社会治理，加快提升我国对网络空间的国际话语权和规则制定权，朝着建设网络强国目标不懈努力。"[2]因此，厘清网络社会的发展困境，分析产生困境的内在根源，探索有效的治理机制，推进网络社会治理体系和治理能力现代化建设，才能实现习近平同志提出的"推动网络空间实现平等尊重、创新发展、开放共享、安全有序"的四个目标，实现新时代的网络社会"善治"。

一、新时代网络社会的发展困境

（一）意义匮乏：网络信息碎片单子化

网络社会发展在促进民众传播信息行为的低成本、高效用之时，也使得信息量剧增，与传统的经过调查、采访、取证等程序之后，再呈现给受众的较为完整的信息全景不同，网络的超文本结构和超链接组织以其非线性特质，给受众的信息呈现为一种信息不全、逻辑不清的碎片化、单子化特征。首先，信息量剧增使网络主体习惯于固守知识碎片，导致收益递减。在此背景下，信息受众只能依靠固有知识和生活经验来认知碎片化、单子化的网络信息，这在某种程度上势必导致受众的信息收益递减。其次，信息收益递减导致"意义空化"。网络社会中信息量剧增带来的信息碎片化、单子化和同质化问题，在一定程度上给主体在信息冗杂和频繁更新的琐碎信息中获取有价值的信息造成困难。换言之，主体搜集的信息量越大，获取的信息越多，则愈来愈多的信息会影响和侵蚀着主体对于意义及其系统的容纳能力，导致其真正获取的意义和价值可能会愈来愈少，亦即"意义空化"。如极具个性化媒体特质的微信，以其不超过140个字的文本特征，使得名人精英和草根大众等网络用户流连其间，成为一个同质化、多元化、碎片化信息的交流集散地。再次，"意义空化"加剧主体丧失对信息蕴含的智慧体验和感悟。网络信息量递增而收益递减导致的"信息超载"和"意义空化"等问题，加剧主体对网络社会中的新生事物的认知和认同产生困难，造成其网络认知力、理解力和批判力快速弱化，致其固守碎片化、单子化的信息，逐渐丧失了对信息内蕴的智慧的体验、把握和感悟，最终丧失其主体性、独立性、能动性、超越性和创造性。

（二）技术异化：网络工具理性膨胀

现代性倡导人们追求自由，以理性为特征的"现代性在赋予了人自由和创造空间的同时，也以工具理性极度张扬、科学技术操控社会、人文价值急剧衰退，以及精神信仰出现困境和危机等悖论的形式展现出来"[3]。首先，过分强调网络工具理性极易导致个体的主体性弱化、消解。网络技术的发展应用本应成为便利主体生活的一种手段和工具，其自身不存在任何的价值取向和行为意识，适度弘扬网络价值理性，可促使主体在网络社会中保持独立性、能动性、超越性和创造性。反之，在虚拟仿真的网络社会中，若主体长期依赖和沉溺于网络虚拟环境而生活，但又存在受网络社会客体的影响而无法驾驭、利用网络工具等问题，则内涵"人之为人"内在规定性的网络个体的主体性极易被弱化、消解，甚至被某些掌握网络工具的团体或个人所控制、利用。其次，过分强调工具理性极易导致实用主义和功利主义盛行。工具理性轻视、忽视人的精神情感需求，认为技术仅是一种手段或工具，漠视网络技术的价值合理性，其同化逻辑具有一种为实现更高层次目标的扩张性力量，过分强调易导致实用主义和功利主义在主体日常和非日常的网络生活场域中盛行，受不同的功利需求驱动，主体在追逐利益最大化的动机驱使下，更多的是从"利我"角度考虑问题和采取行动，这对和谐的网络社会结构、社会系统、传播秩序构成了一种威胁和挑战。

(三) 去中心化：道德相对主义和非道德主义沉渣泛起

关于科技、工具及理性具有的"去中心化"特性对现代社会生活方式的影响，哈贝马斯指出："在我们的生活世界中，通过电子传媒，事件在全球变得无所不在，不是同时发生的事件也具有了共时性效果。与此同时，差异消失、结构解体等，都对社会的自我感觉造成了重大后果。疆域的拓展是与具体角色的多样化、生活方式的多元化以及生活设计的个人化同步进行的。"[4] 然而，这种"去中心化"却在一定程度上导致崇高价值的弱化，致使网络社会中道德相对主义沉渣泛起。"由于网络道德评价标准的多元化和多重化，无论哪一种道德评价标准似乎都有一定的合法性与合理性，任何一种行为选择似乎都可以获取某种价值观的支援、肯定和赞扬，同时又受到另一种价值标准的否定和批评，导致网络道德评价标准变得似是而非、模棱两可，网络道德评价活动也陷入自相矛盾的窘境。"[3] 这就是"道德相对主义"，而网络社会中"道德相对主义"的大行其道极易诱发"网络非道德主义"在一定范围内抬头，甚至泛滥。所谓"网络非道德主义，是指在虚拟的网络空间中，反对任何具有道德约束的倾向，主张放任自流，用虚无主义对待社会提倡的道德理想和行为规范，其实质是极端个人主义和颓废主义相结合的产物。由于网络道德价值观的新旧交替，执行者双重或多重的价值评价标准，缺乏统一的权威性的网络道德理想，造成网络社会舆论监督的混乱和网络主体道德良知的淡化，使网络社会道德控制系统无法发挥甚至丧失其原有和应为的功能。"[3] 网络社会中的评价标准和网络行为选择失范，以及一定范围内"道德相对主义"和"非道德主义"盛行，及其引发的矛盾、冲突已对部分网民的网络生活产生了重要影响，致其道德评价似是而非、标准紊乱、价值取向混乱、行为选择失范。

(四) 身体缺场：网络交往的自我中心主义

网络社会是物质社会凭借虚拟仿真技术的一种延伸和扩展，主体在网络交往过程中身份的隐匿和身体的缺场，使"去身体化"成为网络社会交往与现实社会交往相区别的第一重要特征。"网络虚拟交往中个体的身体和身份的淡化和隐退，使得个体在虚拟交往中较以往更能自由地充分地发挥和展示自我的主观能动性。同时，这种自由也可能使个体产生一种'我向幻觉行为'倾向，使其在网络虚拟交往中自由、随性地设定或肢解自我，在无限多样的虚拟空间中体验自我，在多重身份交织虚拟幻象中叙说自我，这种虚拟'交流和对话'使自我的结构被严重撕裂，使自我沉浸于持续设定——破裂——建构的状态中，使自我处于一种'脱域'状态，而脱域机制的持续发展又使时间、空间更加无限化和空洞化。个体由于得不到现实和亲历的情感体验，而网络虚拟交往所带来的自由并不能移植到现实的生活世界中来，这使沉浸在网络虚拟空间中的个体与社会关系弱化"[3]。网络社会交往的"去身体化"、符号化和隐匿性特征极大地促进了网络个体的主体性生成和发展，同时，也使其本我得以充分显现，缺乏稳固的"立体性"的熟人关系、共同的情感志趣基础和物质条件，以及法律、道德规范约束弱化的网络交往，直接加剧网络主体的自我意识膨胀，社会身份感和责任意识被严重消解，致其在虚拟的网络时空中无所顾忌地释放和宣泄原始的冲动欲望和压抑情绪。长此以往，主体极易形成网上和网下两个虚实交织重叠的人格面具，当主体在网络社会中所扮演的重要角色、行为活动等无法迁移到现实社会中，极易致其产生心理失衡和自我认同危机，导致人与社会、自我、自然界以及人与人之间产生"疏离"、断裂，甚至脱节，逐渐变得冷漠、焦虑、孤独。至此，网络交往的灵动性和自然性在无数个"指令""程序"和"系统"中被消解、扭曲、丧失，甚至发生异化，导致网络行为犯罪。

（五）货币崇拜：网络社会的物化之困

伴随着现代科技的更新换代和普及应用发展和延伸了人的能动性和创造性。然而，现代科技的主导性地位使网络消费商品为民众提供了极大的快捷和便利，物质利益、功利主义、享乐主义与实用主义在网络社会中获得了滋长空间。首先，现实社会中的物化状况投射和充斥于网络社会中。市场经济发展和社会转型造就的物化状况，通过虚拟仿真环境或直接或间接地映射于网络社会，网络技术的工具理性对价值理性的僭越，导致理性精神弱化、生活意义匮乏、理想信仰淡化消解，遂致"庸俗、低俗"的物化生活方式滋生蔓延，并变成主体盲目追逐、崇拜的生活方式之一，致其疏离现实社会，沉溺网络而无法自拔，陷入一种"无意识"的病态快感体验的困境。其次，网络主体被客体化和对象化了。物化生活方式使得主体在网络生活中无法获得主动性、超越性和创造性，表现为主体客体化、对象化，甚至异己化了。如此，主体在网络生活场域中的对象化、异己化力量，变成支配、控制其精神世界的重要因素，致其在网络社会中的主体性、能动性、独立性、超越性和创造性遭到严重削弱和瓦解，从而在一定程度上丧失了自由意志，产生了对物的盲目追求的冲动和欲望，沦为受现代科技支配、控制和奴役的对象，变成一种单向度的人。再次，商品和货币拜物教及其物化逻辑加剧国家主导性信仰体系被边缘化。商品和货币拜物教在网络社会中的大肆盛行，引发了功利主义、实用主义、实证主义等消极、错误思想交织重叠出现，加剧网络主体的物化之困，导致其精神世界和理想信仰失去了终极指向性。同时，商品和货币拜物教盛行对国家主导性信仰体系（社会主义核心价值观等）造成冲击，导致国家倡导性价值规范和主导性信仰体系被边缘化。

二、内在根源分析

（一）网络硬件技术发展快于网络公民社会建设

当前，我国网络硬件技术快速发展，大数据、物联网、云计算、人工智能等新技术、新事物、新业务层出不穷及其快速普及应用，在极大地便利人们物质和精神生活之时，也促使我国的网络社会迅速崛起。"网络社会也有两种表现形式：网络群体和网络舆论。网络群体是社团层面的公民社会在网络社会中的具体体现，网络舆论是文化层面的公民社会在网络社会中的具体体现。网络公民社会的参与主体具有匿名性；自主性更为明显；倡导功能更为显著；越来越多地'从虚拟走向现实'；呈现出一定的内部分化，网络结社的'私领域'化更加明显，网络公共领域的'政治指向'性强化，网络舆论的监督、参政功能日趋强烈。"[5]然而，网络技术是一柄双刃剑，在使得万物互联互通之时，也在影响和更新着传统的商业模式，持续而高效地改造和颠覆着现实社会和网络社会的各行各业，而能够为网络公共场域、私领域和交往平台提供理性健康发展元素，并与之互融相洽的网络公民社会的构建却严重滞后于网络硬件技术的快速发展应用，导致新时代网络社会面临着日趋严峻的意识形态安全风险，具体表现为：一是全球化背景下，非主流意识形态"入侵"风险加剧，历史虚无主义、新自由主义、民粹主义等非马、伪马乃至反马、反社会主义的非主流意识形态汇聚网络，利用网络公共空间否定党的领导、歪曲党的历史、抹黑社会主义制度。二是网络"去中心化"结构弱化了主流意识形态"控场力"和"话语权"，极易导致网络意识形态"失语"风险。三是我国网络发展中存在严重的资本控制和技术依赖倾向，美国等西方国家凭借科技霸权，借"自由""民主""人权"等价值观念，攻击、诋毁社会主义意识形态。四是许多错误思潮以网络新媒体为平台迅速生成、发酵及传播，极易诱发意识形态舆情"失控"风险。

（二）网络制度法规欠缺，法律治理手段弱效

近年来，网络社会在网络硬件技术发展应用和软件普及应用的双重促动下发展迅猛，市场经济发展冲击形成的一系列现实社会问题也在网络社会中显现出来，重经济效益，轻文化担当和社会责任的组织、行业和个体及其行为选择大量存在，虚假新闻、色情低俗信息和谣言借助网络得以快速传播扩散，在一定程度上导致网络社会传播失序。风清气正的网络社会吁求网络制度法规的健全完善和有效治理。网络制度法规规范和调节着主体网络交往行为、现实社会关系及其网络社会关系，对主体的网络品性具有潜移默化的形塑作用。只有当具有理性重叠和形成价值共识的网络制度法规被广大网民认同、内化，网络法律法规的宣传普及、行政执法和司法实践等法律实施效果才能得到改善。然而，当前网络社会制度法规欠缺，网络立法严重滞后于网络社会快速发展，法律治理手段弱效，甚至失效，致网络社会机遇与风险并存。因此，要着力健全完善新时代网络传播内容和传播行为的立法机制，促进网络制度法规有效推展、遵从和执行。

（三）网络媒体行业商业化发展先于道德建设

当前，网络媒体行业商业竞争日趋激烈，网页界面点击率、网站资源和信息内容利用率等"眼球效益"规则凸显，在现实社会环境和虚拟的网络社会环境双重驱动下，一些以盈利为目的的网络媒体为追求商业效益可谓不择手段，在内容选材、信息推送、刊登转载等方面极力迎合部分民众心理需求，有选择性地对网络信息内容进行剪裁、包装、大肆炒作，发布不实言论和不负责任的信息，博取大众眼球和网页点击率，有些网站的头条就以重点加粗推送的形式对某些明星、演员、大腕等进行包装、宣传、炒作、夸大事实、歪曲真相、引发冲突、剪裁包装、吸引眼球，使得一些民众对此类人群盲目崇拜，致网络社会文化庸俗化、低俗化和沙漠化现象出现。这些问题加剧了网络社会的道德失范甚至网络犯罪问题，如不良信息污染，人肉搜索暴力，网络病毒蔓延，网络暴力盛行，网络谣言、诈骗猖獗，等等。如目前流行于青年群体日常生活世界中的"丧文化"，其带有颓废、绝望、悲观等情绪特征和色彩的语言、文字或图画，是青年亚文化在互联网时代的一种新形式，是当前青年的集体焦虑、"有意识"或"无意识"以及精神特质的一种反映，在一种程度上是处于急剧社会转型期青年社会心态和社会心理的一种表征，可以认为，这种青年亚文化与所有年代所倡导的积极、健康的主流价值观相

悖。诸如此类，导致一些有思想的学者微媒体网页和富含正能量信息、弘扬新时代价值观的主流网站点击率低、访问量小、吸粉太少。长此以往，网络媒体行业及其从业人员这种"眼球效益"商业化发展先于道德建设的思维和实践，会导致网络社会公共安全风险和危机增加，网络社会的生态文明环境也会严重失序。

（四）网络社会治理的协同理论与实践滞后

2014年，美国克莱蒙林肯大学著名过程哲学家菲利普·克莱顿提出"有机马克思主义"（Organic Marxism）概念，阐述了间接治理的社会治理思想，要求多元主体（政府—企业—社会—个人）通过责任分担、对话协商、协同创新等方式展开多元合作。这为新时代网络社会治理提供了一种新思路。协同治理在当代中国是"中国意蕴"的概念，体现的是中国式国家网络社会治理的职能性质。协同治理理论强调治理主体的多元化，治理主体除党委、政府外，还应包括民间组织、企业、家庭以及公民个人在内的社会组织和多元行为主体，这些组织和多元行为主体在开放的网络社会系统中可以有序竞争与合作共赢。在协同治理过程中，强调各治理主体之间的自愿平等与多向度的协商合作，是一种权力和资源互动的过程。在治理内容方面，更注重强调通过党委、政府与社会、市场、企业、民间组织等多元主体之间的协商对话，在相互信任基础上建立一种合作关系，来共同管理社会公共事务，以及公民对社会公共事务的自我管理和自治。在协同治理制度建设方面，强调集体观念的"理性重叠"，是一种基于信任与合作的各种行为体都认可的行动规则的制定过程，影响着治理结构形式的平衡。然而，中国当前网络社会的协同治理理论与实践远不及网络社会的硬件发展，严重滞后于网络技术的快速发展和普及应用。因此，这需要在明晰新时代网络社会发展困境及其致因基础上，将治理主、客、介体等数据信息纳入系统模式中进行比较分析，探索多主体系统嵌入的新协同关系，进而促进新时代网络社会协同治理的结构转换，实现从政府单向中心治理转向市场、社会、公民多中心治理，由纵向权威治理转向合作治理，从多部门碎片化、分散化治理转向整体性治理。

三、新时代网络社会治理机制探索

在新时代网络社会治理中，要始终坚持以习近平新时代中国特色社会主义思想为指导，坚持战略部署的整体性、关联性、协同性，探索多元主体协同整合与多元共治机制，优化在治理过程中的战略、制度、市场、技术、组织、文化等各关键要素的协同机理，坚持党委领导、政府统筹、社会参与、市场配置、协商民主、整体协同等耦合而成的治理原则，经"接触—竞争—合作—整合—协同"五个阶段，形成多元治理主体治权分享及权力（党委、政府、市场、社会、公民权利）互动之良性格局，做好新时代网络社会治理机制的统筹规划和顶层设计工作，画好"网上网下两个同心圆"。

（一）健全完善网络社会的法律治理机制

1. 健全网络传播内容和行为的立法机制

习近平强调：要"加快网络立法进程，完善依法监管措施，化解各种网络风险"[6]。新时代网络法律制度的设计应最大限度地体现人文关怀，坚持以人民为中心的发展思想，为满足人民日益增长的精神生活需求保驾护航。

一是健全完善网络公法。"网络公法体系主要包括：网络性宪法、刑法，网络性诉讼、行政法规，网络社会保障法规、网络环境保护法规等分支体系。"[7]2016年11月7日，由全国人民代表大会常务委员会发布《中华人民共和国网络安全法》，该法主要包涵网络运行、信息安全、监测预警与应急处置、安全支持与促进、法律责任等，提出网络空间主权原则、网络安全与信息化发展并重原则、共同治理原则。《安全法》是"我国第一部全面规范网络空间安全管理方面问题的基础性法律，是我国网络空间法治建设的重要里程碑，是依法治网、化解网络风险的法律重器，是让互联网在法治轨道上健康运行的重要保障"[8]。该法对健全完善我国网络法律法规的系统性和完整性具有指导性意义。以《安全法》为依托，确立网络公权力和私权利之间的法律关系，不仅要将"自然人"作为网络犯罪的主体，更要增设网络犯罪的"法人"主体，在保证网络立法的适度超前性之时，也要保持其适度开放性、兼容性，注重国际化。

二是健全完善网络私法。网络私法就是"调整网络空间中私权利法律关系的法律规范的总称。在网络私法法律关系的范围内，政府以网络私法为依据，确认并保证网络个体私权和隐私权的实现，强调'网络人'在网络空间中的自控和自治。同时，要明确设定网络行为主体的法律责任，充分考虑建立起网络主客体'为我而存在'关系的价值联系及其实践基础，推行网络实名制"[7]106。从私法角度将网络立法与公民的权利意识、言论自由等相契合，明晰网络公民私领域信息权利等方面的内容，对公民网络言论自由与侵权的界限作出明确界定，如信息保密权、查询权、决定权、维护权和赔偿权等，加强个人隐私信息保护，确立正确的利益引导机制、侵权追责制度和法律救济机制，真正做到"有法可依、违法可究、执法必严、违法必惩"，以此确立刚性的网络社会制度规范。

2. 强化党委领导权威和政府管理职能，优化网络思政工作队伍

一是强化党委领导权威和政府管理职能。党委领导权威和政府行为合法化需要以广大网民的真实认同作为基础，这种基础预设着一种权威性力量，为党委领导权威和政府行为提供法理性，在此基础上，才能优化多主体协同治理合力，"形成党委领导、政府管理、企业履责、社会监督、网民自律等多主体参与，经济、法律、技术等多种手段相结合的综合治网格局"[9]。

二是完善网络平台的管理机制，优化网络思政工作队伍。网络人才资源是建设和实现网络强国战略的核心资源。2014年2月27日，习近平提出建设网络强国目标，提出要把人才资源汇聚起来，坚持"层次分明""数质合一"的人才结构发展趋向，建设一支"政治强、业务精、作风好"的网络意识形态安全治理人才队伍。习近平同志强调："网络空间的竞争，归根结底是人才竞争。建设网络强国，没有一支优秀的人才队伍，没有人才创造力迸发、活力涌流，是难以成功的。"要"构建具有全球竞争力的人才制度体系。不管是哪个国家、哪个地区的，只要是优秀人才，都可以为我所用""对待特殊人才要有特殊政策。"[6]这就需要培育一支适应新形势发展、具有鲜明时代特征的网络思政人才队伍，"网络思政工作者具有鲜明的时代性、专业性、针对性、实践性等特征，其素质要求与职能建设主要包括：网络应用职能、网络辅导咨询和网络舆论危机管控的职能、校园网络文化和学风建设职能、网络心理健康教育职能、网络行为的规范与引导职能等。"[3]如此，才能聚天下互联网英才而用之，为新时代网信事业发展和网络强国战略实施提供有力的人才支撑。

3. 实现网络制度法规有效推展和应用

网络法律规制通过其自身具备的规范性、威慑性、强制性和约束性等特性，在维护和谐网络秩序之时，也在为公民的权利实现提供一种制度保障。网络制度法规的健全优化应与新时代中国特色社会主义文化相契合，"必须把党的领导贯彻落实到依法治国全过程和各方面，坚定不移走中国特色社会主义法治道路，完善以宪法为核心的中国特色社会主义法律体系，建设中国特色社会主义法治体系，建设社会主义法治国家，发展中国特色社会主义法治理论，坚持依法治国、依法执政、依法行政共同推进，坚持法治国家、法治政府、法治社会一体建设。"[1]党委、政府、社会、企业、公民之间形成一种协同合力，实现新时代中国特色的网络法律规制的有效推展和应用，综合运

用智能安全技术手段，依法增强对网络传播信息内容进行审查，做好信息审查、过滤和监管工作，阻遏带有三俗（低俗、庸俗、媚俗）性质的堕落文化在网络社会传播和扩散，优化网络舆情监督和管控机制，强化网络突发危机事件的应对和协同联动机制。

（二）健全完善网络社会的信息传播治理机制

在虚拟的网络社会中，要始终坚持和贯彻"绿色"发展理念，增强"绿色"传播理念的自觉性和主动性，面对网络社会中巨大的信息量，要自觉强化绿色生产和传播理念，正确判断、理性思考、依法传播。

1. 整饬网络谣言传播

网络谣言的低成本制造、匿名性发布和传播的即时性，使得主体对海量的信息辨别产生困难、责任主体的非实体性使得治理对象模糊，治理部门之间协同合力不足亦致治理弱效，而网络谣言呈现为"病毒式"聚合裂变传播，其快速变异传播、扩散极易导致传播失序，以往的整治、打击很难应对此种现状。因此，整饬谣言在网络社会中的"裂变式"传播扩散，必须强化针对网络谣言传播的网络立法，真正做到网络谣言治理有法可依、执法必严、违法必究，通过网上网下协同合作互动，强化网络法律法规的规范力、执行力、追责力和威慑力。

2. 整治网络虚假新闻，规范传播秩序

虚假新闻经网络传媒载体"裂变式""病毒式"扩散传播，严重危害党委、政府的公信力及其信息发布的权威性和公正性。这需要强化党委、政府、社会、企业、市场、社会组织和网民等主体之间多层次、全方位的协同合作，坚持"线下线上"协同联动的"智能化、专业化"治理，做好网络虚假新闻的整治和规范工作，培育"素质高、技术新、业务强"的专业型新闻传播人才队伍，为新闻信息传播和网络社会有序运行提供基本规约和有力保障，以建立一个始终渗透着法律意识和规范原则的网络社会。

3. 清理和整治网络色情低俗信息传播

网络淫秽色情信息于青少年网民群体就是一种危害极大的精神鸦片，"互联网是当前宣传思想工作的主阵地。这个阵地我们不去占领，人家就会去占领。要加强线上互动、线下沟通。"[10]要坚持绿色发展和传播理念，建立健全相关网络法律法规，运用先进网络信息技术，在党委、政府、市场、社会、网民等多主体共同参与协作的基础上，提升针对色情信息的发现、屏蔽和监察能力，依法清理网络淫秽色情等低俗、恶俗信息。同时，注重建设网络色情"黄赌毒"等低俗、恶俗信息的风险数据库,针对网络"黄赌毒"信息的传播风险,构建风险预警指数模型,设计相应的风险预警指标体系,细化分解产生一级、二级、三级指标及预警提示,设计指标分值和权重,并根据实际运行情况及形势需要做动态调整,实现预警指标与预警等级的有序衔接,优化完善"黄赌毒"信息传播的监测预警、风险评估、分析研判、干预清理的风险防控治理机制,从源头预防和遏止其大肆传播。

(三) 加强技术研发,健全技术治理机制

1. 强化网络核心技术研发,加强服务器管理

网络"去中心化"结构及"裂变式"信息传播模式,弱化了主流意识形态"控场力"和"话语权",加剧非主流意识形态"入侵"、主流意识形态"失语"和舆情"失控"风险。对此,习近平同志指出:要"加强网上正面宣传,维护网络安全,推动信息领域核心技术突破,发挥信息化对经济社会发展的引领作用,加强网信领域军民融合,主动参与网络空间国际治理进程,自主创新推进网络强国建设"[9]。建设网络强国首先要加强网络核心技术研发,实现关键信息领域核心技术和关键节点的突破。网络企业要综合运用访问权限设置、安全防御等先进技术,分层次、分阶段做好网络信息的筛滤工作,以有效应对计算机病毒侵入和黑客等问题。同时,依法对涉及国家安全利益的数据和服务器加强管理,"一些涉及国家利益、国家安全的数据,很多掌握在互联网企业手里,企业要保证这些数据安全。企业要重视数据安全。"[6]要依法推广网络防护技术的应用普及,形塑线上社会网络,促使网络社会的技术治理结构在形式、规模和速度上都有所增益。

2. 强化网络信息检疫、筛选和过滤力度

网络服务供应商应通过信息屏蔽系统、信息过滤等先进技术优势,做好信息"把关人"和"准入者"角色,强化新时代网络社会的信息检疫、筛选和过滤力度,这种信息把关主要分"事前监督"和"事后监管"两个阶段。在"事前监督"阶段,网络服务供应商应以专业性的力量,依据新时代的网络制度法规,把好信息准入关,扮演好信息"把关人"角色,与政府、市场、社会等多元主体互通有无、协同合作,做好网络信息检疫工作,筛选、隔离和过滤掉有害信息。在"事后监管"阶段,网络服务供应商以相关制度法律为依据,对网络信息内容及网民的网络活动和网络行为做好检查、监管工作,阻遏"三俗"文化传播,实现网络信息的自查自纠。

3. 构建关键信息基础设施安全保障体系

新时代网络社会治理中，法律是基石，监管是关键，人才是灵魂，技术是支撑和保障。习近平指出："面对复杂严峻的网络安全形势，我们要保持清醒头脑，各方面齐抓共管，切实维护网络安全。""推动强强联合、协同攻关。要打好核心技术研发攻坚战，不仅要把冲锋号吹起来，而且要把集合号吹起来，也就是要把最强的力量积聚起来共同干，组成攻关的突击队、特种兵。""要加强战略、技术、标准、市场等沟通协作，协同创新攻关。"[1]新时代构建关键信息基础设施的安全保障体系，要统筹规划，集聚资源，强化多元主体协同合作，整合社会资源，发挥和优化协同要素的正向效应，着力将科研和市场、经济、社会结合起来，助推网络核心技术研发成果向市场化、应用化、产业化转变，建设信息基础设施、网络技术安全等保障体系，强化自我防御、自我进化升级和抗压威慑能力，促进战略、技术、标准、市场等因素协同合作，形成协同效应，在强化党委、政府领导力之时，也要发挥国有企业和民营企业作用，创造合法渠道使其强强联手，形成"产学研用"合力。坚持发展互联网核心技术的内生动力，齐抓共管，坚持网络安全与信息化双轮驱动，使网络核心技术转化的新技术、新产品在应用实践中得以进一步优化和提升。

（四）健全优化网络媒体行业及从业人员的道德治理机制

1. 明晰网络媒体行业的职业道德底线

网络媒介生态的风清气正离不开行业道德规范和行业自律的双重供给，然而市场经济发展使得网络媒体从业人员在受到巨大利益诱惑时，常忽视媒体行业的职业道德，为吸引受众而求新求异，制造轰动性，追求点击率，加剧网络媒介生态环境恶化。此外，网络社会中普遍存在着既未经过专业训练、亦无媒体职业操守的信息搬运工，其职业角色认知模糊，道德责任感弱化，在信息生产、加工和传播时极易夹带个人主观情感而致信息失真，甚或扭曲，导致网络媒介生态系统紊乱，媒体行业的社会责任意识淡化，人文关怀精神缺失。针对此种现状，网络媒体行业应坚持正确的政治导向和舆论导向，与党委、政府、社会协同合作，建构合价值性与合法性于一体的网络媒体职业道德规范，培育从业人员的社会责任意识，使其坚持"全心全意为人民服务"的传播理念和职业操守，坚持新闻信息的"真实性"进行宣传报道，确保信息生产的客观真实和包装传播的客观公正，强化行业自律，自觉抵制有偿新闻，杜绝假新闻，从而树立良好的网络媒介社会形象。

2. 坚持"党性"原则,弘扬"以人民为中心"的传播思想

网络媒体的社会责任主要包含政治责任和道德责任,党性原则是网络媒体行业的根本原则。"党的新闻舆论工作坚持党性原则。""坚持党的领导,坚持正确政治方向,坚持以人民为中心的工作导向,尊重新闻传播规律,创新方法手段,切实提高党的新闻舆论传播力、引导力、影响力、公信力。"[10]网络媒体的政治责任是与其作为政治工具的角色相联系的,对主流媒体从业人员,讲政治是其基本要求,其播报信息及行为要体现党的意志。十九大报告指出:"人民是历史的创造者,是决定党和国家前途命运的根本力量。必须坚持人民主体地位,坚持立党为公、执政为民,践行全心全意为人民服务的根本宗旨,把党的群众路线贯彻到治国理政全部活动之中。"[1]这与党代表"人民利益"相一致,坚持"党性"原则,才能坚持立党为公、执政为民,表达真正的社会心声,才能唱响和弘扬主旋律。因此,坚持"党性"原则和弘扬"以人民为中心"的传播思想相结合,就应使网络媒体的社会责任成为一种新时代引领风尚和集体行动自觉,要兼具开放思维、自律严谨、理性思考和求真务实,坚持以人民为中心,以增强人民的获得感、幸福感为价值尺度,切实践行"全心全意为人民服务"价值理念。

3. 提升网络媒体从业人员的媒介素养,强化道德责任

现阶段,网络媒体从业人员掌控着网络信息的语料选材、话语风格、信息推送和传播等网络信息权力,其政治素质、价值观、新闻传播知识、媒介素养、网络技术使用水平、法治意识对提升新时代网络社会的治理实效至为重要。因此,提升网络媒体从业人员的媒介素养,强化其道德责任需要做好以下几方面工作:一是为网络媒体从业人员创造提升政治素质的学习和培训机会,多形式地促进网络媒体从业人员运用正确的政治观点从事信息生产、筛选和传播活动。二是树立和坚持"全心全意为人民服务"的传播理念和价值观,这是新时代赋予网络媒体从业人员的特殊使命和共性要求,使其在从事信息传播活动中自觉发挥网络道德的他律和自律精神。三是不断学习新闻传播等专业性知识,厘清网络传媒的经济属性和产业功能,增强文化知识底蕴,紧跟智能网络化时代市场经济步伐。四是强化网络媒体从业人员的网络媒介素养和法治意识,依法做好网络信息的语风选材、信息推送和传播等工作。

（五）优化社会化网络平台治理机制

1. 建设引领社会风俗的网络公共社区

建立健全新时代社会化网络平台，充分利用微博、博客、智能终端等新兴社会化微媒体网络平台，建立健全内容丰富、版面亲民新颖、表达渠道通畅的官方微媒体网络平台和群体博客圈，以习近平新时代中国特色社会主义思想为引领，开辟引领社会风俗的特色微博、微信、博客、网络公共社区等社会化网络平台，强化"两微一端"政务新媒体等具有权威性、引领性、公信力的微媒体网络平台建设。同时，加强微媒体平台的网络文化载体建设，制定、推广网络文化载体和社会化网络平台的自律公约，规约引导广大网民的网络行为和实践活动，守好新时代网络社会的意识形态阵地。

2. 激活、创建网络思想政治教育特色网站

选择源于需求，建设内容积极健康的高质量思想政治教育网站，激活现有的思想政治教育网站，构筑体现新时代中国特色的思想政治教育专题网站，创建专业性强的优秀思想政治教育网站，健全完善高质量内容的网络思政教育网站供给，促进内蕴新时代中国特色社会主义文化思想的内容占据网络社会的主导地位，以社会化微媒体为核心，传统媒体、网络媒体、移动智能终端等协同参与推进，构建新时代中国特色社会主义网络矩阵和全媒体场域，为网络用户提供内容多元、体验丰富、思想积极健康绿色的网络资源，传播正能量、弘扬主旋律，最大限度地发挥社会化微媒体的"心育""美育"功能。如2018年1月4日，"全国高校思想政治工作网"上线开通，这是构建新时代网络思想政治教育"一体化育人体系"的重要举措。

3. 规范微媒体中负面信息的传播

微媒体具有"即时性、连通性、社区化和互动性强等特征，其'聚合式传播模式'使得传播的信息文本呈现为一种碎片化状态，大量负面信息也随之在虚拟的网络社会中进行'裂变式'扩散、传播。"[3]因此，只有整治和规范微媒体中负面信息的传播才能使网络社会真正清朗起来。职能部门要多渠道与网民群体展开交流，掌握最新舆情信息和发展动态，对网络社会舆情风险进行评估，规范社会化微媒体中消极和负面信息的传播，通过情感沟通、适时跟帖、及时结贴等多元方式方法，强化线上和线下社会的协同合作，化解网络社会的场域矛盾和冲突，及时有效地平衡、疏导、引领网络舆情发展方向。

本文获连云港市第十五届哲学社会科学优秀成果奖二等奖

参考文献：

［1］哈贝马斯．公共领域的结构转型［M］．曹卫东，刘北城，等译．上海：学林出版社，1999．

［2］习近平．决胜全面建成小康社会　夺取新时代中国特色社会主义伟大胜利［M］．北京：人民出版社，2017．

［3］习近平．习近平谈治国理政［M］．北京：外文出版社，2017．

［4］习近平．在网络安全和信息化工作座谈会上的讲话［M］．北京：人民出版社，2016．

［5］刘学民．网络公民社会的崛起：中国公民社会发展的新生力量［J］．政治学研究，2010（4）．

［6］张元，丁三青，李晓宁．网络道德异化与和谐网络文化建设［J］．现代传播（中国传媒大学学报），2014，36（4）．

［7］张元，丁三青．网络虚拟社会的法律治理问题探讨［J］．理论导刊，2017（2）．

［8］习近平：加快推进网络信息技术自主创新　朝着建设网络强国目标不懈努力［EB/OL］．人民网，2016-10-09．

［9］习近平：敏锐抓住信息化发展历史机遇　自主创新推进网络强国建设［EB/OL］．人民网，2018-04-21．

［10］中华人民共和国网络安全法［EB/OL］．中国人大网，2016-11-07．

关于连云港市学校食堂及学生营养餐食品安全问题的调研报告

王鹏翔

民以食为天,食以安为先。学校食堂食品卫生安全是一项重大的民生问题,直接关系到学生身体健康和生命安全,关系到社会和谐与稳定,历来是政府、学校、师生、学生家长及公众关注的焦点问题,社会关注度高,敏感性强。近年来,全国各地爆发了多起因学校食品安全问题导致的群体性事件,如"成都七中"事件,河南学校营养餐造假事件等,严重损害了地方形象,造成了恶劣的社会影响。2019年以来,安徽、河南连续发生校园食品安全事件,9月,连云港玉兰饮食文化公司学生配餐食堂事件也一度成为热点舆情,造成不良影响。为吸取教训、举一反三,切实做好学校食堂及学生营养餐食品安全监管工作,调研组了解了省内兄弟城市做法,分析连云港市现状问题,并提出相关对策建议如下:

一、省内城市做法

调研了解,省内各兄弟城市早已部署学校食堂和配餐企业食品安全监管工作,并取得了较好成效。

(一) 宿迁市

宿迁市共有各类学校840家、食堂765个、在校就餐师生达76.24万人。2020年秋季开学起,宿迁市市场监管局、教育局、农业农村局、卫生健康委、发改委、公安局、行政审批局和宿迁银保监分局等部门携手保障学校食堂食材"阳光配送",以强化学校食品安全管理,保障师生饮食安全和合法权益。"阳光配送"依托宿迁市单位食堂食材网上商城平台,从全市1000余家食品生产经营单位及种植养殖基地、屠宰企业遴选218家单位进入平台,实行"统一审核、线上采购、阳光配送、全程管控、信用管理"的食材安全管理模式,接受人大、政协、纪检监察以及社会等多方监督。通过严把企业入围、严格审核过程、严控源头质量、合理测算价格、全程监控配送、科学制订食谱、强化监督考评、推进社会共治等措施，不断提升学校食堂食品安全保障水平。八部门密切配合、各司其职，负责平台建设及推广运用、食材品种确定、"阳光配送"单位遴选及评价考核、宣传培训、信用管理、责任追究以及市场准入、退出制度机制建立等工作。市级层面建立定期联席会议制度，及时协调解决准备及实施过程中的矛盾问题，确保各项工作有序推进。

（二）盐城市

2019年3月，盐城市政府推出了四项教育惠民工程，其中学生在校集中就餐就是重要一项。2019年春季学期，全市公办中小学校全面推行集中就餐服务，最大限度满足学生就餐需求；2019年秋季学期进一步扩大学生集中就餐规模，基本满足学生就餐需求；2020年春季学期实现有需求的中小学生全部在校集中就餐。具体做法有：加快改善学校食堂设施条件，迅速改造提升学校食堂，加快扩建新建学校食堂。严格规范大宗食材采购管理。中小学校自办食堂所需大宗食材，由各级教育行政部门制定招标采购办法，并统一组织招标，集中采购、统一配送。

（三）无锡市

无锡市在2019年秋季学期率先在全国实施公办幼儿园和义务教育学校食堂食材的集中配送，66万名师生的食材"统一采购、统一加工、统一配送、统一价格、统一质量标准、统一服务规范"。这一创新举措，惠及了全市66万师生的餐饮质量和安全。至2021年8月底，无锡全市公办幼儿园和义务教育学校全部实现食堂自办、食堂食材集中配送，实现了学校食堂运营成本严格控制、膳食营养有效改善、食品安全切实保障、廉政风险全面管理的目标。省内其他城市学校食堂统一采购、集中配送等早已全面铺开，不再一一列举。

二、连云港市现状和存在问题

（一）目前学生配餐基本情况

目前，连云港市学校供应学生餐有三种模式：一是食堂全托管，食材采购和厨师团队都由餐饮管理公司承包；二是食堂半托管，委托专业餐饮公司承包厨师劳务，食材原料由学校自主采购；三是营养餐配送，很多中小学校还不具备自己开办食堂供餐的条件，直接由餐饮企业配送做好的热食餐。就中心城区而言，海州区有资质的集体用餐配送单位共 7 家，但只有江苏松霖餐饮有限公司一家为学校供餐（另外 6 家中 3 家只供应企业或者社会团餐，3 家单位未开展供餐）。连云港玉兰饮食文化有限公司海州区配送中心因为网络舆情事件停止经营，经多方协调，10 月 13 日江苏松霖餐饮有限公司签订协议，租赁玉兰饮食文化有限公司厨房和设备用于扩大生产。

（二）学校供餐监督管理情况

1. 强化食品安全监管。玉兰公司网络舆情事件发生后，市场监管部门贯彻"四个最严"要求，依法吊销了玉兰饮食文化有限公司海州区配送中心的食品经营许可证，并予以罚款 15 万元；举一反三，对全市学校食堂、学生集体用餐配送单位开展食品安全风险隐患大排查，进一步强化学校食品安全监管，压实校园食品安全主体责任和学生餐配送企业主体责任，检查学校、幼托机构食堂 579 家，集体用餐配送单位 4 家，责令改正 26 家。

2. 着力解决学生用餐问题。在市区仅剩一家配送企业的情况下，市场监管部门指派专业人员加强对江苏松霖餐饮有限公司食品安全指导，督促企业在不断提高产能的同时，加强食品安全自查、优化食品加工流程工艺、强化清洗消毒管理，进一步提高食品安全质量。

3. 优化资源利用，促进产能恢复。经协调，江苏松霖餐饮有限公司以 80 万元/年租金承租了连云港玉兰饮食文化有限公司厨房和设备，由市场监管部门组织专业人员靠前服务，上门指导，对工厂进行预防性卫生检查，并对流程布局、设施设备、人员健康管理与培训、食品安全管理提出要求。目前，该厨房已投运。

（三）存在的问题

推行"双减"政策后，连云港市就餐学生增加与供餐能力不足的矛盾日益凸显，企业处于超负荷状态，部分学校学生就餐问题没有解决，学生家长有意见。保证学生在校集中用餐，不是一项短期行为，而是一项长期工作。就连云港市目前情况来看，城区学校普遍没有食堂，农村中学食堂房屋、设施设备陈旧、管理水平低、从业人员文化素质低的现象十分突出，全市缺少规模大、标准高的配餐企业，海州区教育局和灌云县教育局两次招标营养餐配送企业流标。学校食材采购目前只有新海高中是公开招标，其他都没有挂网招标记录，市级和县区政府也没有出台相关管理规定办法等文件，考核评价缺乏标准。此外还存在以下问题：

1. 运营主体管理不完善。学校对食堂承包商、食材供应商的监管机制不完善，从业人员安全意识不强，一些学校领导重视程度不够，第一责任主体意识不强，学校也缺乏专业人员，选择承包商、供应商时片面追求成本价格，忽视了食品安全因素，对食材质量把关不严，高价低质食品时有流入食堂，造成食品安全问题隐患突出。市场竞争不充分，食堂食材供应业务由少数几家提供，部分食品经营户反映"学校食材供应得有一定的'关系'才能进去"，存在利益输送、商业贿赂风险。

2. 缺乏大型餐饮企业。连云港市缺乏大型食品配餐企业（中央厨房），仅有松霖等少数企业具备集体用餐配送单位资质，且企业规模均偏小，不能满足学校师生用餐需求，企业只能超负荷运转，导致涉及食品安全的操作流程走样、缺失，例如，检查人员发现，某企业解冻食材时，因当天解冻量太大，就提前一天采取自然解冻，存在食材变质隐患；再例如，因餐具数量过多，消毒设备不够用，存在普通锅具处理存放餐具问题等。

3. 食材食品采购流通不透明。食材从产地到采购到入库保鲜到食材制作到学生餐桌的全流程不透明，缺乏食材溯源跟踪体系，存在可人为干预的风险。检查发现，大部分食材都在不同程度上存在入库登记不明、信息缺失等问题。

4. 食品安全监管难。由于缺乏顶层设计和相关体制机制，教育部门与市场监管部门衔接沟通机制不健全，市场监管部门参与度不够。监管信息化程度低，受限于人力、物力，市场监督管理职能难以有效发挥。缺乏学生家长参与决策与监督的机制，社会舆论对政府及学校的食品监管能力存在不信任风险。

三、对策建议

据统计，全市各类学校（包括托幼机构）食堂898个，初步估计每年用于食材采购的资金在15亿元左右。为进一步加强学校食堂食品安全监管，建议借鉴宿迁、无锡等地先进管理经验，重点开展以下工作：

（一）加强顶层设计

建议市政府制定出台《关于加强连云港市中小学校食堂和集中供餐管理的实施办法》，切实明确五方责任，即学校的主体责任、县区政府的属地责任、教育部门的行业主管责任、市场监管部门的食品监管责任和供餐企业的食品安全第一责任人责任。把学校主体责任挺在前面，建立健全引进、管理和退出机制，确保招标需求与供餐单位实际生产能力相符，防止供餐单位超负荷经营造成食品安全隐患。认真落实县区属地管理责任，形成政府牵头、联动监管、社会共治格局。教育部门要主动会同市场监管等相关部门，建立协作会商机制，形成工作合力。探索建立统一采购、统一生产、统一配送的管理模式，严控源头质量、合理测算价格、全程监控配送、强化监督考评。从食品源头起直到学生最终的用餐，都采用标准化、工序化、全程监测的生产、配送模式，流程规范，有效控制食品隐患风险系数，确保食品卫生安全，解决师生"吃得放心"的问题，给孩子们的"营养健康"提供更好保障。

（二）高标准招引建设中央厨房

周边城市的学生集中用餐配送业起步早，规模大，已经呈现良性发展的态势，相关企业拥有农产品生产基地，实现了"从种子到筷子"的全链式产业发展模式，并探索出"中央厨房+卫星厨房"的学生餐服务新模式。一是强化了食品安全管理，满足"学生餐从烧熟至食用间隔时间不得超过两小时"要求；二是满足学生和家长对学生餐品味和感观的需求；三是保证了学生用餐的及时性。连云港市应借鉴以上经验，秉持开放包容的心态，积极招引国内行业龙头企业、大型企业。建议海州区率先招引建设现代化一流标准中央厨房项目，组织好产地、厂家的优质货源，按照国家标准检测合格收货入库，根据学校用餐订单计划，食材生产加工好后，通过冷链运输车辆配送到各学校食堂。通过规模优势，降低采购成本、能源成本、人力成本、物流成本、监管成本等，促进连云港市学生餐配送业快速良性发展，满足广大师生与群众的用餐需求，提高经济效率、监管效率和社会效益。

（三）建立"阳光配送"监管平台

借鉴宿迁市的做法，制定出台《连云港市"阳光食堂"工作实施方案》，实行"统一审核、线上采购、阳光配送、全程管控、信用管理"，建立统一的学校食材采购流通溯源监管平台（包含集中采购平台、政府监管平台、学校监管平台、食材流通企业溯源平台等），实时监控食材食品供应、生产加工、储存运输等全流程，构建环节透明的学校食材流通安全可追溯体系。通过学校食堂"阳光采购"，进一步强化食品安全监管、采购价格监管，确保食材价格合理、质量安全放心、加工制作规范、师生更加满意，杜绝食堂运营中的"跑冒滴漏"和浪费，防范食品安全风险和职务风险，不断提升学校食堂服务能力和食品安全保障水平。该平台除对学校食堂服务外，还可面向机关企事业单位食堂服务。

（四）加强学校食堂管理

学校食堂原则上自主经营，落实学校食品安全校长（园长）负责制，明确学校食品安全主体责任和校方管理人员。充分发挥膳食委员会、师生和家长监督作用，中小学校和幼儿园落实集中用餐陪餐制度。学校食堂对外承包或委托经营，应充分听取家长委员会或学生代表大会、教职工代表大会意见，公开选择社会信誉良好的餐饮服务单位或餐饮管理公司，依法签订合同。建立食堂承包或委托经营的评价、管理和退出机制，对落实食品安全主体责任不到位、多次发生食品安全事故等的承包或委托经营者，学校要及时终止合同，并通报属地教育、市场监管等部门。

（五）推动连云港市农业规模化发展

学校食材供应有着很高的计划性和稳定性，建议市农发集团牵头与相关中央厨房企业合作，结合各县区农业特色，因地制宜实施订单式农业扶贫项目，降低对山东等蔬菜产地的依赖，通过本地种植、本地消化模式，不仅可以针对性扶贫，更重要的是可以在本区域培植、发展规模化农业，保障港城人民自己的"菜篮子"。

作者系连云港市政府办公室综合研究处处长；本文获连云港市第十五届哲学社会科学优秀成果奖二等奖。

05

教育学类

隐匿与彰显：论高校思政课教学中的中共党史学习教育

程 刚

党的十九大报告指出："要全面贯彻党的教育方针，落实立德树人根本任务，发展素质教育，推进教育公平，培养德智体美全面发展的社会主义建设者和接班人。"[1]高校思想政治理论课（为行文方便，以下简称"思政课"）作为铸魂育人的核心工程发挥着重要的主渠道作用，而作为思政课核心阵地的中共党史学习教育长期以来处于较为尴尬的境地，其教研阵地和教学效果受到不同程度的影响，制约了党史育人效果的实现。新时代加强高校思政课教学中的中共党史学习教育已经成为一个紧要的时代命题。

一、历史回眸：重视党史学习教育是中国共产党的优良传统

中国共产党成立以来，带领广大人民经历革命、建设和改革的历程，不断取得新胜利，一个重要的原因就是善于总结经验、善于用党的历史教化育人。高度重视党史学习教育始终是党的优良传统，是我们战胜各种风险和挑战的重要法宝，党的历代领导核心都高度重视党史教育问题，党在领导教育事业的进程中，也始终坚持将党史融入教育教学体系之中，指引教育方向，凸显了社会主义教育的本质属性和必然要求，是我们做好新时代高校党史教育工作的基本遵循。

（一）党的历代领导核心都高度重视党史教育工作

重视党史教育和党史工作是党的优良传统，开展党史学习教育一直是中国共产党进行理论教育的重要途径，党的历代领导人都对如何进行党史学习教育作出了先期的实践和探索。

在革命战争时期，党中央就在各类干部学校中结合中国革命的历史开设政治理论课，对干部进行理论教育。毛泽东就多次号召大家学习和研究党史，发挥党史的教育作用，并且指出，"考察一下我们党的历史，就会懂得"，"根

据马克思列宁主义的理论和中国革命的实践之统一的理解，集中十八年的经验和当前的新鲜经验传达到全党，使党铁一样地巩固起来，而避免历史上曾经犯过的错误——这就是我们的任务"[2]。在改革进程中，邓小平也一再强调："总结过去是为了引导大家团结一致向前看。"[3]并且强调："历史上成功的经验是宝贵财富，错误的经验、失败的经验也是宝贵财富。这样来制定方针政策，就能统一全党思想，达到新的团结。这样的基础是最可靠的。"[4]江泽民面对风云变幻的国内外局势，将党史工作与国家的接续发展相联系，深刻地阐述了"党的历史上许多光荣传统，就是我们党的极为重要的政治优势。""用什么历史教育青年，实际上是一场争夺接班人的斗争。我们要充分认识到党史工作的深远的历史意义"[5]，不断地将中国特色社会主义推向前进。胡锦涛则将"正确地对待历史，善于总结经验"上升为检验"马克思主义政党成熟重要标志"[6]的高度，重点强调了在国际局势深刻变幻的形势下，我们要倍加珍惜和充分运用党史这个宝贵资源来教育广大干部群众，凝聚党心民心，共同推进社会主义事业。党的十八大以来，以习近平同志为核心的党中央高度重视党史教育和党史工作，鲜明指出"学习党史、国史，是坚持和发展中国特色社会主义、把党和国家各项事业继续推向前进的必修课。"[7]并且要求"在推进党史研究和党史学科建设、开展党史宣传教育、加强自身建设等方面不断取得新的成绩。"[8]真正做到用党史来教育人、启迪人、感化人和鼓舞人。党中央和历代领导人高度重视党史功用，注重党史价值为我们进一步做好党史教育工作提供了根本遵循。

（二）中共党史作为高校政治理论课具有历史一贯性

中国共产党始终注重把党史作为各级各类学校思政课的重要内容，形成了较为持续连贯的历史传统。新中国成立以来，高校公共政治理论课以中共党史为基本内容，逐步形成由"辩证唯物主义与历史唯物论""新民主主义论""政治经济学"三门课程组成的思政课程体系，[9]其中"新民主主义论"重点讲授中国共产党领导新民主主义革命的历史和理论，在内容上已经十分接近"中共党史"。1953年6月高教部通知改"新民主主义论"为"中国革命史"，教学目标更加明确，1956年高教部规定各专业一律开设"中国革命史"。1959年起明确规定在高校开设为"中共党史""哲学""政治经济学""社会主义"四门公共必修思政课程，也是"中共党史"第一次正式出现在高校思政课程体系之中，后来由于"文革"而被迫停开。"文革"期间，在高校恢复招生后的1972年，又开设了"中共党史"等三门政治理论课。五六十年代党史学习教育总体上说发挥的作用比较好,"文革"期间由于服务于阶级斗争和路线斗争,党史学习教育实际效果不好。[10]但是,这两个时期无论是中央、各级教育部门还是人民群众,对于党史教育和学习都是比较重视的,也取得了较为良好的效果。改革开放后高校思政课经历了恢复和重建,进入了一个调整和改革的新时期,先后形成了85、98和05三个课程方案。在"85方案"中,"中共党史"被"中国革命史"所取代,课时量受到一定程度的削减;在"98方案"中,"中国革命史"被"毛泽东思想概论"取代,党史教学内容一定程度上被弱化;在"05方案"中增加了"中国近现代史纲要"课程,一定意义上加强了党史学习教育教学。党史教育的内容分别蕴含在了三门课程及其他相关的理论课程之中。我国党史学习教育经历了"新民主主义论"——"中国革命史"——"中共党史"——"中国革命史"——"毛泽东思想概论"——"中国近现代史纲要"的五度名称更易,折射出高校思政课紧随时代变化和党的理论创新而不断调整的历史进程,也见证了高校党史学习教育教学从无到有,从不完善走向成熟的历程。总体而言,党史学习教育作为一条贯彻高校思政课教育教学的主线,或隐匿,或彰显,始终以某种形式或载体存在,未曾缺席。

二、现实境遇:加强思政课教学中的党史学习教育必要且紧迫

历史是过去的现实,回顾历史是为了更好地把握现在。进入新时代的高校思政课面临良好机遇,同时也存在诸多挑战。深度厘清加强高校党史教育的必要性及其紧迫性是进一步推进党史教育的前提。

(一)党史学习教育是思政课的重要内容和核心构成

思政课承担着对大学生进行系统的马克思主义理论教育的任务,是巩固马克思主义在高校意识形态领域指导地位、坚持社会主义办学方向的重要阵地,是全面贯彻党的教育方针、落实立德树人根本任务的主干渠道和核心课程,是加强和改进高校思想政治工作、实现高等教育内涵式发展的灵魂课程。高校担负着大学生"革命人生观"培育的重要使命,要"帮助大学生树立科学的世界观、正确的人生观和价值观"[11],因此必须始终将政治要求摆在重要位置,切实加强党史学习教育,以此来引领学生爱党、爱国、爱社会主义。古语有云"欲知大道,必先为史",大学生"三观"教育的重要载体就是党的历史,如果他们不熟悉中国的近现代史和中国共产党的历史,就不可能深刻把握我国社会发展的客观规律,"也就不能胜任领导建设有中国特色社会主义。"[12]一部中共党史集党自身建设史、马克思主义中国化实践史、中华民族奋斗史于一体，是一部内涵丰富的教科书，对于大学生的品格塑造具有无可比拟的作用。新中国成立以来，高校思政课教学方案虽然经历了多次变迁，但党史课程始终是其中重要的组成部分。党史课程的理论解释力、说服力和感召力远远胜过于单纯的理论说教，没有党史作支撑的思想理论理论教育可能成为干瘪的说教，缺乏生机和活力，其思想政治教育的效果会大打折扣。[9]因此，党史课程应该也完全有必要成为思政课教学体系中的核心部分。

（二）落实新时代立德树人总任务的根本需要

中国特色社会主义进入了新时代，迫切需要一大批合格的建设者和接班人。教育是百年大计，不管什么时候，为党育人的初心不能忘，为国育才的立场不能改。我们党立志于中华民族千秋伟业，必须培养一代又一代拥护中国共产党领导和我国社会主义制度、立志为中国特色社会主义事业奋斗终身的有用人才。习近平总书记深刻指出了社会主义教育的宗旨，就是要培养社会主义的建设者和接班人，而不是旁观者，更不是"反对派"和"掘墓人"。加强党史学习教育是落实立德树人总任务、培育时代新人的重要举措，要深刻认识到，没有什么比培养建设者和接班人更重要，也没有什么比这个方面出问题更危险。在社会主义的中国加强对中共党史的学习、研究和宣传、教育是理所应当、理应理直气壮。如果一个大党不重视自己的历史，不重视对自己历史经验的总结，理论上是错误的，实践上是危险的。注重将党史学习教育融入思政课教学体系是社会主义大学的鲜明底色和特色，推进新时代的党史学习教育是一项关系党和国家事业发展的紧要政治任务，高校教育工作要理直气壮地讲政治、讲党史，引导广大青年学生知党情、报党恩、跟党走，切实教育引导广大青年把个人理想和国家民族的前途命运紧密联系在一起，坚定信念、增长才干，努力报效祖国，自觉肩负起民族复兴的时代重任。

（三）破解党史学习教育"隐而不彰"困境的现实需要

现有的思政课程教学体系使得党史学习教育长期处于"隐而不彰"的境遇，现有的课程体系虽然包含党史的内容，但又不是完整性、系统性的党史学习教育，党史教育的外显性、常态化不足，这种状况严重制约了党史育人效果的实现。

首先，党史课程比重过低，内容倒挂。经历了多次调整的思政课教学体系大大降低了党史内容的课时安排，这无疑削弱了党史教学的效果。涵盖党史内容最多的《中国近现代史纲要》课程内容跨越170余年，党史有近100年，课时却仅为36个学时。在如此短的时间内能够厘清中国近现代史的基本线索和重大事件就已经很不容易了，况且其中还有许多需要深度阐释的重点、难点，多数老师也就只能蜻蜓点水、一带而过，难以对党史上的重大疑难问题进行系统、透彻的讲解，没有能真正解答学生的疑惑。加之课程内容许多与中学阶段历史课内容重复，导致高校反而不如中学讲得细致、深入，没有能够实现学生理论思维水平的提高，显然不符合课程设置的初衷和功能定位，内容倒挂严重影响了党史教育的针对性和有效性，党史课堂教学效果不能令人满意。

其次，党史课程知识有余，导向不足。毋庸置疑，党史是一门政治性很强的学科，党史学习教育需要站稳政治立场，为党发声。就目前师资结构来看，教授《中国近现代史纲要》的教师中党史专业出身的占比较少，历史专业的教师却占了较大比重，许多教师由于不是科班出身，他们的学术视野和理论框架使其能对党的历史进行全面而精致的过程性介绍和评价，但缺乏从理论层面系统进行规律总结和反思的能力。[13]对政治性与学术性之间的张力把控略显不足，在讲授中难免存在重知识传授、轻思想引领的问题，偏离了思政课的初衷。党史课程需要讲知识、讲历史，但更需要讲政治，突出其思想性，坚持党史"姓"党，要讲清楚中国共产党带领人民探索社会主义道路、创新社会主义理论、建立社会主义制度、凝练社会主义文化的光辉历程，增强学生的政治认同感。

再次，党史教育内容分散，整体性不足。目前党史教育的内容由《毛泽东思想和中国特色社会主义理论体系概论》《中国近现代史纲要》两门课程分别承担，党史学科基础是由马克思主义理论一级学科下属的马克思主义中国化研究、中国近现代史基本问题研究作为支撑。从总体上讲，党史教育的内容和资源处于一种分散状态，不易发挥其引领思想的整体功能。各门课程各有侧重，《毛泽东思想概论和中国特色社会主义理论体系概论》虽有党史内容，但主要讲解中国共产党的思想和理论，《中国近现代史纲要》在讲历史脉络的同时，应该更注重对相关的重要历史事件和重要历史人物进行深入分析和研究，虽然二者都内涵党史内容，但又不可能全面代替党史教育的功能，难以系统讲授党史知识、总结党史经验、凝练党史传统。

（四）回击历史虚无主义思潮消极影响的迫切需要

近年来党史领域成为历史虚无主义的重灾区，意识形态主阵地受到巨大冲击。不可否认，党史教育的虚化、弱化是历史虚无主义泛滥的重要原因。各种虚无主义思潮歪曲、否定党史、国史、军史，热衷于追求"鲜为人知的故事"、热衷于"碎片化解读"，妄图消解社会主义制度产生的历史依据，进而否定中国共产党的领导地位，在思想领域造成了极大的混乱，尤其是在青年学生中产生了严重的消极影响。因此，高校党史学习教育不能再在"幕后"候场，而是要走上"前台"，敢于亮剑，充分发挥唯物史观视野下党史教育的"求真"功能，充分彰显党史的解释力，对错误思潮给予坚决抵制；迫切需要增强党史教育的亲和力和吸引力，最大程度地占领主阵地；迫切需要党史学习教育揭示历史的主流和本质，有力回击历史虚无主义思潮。

三、未来彰显：党史学习教育融入思政课教学体系的逻辑进路

推进新时代高校思政课创新发展需要充分彰显党史课程的价值和地位，强化思政课教学中的党史学习教育可以成为思政课教学改革的重要抓手，需要教育主管部门和学界多措并举、共同发力，不断助推高校党史学习教育取得新进展、实现新突破。

（一）厚植党史人才基础，强化教研师资培育

高校党史教育的彰显首先要解决教育主体的培育问题，即吸引更多的优秀人才投身于党史学习。厚植人才基础，培育更多的优良党史学习教育师资已经成为一个亟待破解的时代课题。

首先，增强本科教育的厚度，夯实党史人才基础。当前，中共党史本科人才储备不足已经成为制约党史学习教育可持续发展的重大瓶颈。现有的高校每年总体党史本科招生规模偏少，造成专业党史科班人才源头供给不足，不仅不能有效应对市场需求，也不能满足研究生教育阶段的人才储备要求，严重制约了党史教育的质量。由此而言，增加党史本科人才招生是首要举措，逐渐改变"两头小，中间大"的人才培养结构。其次，增强党史专业吸引力。要特别注意吸收其他相关专业的青年学子学习党史、投身党史研究。山东大学"成仿吾英才班"就是一个可行的尝试，通过招收非马克思主义专业优秀本科生接受进一步的马克思主义基本理论和实践技能培育，增强其理论素养、锤炼其品行，也可以为党史研究和教育提供可用之才。

其次，加强教研师资建设，打造过硬教师队伍。师资队伍是推进党史教育的骨干力量，教研队伍建设关系长远、意义重大。当前迫切需要加强教研师资建设、夯实队伍基础。全国现有的党史学位点每年毕业的博士生数量有

限，远远不能满足现有人才缺口的需求，加之有些毕业生走出校门后不再从事党史教学与研究工作，造成了当下优秀党史专业人才不多、新生力量不足的局面。党史学习教育队伍的萎缩已经成为重大瓶颈，应该着力加强党史教研师资建设与队伍储备。一是在"马克思主义理论骨干人才培养计划"中可以招收一定比例的"中共党史"专业师资，以全国最高的学术平台和最雄厚师资力量带动人才培养；二是鼓励科研实力强、有条件的高校和院所积极发展博士层次的研究生教育，探索中央党史和文献研究院开展国民教育序列研究生教育的路径，充分发挥其资源和科研优势，培养更多高层次党史优秀人才；三是加强师资博士后人才储备，适量增加中共党史方向的招收计划，并在课题申报、访问访学等层面加大支持力度，鼓励优秀人才脱颖而出。通过努力逐渐形成一支业务能力强、专业水平高的党史教研队伍。

（二）规范凝练学科定位，调整课程教学体系

高校党史学习教育要实现长远发展必须解决教育的载体问题，也就是依托什么进行党史学习教育。载体的搭建要遵循学科和教学发展规律，不断筑牢党史教育的根基。规范凝练学科归属，调整课程体系已经成为当务之急。

首先，规范凝练学科定位，理顺学科归属。所谓"名不正则言不顺"，党史学习教育要健康发展，首要的就是赋予学科合适的地位，就目前学界的争议焦点来看，主要集中于"单列论"与"归属论"两种，即把中共党史学科单列，作为法学门类下的一个独立一级学科；把中共党史划归马克思主义理论一级学科，成为其二级学科。由此可见，学科归属问题已经成为破解党史学习教育难题的重要抓手和关键环节。笔者认为，随着"党的建设"被纳入马克思主义理论一级学科，"中共党史"的并入也成为比较可行的选择，将其作为马克思主义理论的下属二级学科十分必要，这样就能在马克思主义理论的统一指导下，实现资源共享、形成集群优势、达到学科互补，更加全面系统的推进党史、党建研究，也可以为党史学习教育提供更加完备的学科支撑。教育行政主管部门可以就此开展相关调研和论证，着眼于学科长远发展和人才培养，积极完善学科目录设置，作出相应的规划和政策安排，为党史教育的发展奠定根本的制度保障。

其次，调整课程体系架构、打造夯实党史阵地。当前，作为党史教育的主阵地、主渠道，高校政治理论课程体系中党史教育的弱化已经是一个明显的事实（中国近现代史纲要所讲授的内容与中共党史有较大差距）。一是党史学习教育在公共政治课领域失声。多数高校在公共政治课领域没有单独开设

中共党史必修或者选修课程，个别高校的党史公选课因为选课人数过少已经多年未开设，纯正的"中共党史"课程在高校课堂出现了失声，党史教育的前沿阵地失守。二是党史学习教育在专业课领域失位。甚至许多高等学校的思想政治教育本科、硕士专业的培养方案中也缺乏"中共党史"等相关核心课程内容，导致党史学习教育重要高地失守。党史课程阵地在公共课和专业课层面的缺失影响了党史教育的完整性和系统性，使得多数学生没有能够接受完整的党史理论教育。鉴于此种情形，完全有必要改变多年来这种讲的基本是党史内容，而课程名称又不叫中共党史的课程设置格局。[10]笔者认为，在思想政治理论课层面，可以将"中共党史"与"中国近现代史纲要"进行整合，用新的"中共党史"取代"中国近现代史纲要"，形成"中共党史"与"毛泽东思想和中国特色社会主义理论体系概论"为基础的"史""论"相结合的整体框架，将其纳入思政课教学体系之中，以此来保障党史学习教育前沿阵地的稳固。在专业课程层面，尤其是思想政治教育、马克思主义理论专业本科生应该开设中共党史课程，并且将其作为骨干和核心课程纳入教学体系，这样做也符合2010年6月中央印发的《关于加强和改进新形势下党史工作的意见》精神，高校应"把党的历史作为中国近现代史公共理论课的学科支撑和人文社会科学相关专业的必修课程"。通过强化主业主课来夯实党史学习教育核心阵地，发挥主干课程的功能与价值，提升学生的党史知识素养，为其下一步发展提供保障。

（三）讲清"四个选择"，筑牢"四个自信"

党史学习教育要打通党的历史与现实、历史与理论、理论与实践之间的内在联系。新时代高校党史学习教育应坚持立足讲清"四个选择"，依循革命、建设和改革以及"革命斗争史"、"社会主义建设史"、"改革开放史"的"三史合一"框架，不断筑牢"四个自信"，彰显党的光辉奋斗历程和磅礴精神伟力。

首先，党史学习教育要讲清楚"三个选择"及其内在的逻辑关系。中共党史是源于中国共产党伟大历史实践的产物，它关注的是中国独特的时代性课题——中华民族伟大复兴，具有中国独有的研究对象——中国共产党，拥有中国特色的理论资源——马克思主义及其中国化理论成果。党史学习教育就要以此为依托，讲清楚历史和人民为什么选择了马克思主义、选择了中国共产党、选择了社会主义、选择了改革开放。要将党的历史放置于近现代中国发展的逻辑演进之中，从每一个选择的动态发展入手，讲清选择的全景和原貌，要看到"每个选择"都不是一次完成的，都经过反复和曲折，讲清"四个选择"的逐渐推进性和脉络延续性；要合理利用史料提升课堂教学的深度和广度，挖掘与学生专业背景相关的史料来阐释课程的教学目标，拓展课堂教学的视野，体现"党史"课的魅力，展现独特的吸引力；要努力构建师生间的双主体教学模式，实现教师与学生之间由主体——客体关系向双主体关系的转变；在课程设计方面，要切实回应学生的关注热点和实际需求，激发学生学习的主动性和积极性，要灵活和综合运用现代传媒和各种形式，将党史学习教育与其他教育形式有机结合，加强党史教育的感染力，提升党史宣传教育效果。讲清"四个选择"的最终旨归在于阐明中国共产党是一个具有优良品质、孜孜追求，是一个为民谋福利、勇于进取，是一个善于总结经验、抓住历史机遇的政党，教育引导学生知党情、报党恩、跟党走，自觉将自身的发展与社会的发展相统一。

其次，党史学习教育要讲清中国特色社会主义道路、理论、制度和文化自信。党史学习教育要深刻阐释近百年来党带领人民的奋斗历程，深刻阐释中国共产党道路探索、理论突破、制度完善的艰辛实践，将党艰苦卓绝的斗争精神、不屈不挠的改革精神熔铸于社会主义改革发展的全过程，使大学生更好地了解党和国家事业的来龙去脉，深刻认知中国特色社会主义道路的来之不易。党史学习教育要引导学生把握历史的主流和本质，能够自觉剖析中国社会发展特点，明晰社会发展规律，始终坚持用发展的马克思主义指导实践，倍加珍惜马克思主义中国化进程中的理论创新成果，深刻认知中国特色社会主义理论的来之不易。党史学习教育要引导学生自觉肩负起历史赋予的重任，敢于担当履职，有所作为。在社会改革发展其中找寻自身价值定位，做合格的社会主义建设者和接班人，始终自觉捍卫社会主义制度。党史学习教育要引导学生自觉践行社会主义核心价值观，能够始终坚守崇高的精神追求，传承党的优良传统和作风，做自觉的文化传承与弘扬者，切实增强文化自信。

总之，新时代加强高校党史学习教育不仅重要，而且紧迫；高校党史学习教育不是可有可无的问题，而是必须下大气力抓好的问题。这关系到党和国家事业发展是否后继有人，关系中华民族千秋伟业。推进新时代高校党史学习教育必须将政治性与学术性相统一，将思想性与知识性相统一，在固本培元、凝心聚力上，在培育新人、为国储才上发挥党史应有的作用和贡献。

作者系中共连云港市委党校马列教研室副教授；本文获连云港市第十五届哲学社会科学优秀成果奖二等奖。

参考文献：

[1] 邓小平．邓小平文选：第2卷［M］．北京：人民出版社，1994．

[2] 邓小平．邓小平文选：第3卷［M］．北京：人民出版社，1993．

[3] 江泽民．论党的建设［M］．北京：中央文献出版社，2001．

[4] 教育部社会科学司．普通高校思想政治理论课文献选编：1949-2008［M］．北京：中国人民大学出版社，2008．

[5] 毛泽东．毛泽东选集：第2卷［M］．北京：人民出版社，1991．

[6] 胡锦涛．在全国党史研究室主任会议和中国中共党史学会第四届理事会议上的讲话［J］．中共党史研究，1995（1）．

[7] 江泽民．在上海党史工作会议上的讲话［J］．中共党史研究，1989（5）．

[8] 孙玉凡．我国高校党史教育的演变及启示［J］．东北师大学报（哲学社会科学版），2017（2）．

[9] 唐正芒．高校重开中共党史课程的重要性与紧迫性［J］．党史研究与教学，2013（5）．

[10] 张志伟．当前加强大学生党史教育的几点思考［J］．思想理论教育，2015（07）．

[11] 习近平．决胜全面建成小康社会　夺取新时代中国特色社会主义伟大胜利：在中国共产党第十九次全国代表大会上的报告［N］．人民日报，2017-10-28（1）．

[12] 习近平会见全国党史研究室主任会议和中共党史学会代表大会代表［N］．人民日报，2011-02-27（1）．

[13] 习近平在中共中央政治局第七次集体学习时强调：在对历史的深入思考中更好走向未来　交出发展中国特色社会主义合格答卷［N］．人民日报，2013-06-27（1）．

教出语文课堂的生命气象

张团思　李震

语文课堂是以汉语言文字滋润青春生命成长的空间，课堂生命气象直接影响语言文字对青春生命的内化和哺育。

"生命气象"中的"气"在我国古代哲学中是一个非常重要的概念，从自然之气到社会之气，无所不在，以至发展成为一个在许多领域沿用不衰的重要范畴。"气"，《说文解字》云："气（㇠），云气也，象形。"段玉裁注："象云起之貌，三之者，列多不过三之意也。"从象形来看，"气"就是空气和水蒸气，甲骨文中"气"的第三画略向下曲，就是"云起"即水蒸气上浮的动态。先人们把无形的"气"以"象形"的方法造出来，诉诸视觉的状貌，为后来"气"概念的丰富意蕴提供了演绎的基础。在先秦时代，老庄和孟子就把"气"引入哲学中。庄子认为，气聚而生，散而物死，它永远不停地运动变化。"气"与生命有着密切的关系，"吹呴呼吸，吐故纳新"。《庄子·知北游》云："通天下一气耳。"《管子·内业》中亦云："气道（导）乃生，生乃思。"这些都是把"气"看作是充盈天地之间一种原始的物质和精神的存在形式。《孟子·公孙丑上》中亦云："气，体之充也，我善养吾浩然之气。"这是孟子著名的"养气"说，以为人可以通过自我的道德修养，探求自身精神领域崇高境界。

在西方，古希腊的泰勒斯认为"水是万物的基始"，阿那克西美尼也提出万物的基始是空气的主张。这种自然哲学观和我国对"气"的认识有着相似之处，有着鲜明的唯物论的特征。

"生命气象"中的"象"也有着悠久的历史。汉字的特点就体现了"象本位"性，以可视和可感的方式呈现对象。这种"象本位"性形成了汉民族的普遍精神特性，即"象思维"。由"字象"生成"言此意彼"的诗歌艺术境界，形成了中国文学的美学原则；由"字象"生发出哲学观点，在先秦时，老子就提出"象"的概念，而且从具体事物发展到哲理思想。他说："惚兮恍兮，其中有象。"又说："大象无形。""象"也是《周易》的核心范畴。《周易》提出"立象以尽意",就是通过观察天地万物之象并通过形象来说明义理,并在《系辞下》里提出"观物取象"的观点。

"气象"一词始出现于唐代。王维在《山水论》中首先提出"先看气象,后辨清浊"的命题,这里的"气象"是指山水整体的精神风貌。后来杜甫在《秋日寄题郑监湖上亭》一诗中也使用了"气象"一词,他说:"赋诗分气象。"皎然在《诗式》中论诗时,列为第一的就是"气象氤氲,由深于体势",认为好诗弥漫着生命活力,当和总体布局体势有关系,强调了"体势"对于形成"气象"的作用。至宋代,用"气象"来评诗有了一定发展。徐世溥在《榆溪诗话》中用"气象"一词来评价陈子昂的诗体现了雄放激越的诗风,严羽在《沧浪诗话》中将"气象"作为论诗的重要方面。至明代,胡应麟在《诗薮·内编》中评价杜甫的诗时说:"盛唐气象浑成,神韵轩举。"所以,后人认为盛唐时期诗歌创作具有雄浑恢宏、生机盎然的时代精神,就体现了"盛唐气象"。

我们在这里强调语文课堂上应该具有"生命气象",是指能够激发学生主动学习之兴趣,课堂教学目标既有知识引领又有价值引领,给青春生命以高远的目标;能够建构通达的教学模式,富有课堂张力,展现浑厚的知识底蕴和宏放的境界;能够通过灵动的教学策略,传情激趣,释放青春潜能;课堂对话语言能够准确生动,从人性中流出;能够以多元的教学评价,引导课堂上的生命气象。

一、以精准的教学目标凸显生命气象

一篇文章的教学目标要"精",主题、内容、结构、语言等不要面面俱到,要根据单元主题之要求,根据学生学情现状,精选教学目标,通过教学目标的达成,凸现生命气象。精选一篇文章的教学目标,要聚焦学生发展的学科核心素养,寻找一篇文章中最能涵养学生必备品格的语言材料和情感材料,寻找最能促进学生适用终身发展和社会发展的关键能力的语言材料。通过目标定位,让一篇文章中的这些语言材料内化于心,促进学生精神发展的内涵的形成和生命高度的确立。一堂课的教学目标之"精",是在精选一篇文章教学目标的基础上再精选,凸现学生的语言水平和情感精神的发展;一堂课的教学目标的精选可以有知识目标,但要从关注知识的性质转向关注知识的意义,使学生能够在掌握语文知识过程中感受到生命的充实性和意义性,感受到精神世界的有效拓展,从而使得内在品质得到丰富和充实。

教学目标的"精准"之"准",是说要准确定标。要充分考虑到单元教

学的要求，在单元教学要求的框架内确定教学目标；要充分考虑到学生的学情，考虑到学生在一定学段的心理发展特征，并在此基础上确定一篇文章或一堂课的教学目标。教学目标的精准要从"人"出发，落实到"育人"，是在培育学生语文核心素养上聚焦。

二、以通达的教学模式容纳生命气象

教学模式的"通达"能够从个体生命的知识需要出发，在流畅、互动、开放和生成的课堂结构中，形成"创生"的意义世界，让个体生命不断地超越"当下"的生存状态，刷新生命的境界，形成崭新的生命气象。

语文活动模式重在"以身体之，以心验之"。"以身体之"就是亲身参与语文活动全过程，只有参与，才能形成物我同构的状态。参与就是"亲历"，这种"亲历"不是一种简单地感知与经历，而是"主体内在的历时性的知、情、意、行的亲历、体认和验证"[1]，"以心验之"就是在参与的基础上所产生的内省与感悟。语文活动中的体验主要是言语活动的体验，自始至终伴随着强烈的情感。语文活动模式为学生提供了一个言说的平台，言说就是他的生活，就是他的希冀，就是他的创造。言说，最能看出言说者的胸怀、气度、品格和精神，也就是生命气象。童庆炳认为，"体验是经验中见出意义、思想和诗意的部分"，在参与过程中，能够"把自己置身于价值世界中去寻找、体味、创造生活的意义和诗意"[2]。言说者在语文活动模式中这种"寻找""体味"和"创造"的"意义和诗意"，就是生命气象。

深度学习模式重在全视角全身心。单向度的学习观体现不出深度学习，深度学习模式的建构应该是一种全视角全身心的学习。所谓"全视角"就是在这种模式中让学生能够进行整体性学习，对文本作整体性理解，作全面理解；所谓"全身心"就是在这种学习模式中让学生全身心地投入，既有着对知识信息的加工，又能够充满着情感、兴趣，洋溢着精神的光辉；既有着智力因素的投入，又有着非智力因素的参与。丹麦学者科努兹·伊列雷斯提出："如果要理解人类学习的整体复杂性，就需要将多种资源纳入到我们的视野之中"[3]。这里讲的"整体复杂性"，就是指"全视角""全身心"的学习特点，这个"深度学习"过程就是身体、心理、认知、文化、逻辑和情感的统一，从而建构起具有迁移意义的知识图谱，实现了自我唤醒，自我顿悟，自我创造，自我发展，自我超越，这种深度学习，就能体现生命气象。

任务导向模式重在综合性和实践性。所谓综合性就是把语文知识、技能、思维与价值观构成一个立体的"任务群"，在组织学习时，确定各种文本、多样情境、诸多知识、多项技能、思维方式和价值观念组合成一个任务群，这个"群"就体现了综合性。所谓实践性就是把学习内容、学习资源、学习方法和学习态度整合到一起，充分发挥自主、合作学习的优势，注重学习参与和学习体验，转变学习方式，积累言语经验，提高语言文字运用能力。

"通达"的教学模式中的"通"字，就是把知识要点弄通，把知情意联通，在运用中触类旁通。"通达"的教学模式中的"达"字，就是"达"到知识的深度，"达"到信息的宽度，"达"到情感的深度，"达"到精神境界的高度。这正是"生命气象"的题中应有之意。

三、以灵动的教学策略展示生命气象

策略之一是激趣。"激趣"就是激发起学生对文本强烈的渴求接近、进入、趋同的欲念和行动，并通过主动的阅读与理解、领悟与吸收、鉴赏与评价，领略到文本阅读带来的趣味。所以，激发学生语文学习兴趣，这是重要的教学策略。有了学习兴趣，学起来才感到愉快，有意思，让生命经历过一个令人激动的阅读过程，从而产生生命气象。这种生命气象正是熠熠生辉的文本生命与经参与阅读审美的生命交互碰撞而产生的一种生命景观。

策略之二是构境。这里的"境"即教学之"情境"。百度百科解释"情境"："在社会心理学中，情境指影响事物发生或对机体行为产生影响的环境条件。也指在一定时间内各种情况的相对的或结合的境况。"明沈德符《野获编》、清刘鹗《老残游记续稿遗稿自序》、李大钊《工人国际运动略史》中都使用过此词。李吉林根据我国文艺审美史上的"意境说"，创造性地构建出一个充满本土气息和时代精神的教学理论与实践体系"情境教学"。在《中国学生发展核心素养》发布后，围绕着"核心素养"研制的《普通高中语文课程标准（2017年版）》中"情境"一词出现了34次，足见在基础教育课程改革深化阶段对"情境"的重视。所以，要在语文课堂展示生命气象，离不开情境建构。"构境"教学策略之所以重要，首先借"构境"沟通校内外具体的社会生活，提供了真实的语言运用情境；其次情境是现实生活缩影，蕴含着丰富信息和复杂的关系，置身于此情境，能够锻炼学生综合解决问题之能力；再次，在情境活动中学生能够产生真切体验，建构属于自己的意义，有助于核心素养的提升。

策略之三是蓄势。《孙子兵法·势篇第五》说："激水之疾，至于漂石者，势也。"[4]"势"如冲荡的水，是事物运动显示的能量或力量的积蓄。武术讲"势"，强调"动如涛""静如岳"；书法讲"势"，"龙跃天门""虎卧凤阁"；

音乐讲"势","以渐而进""其势愤盈";围棋讲"势","正合之势""权制其敌";语文课堂上也需要造"势",形成短促的语言运动节奏,直接影响学生的语文学习心理,激扬学生的生命精神。

策略之四是塑人。《高中语文课程标准(2017年版)》提出的语文学科学生发展核心素养有四个方面:"语言建构与运用""思维发展与提升""审美鉴赏与创造""文化传承与理解"。这四个方面的实现的主体都是学生,都指向学生,体现了语文学科的价值在于"育人"。语文课程是通过"立言"来"立人",即通过言语实践来培养具有独立人格和富有个性的文化主体,成为新时代的"新人"。因此,要从"学问中心"转向"学生中心",教学策略的运用也要体现出以"育人""塑人"为中心。

四、以高品质的教学语言营造生命气象

于漪老师说:"语言不仅仅翻译思想,不仅仅是载体,而且是意识、思维、心灵、人格的组成部分。"[5]语文教师的课堂语言就是语文教师的"意识、思维、心灵、人格的组成部分",就是以语言"育人",就是以语言哺育学生生命主体的精神成长和人格形成,帮助学生形成崭新的进取的生命气象。

在语言的整合性中营造生命气象。语文核心素养的提出,就表明了语文课程的育人目标。在操作层面上有听说读写这些言语行为;在实施层面上有语文知识、言语技能和语文思维这些智能因素;在动力层面上有语文动机、情感态度、语文习惯和行为意志这些心理因素;还有言语行为的背景要素涉及思想品德、文化知识、智力水平和人格个性等,语文核心素养整合性中的各要素之间又是相互联系、相互浸润。语文核心素养的四个方面不是独立的,而是一个整体;落实语文核心素养就是促进学生个体生命的总体生成,这样有利于学生生命意义的超越和升华,形成语文课堂上的生命的气象。

在语言的陶冶性中营造生命气象。"陶冶"一词连用,最早出现在《孟子·滕文公上》,文云:"以粟易械器者,不为厉陶冶。"[6]此处"陶冶"是指陶匠和铁匠。汉代董仲舒认为,人的命、性、情靠的是陶冶,即后天的礼乐教化。他说:"臣闻命者天之令也,性者生之质也,情者人之欲也。或夭或寿,或仁或鄙,陶冶而成之,不能粹美,有治乱之所生,故不齐也。"[7]杜甫有诗云:"陶冶性灵在底物,新诗改罢自长吟",这里"陶冶"一词是"娱情养性"的意思,表达了诗人创作时的悠然自得的心情。语言的陶冶性则指愉悦心情,培养高尚品性;也指教育过程本身对人才的铸就和锻炼[8]。语言的陶冶性直指学生的精神和品性,使之在身心愉悦的同时,提高语文的核心素养,形成良好的个性和健全的人格，从而形成生命气象。

在语言的召唤性中营造生命气象。接受美学中有一个重要概念"召唤结构"。它是由接受美学大师德国康斯坦茨大学沃尔夫冈·伊瑟尔提出来的。文学作品往往包含着许多"空白"，读者在阅读时需要联系自己的阅读经验和生活经验将"空白"填补起来。教师的教学语言指向作品中的"空白"，"召唤"学生运用阅读经验和生活经验去填补这些"空白"，这就是语言的"召唤性"。"召唤"学生进入"自我理解"的佳境，感受文本世界的意义，就能张扬课堂上的生命气象。《陌上桑》中罗敷的形象是美的，但作者并没有直接描写。教师可以抓住"行者""少年""耕者""锄者"的神态，"召唤"起学生想象的翅膀，以"召唤性"的语言引发学生去突破"物我"、超越"时空"的局限，实现作品意义的再创造，课堂上的生命气象必定是姹紫嫣红的。

在语言的文化性中营造生命气象。语文教师在课堂上要把语言置于民族历史、民族文化的语境中，联通语言与民族历史文化、民族精神，激活历史文化积淀，唤醒民族精神内涵，让语言带着民族文化交流，照亮学生的思想之路。语言的成长就是文化的成长，文化的成长就是精神的成长，精神的成长就是"人自我"成长。这样，生命气象就能在学生"自我"成长中得到展现。英国语言学家帕默尔说："语言的历史和文化的历史是相辅而行的，它们可以互相协助和启发。"[9]语言和文化是相成相因的关系，在语言的文化性中营造生命气象，生命气象就有了坚实的"底座"，就有了精神格局。事实上，每一个汉字都有着文化涵义，都是中国传统文化命脉的载体，"汉字不仅是记录汉语的文字符号，而且是负载着古代科学知识和文化观念的全息标志，是固化了的信息模块。"[10]汉字的具象性和以形表意的特点使得汉文化能够超越时空，泽被后世。语文教师正可以利用语言的文化性来以文化人，营造生命气象。

在语言的审美性中营造生命气象。汉字是汉语和华夏文明的内在形式，这个"言象互动"的符号系统具备了诗性的语言，象形的"字"和无言的"道"共同特征是"尚象"，言此意彼地表现着世界，体现着诗意，表现出中华民族的精神轨迹。书法的字形组合、章法布白和线条姿态，在笔飞墨舞之中正可以引导学生去认识和感受书法艺术的魅力，提高学生的审美品格。汉语中平仄的韵律、抑扬的声调和起伏的节奏，还有那感性的色彩、生活的场景和哲学的思想，完全可以唤醒学生生命的感性体验，获得生命的文化美感。

五、以多元的教学评价引导生命气象

要让学生在课堂上形成生命气象，评价引导非常重要。语文课堂上的评价是师生处理学习信息的重要工具，既有正能量，也有负能量。因此，在使用教学评价时要慎重。一类是对学习的评价。其主要形式是有月考试、期中考试和期末考试，通过这些考试对学生的学习状况进行结果判断，看学生学习达成度，以便改进教学。一类是为了学习的评价。此类评价有项目测试，有单元测试，有阅读测试，有项目答辩，有汇报评价，有小组互评等，通过各种形式的检测，来分析学生的学习优势和不足，以便改进教学。一类是作为学习的评价。引导学生系统分析一个阶段作业情况、考试情况、小组讨论参与情况和课堂回答问题情况，进行自我分析、自我评价、自我矫正，改进自己的学习方法、学习态度或学习重点。这些学习评价能够张扬学习者的奋斗精神，激励学习者创造新的学习价值，形成学习者新的生命气象。

公正评价。避免偏见，避免成见，平等地看待每一个学生，尊重每一个学生所获得的答语权，公平公正地对待每一个学生。这是教学系统中形成的对待教学评价的价值取向，体现了一种教学评价的美德和能力。公正评价是对青春生命的尊重，可以有效地维护教与学的和谐，引导学生清理认知上的模糊，突破认知的困境。

德性评价。"德性"的意思是道德品性，指人的自然至诚之性。德性评价是对德性的陶铸熔炼，是对学生在学习过程中所表现出来的素养、品性、品质和价值观的评价；这里评价要特别借助对语言文字所蕴含着的情感、思想和文化理解来进行，不作空洞说教。用德性评价来飞扬其智慧，唤醒其潜能，起伏其情感，培育其思维，烛照其精神空间。朱光潜说："语文的最大德性是精确妥帖"[11]。对待富有"德性"的语文，其学习也需要德性评价。

温度评价。教学评价要体现关心和关怀，让被评价者感受到学习的温暖和幸福，感受到浓浓的师爱，从而促进学习者保持学习动力，激发学习兴趣，改善学习状态，体验成果乐趣。

转换评价。在语文教学过程中，教师要善于通过评价将教学信息转换为学习信息，督促学生接受学习评价时进行审思、修正和调节学习行为，从而实现信息主体的转换，敞亮学习主体的精神世界。转换评价适宜于转换学习，转换学习是由梅齐洛提出，它着眼于改变发生在学习场域的惯习，在交互活动中实现创新学习。通过转换评价，促进语文学习活动高阶思维的形成。

教出语文课堂的生命气象，是生命与生命以语言文字为媒介的碰撞，是语言文字对生命潜能的激活，是在语言文字审美中对强健生命力的追求。

作者张团思系江苏省新海高级中学正高级教师，李震系江苏省新海高级中学特级教师、三级教授；本文获连云港市第十五届哲学社会科学优秀成果奖二等奖。

参考文献：

［1］班固. 汉书·董仲舒传［M］. 北京：中华书局，1962.

［2］曹明海. 语文陶冶性教学论［M］. 济南：山东人民出版社，2007.

［3］郭化若. 孙子兵法译注［M］. 上海：上海古籍出版社，2012.

［4］金良年. 孟子译注［M］. 上海：上海古籍出版社，2012.

［5］林宝庆. 汉语与中国文化［M］. 北京：科学出版社，2007.

［6］童庆炳，程正民. 文艺心理学教程［M］. 北京：高等教育出版社，2001.

［7］箫启宏. 从人字说起［M］. 北京：东方出版社，1999.

［8］伊列雷斯. 我们如何学习：全视角学习理论［M］. 孙枚璐，译. 北京：教育科学出版社，2014.

［9］朱光潜. 朱光潜全集［M］. 合肥：安徽教育出版社，1988.

［10］沈建. 体验性：学习主体参与的一个重要维度［J］. 中国教育学刊，2001（2）.

［11］于漪，唐晓云. 语文是进行素质教育最有效的一门学科［J］. 语文学习，1995（5）.

情绪 情境 情感 情意：历史探究性学习课堂四重境[①]

——以人民版《新中国外交（1949-1955）》为例

李南亮

历史课程是人文社会科学中的一门基础教育课程，根本任务是落实立德树人。普通高中历史课程的目标是让学生通过历史课程学习，形成历史学科核心素养，形成具有历史学科特征的正确价值观念、必备品格与关键能力，得到全面发展、个性发展和持续发展。课程内容有机融入社会主义核心价值观、中华优秀文化传统，充实丰富培养学生社会责任感、创新精神、实践能力等相关内容。

探究性学习目前已经成为历史课程常态教学方式，高中历史学习课堂应该在发挥教师主导地位的前提下，在调动和维持学生高昂学习情绪中，通过运用历史素材和设置历史情境让学生走进历史深处，在探究和解决问题的过程中，让学生感受历史人物的情感变化、生活境界和精神追求，感悟历史事件的现实价值、未来旨向，以此陶冶、引领和启发认知、认识自我、控制自我、完善人格，增强道德意识、社会责任和历史使命感，提升道德境界和践行能力，达成培养历史核心素养的课程目标，奠定全面成长的坚实基础。因而历史教育必须保持求真、求善两者的张力，将历史理性和道德理性统一起来。根据学生学习认知规律，历史探究性学习课堂诸要素可以从三个维度融合视域，通过对史实、史料、史感与史事的感知、体验、感悟与重构，渲染情绪、创设情境、表达情感、释放情意。其具体学习程式可以用下列图示：

《普通高中历史课程标准》（2017年版）指出，基于学生历史学科核心素养的发展的教学设计，不仅要考虑到教学内容的逻辑层次，还要根据学生的认知逻辑特点，呈现历史和问题情境。以调动和发挥学生历史学习的积极性、主动性和创造性为核心，以学生的探究活动为中心，以教师主导问题引领作

[①] 本文为江苏省中小学教学研究第十三期课题"高中历史探究性学习的有效性深化研究"的阶段研究成果。课题批号为：2019JK13-L229

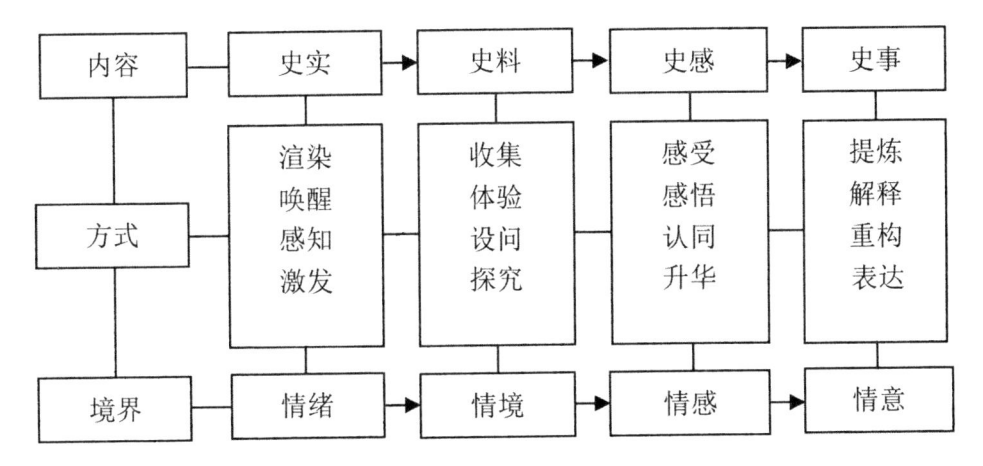

内容	史实	→	史料	→	史感	→	史事
方式	渲染 唤醒 感知 激发		收集 体验 设问 探究		感受 感悟 认同 升华		提炼 解释 重构 表达
境界	情绪	→	情境	→	情感	→	情意

探究性历史课堂有效学习程式

为展开教学的切入点，让学生在探究解决历史问题的过程中理解历史，培养实证意识，在说明自己对历史问题的看法中解释历史和认识历史。历史教育就是通过感知、理解、认识历史事物，来促进学习者与历史、历史与现实之间的视域融合。笔者认为一节好的探究性历史课要完成教学任务、达成素养目标、实现教育价值，就不仅要遵循历史教学的内容逻辑，从主题立意到主线贯通到主干透视再到主旨升华；同时还要遵循师生认知逻辑，经过情绪渲染、情境创设、情感表达和情意释放，不断深化历史探究性学习课堂的境界。下面以我2019年12月6日在江苏省盐城中学开设的一节省级示范课《新中国外交（1949-1955）》教学为例，阐述此观点以求教于同仁。

一、情绪渲染：唤醒历史情趣

情绪是人对客观事物是否符合自己需要而产生的体验，是对客观事物与自己的需要之间关系的反映。积极情绪是推动学生学习的内在动力。教育最基本的功能，便是激发学生的学习欲望，没有高昂的情绪就没有真正的学习，所以历史课堂要通过不同方式激发学生学习兴趣，并不断维持学习热情，提高自我学习力。苏霍姆林斯基说："让学生带着一种高潮的激动的情绪去从事学习和思考，面对展示的一切感到好奇，甚至震惊，学生在学习中体会到创造的欢乐，为人的智慧和意志的伟大而感到骄傲"。这就需要我们在课程内容处理、历史素材选择、问题情境设置等方面体现多样性，最大限度促进学生思维的活跃，激发学生学习热情和求知欲望。尤其是新课伊始的情绪渲染和气氛营造显得更为重要。在《新中国外交（1949-1955）》一课开始导入时，我这样设计方案导入新课：请同学们思考70年前的今天（1949年12月6日）

中国发生一件怎样的重大外交事件？（毛泽东第一次访问苏联），当时我明显听到很多学生的异口同声"这么巧"，察觉到他们非常好奇、激动和兴奋。接下来我继续讲述：1949年12月6日上午8时，北京西直门火车站，毛泽东主席乘坐代号为9002的专列徐徐驶出，开始了他的第一次访苏之旅。毛泽东这次出行主要有三方面内容，一是祝贺斯大林的70寿辰；二是和苏联订立条约；三是向苏联借贷。然而他们之间的会谈初始并不顺利。但好事多磨，经过近两个月广泛而深入的商谈，最终双方就若干问题还是达成一致，并于2月14日上午在克里姆林宫举行《中苏友好同盟互助条约》签字仪式。毛泽东首次出访苏联，为20世纪50年代中苏关系的全面发展开拓了广阔的前景，而新中国跨出国门走向世界的外交大幕也由此正式拉开。（此处呈现相关图片解说出访过程）

在呈现直观图片并简述访苏事件后，我继续发问：毛泽东为什么将平生第一次出访的国家选择苏联而且为期长达两个月之久（12月6日到2月17日）？为何出访还要刻意带去具有中国传统特色的湘绣斯大林画像等？为什么在斯大林的生日宴会上坐在抢眼位置的毛泽东主席表情如此严肃而凝重？等等。在这一连串的历史问题追问中让学生感觉到此行此访的意义重大与非同寻常，两国前期的外交会谈肯定阻力重重，情势不容乐观。这一系列的追问和疑惑能迅速激发学生的好奇心和探究兴趣，并真切感受到毛泽东、周恩来等老一辈革命家为打开新中国的外交局面和取得国际社会的承认所付出的艰辛努力，起步外交如此，那么新中国接下来的后续外交又将能有怎样的拓展和建树，又将会遇到怎样的外交难题？这样学生亢奋激昂的情绪也就很容易被拉回到半个世纪以前新中国成立初期那段激荡变幻的外交风云岁月之中。同时也为接下来进一步走进历史情境探究体验强力蓄势。

二、情境创设：走进历史体验

我们说，历是人类的足迹；史是人类故事的记录。学生要真正理解和认识历史，就需要了解、感受、体会历史的真实境况和当时人们所面临的实际问题，进而在历史情境中展开学习探究活动，这样才能去准确理解历史和解释历史。如何赋予历史以生命力，在很大程度上取决于你是否善于置身历史的深处和细处去体察、咀嚼和感受，从而产生附着于内心深处的一种带有理性、情趣和灵动的智性敏锐。历史新课程标准强调学习内容的情境化，其呈现应符合学生的认知水平，关注学生学习兴趣和经验，贴近学生的现实生活等；新课程标准下的学业水平考试试题命制也明确以新情境下的问题解决为重心，多维度创设试题情境，考查学生在新情境下如何去解决问题等。通过学习内容和问题设计的逻辑层次逐步将学生带进历史，去感受、感动、感悟历史，进而落实学习目标，落地学科素养。

学习历史的兴趣首先源于对历史过程的了解和思考，在这样的基础上才能提出有价值的问题，才能带着明确的目标考察各种历史记载。历史学科要培养创造性学习能力，必须让学生体验当时人的眼光和价值观，然后才能做出比较客观的分析，从而认识这一事件和前后事件的因果关系，探究历史的走向。历史思维的对象是史实，思维的过程不是建立在别人的解释和既定结论基础上的。历史课程内容如果跳不出传统的窠臼，课程改革的理想就很难实现。新中国外交的课程内容，我们可以考虑换一种方式，将学生带入具体的历史环境中去，从当时的历史条件去发现问题、考虑问题和解决问题。所以在教学《新中国外交（1949-1955）》一课时，先要根据课程目标要求，设计出本课的学习目标：（1）感知素材，识记1949-1955年新中国开展重大外交活动的主要史实。（2）体验素材，理解当时外交方针、外交原则及外交政策调整的深层内涵，感受新中国初期外交渗透的理性与智慧。（3）升华素材，感悟在激荡变幻的外交风云中一代伟人的风范智慧和新中国在世界舞台上展现出的一个负责任的大国担当。然后根据学习目标确立教学主题立意：新中国初期外交的理性决策与智慧担当，作为本节课的灵魂统摄与主轴；接着依据主题立意及本节课的历史灵魂，确定教学主线与相关核心主干史实：第一，基于近代百年外交历史的理性反思："独立自主和平外交"方针制定；第二，基于现实两大阵营博弈与对抗之间的理性抉择："一边倒"政策立场；第三，适应国际周边国内形势需要的智慧创造：和平共处五项原则提出；第四，尽显一代伟人的风范智慧与大国担当：从容入"舞"（日内瓦到万隆会议）；再围绕教学主线收集相关历史素材，即切中与教学主题及教学主线相关的核心史实，呈现依托核心史实的历史图片和历史细节情境和问题情境。这不仅符合教学内容的历史逻辑层次，也符合学生的认知规律。这里仅就第二和第四两条教学主线和核心主干史实为例进行阐释：

第二，基于现实两大阵营博弈与对抗之间的理性抉择："一边倒"鲜明立场。

中华人民共和国成立时，正值世界民族解放运动高涨、以美国为首的资本主义阵营和以苏联为首的社会主义阵营走向对峙和激烈斗争之际。面对纷繁复杂的国际形势，如何处理与苏联和东欧社会主义国家的关系，如何处理与发达资本主义国家的关系，以及如何处理与新兴民族独立国家的关系，是摆在中国外交面前的棘手且又必须做出选择的问题。对于迫切需要国际承认和支持的中国共产党而言，必须在以美国和苏联为代表的两大阵营之间做出具有政治导向性的立场抉择。通过呈现以下历史素材和情境创设，追问并思考一组问题：面对如此国际形势，新中国初期的政治家们最终做出怎样的选择？为什么不能奉行不结盟政策走中间路线？如此选择仅仅是出于意识形态考虑吗？此举之后获得了怎样的巨大收益？此举又是否背离了初衷？

材料1：朝鲜战争期间，中国军队实现了全面改装，其中有106个陆军师中的56个师，6个独立坦克师和独立坦克团，101个独立高射炮营，5个野战高炮师，2个火箭炮师，14个榴弹炮师，2个反坦克炮师，33个高射炮团，4个探照灯团，9个雷达团和独立雷达营，28个工兵团，10个铁道兵师……中国共组建的28个空军师，5个独立飞行团，共有飞机3000余架，均是苏联赠送和售予的。

材料2：在经济和技术方面，1950-1953年苏联实际援建中国47个项目，其中能源工业项目21个，占44.7%，改建和扩建项目22个，占46.8%，提供技术成套设备价值46974万卢布；向中国提供科学文献和技术资料共2829套（件）；期间苏联还派大量高级专家和技术人员来华，先后到中国帮助经济建设工作的苏联专家共1093人，他们不仅以丰富的经验和先进的技术给中国经济建设的各行业带来崭新气象，其无私奉献的敬业精神也感染和教育了中国干部和工人，通过言传身教直接为中国培养了大批科学技术人才。

——两则材料均出自沈志华《中苏关系史纲》第120~124页

在当时中国还有第三条中间道路可以选择，但在联苏、附美、参与不结盟三方力量的取舍中，如果选择中间路线，那么介于美苏两大国的夹缝中，新生政权就不可能得到承认和支持，新生国家也将随时面临生存的危险。因而新中国最终还是立场鲜明地选择"联苏"即倒向以苏联为首的社会主义阵营。这是为了新政权生存与巩固而做出的明智选择。此举并非完全出于意识形态，而更多是从当时能够生成的国家利益考虑，此后新中国获得巨大的收益：政治上得到国际社会尤其是社会主义国家的普遍认可，在新中国成立第一年就同17个国家建立外交关系，从而站稳了脚跟；军事上在苏联支持下当时中国军队得到了全面的改装，这一组组厚重的数据为抗美援朝战争赢得了主动；经济和科技方面，除直接援建工业项目外，苏联还无偿提供了大量技术资料，并派大量高级专家来华工作，使国民经济得到较快的恢复发展，培养了一大批工业科技后备人才，为社会主义工业化奠定基础。但是"一边倒"绝不是盲目地顺从苏联，它以"独立自主"为前提，是新中国为突破西方封锁、维护独立主权的手段与策略。它既不意味着新中国决意与英美等西方国家为敌，也不意味着新中国放弃独立自主而无原则地倒向苏联社会主义阵营一边。

第四，尽显一代伟人的风范智慧与大国担当：从容入"舞"（日内瓦→万隆）。

1953年中国面临两大外交战略任务，一是稳定国内发展，积极营造周边环境；二是寻求国际地位和树立国际形象，从1954年4月到1955年4月，一年之内周恩来总理先后参加两场国际会议，从容步入国际舞台。通过呈现以下历史素材和情境创设，引导学生走进两场国际会议，聚焦处理国际热点问题和化解国家矛盾分歧，在历史细节中去体验感受一代伟人周恩来的风范智慧和新中国的大国担当。同样提供一组问题群：日内瓦会议上周恩来和杜勒斯参会期间走对面时不同表情的细节体现两国外交家怎样的心态与风范？万隆会议上中国代表团又遇到了怎样困扰？接着是如何破解困局与被动？中国代表团为两场国际会议贡献了怎样的中国方案和智慧？收到了怎样的成效？

材料1：1954年4月26日至7月21日，周恩来率中国代表团参加日内瓦会议

我跟周恩来参加会议，在走廊，在休息室，曾与杜勒斯几次走对面，周恩来总是面色庄严而不失柔和，从容大度。所谓杜勒斯拒绝与周恩来握手的根本没有过，在那种情况下周恩来不可能主动和他握手。每次相遇，杜勒斯苍白的脸便立刻板紧，在远处时还恶狠狠盯一眼，走近时便目不斜视平视前方，但他的动作明显变得僵硬机械，肯定浑身不自在，外人看来不免像小肚鸡肠的女人一样可笑又可怜。

——李越然《中苏外交亲历记》第92页

材料2：1955年4月18日至24日，周恩来率中国代表团参加万隆会议

……

二、尊重一切国家的主权和领土完整。

三、承认一切种族的平等，承认一切大小国家的平等。

四、不干预或干涉他国内政。

……

八、……和平方法来解决一切国际争端。

九、促进相互的利益和合作

十、尊重正义和国际义务。

——《亚非会议十项原则》

日内瓦会议期间，中美两国外交家走对面时的表情可见，杜勒斯的眼神再现其内心的阴暗、狭隘以及对中国和共产主义的仇视；相反周恩来的言谈举止展现了其自信、从容、大度的伟人风采与大国风范。而万隆会议上更是暗流涌动，起初国际舆论导向对中国极为不利，但周恩来通过在会议上的补充发言，提出了"求同存异"方针，有效化解与会各方的偏见与分歧；当日内瓦会议陷入僵局时，周恩来就印度支那停止敌对行动提出了六点建设性意见，推动了会议的进展，并最终达成《关于恢复印度支那和平的日内瓦协议》，结束了法国在印度支那地区长达八年的殖民战争，打破了美国从朝鲜、中国台湾、印度支那三条战线威胁新中国的战略部署。周恩来总理率领中国政府代表团出席日内瓦会议，向全世界展示了新中国维护世界和平，以外交手段推动解决国际热点问题的诚意和决心，扩大了新中国在国际事务中的影响。在万隆会议上周恩来总理呼吁各国撇开分歧，加强团结合作，提出了指导亚非国家关系发展的十项原则，并最终达成了《关于促进世界和平和合作的宣言》。万隆会议是中国在亚非打开外交新局面的历史里程碑，掀起新中国与亚非国家新一轮的建交高潮，万隆会议后到1964年有24个亚非国家与新中国建交，从而打破了帝国主义妄图封锁和孤立中国的图谋。

通过对上述两场重点外交史实的历史情境创设，把学生从现实带进历史，如身临其境去体验和感受新中国初期激荡变幻的外交风云，感受新中国初期一系列重大外交方针政策的制定与调整，都是基于对历史深思和现实熟虑之后的理性决策，而这一理性也饱含着毛泽东、周恩来等老一辈革命家们的崇高理想与民族情怀，以及他们身上展现出来的外交风范所体现的新中国在国际舞台上大国形象与智慧担当。

历史学习需要从丰富的细节文字和形象图片情境中产生想象力，让枯燥乏味的历史内容变成鲜活灵动，呆板严肃的历史问题变得亲近灵活；让学生在生动的历史场景中体验历史，在具体的问题情境中思考探究、感受变化，以加深对历史现象的理解和对历史事件的认识，这不仅深化了历史课程内容方式，而且培养了学生"史料实证"等学科核心素养。

三、情感表达：感悟历史价值

历史新课程标准在"家国情怀"学科核心素养中强调，学习和探究历史应具有价值关怀，要充满人文情怀并关注现实问题，以服务于国家强盛、民族自强和人类社会的进步为使命。历史教育就是现实与往昔的精神对话，没有现实使命价值的历史教学缺乏生命感，不能将历史和现实生活联系起来的历史教学很难激起学生学习热情和公民责任。因此历史教学必须透过历史时事去寻找现实的倒影，架起历史与现实的桥梁，揭示两者之间的通识。历史的价值永远是面对现在与未来；历史教学就是要在讲述历史的过程中，有效引导学生审视今天，思考未来，实现历史与现实的融合。

历史教育是人的灵魂的教育，教学过程是师生历史核心素养涵养的过程，更是师生生命成长的过程。所以探究性学习课堂需要进一步感悟历史与表达情感，让学生多角度获得历史留个现实的智慧与真谛，进而提升生命境界、责任担当与行为自觉。如在《新中国初期外交（1949-1955）》一课教学中，在历史情境体验基础上，教师进一步引导学生从历史再回到现实。作为承担着国家富强与民族复兴的历史重任的当代青年学生，从新中国初期这段外交史中能够得到哪些现实价值与成长启迪？在学生探究和展示成果的基础上，教师进行总结和提炼其历史价值。

民族独立是国家自主外交的前提，国家力量是民族伟大复兴的保障。近代中国从1840年鸦片战争战败丧失封建国家主权开始，接下来西方列强凭借工业文明的坚船利炮肆意侵略和掠夺中国，从各自为战到联合侵华，从军事征服到经济侵略，从商品输出到资本输出，从政治瓜分到以华治华等。从晚清政府到北洋政府再到国民政府，中国被迫与西方列强签订一系列不平等条约，国家在半殖民地半封建社会道路上不断沉沦，而近代外交也完全屈从西方列强而失去独立自主性，民族复兴步履艰难。正如周恩来总理所言："中国的反动分子在外交上一贯是神经衰弱怕帝国主义的，晚清的西太后，北洋军阀的袁世凯，国民党的蒋介石，哪一个不是跪在地上办外交？中国一百年来的外交史就是一部屈辱的外交史，我们不学他们，不要被动怯懦，而要认清帝国主义的本质，要有独立精神，要争取主动，不要畏惧，要有信心"。弱国无外交，近代中国屡遭侵略、主权沦丧，外交的屈辱、无奈与痛楚说到底是国家力量落后的结果。如鸦片战争中国失败的主要原因是武器的落后，而武器落后的背后便是科技的落伍和综合国力的悬殊。晚清中国七十年，正值西方经历两次工业科技革命和国力大发展时期，而中国没有追随世界工业化的发展潮流。

1949年中华人民共和国成立，中国人民在中国共产党领导下取得了新民主主义革命的伟大胜利，正是基于对近代百年屈辱外交历史的理性思考，毛泽东、周恩来等老一辈革命家从新中国成立那一天起，就始终奉行独立自主的外交政策。早在新政治协商会议筹备会上毛泽东就强调，中国必须独立，中国必须解放，中国的事情必须由中国人民自己作主张，自己来处理，不容许任何帝国主义国家再有一丝一毫的干涉，从而彻底清除了帝国主义在中国的残余势力，走上了独立自主和平外交新道路，开启了中华民族复兴的新纪元。经过七十年的建设和改革，中华民族实现了从站起来到富起来再到强起来的巨大跨越，新时代的中国凭借强大的国家力量正引领国际社会国家之间的外交走向。

维护中国主权、安全和发展利益，同时因时而变顺势而为，国家外交要坚持原则性和灵活性的统一。新中国诞生时，面对美苏为首两大阵营以及亚非民族解放运动三方角力的国际形势，中国政府从维护国家主权、安全和发展利益的原则实际出发，从而做出了明智而理性的站位选择。但到了1953年中国和世界形势发生了巨大变化：从中国外交形势来看，新中国成立之初由于过分强调意识形态，使得国家外交逐步陷入僵局。1951年只有一个建交国家巴基斯坦，到1952年和1953年都是零建交国。从中国周边形势看，许多亚洲新兴民族独立国家基于国家安全考虑而纷纷向美国靠拢，造成了新中国周边环境的严重恶化。如何发展与周边国家的关系，解决相互之间的争端与分歧，保障周边环境的和平与稳定，成为新中国外交的又一重大课题。从中国内部形势看，到1953年，随着抗美援朝战争的结束，国家即将开始大规模的经济建设，全面实施第一个五年计划和进行三大改造，为争取国际局势的好转和为国内建设营造和平的国际与周边环境，新中国政府做出了重大外交战略调整，1953年周恩来在会见印度代表团时创造性地提出了和平共处五项原则。这五项原则具有创新性、开放性、平等性与包容性的特点，成为新中国与不同利益、不同意识形态国家，化解矛盾、和平建交的基本原则，标志着新中国外交的成熟，体现了原则性与灵活性相统一的国家外交遵循。

一个国家的外交形象与国际地位离不开时代伟人的外交智慧、理想情怀与人格魅力。新中国初期的短短几年时间，中国外交很快结束旧交，理顺关系，站稳脚跟。接着因时顺势进行重大调整，走向成熟，走进国际。从北京到莫斯科，从日内瓦到万隆，从中苏结盟到中印会谈，从"一边倒向"到"求同存异"，从"五项原则"到"十项原则"，从经营周边到入舞国际，从斗智大国到团结亚非等等，频繁的外交活动和丰硕的外交成果，无不见证周恩来总理的外交智慧、伟人风范和责任担当。其自信从容的外交风范，沉稳坚韧的外交气质，灵活睿智的外交艺术赢得了国际社会与各国政要的高度赞誉。周恩来将以他令人耳目一新的形象和风格在这个国际政治舞台上崭露头角。全世界也将通过这次会议第一次认识周恩来这位卓越的政治家和外交家。他的智慧、品德、风度和才华将在这里得到最充分的发挥和表现。时任日内瓦会议主席英国外交大臣艾登说："你们早晚都会清楚，他是个不平凡的人。现在看来，今后重大国际问题解决再也离不开中国和周恩来"；美国前两任国务卿与世界诺贝尔和平奖获得者这样评价："周恩来将军是一个很厉害的谈判者，一个吸引人的谈判者，一个很难对付的谈判者。总之，是我遇到的一个最能干的谈判者"（乔治·马歇尔语）；"他是一个杰出的历史人物，他精通哲学、熟谙往事，长于历史分析，足智多谋，谈吐机智而有风趣，样样都卓越超群。总而言之，我生平所遇到的两三个给我印象最深刻的人中，周恩来是其中之一"（亨利·基辛格语）。《新中国外交创始人、奠基者周恩来》作者张宏喜大使表示，周恩来同志在长达26年的时间中，以决策人、指挥者、实践家三位一体的身份，以异乎寻常的精力、才能和智慧，为新中国的外交事业做出了最全面、最杰出的贡献。这一切都充分体现周恩来总理将个人理想情怀、智慧担当与民族利益、国家发展、世界和平、人类命运紧密地融为一体。

四、情意释放：重构历史表达

历史探究性学习是基于整体史实、史料、史感的史事重构的过程，也是建立在情绪、情境、情感基础上的情意释放过程，更是历史主题、主线、主干、主旨相互连通、浑然一体的建构过程，以此展示师生对历史学习的深刻理解、体悟与认识。所以一节精彩历史示范课的最后需要总结和提炼。首先，要按照历史逻辑和认知逻辑对教学内容进行回顾与系统的再建构。这里可以先让小组合作探究并上台板书展示组内成果，最后教师再总结呈现本课的下列架构图：

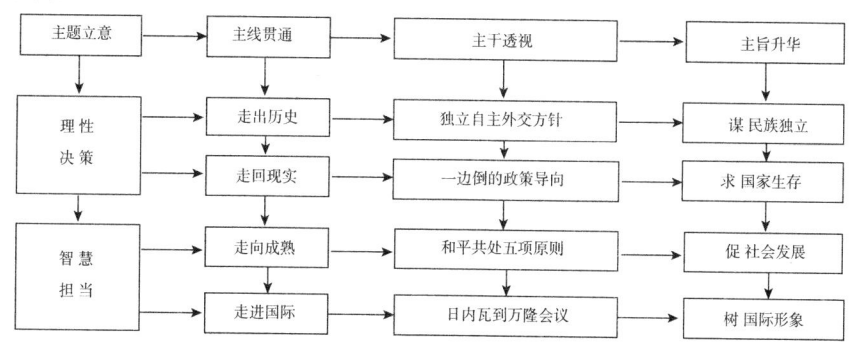

主题立意	主线贯通	主干透视	主旨升华
理性决策	走出历史	独立自主外交方针	谋 民族独立
	走回现实	一边倒的政策导向	求 国家生存
智慧担当	走向成熟	和平共处五项原则	促 社会发展
	走进国际	日内瓦到万隆会议	树 国际形象

其次，这样情绪高昂与高度互动的一节历史课，最后师生一定会有感而发，有意释放，要通过最后的总结感言与内容重构进行主题的凝练与认知的升华，将本节课的探究性学习推向最终高潮，以激荡师生情感和心灵世界的正确态度判断和价值取向，进而形成对这段外交史事的全面认知和准确解释。如李惠军老师在《神剧——太平天国运动》教学中，课的最后就有这样一段精彩的史事重构与表达："从紫荆山区到紫金山麓，从永安建制到建都天京，从拜上帝教到天国朝纲，从偏师北伐到两次西征，天国震撼天朝！然而，一场天京变乱的血光之灾导致了太平天国迅速转衰，直至天京沦陷和天国梦灭，神剧落幕。历史，何以如此悲喜交加？天国，何以这样来去匆匆？或许，我们可以透过异性和谐的上帝家庭，广大底层农民的宗教神往和笃信虔诚，以及定都天京，特别是天京变乱后上帝家庭的政治谋杀、相煎何急所导致的背信弃义的'神剧'变异中，触摸到其开场和落幕的历史图谱。让我们从神剧中收回情感缠绕，用理性来推测两个问题：宗教洗脑绑架思想的'精神铁幕'能维持多久？族群狭隘、天王肚量到底能让天国行走多远。"如此沮丧、无奈、悲壮、悲情的情意释放给学生留下无尽的思考。基于此我在《新中国外交（1949-1955）》一课教学最后要求学生用高度概括的语言对这段史事进行学习重构与感言表达，在此基础上呈现这样的结束语境：

　　从独立自主外交方针的制定到一边倒外交政策的提出，这是基于对历史和现实的深刻思考以及毛泽东、周恩来等老一辈领导人的理想情怀，是为政权巩固和民族生存做出的理性决策，是中国人民意愿和民族理想的具体化。

　　周恩来总理以其非凡的外交智慧和坚韧毅力，担当起国家外交活动和执行国家外交决策、维护世界和平的重任。国家交往原则的提出、国际热点问题的解决、国家矛盾分歧的化解等，都是在为国家发展和世界和平贡献中国方案，展现了大国智慧与大国担当。可以说从日内瓦到万隆，见证了中国从国际体系的旁观者到参与者、建设者到引领者的发展历程，在中国和世界外交史上都留下了浓墨重彩的一笔。

　　个人理想情怀、智慧担当要与民族利益、世界和平、人类共同发展和谐统一。当代中国"构建人类命运共同体"的外交思想是中国政治家们和中国人民意愿的天然自带基因，其来有自，是中国外交方针和外交实践发展的必然结果。

　　70年，不变的担当。中国人民始终奉行独立自主和平外交政策，坚持在和平共处五项原则基础上发展同各国的友好合作。今天，一个从容自信的东方大国正阔步走近世界舞台的中心：2019年，习近平主席先后7次出访，主持4场主场外交，以坚定自信的政治气魄，大国领袖的责任担当，深入思考人类的前途和命运，从容书写外交华章，有力提升中国的感召力和影响力。为促进世界和平发展、实现全球共同繁荣，在世界发展潮流、人类命运走向上展现了中国力量，贡献了中国智慧与中国方案。

情绪、情境、情感、情意是历史探究性学习课堂的四重境界，是保证新课程标准历史学科核心素养落实与落地的有效路径。指向核心素养培育的历史教学过程就是渲染情绪、创设情境、表达情感、释放情意的探究学习过程。情绪渲染让学生以饱满的状态和高昂的热情投入学习并不断维持学习动力；情境创设让学生在特定的历史时空场景中感知、体验和理解历史，在探究问题情境中培养史料实证等历史核心素养；情感表达让学生在感受、感悟历史变迁和人物境界中，形成正确的情感态度价值观，以增强学生的现实意识与家国情怀；情意释放让学生在完成课程内容学习与渗透情感体验及历史感动的基础上，形成一个经过提炼重构的综合性历史认识，最终形成自己正确的历史解释、史事表达和精神超越。

作者系江苏省新海高级中学特级教师；本文获连云港市第十五届哲学社会科学优秀成果奖二等奖。

聚木成林：高中生物学"生命观念"培育的基本路径与实践策略

陈 维

生命观念是生物学学科核心素养的标志和关键，是学科育人价值的重要体现。它为人类认识自然界提供了一种新的思维视角和观念体系，帮助我们克服观察和实验的弊端和局限，依循正确的路径和方向直接透视生命的整体本质，有利于促进学生形成科学的自然观、世界观和价值观。它是贯穿学生一生的学习成果，使得他们在面对现实生活的实际问题和挑战时具有更好的解释力和决策能力[1]。

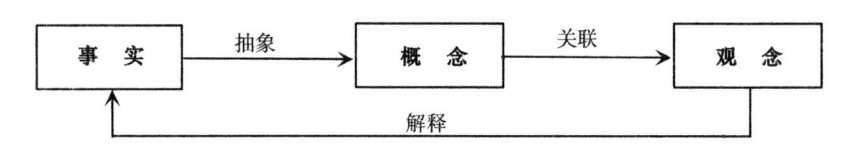

图1 生命观念形成的基本过程

从科学学的角度分析，生命观念的形成是一个基于抽象的学习过程，其起点是对生物学事实、生命现象及其相互关系或特性的感知和认识。它总是同一个个问题密切相关，在问题得到解释或者实证的基础上，通过新、旧情境中的知识互动与迁移，抽取和概括出反映客观事物一般的、本质的特征，也即概念。而当学生脑海中众多的概念聚合成具有内在关联、稳定的认知网络结构时，就提炼、升华成了生命观念。这种意识、观念或者思想方法又能够理解或解释较大范围的生物学相关事件和生命现象，进一步丰富观念形成的基础，拓展、加深对生命观念的认识，为观念达成水平的评价提供锚点。因此，在高中生物学教学中，应以"事实→概念→观念"为主线，厘清概念分布与内在逻辑关系，整体设计单元教学进程，创设凸显生命现象及其活动规律的教学情境。科学评价与反馈，让学生深刻地理解生命现象背后的本质，把握概念网络中的思想内核，在不断的积累中逐步培育生命观念。

一、概念图谱：单元整体设计的内在逻辑

生命观念是生物学核心概念的呈现方式，具有统领性和抽象性，是贯穿本学科不同课程内容的基本骨架和内容组织线索[2]。学习者观察生命现象或者认识一个事实性知识相对简单，但要在脑海中建构一个或多个大概念则比较困难。仅凭一二节课并不能建立完整的生命观念，它是一个缓慢、逐渐深化的过程[3]。这需要师生持续的努力，在一个或多个单元的学习中循序渐进地完成。因此，在实施教学前教师要对各个模块课程的知识结构进行系统化的梳理，根据学期（年）教学计划做好不同单元教学内容的分析和设计。

（一）构建概念图谱

与学生学习过程中绘制的"概念图"不同，概念图谱是教师在开展某一单元教学前，基于课程标准[4]和配套教材，厘清生物学大（核心）概念、重要概念、一般概念在单元中的层级分布、相互关系和逻辑结构，构建形成的"概念关系图谱"。这是有意识地建立统领概念到观念的教学线索，找准、优化或者补充支撑概念形成的典型现象和关键事实的过程。例如："进化与适应观"主要是通过必修2《遗传与进化》模块第2单元的教学来完成，该部分内容以"生物的多样性和适应性是进化的结果[4]"这一核心概念为主线，由2个彼此相互解释的重要概念为支撑，其下一般概念之间的关系有并列同步，也有"总分总"的支持关系，其对应的化石分类、同源器官、抗药性产生等现象和事实可以来源于教材，也可以从研究数据、重要发现等其他资料中补充。

（二）单元整体设计

基于学情分析，依据概念图谱，通过集体备课，要完成单元教学内容的整体设计。其主要项目包括：单元分析、目标制定、内容与计划、方法和活动、教学资源和评价反馈等方面。单元（课时）目标要从学习者的角度考量，要同教学评价相互匹配和呼应；方法策略要满足不同层次（类型）学生的需要，注重校本化实施；活动设置要注意有效性，要直接指向教学重难点（表1）。

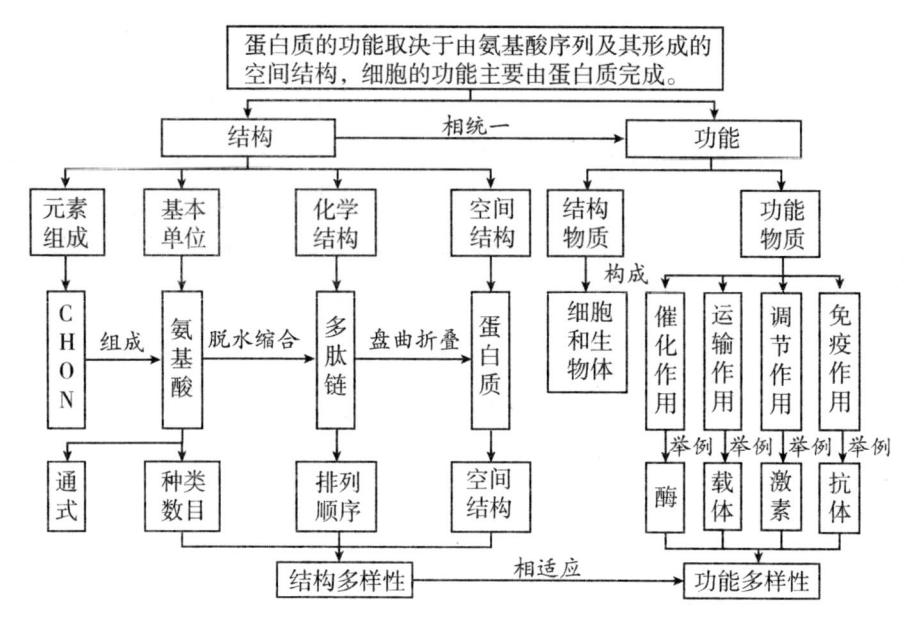

图2 "进化与适应观"的概念图谱

表1 基于生命观念的单元设计表

项目流程	主要内容
单元分析	本单元的内容与范围是什么？它将建构的核心概念（生命观念）是什么？它包含的技能、重要概念、一般概念、事实和活动有哪些，有什么规定？
目标制定	依据课程目标，确定单元目标和课时目标，找准教学重点与难点，从知识、能力、情感等维度准确描述概念形成后的行为变化。
内容与计划	本单元的主题（重要概念）是什么？每个一般概念对应的事实和现象有哪些？完成单元教学安排多少课时（列表）？
方法和活动	使用的教学方法有哪些？需要创设哪些教学情境，各个情境之间是什么关系，在哪些教学内容中使用？学生将会有哪些活动和实践形式？指向重要概念的问题串如何设计？其教学时间分配和顺序安排分别是什么？
教学资源	除教材之外，需要补充哪些教学资源？文字、图片、数字资源分别是什么？如果需要开展实验，需要哪些器材？

续表

项目流程	主要内容
评价反馈	如何衡量和评价学生生命观念的形成水平？从生命观念维度测量本单元的学业质量水平需命制什么样的试题？实验操作检核表、课堂行为观察表、档案袋等包括哪些内容？除成绩外向学生反馈的形式还有哪些？

（三）注重观念融合

生命观念的各大观念群之间是彼此联系、无法分割的整体，"结构与功能观"是基础，"物质与能量观"和"稳态与调节观"反映了生命系统的运行机制和基本规律，而"适应与进化观"则是生命系统运行和发展的必然结果[5]。适应本身的含义就包括结构与功能相适应，反映了生命系统适应外界环境的基本要求。新教材对某一生命观念（核心概念）的内容组织与呈现，也并不是全部限定在哪一单元或者模块，而是在不同的模块（单元）间穿插、渗透，例如：《分子与细胞》[6]中细胞的多样性与统一性、细胞中的化合物与原始生命的形成等知识内容，都可以与"进化与适应观"关联起来。"所有生物体为什么都共用一套遗传密码系统？线粒体和叶绿体的产生同古细菌有什么关系？"等问题也都可以从进化的视角去分析和解释。因此，在单元设计和具体教学时，要关注各条生命观念的融合，避免割裂地、片面地理解生命观念[2]。可以选择在某一教学阶段以专题单元的形式，将各个模块中对应某一生命观念的全部内容做统一梳理，突破单元之间、模块之间、必修与选修之间的条块限制，全面促进生命观念的形成。

二、结构化情境：生命现象和关键事例的真实贯穿

生命观念的培育关键在课堂，要将单元整体设计的思路和目标，在每一节课上全面实施，体现在教学过程的各个主要环节。可以从情境创设开始，让知识重回火热的思考，重新回到情境进入发生时的状态。针对教学内容，依据学生已有的知识、经验，恰当选择恰当的情境资源，创设凸显生命现象和关键事实的教学情境，这是培育生命观念的起点。

（一）生命观念的形成需要结构化情境

观念的发生需要情境的滋养，在真实的、具有挑战的学习情境中，学生更能以积极主动的态度关注生命现象，探索生命的奥秘。基于情境的课堂教学，有利于引导学生分析问题、解释问题，从而习得相关的生物学概念、原理，进而领悟生命观念[7]。纵观当今的高中生物学课堂教学，无论是使用的教材还是日常的教学过程，其实并不缺少情境创设，但是缺乏培育生命观念的针对性强、匹配度高，能够贯穿始终的合适情境。或者，即便有丰富的情境资源，也没有得到充分的挖掘、整合和利用，情境的标签化、碎片化、表面化甚至庸俗化依然存在。那些只负责教学起点或者某个环节的情境创设，最多是让学生产生一种短暂的"代入感"，造成情境价值的局限，无法持续发挥作用。然而，生命观念的形成需要依托大量的现象和事实，需要不同层级的概念构成网络作为支撑，那种单一的、孤立的教学情境显然无法满足。所以，基于观念的教学首先要实现从片段导入式的情境设计，向整体任务型真实情境的转变，需要将多种情境资源连接成结构化的问题情境。除了情境主体、情境资源、情境空间、情境时间[8]等基本要素要完整之外，结构化情境更强调以某一条或几条生命观念为起点，从目标设定到创设情境再到教学反馈的主线明晰、层次分明、思路明确。每个单元的计划安排，每个课时的导入、课中、收尾环节，其情境创设要整体考虑，以概念间的逻辑结构为索引，在多个情境间建立统摄、包含、交叉等多种形式的联系。

（二）创设结构化情境的策略

结构化情境设置要坚持问题引导，体现真实性、整体性、贯穿性和持续性。首先，选取的情境资源要真实、有效，且具有典型性和代表性。能够唤醒学生的学习意愿，连接旧有经验，激活认知结构。可以是那些在探究活动中观察到的典型生命现象，具有代表性的科学研究过程，也可以是生物科学史上的关键事例。即便是具有虚拟性质的情境，也应该是来自真实世界的原型，又高于一般生活的抽象[9]。要充分利用教材中的真实情境资源，例如：人教版《普通高中教科书　生物学》每一章的首页导语，每一节的问题探讨、思考讨论、思维训练等栏目都提供了真实、丰富的素材资料[6]。此外，根据生命观念教学的需要，也可以适度引入一些教材之外的"科学新发现、社会聚焦、生活事例"等等。第二，要从整体的角度创设情境，持续、贯穿教学过程。与课程标准、教学目标、教学评价等环节相匹配，用不同的情境串联某一内容、某一阶段的整体学习进程。要做到首尾呼应，情境互联，引起情感共鸣，持续牵引学生的思维活动在张弛有度中跌宕起伏。第三，基于情境，设置指向生命观念的情境活动，针对活动设计难度适宜的引导性问题串。要将教学内容活动化、活动问题化、问题层次化，不断激发学生在理解和反思具体的事实和概念过程中所迸发的生物学思维方式[3]。在解决问题的过程中，建立起与现实世界的互动联系，真正实现观念的生成性、现实性和个人性，达成学生个体知识的意义建构[10]。

（三）结构化情境的实践案例

"蛋白质"单元的教学内容丰富，物质与能量观、结构与功能观、稳态与平衡观和进化与适应观等生命观念均有体现。从它们对应的教学目标出发，可以从教材、科学发现、社会热点、常见器材等方面筛选情境资源，针对重要概念安排模型制作、实验探究、分组讨论等多种任务型活动。分层设计系列问题，从新课导入、重难点突破到课堂小结，贯穿整个教学进程，持续发挥作用。不同的情境活动可以在不同课时单独安排，也可以在同一课时分组并列进行；可以在同一课时的不同阶段或不同课时中分步开展，也可以在专题复习中组合使用。需要说明的是，单凭下表中的情境并不能建构完整的生命观念，它还需要不同模块情境间的相互配合和印证，需要经历整个中学阶段生物学课程的学习。

表2 "蛋白质"单元教学中的结构化情境举例

生命观念	情境资源	情境活动	问题引导
物质与能量观	● 科学发现：NASA宣布在土卫二上具备哺育生命的全部要素。 ● 关键事例：探索生命起源的米勒实验视频。	●集体观看：科学发现的模拟动画；米勒进行实验的视频 ●头脑风暴：结合视频探讨生命组成需要的物质和条件。	1. 构成生命的基本元素有哪些，分别对应哪些基本物质。2. 米勒在实验中获得了什么物质，其原料和能量的来源分别是什么？土卫二上有这样的条件吗？3. 若要合成多肽或者蛋白质需经历什么过程？

续表

生命观念	情境资源	情境活动	问题引导
结构与功能观	●模型器材：泡沫塑料、刀片、剪刀、牙签、不同颜色的染料、铅笔等。 ●关键事实：由氨基酸形成血红蛋白质的动画模拟演示；血红蛋白（Hb）、胰岛素（RI）和免疫球蛋白（Ig）等三维结构模型及相关科学数据。	●模型制作：结合演示，利用常见材料，制作氨基酸结构模型，尝试模拟2个氨基酸之间的脱水缩合过程。 ●分组活动：从肽链条数、氨基酸种类和数目、具备功能等方面列表比较三类蛋白质的差异。思考讨论：蛋白质的结构多样性与功能多样性之间具有什么样的关系？	4. 所用材料分别对应氨基酸的哪几个部分？5. 氨基酸是如何一步步构成蛋白质的？脱水缩合的过程如何体现？变换哪些部分就能够改变蛋白质的结构？6. Hb、RI和Ig各自具有的功能是什么？除了这些，蛋白质还会有哪些功能？7. 哪些直接原因造成了蛋白质功能的多样性？可以归纳为哪几个方面？
稳态与平衡观	●社会热点："毒奶粉与大头娃娃"事件（呈现数据和图片等）。 ●实验器材：胶头滴管、量筒、试管、双缩脲试剂（AB液）、正常奶粉、"毒奶粉"、蛋清液等。	●分组实验探究：比较正规奶粉和"毒"奶粉中的蛋白质含量的差异。 ●分析讨论：毒奶粉"毒"在何处？	8. 该实验的原理是什么？如何比较2种奶粉中蛋白质含量的差异？9. 根据实验结果，判断"毒"奶粉中缺少的重要营养物质是什么？在人体中承担什么作用？10. 从内环境稳态的角度，结合渗透压等知识，分析"大头娃娃"浮肿的直接原因有哪些？
进化与适应观	●教材资源：从细胞和分子水平看当今生物的共同特征和起源（呈现科学事实和数据）。	●思考讨论：从细胞色素c这一蛋白质分子的角度讨论不同生物体之间的共同特征和亲缘关系。	11. 从细胞色素c的氨基酸序列差异分析，不同生物和人的亲缘关系是什么？这些数据能否支持不同生物有着共同的起源，它为生命的进化提供了什么证据？

三、从萌发到内化：生命观念形成的两次飞跃

结构化情境的创设为生命观念的形成提供了丰厚的土壤，为师生、生生间的有效交流提供了广阔场域。丰富而又真实的情境资源，将创设认知冲突，激活学生思维，促进一粒粒概念的种子在他们的脑海中萌芽生根。多样化的情境活动，将充分调动学生的主体能动性，推动他们由表及里，由此及彼，逐渐形成不同的概念，寻找它们之间的内在关联。在回归生活世界的实践活动中，生命观念在现实问题的解释和探究中不断内化和发展，最终实现认识过程的两次飞跃。

（一）在事实的抽象中萌发生命观念

形成并理解概念是建立生命观念的前提和基础。"有树才有林，独木不成林"，只有深入理解其内涵和外延，才能建立起观念形成的支点，才有可能在概念之间建立意义联系，形成概念之林。那么，怎样才能形成概念，并且真正理解呢？它必须以学生容易接受的典型现象和关键事实为原点，以围绕某个主题展开比较与类比、抽象与概括、分析与综合等一系列科学思维活动为支撑。因此，在课堂教学中，教师要事先对细碎的、具体的生命现象和丰富的生物学事例进行分类和加工。根据教学目标，有针对性的呈现，引导学生从中抽取、概括出它们共同的方面、本质属性与关系，形成具体的概念（理解）。可以在不同的课型中分类呈现，也可在教学过程的不同阶段集中呈现。要针对某一主题，结合问题情境，让学生在实验观察、现象分析、同伴互学、汇报展示等参与性的学习活动中，积极思维，逐步探寻事物的本质，产生生命观念的萌芽。例如：在教授"生长素在调节植物生长时表现出两重性[4]"时，为促进学生对"两重性"这一概念的理解，可以集中呈现顶端优势、根的向地性等实例，引导学生分析归纳；在开展"探究NAA对扦插枝条生根的作用"实验过程中，安排学生对不同NAA浓度条件下枝条的生根结果进行观察、统计、比较和分析，从而深入理解"两重性"的内涵。此外，教师还要关注学生对这一概念的已有认知和"前概念"，尤其是那些有悖于科学原理的错误解释，例如：生产者、呼吸作用、糖、杂交、捕食、微生物等等，要帮助他们清除误区，建立科学概念，并且正确的表述[11]。

（二）在概念的关联中生成生命观念

以理解为目的的生物学概念教学，能够让学生对一般概念有着比较深入的认识，但这并不意味着就能理解生命的本质了，他们往往是"只见树木，

不见森林"[12]。只有让学生站在更高的视角，深刻认识并形成概念之间的内在联系，才能真正建立生命观念。因此，随着知识学习的不断深入，教师需要以某一生命观念的内在逻辑结构为索引，用联结概念间广泛联系的系列分层问题，引导学生通过资料分析、头脑风暴、交流共享等途径，明确概念之间存在的关系有哪些，关系节点在哪里。还需要梳理知识间的"纵横"联系，可以是初高中内容衔接基础上的概念拓展和建构，也可以是某一模块（单元）新旧概念之间的链接。然后，让学生运用思维导图、表格、概念图等形式将这些节点和关系联结成一定的组织结构，在概念关系思维模型的表征中，凝结核心概念，生成生命观念。例如：蛋白质教学中的"结构与功能观"，可以先确立这一生命观念的生长点——"结构与功能相适应"，然后梳理其所包含和对应的相关概念和关键事例，如：氨基酸、多肽链、蛋白质、结构多样性的诸多原因、功能多样性的举例等等，以此形成支撑。接着要将事实和概念进行整合，在它们之间做提炼，找关联，把零碎的、分散的事实、概念整合、连接起来，形成具有内容层级性和知识逻辑性的知识网络或概念体系（图3）。其上下位的关系，以及关键事实的发展脉络一目了然，生命观念也将逐渐变得清晰[13]。

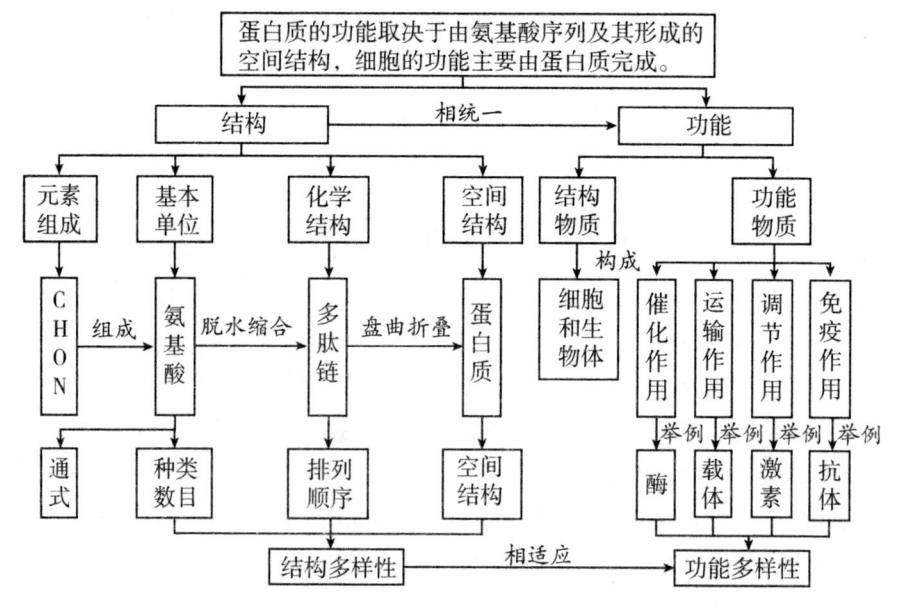

（三）在观念的运用中内化生命观念

课堂上生成的生命观念起初只是一种感受或者经历，只有进一步得到认同和领悟，才能真正转化为学生自己的意识、观念和方法。这需要学生在看、听、思、说的基础上,进一步探索,积极实践,在不同类型问题的解决中逐步同化和顺应。不仅是在课堂上针对某一问题的讨论,抑或是完成作业和练习,更要面对真实情境的"真问题",尝试运用生命观念去解释身边的生命现象,解决生产生活中的实际问题。例如:运用"进化与适应观"去解释长期使用单一杀虫剂会产生抗药性的原因,去解释国宝大熊猫为什么在建立自然保护区之后物种仍然在退化;运用"物质和能量观"去思考农业生产中的种植、储存、运输等方面的现实问题;运用"稳态和平衡观"制作生态系统模型,并提出维持生态系统稳定性的主要方法。也可以组织研究性学习小组运用STEM理念,综合数学、技术、科学、工程学和系统学等知识,尝试设计生态效益和经济效益双赢的生态休闲农场解决方案等等。此外,将多种生命观念与实验探究相结合也是促进生命内化的有效途径。例如:可以引导学生运用"结构和功能观"和"物质和能量观",结合"质膜的选择透过性""质壁分离和复原""光合作用"等多个概念,利用新鲜蚕豆叶、pH试剂、Kcl溶液、Nacl溶液、显微镜等器材,设计实验"探究光照(H^+、K^+)对气孔开闭"的影响。让他们在分析实验结果的基础上,联系概念原理,探讨在大田种植中的有效生产方式,如:合理密植、施肥、控制适宜的光照等等。

四、进阶锚点:科学命制试题的坐标指南

生命观念的内化是学生个体认知体系的自我建构过程,其效果需要将内在的个体意识转化为外在的实践行为才能显现,需要一定的标准才能衡量评价。这种外化的过程与课堂上的问题解决、方案设计、实验探究等活动相比,更关注过程性,强调个体的独立思考,倡导多元评价,方式多样。在成长档案记录、课堂行为观察、实验操作检核的同时,充分发挥"纸笔评价"在生命观念培育中的导向、诊断、激励、反馈等多方面的作用。

(一)明晰关键特征,建立命题框架

建立命题框架是有效引发学生在测试中预期行为表现的前提,其主要以课程标准中的相关要求为依据,创设不同复杂程度的问题情境,梳理模块(单元)中的相关教学内容,参照"概念图谱",明确它们之间的内在关系,明晰关键行为的外显表现。据此确定学科内容的考查范围和形式,通过观察测量等手段,对生命观念水平做出合理的评价。在此基础上,可以双向细目表的形式建立生命观念素养水平和考查内容之间的关联。

不同水平的核心素养在广度和深度上蕴含着学习进阶的不同表现,其关键

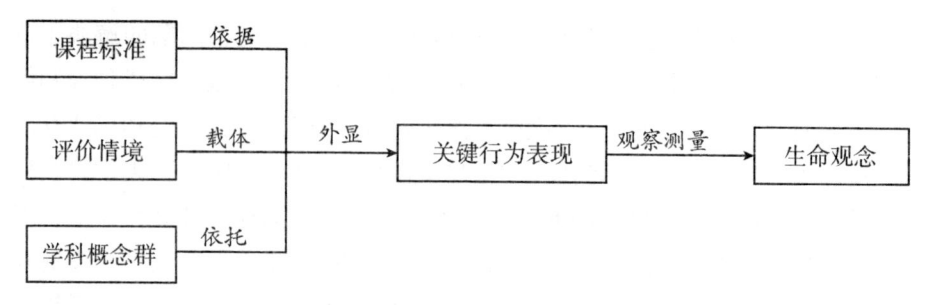

```
┌────────┐
│ 课程标准 │──依据──┐
└────────┘         │
┌────────┐         │   外显   ┌──────────┐  观察测量  ┌──────┐
│ 评价情境 │──载体──┼────────→│ 关键行为表现 │──────────→│ 生命观念 │
└────────┘         │         └──────────┘            └──────┘
┌────────┐         │
│学科概念群│──依托──┘
└────────┘
```

图 4　基于"生命观念"的命题框架

特征就是水平进阶的"锚点"[14]，它为生命观念的测评提供了重要坐标。这就要求在试题命制时要对生命观念的素养进阶水平进行分析，其主要依据为课程标准中的内容要求、素养水平和学业质量水平。学科概念群主要是指教材与课程标准相对应的生物学大概念、重要概念、一般概念等主干知识，例如："结构与功能观"在《分子与细胞》模块中对应的概念群有"细胞结构、被动运输、主动运输、选择透过性"等等，它们是检测生命观念水平的依托。学生在情境中解决问题时，必然要提取、整合和运用这些概念，而这正是生命观念内化的体现。并且，这种内化需要提取出一些外显的"关键行为表现"，使其可观察和可测量。就纸笔测试而言，学生的关键行为表现就是测量的主要指标和要素，它表现在解题的过程步骤以及其最终形成的答案之中。

（二）分层设置情境，精当设计问题

这里的情境即"问题情境"，是命题考查的载体，指的是以真实问题为背景，以问题或任务为中心构成的活动场域。它与教学过程中创设的情境有相似之处，不同的是纸笔测试命题的情境以及在情境中所进行的解决问题或完成任务的活动都是通过文字与符号描述的方式即纸笔形式进行建构的。对于问题背景的描述方式多样，可以联系日常生活以及生产实践，创设"生活实践情境"，考查学生运用生命观念解释生活中的现象、解决生产实践中的问题的能力。也可以用源自真实研究过程或实际探索过程的资料，创设"学习探索情境"，考查学生运用创新的思维方式解决问题的能力[15]。情境资源所提供的信息要符合学生的认识水平，素材来源要真实、可靠，可以与学生经历过的材料有类似性但并不相同，也可以是全新的材料。如果要以教材外的生物学实验为背景，则要特别注意所给实验条件的简约性、结果数据的科学性和实验的可重复性，不能简单、草率地拼凑不同科技论文中的实验信息[16]。

在试题命制中，关注各个进阶水平的行为表现是试题区分度的关键。因

此，在设计情境活动时，要根据生命观念的不同水平，基于"进阶锚点"，分层描述不同层次的问题。可以是简单的情境活动，它需要启动的是单一的认知活动，即面对问题时只需调动某一个或几个一般概念便可解决。这类问题测评出的是学生基本的知识和能力水平。也可以设计复杂的情境活动，它涉及复杂的认知活动，主要考查学生综合运用核心概念应对复杂问题的水平，通常以非选择题的形式出现。在具体设问时，其行为动词要与命题框架中的"关键行为表现"相一致，与问题背景的内容和材料相匹配，表述的语言要清晰、明确。如果在一道大题中设计了多个子问题（集群）用来考查不同水平的生命观念，则还要考虑各小题之间的逻辑关系，可以是每个小题对应不同的背景，也可以针对同一个背景设计不同层次的问题。问题设计完成之后，还要有对应的评分标准，包括试题答案描述、试题评分情况说明等方面。

（三）倡导集体研磨，加强检验优化

试题基本成型之后，集体研讨和打磨是不可或缺的环节。可以邀请几位同行将试题提前先做一遍，对照命题框架和双向细目表对试题难度进行预测，并就试题的针对性、科学性、逻辑性和新颖性进行评判，对语言描述、文字及标点进行推敲和完善，还可就题材设问与答案之间的匹配度以及学生可能出现的回答进行讨论并给出参考答案。如果条件允许，也可以通过定性的专家咨询法评判试题质量，检验试题的内容效度，并根据专家意见进一步修改和优化试题。将优化后的试题进行实际测试，利用 Rasch 模型对测试数据结果进行定量分析，最终得到可靠的情境化试题[17]。

表3 基于"结构与功能观"的试题命制举例

水平	进阶"锚点"	情境资源	情境活动（问题设计）	关键行为表现（测量要素）
一	从分子与细胞水平认识到生物体的结构与功能是相适应的，并且说出它们之间的关系。	SGLT1 和 GLUT2 两种葡萄糖转运载体，位于小肠绒毛上皮细胞膜表面，图1是其工作机理。科研人员在不同 $C_6H_{12}O_6$ 浓度下分别测定了它们的运输速率，结果见图2。	（1）小肠内壁上有环状皱襞，其上有小肠绒毛，它扩大了的面积。小肠绒毛上皮细胞膜具有的功能特性是，其主要同由膜上的____有关。	运用一般概念，结合图1：小肠绒毛（细胞）增大了吸收营养物质的面积，其细胞膜的选择透过性主要是由膜上的载体（蛋白）决定。

续表

水平	进阶"锚点"	情境资源	情境活动（问题设计）	关键行为表现（测量要素）
二	运用"结构与功能观"分析和解释特定情境中的生命现象，探讨生命活动规律，举例说明生物体组成结构和功能之间的关系。	图1	（2）分析图1，小肠绒毛上皮细胞通过SGLT1从肠腔吸收$C_6H_{12}O_6$的方式是____，通过GLUT2的吸收方式是____。其中前者消耗的能量直接来源于____。它们吸收$C_6H_{12}O_6$的方式，体现了细胞膜具有____功能。	运用重要概念，分析图1：SGLT1运输葡萄糖，其方向是低浓度到高浓度，需要Na^+浓度差提供动力势能，属于主动运输；GLUT2运输葡萄糖，方向是高浓度到低浓度，需要载体，不需要能量，属于协助扩散。这些方式体现了小肠绒毛上皮细胞膜具有控制物质进出细胞的功能。
三	运用"结构与功能观"分析和解释较为复杂情境中的生命现象，阐明生物体组成结构和功能之间的关系。	图2	（3）分析图2，下列说法中错误的是（　）。 a. 当$C_6H_{12}O_6$的浓度为100mmol/L时，主动运输的吸收速率约为协助扩散（易化扩散）的1/3； b. 当$C_6H_{12}O_6$处于较低浓度时，SGLT1载体先达到饱和状态； c. 这两种运输方式在小肠绒毛上皮细胞吸收$C_6H_{12}O_6$时可以同时进行； d. 在较高浓度的$C_6H_{12}O_6$条件下，主动运输是细胞增大吸收速率的主要依赖方式。	综合运用重要概念，综合分析图1和2：GLUT2为协助扩散载体，其在$C_6H_{12}O_6$浓度为100mmol/L时，吸收速率约为30μmol/min，是SGLT1为载体的主动运输速率10μmol/min的3倍；当$C_6H_{12}O_6$处于较低浓度时，SGLT1为载体的主动运输速率先达饱和（速率最大）；$C_6H_{12}O_6$的总运输速率为2种载体单独运输速率之和，由此判断二者可同时进行。在较高浓度$C_6H_{12}O_6$条件下，细胞主要依赖GLUT2为载体的协助扩散来增大吸收速率。

续表

水平	进阶"锚点"	情境资源	情境活动（问题设计）	关键行为表现（测量要素）
四	分析生物体的组成结构及其功能之间的关系。基于"结构与功能观"识别、判断身边的虚假宣传和无科学依据的传言，指导、解决生产和实践中的具体问题，指导人的健康生活方式。	（图示：胰岛素蛋白M、葡萄糖、细胞膜、信号转导、GLUT4、囊泡）	研究发现，除GLUT2外$C_6H_{12}O_6$转运载体还有多个成员，如：GLUT1、2、4，其中对胰岛素敏感的是GLUT4。分析图3，当蛋白M和胰岛素结合以后，可以经过细胞内的过程，促进的融合，从而提高了细胞对$C_6H_{12}O_6$的转运能力。假如人体内产生了蛋白M的抗体，将很有可能引发。近期，某医药公司宣称生产了一种新型胰岛素口服液ORMD1号，可以治疗此种疾病，你认为是否可行，并说明原因。	综合运用核心概念、重要概念等概念群，分析图3：胰岛素与蛋白M结合后，经细胞内的信号转导，可以促进细胞膜与含GLUT4囊泡的融合，进而提高细胞对$C_6H_{12}O_6$的转运能力。若人体内产生了蛋白M的抗体则会影响胰岛素与蛋白M结合，使其不能正常发挥作用，从而引发糖尿病。胰岛素的化学本质是蛋白质，口服液中的胰岛素会被消化液中的蛋白酶分解而失去功效。此外，该疾病是由蛋白M抗体所致，并非胰岛素缺失的结果。

最后需要强调的是，在生物学学科核心素养中，生命观念不是孤立的存在，它与科学思维、科学探究和社会责任之间相互交融，是彼此关联的立体结构[18]。因此，在开展单元（模块）设计、教学实施、教学评价等活动时，应该通盘考虑、整体设计，运用综合思维，将必备品格和关键能力放到生命观念的形成和科学探究的过程之中去关注和实施。此外，还要注意学科之间的衔接，在学科交叉中关注跨学科概念，建立对自然界的整体认识[2]。注意科学素养和人文素养的渗透融合，将生命观念的培育落实到每一节课堂教学过程之中，聚木成林，积林成森，根脉绵延，最终实现学科育人的本质追求。

作者系连云港市教育局教研室特级教师；本文获连云港市第十五届哲学社会科学优秀成果奖二等奖。

参考文献：

[1] 教育部考试中心. 中国高考评价体系说明[M]. 北京：人民教育出版社，2019.

[2] 朱正威，赵占良. 普通高中教科书生物学：必修1分子与细胞[M]. 北京：人民教育出版社，2019.

[3] 陈红，林修愚. 基于情境教学的生命观念教育[J]. 福建基础教育研究，2018（11）.

[4] 陈维. 关联性教学：高中生物学学科核心素养培育的有效途径[J]. 生物学教学，2018，43（12）.

[5] 郭元祥. 知识的教育学立场[J]. 教育研究与实验，2009（5）.

[6] 刘恩山. 生命观念是生物学学科核心素养的标志[J]. 生物学通报，2018，53（1）.

[7] 谭永平. 发展学科核心素养：为何及如何建立生命观念[J]. 生物学教学，2017，42（10）.

[8] 谭永平. 试论中学生物学教材和教学中的情境创设[J]. 生物学教学，2019（11）.

[9] 谭永平. 生物学学科核心素养：内涵、外延与整体性[J]. 课程·教材·教法，2018，38（8）.

[10] 吴成军. 以生命系统的视角提炼生命观念[J]. 中学生物教学，2017（19）.

[11] 吴举宏. 中学生物学非选择题命制中常见问题例析[J]. 中学生物教学，2017（5）.

[12] 闫白洋. 基于生命观念素养进阶的试题命制研究：以"物质与能量观"为例[J]. 中学生物教学，2019（4）.

[13] 张广斌. 教学情境的结构与类型研究：结构功能主义视角[J]. 教育理论与实践，2010，30（13）.

[14] 张秀红. 核心素养视域下的生物学观念：内涵、价值、内容体系及教学[J]. 课程·教材·教法，2017，37（9）.

[15] 赵占良，谭永平. 聚焦学科核心素养，彰显教材育人价值：普通高中生物学教材修订的总体思路[J]. 课程·教材·教法，2020，40（1）.

[16] 朱正威. 科学概念的教学是有规律的[J]. 生物学通报，2011，46（3）.

[17] 刘春艳. 高中生物学情境化试题的命制研究[D]. 武汉：华中师范

大学生命科学学院，2018.

[19] 魏寅. 为下一代人跑出一个好成绩：新时代改革开放再出发［N］. 人民日报，2019-01-18（4）.

[20] 耿建扩. 聚木成林，根脉绵延［N］. 光明日报，2016-01-24（1）.

[21] 中华人民共和国教育部. 普通高中生物学课程标准：2017年版［S］. 北京：人民教育出版社，2018.

清中后期淮北盐业与海州地方文化教育

——以敦善书院为中心

李传江

明清时期淮北盐业生产重心海州因为特殊地理环境及产业经济优势越来越受到政府的重视，海州不再像此前那样因为偏安山嵎位置而常常远离经济文化中心，尤其是盐业经济背景下的书院繁荣不断刺激着地方文化教育的发展。现存最早的方志《隆庆海州志》编纂刊印到崇正、明道、石棚、伊芦、毓秀等五所书院的创建等，都是在明中叶以后各级地方官员的倡导和努力下逐步完成的；明末清初虽战乱频仍各地书院亦遭不同程度的破坏，但经过顺康雍时期的恢复发展，海州地域又于乾隆时期兴建了朐山书院、怀仁书院、卫公书院（嘉庆重修）、天池书院，嘉庆时期兴建了石室书院，道光时期兴建了选青书院，光绪时期兴建了精勤书院、溯沂书院。这些都与淮北盐业经济的迅速发展是分不开的，而板浦场天池书院基础上改建的敦善书院则成了清中后期海州地方文化教育最具影响力的代表。

一、敦善书院的淮北盐业文化背景

清初战乱纷扰下的社会经济萧条、人口锐减，淮北盐产地的卤池破坏严重灶丁流徙严重，如康熙年间徐渎场复业灶丁实存114丁（原额850丁），临洪场复业灶丁实存242丁（原额850丁），兴庄场复业灶丁实存406丁（原额1111丁），而后期海禁期间更是"徐渎迁废，其额征折价则令各场代纳……临洪、兴庄之课独令商人代纳……并废三场而代其课，板浦等场供运有余，此亦疏通淮北之一良策也"。雍正朝淮北盐业恢复缓慢，与前时相比变化不大，徐渎场实存办盐灶丁134丁，临洪场复业灶丁实存242丁，兴庄场复业灶丁实存406丁。此后由于政府用兵军费的锐增，统治者对两淮盐业尤其是淮北盐业采取了一些相对恢复性政策，乾隆年间淮北盐业产销已经远超淮南，淮安分司也于二十八年（1763年）迁至海州，衙署设立在板浦，许多业盐商贾也随之迁至于此，各场灶丁烟户人口迅速增加，板浦场灶丁烟户2002户共7384

口，中正场灶丁烟户 3427 户共 10799 口，临兴场灶丁烟户 3334 户共 13062 口；嘉庆年间海州分司管辖下的淮北盐场得以中兴，板浦场灶丁烟户 4789 户共 13300 丁，中正场灶丁烟户 5184 户共 12042 丁，临兴场灶丁烟户 4378 户共 11763 丁；道光十年（1830 年）清政府任命陶澍为两江总督兼管两淮盐务，在淮北废引改票推行票法，于是"北鹾畅行，而南盐疲敝日甚"。加上淮南盐区海岸线大面积东移以及气候等不利因素的影响，海水趋淡海盐产出率日趋下降，以海州板浦为中心的淮北盐业逐渐成为淮盐生产运销中心。

正因为淮盐经济重心的北移，嘉道时期海州盐业经济发展迅速成为国家乃至社会各阶层关注的中心，因各种原因迁居而来的"流人""浮人"入灶籍者逐渐增多。州志记载地方灶籍子弟占全体居民的五分之一，但他们生活在土著民和驻地军队的夹缝中，常与"民"争田、与"营"争荡，而所有的税课出入皆由盐官掌握并没有自主权，常受层层剥削而生活困顿。"合属之地界有三焉，曰民，曰灶，曰营。民居其七，灶居其二，营居其一。……灶之地咸而不沃，宜篙莱，其中多盐池，赋以砖计。附池之地曰场，赋亦以亩计。统灶之场曰板浦，曰临兴，曰中正。灶之属州者八，属赣者二，而沭无灶焉。凡税课之入出，盐官主之，政刑则统于有司。其疆址交错，营与灶争荡，灶与民争田"。

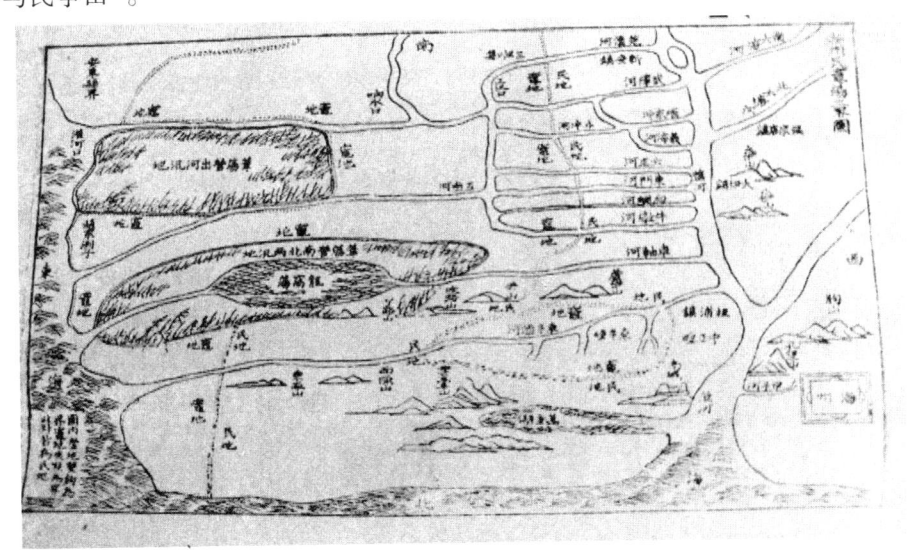

海州民灶荡三界图（《嘉庆海州直隶州志》"食货图说"，第 48 页）

灶籍制度源于唐宋时期的亭户而正式设立于元代，明清时期政府沿用。由于特殊的社会地位和经济状况，作为群居成员逐步增加到一定数量的时候，地方政府对灶籍的管理及其子弟的教育就必然重视起来，无论是区域社会的稳定还是国家政府的课税都会受到这一群体的影响。而两淮地域灶籍入学制度则源于"明万历间定商灶籍，淮运司送考，扬郡商灶籍派定商七灶三，共入学二十名，附扬州府学"，明清以来，扬州一直是淮盐的运销中心，各大盐商汇聚于此，因而府学多商籍子弟，而灶籍生员多来源于周边产盐区，如东台场、草堰场、安丰场、何垛场等，嘉道时期海州作为淮北盐业的生产运销中心，区域内逐渐增多且占有五分之一的灶籍人口成为地方社会各阶层的关注焦点，为灶籍子弟专门设立的书院对其进行文化教育必然成为这一盐业经济文化背景下的时代产物。

敦善书院是道光十八年（1838）海州盐运分司运判童濂上书时任两江总督兼两淮盐政陶澍审批后兴建的，"择地于镇东崇庆禅院左首，就小港填平兴造"。童濂虽是湖北江夏人，但于道光十三年（1833）任两淮盐业海州分司运判，十八年（1838）编《淮北票盐志略》十五卷，二十六年（1846）擢升淮北监掣同知，二十九年（1849）调任两淮盐政都转运使，延请名士刘文淇、杨亮、吴廷扬、王翼凤等作《南北史补志》，《（光绪）两淮盐法志》为其立传并述其生平，但主要事迹迄止年未见详录；而陶澍身为两江总督兼两淮盐政官也多次亲临海州督办海运并成功推行了淮北票盐改革，从根本上杜绝了淮北盐业的时弊增加了清政府财政收入，并将票盐改革经验进而推广到整个两淮盐区。

敦善书院的前身是乾隆十年（1745）在板浦场兴建的天池书院，"盐政吉庆允淮北众商请建于中正场天池，地方绿，地势卑湿易圮。嘉庆二年众商请移建中正场，运使曾燠易今名。嗣以地非适中，士子肄颂者往来不便，六年海州分司邓谐以板浦公置房屋改建，请于运使曾燠，允行之"。吉庆对淮北盐业的直接贡献史籍记载少，而身为盐官的曾燠多次来到海州勘察盐业生产情况或灾害情况，也赋有相关诗词如《海州勘灾感赋二十四韵》等。改建以后的书院命名为郁洲书院，但此后"经临兴场大使借住而书院遂废，历三十年，每年领书院经费银三百六十两，始犹院长传题，继则空支膏火，至道光十四年始专延院长，聚诸生童于分司署内按月两课"。查嘉庆六年（1800年）任临兴场盐课司大使的是会稽人梁承纶，时年身份为副贡，其后临兴场大使均无记载，此借住书院的临兴场大使应为梁承纶。至道光十四年，淮北盐业分司衙署已迁至海州板浦七十余年，但于官衙内授课究非长久之计，四年后运司童濂才提议盐政陶澍审批，在郁洲书院基础上迁建了敦善书院。其最为详细的记载当为嘉道年间许乔林的《海州文献录》，不仅讲述了书院的前世今生、命名来由、建设过程、藏书状况、文化影响，还交代了自己作为书院山长的经历以及书院布局设置等：

"盐属旧有郁洲书院，唐志仅寥寥两行，其时本无可叙述也。今江夏童公创建敦善书院，甲于江淮，藏书万三千卷，多士鼓篋景从，文风蔚起。乔林安砚石室十有五年，而主郁州敦善之讲席者前后将二十年，躬逢其盛，载笔欣然……敦善书院在板浦场之东，淮北三场旧有天池书院，嘉庆中改名郁洲，移于板浦，为临兴场大使借居，迄今阅三十余年，生童无课之所。道光丁酉海州分司童公择地鼎建，高其闬闳，广其学舍，俾负笈者敬业有地，树以松柏桐椿，豫储栋梁之选焉。诸生以晋征士陶渊明先生曾游东海，今云台山麓已建专祠，景仰高风形诸歌咏，因取《彭泽集》中'匪道曷依匪善奚敦'之句，请改郁洲书院曰敦善书院。童公详定条规，并捐备书籍一万三千卷，铃盖印信，以垂久远。又于书院东隅辟射圃一区，中建崇亭，缭以周垣。春秋佳日，桃李向荣。菊英晚香，为朐阳文游胜地。至三场向有社学，昉于前明弘治二年。考诸盐法志，已称久废并无旧址可稽。童公创建于盐义仓之北凡二十楹，延师启塾，实力举行。其南厅三楹为水龙局，创制激桶，新设水夫，既富加教，兼备不虞，要皆票盐之成效也"

文中"唐志"是时任海州知州的唐仲冕于嘉庆九年（1804）五月至嘉庆十年十一月总纂修的《海州直隶州志》，嘉庆十三年刻本问世。志中关于郁洲书院条记曰："在板浦镇，盐场所建，以课灶籍子弟。束脩膏火，岁有常规，海州运判主之"，确为"寥寥两行"语焉不详，但明确了建设者是盐场、教育对象是灶籍子弟、管理者是"运判"，都以淮北盐业为主而与其他从业人员无关，可见其时清政府对海州盐业经济发展的重视程度。许氏文中最后还强调了书院建设与运行皆是淮北盐业废引改票成效的重要表现，而废引改票正是陶澍以海州为中心的淮北盐业试点改革继而推行至淮南的重大贡献。

二、敦善书院建设运行及生员教育皆以淮北盐业为中心

宋代以来的书院一般由民办、官办等区别，明清以后由于商业资本的积累，无论是民办还是官办书院很多时候都是要借助商人出资，也多有官、民、商共同出资的情况。而在某一地域内特殊的经济体环境中，其教育经费的来源主体也常常是此经济体的相关从业人员。敦善书院经费来源正是以淮北盐业经济作为后盾，其教育对象更是以盐业从业人员子弟为主。

朝代 身份	宋	元	明	清
民	182	83	184	182
官	135	68	832	1381
不明	67	51	180	210
其他	13	20	21	27

书院创设兴复改造人物统计表[①]

朝代 身份	宋	元	明	清
民	502	181	507	935
官	108	51	972	2190
不明	101	63	216	721
其他	0	1	4	22

书院建设情况统计表[②]

（一）经费来源与淮北盐业经济密切相关

敦善书院首批建设经费的绝大部分来源于盐官、盐商和相关从业人员的捐资。作为劝捐首倡者的海州盐业分司运判童濂带头捐银三百两，时任淮北三大盐场的临兴盐场大使王汝锟因占住书院旧址亦捐银三百两，板浦场大使帅宗榆捐银一百两，中正场大使未见捐输记载，据道光十九年盐运使沈祥奏报"内除拨支已故中正场大使张开元欠解票税银一百一十三两六厘外……"[③]，推测其时中正场大使或为暂缺，故未有捐输记载，而《（道光）两淮盐法志》对于道光年间的海州分司三场大使记载缺失，期待后世文献资料补充。在相关盐官们的带头鼓舞感召下，从道光十四年（1834）至十七年（1837）的四年时间里与淮盐相关的其他从业人员如"董事、池丁、灶户、票贩、局商以及江运商人"等共捐银六千八百三十八两，加上三位盐官的七百两共计七千五百三十八两。这些捐银仅够重新修建一所书院的主体建设成本，而初步选址的填港费用已经由灶、商分数年捐输完成，但后期修建书院所需工匠及相关费用未有着落，因此还需申请"官为弹压"，并且书院建起来以后的其他各项开支如膏火费、束脩费、考课费、董事薪资以及屋宇岁修等费用更需从长计议。童濂奏禀拟请从每年票盐正额中加派余盐并扣存一千引，用此每年可获利七百四十两左右，加上运库每年拨付书院正项费用三百六十两共有一千一百两之余，约够书院各项开支或可略有余存，如能每年引盐获利

---

① 曹松叶. 宋元明清书院概况 [J]. 中山大学语言历史研究所周刊，1929，10（111）：3-31.
② 陈谷嘉，邓洪波. 中国书院制度研究 [M]. 杭州：浙江教育出版社，1997：354-359.
③ 沈祥. 请酌拨淮北票盐钱粮合足造报详 [M]//魏源全集编辑委员会. 魏源全集：第20册. 长沙：岳麓书社，2004：248.

更多，数年之后亦可买田生息，引盐遂可停止。时任两江总督兼两淮盐政的陶澍将此禀报交予两淮盐运司核议后，同意童濂关于书院的修建及经费筹措方式，但限定扣存盐引五年，即五年内共可获利三千七百两左右以供书院所有经费开支①。

由此来看，敦善书院的建设经费捐助人都有淮北盐业文化背景，或各级盐官或各类商贩或各处灶丁等，而书院建成后的各项开销主要依靠政府拨款，一是每年运库拨付的三百六十两，这对于一个书院的正常维持是远远不够的；二是由每年票盐扣存一千引的获利，这笔费用相当于运库拨付银两的两倍。两项费用加起来除去每年的所有开支外结余寥寥，因此很难按计划再有多余钱两购买学田。而学田对于书院的经济再收入来说又是最为重要的，"院有田则士集，而讲道者千载一时；院无田则士难久集，院随以费，如讲道何哉"②？事实上，清代书院的各项经费来源已经呈现多元化趋势，主要有政府拨款、民间捐赠、学田收入、书院其他经营等。而海盐盛产地域的许多书院或多或少都要靠运库余款拨银生息贴补膏火，如浙江万松书院、敷文书院，天津问津书院、辅仁学院等。类似敦善书院经费来源主要靠运库拨付和扣号获利的则很少，一般都是由盐官负责建设或管理的书院才会如此，他们常常利用职务的便利条件发动以盐商为主的群体捐输，如扬州的安定书院、梅花书院、乐仪书院等"皆隶于盐官，藉其财赋之余，以为养育人才之地，故饩廪之给视他郡为优。若夫人才之盛衰，必视都转之贤否"③，这样经费充足的书院更容易聘请到名士大家作为山长，也更容易教育出更多的人才书院名播远扬其运行才能更长久。实际上，海州地域久有利用政府盐业课税资助地方教育之事，州志载"社学旧在城内……乾隆七年，知州卫哲治于盐规款内详

---

① 童濂. 新建敦善书院并请酌增经费银两及添设义学禀 [M] //魏源全集编辑委员会. 魏源全集: 第20册. 长沙: 岳麓书社, 2004: 289-292.
② 朱瑞熙. 白鹿洞书院古志五种 [M]. 北京: 中华书局, 1995: 101.
③ 姚文田. （嘉庆）重修扬州府志: 卷19 [M]. 阿克当阿, 修//《中国地方志集成》编辑指导委员会. 中国地方志集成·江苏府县志: 第41册. 南京: 江苏古籍出版社, 1991: 315.

订束脩，延海州拔贡赵尊德教之"①，相关盐法志载"卫公书院在大伊山镇，乾隆九年海州知州卫哲治创建，兵燹后捐助无多，经费不敷。光绪十五年海州分司徐绍垣劝谕票贩每盐一包捐银一毫，又由大伊山卡员恽洪年助钱六十千共成二百千。十七年以院中仅课童生推广兼课生员，饬贩加捐一毫，是年得钱三百三十余千以助膏火"②。由于这样的历史传承，源于盐业经济文化重心的敦善书院直至同治年间其日常经费来源仍然依靠分司盐引扣捐，"盐政曾国藩允分司请每引捐银二厘六毫以资津贴"。正是因为有了坚强的盐业经济作资本依靠书院才得以正常运转并向更好方向发展，后至光绪三十二年（1906），在政府诏令全国范围内书院统一改名为新学堂的大背景下，敦善书院复改为北礚学堂③，其本意是淮北盐业学堂，依然保留有盐业文化的背景，1914年改为县立第一高小，迈向了近现代教育的新篇章。

（二）生员以淮北盐业灶、商两籍子弟为主

改建后的敦善书院沿袭郁洲书院制度依然以灶籍为主，并根据实际情况学习其他盐区的教育体制增设了商籍，但海州地域的盐商多为"垣商"（又称场商），其经济实力社会地位等较灶籍而言稍有提高但与运商、总商等而言相差甚远，也是地方政府关心扶助的对象。并且这些盐商也多有徽商渊源如汪氏、程氏、江氏等，而徽州人向来重视教育，"人喜读书，虽十家村落，亦有讽诵之声"④，因业盐迁居的他们将这种读书的风气带入了两淮盐区的大部分地域。针对这一特殊现象，敦善书院决定增加商籍生员。商籍是明清时期商业经济发展下的必然产物，也有专门为商业子弟设立的书院出现，如"越华书院的创立宗旨、培养对象有其不同于一般书院的特殊性，这一商籍背景书

---

① 仲其臻，整理.（嘉庆）海州直隶州志：卷18［M］.南京：南京大学出版社，1993：842.注：赵开裕《续钞志稿》久已失传，《（嘉庆）海州直隶州志》的完成是在综合了多种地方志稿和相关义献记录的基础上完成的，"余乃遐搜旧闻，博采舆论。而解生国琪出所藏《张志》原本，辞尚体要，足为绘素。参之以明宋祖舜、国朝高成美《淮安府志》，及康熙中州人陈宣续志稿，皆未改直隶州以前之时沈生祥恩《海邦文献拾遗》，乔生绍傅本其师凌进士廷堪所著《胸乘》为《古朐考略》，虽互有异同，而网罗放佚，亦得失之林也。"见该志书"叙述二·自序"，第1270页。
② 王定安.（光绪）两淮盐法志：卷160［M］//扬州文库编纂工作委员会.扬州文库：第37册.扬州：广陵书社，2015：2191.王定安.（光绪）两淮盐法志：卷160［M］//扬州文库编纂工作委员会.扬州文库：第37册.扬州：广陵书社，2015：2191.
③ 1901年光绪帝诏令，全国范围内的书院全部改为新学堂，沿袭了一千二百多年的书院结束。
④ 张海鹏，王廷元.明清徽商资料选编［M］.合肥：黄山书社，1985：41.

院的出现与明清社会以来商业资本在社会经济结构中的日益活跃、商人阶层社会地位的提高有密切关系"①。从敦善书院生员招生主体来看,商籍子弟教育并非书院新建目的,而仅仅是作为灶籍子弟的附加。

关于灶籍,敦善书院建设的直接负责人也是时任淮北盐场海州分司运判的童濂在《新建敦善书院并请酌增经费银两及添设义学禀》中专门提到丁灶生童因为生活贫困且郁洲书院废弃而无处读书问题,但他们又是"淳谨""向学"之人,于是以官方名义将其聚于盐业分司衙署并拨银按月授课,但官署终究不是"会课之所",因而请求上级盐政另筹经费新建书院。

又值纲盐疲惫,丁灶衣食不给,生童尤属单寒……查三场丁灶,地处海滨,素习淳谨,加以培养,则人皆向学。职于道光十三年四月受任今职,十四年即专延院长,聚诸生童于分司署内,按月两课,除应支膏火外,捐备花红饭食。第念官衙究非会课之所,亟思兴复书院,而经费必须另筹②。

究其原因,敦善书院的亟待修建是盐运司官员对贫苦灶民子弟教育的一种政策扶持。实际上,不仅是教育问题,其他诸如赈灾等政策也有专门针对灶民群体的。因为明清以来海州地域的盐业生产和运销一直受到国家层面的政府重视,为了更好地发展盐业生产,地方政府也不得不对该地域的灶民生活采取诸多优恤政策,尤其是雍正年间盐义仓的建立最初即有专门针对灶籍民众以解决缓急之需的,"一在治东,属临兴场。一在板浦,属板浦中正场……五年又以灶户远住海滨,着于近灶地酌立数仓,积谷以济贫灶缓急之需"③,直至道光年间依然有专门针对"盐属"的储谷政策,"自雍正五年奉敕创建,额贮仓谷三万四千二百石……道光乙未,两江总督陶文毅公敕令盐属劝储仓谷以备荒年。是时淮北海州分司为江夏童公濂,示谕商贩于交收盐价之际每引各捐一分,汇交分司库内存储。众情踊跃。丁酉议定章程重建板浦仓廒……"④。这些盐义仓的设立能为灶民的生产生活消除后顾之忧,至少无需担心年欠时的挨饿问题,解决了温饱问题以后,灶民子弟的教育问题就成了盐业生产群体另一个关键的稳定因素。因此,当清代中后期淮北盐业经

---

① 周琍. 论清代广东盐商与书院发展 [J]. 求索, 2006 (10).
② 童濂. 新建敦善书院并请酌增经费银两及添设义学禀 [M]//魏源全集编辑委员会. 魏源全集: 第20册. 长沙: 岳麓书社, 2004: 289-292.
③ 仲其臻, 整理.(嘉庆)海州直隶州志: 卷17 [M]. 南京: 南京大学出版社, 1993: 791.
④ 许乔林. 海州文献录 [M]. 刻本. [出版地不详: 出版社不详], 清道光二十五年 (1845).

济蓬勃发展之时，以敦善书院为重要纽带的地域文化教育建设应运而生。

敦善书院自其前身天池书院建成以来直至清末改为学堂，历任两淮地域的盐政官或盐运使官都非常重视其建设尤其是经费的筹措及其运行发展。从书院建设之初乾隆年间的盐政官吉庆到中期迁建嘉庆年间的盐运使曾燠再到后期改建道光年间的两江总督兼两淮盐政官的陶澍以及同治年间的盐政官曾国藩[1]等，在主要盐官的大力支持下，书院的每一阶段历程都更多依赖于两淮盐业尤其是淮北盐业的各项经费投入，从建设到管理再到生员教育等无不依靠强大的淮盐经济文化背景，无论是作为管理者的盐官、作为运销者的盐商还是作为生产者的盐民都是敦善书院发展的主要贡献者。而淮北盐业的生产经营和管理运销也时时影响着区域其他文化艺术、生活习尚等诸多方面，甚至诸如人口流动、城市变迁等。国家非物质文化遗产海州五大宫调的盛行、文学名著《镜花缘》的问世等无不深深打上了淮北盐业文化的烙印，而与敦善书院渊源深厚的名士大家如凌廷堪、许乔林、李汝珍等也都与海州盐业文化有着不可或缺的联系，并为海州地方文化教育的发展作出了重大贡献。

作者系连云港师范高等专科学校副校长、教授；本文获连云港市第十五届哲学社会科学优秀成果奖二等奖。

---

[1] 曾国藩非常重视两淮盐业的经济收入，尤其是将其作为军费的各项开支等，在其与弟弟的家书中多次提及如"淮北票盐、课厘两项，每岁共得八十万串，拟概供弟一军。此亦巨款"。曾国藩. 曾国藩全集：家书·下［M］. 石家庄：河北人民出版社，2016：231.

06
文艺语言学类

也论隐喻为什么可能

龚玉苗

一、引言

以哲学研究发生的语言转向（linguistic turn）所关注的"语言表达何以可能"议题为契机，"隐喻为什么可能"（下文简称为"隐喻之问"）同探索人类意识本质的前沿研究达成一致，成为语言研究乃至哲学研究领域最根本、最具挑战性的问题之一，旨在解答哲学、认知科学和语言学界普遍关注的"意识难题"（Chalmers 1996；刘晓力 2014）。相关研究大体有两个切入点：其一，语义表征层面，以认知计算主义为出发点，在类层级结构理论框架下提出"内涵外延传承说"以解释隐喻中的意义传达机制（徐盛桓 2008；2012）；其二，哲学层面，在心智哲学框架下，根据心物随附性维度以解释隐喻作为认知活动的运作基础（廖巧云 徐盛桓 2012；徐盛桓 2015；2017）。当前达成的共识是隐喻之问的核心是回答本体和喻体之间的相似性及其建构机制；隐喻在于"心智认定了一个本体后，根据同一性而选定一个喻体"（徐盛桓 2015：11）。虽然使用的术语不同，但这些研究明确指出"相似性"就是本体和喻体之间不同程度的"同一性"，具体来说就是"二者现象特征和质地内容上有某些相同、相应或相关的地方，能给人在意识感受性方面对对象产生不同程度相像的感觉（徐盛桓 2017：11）"。

这些理论为回答隐喻之问所涉及的语义传承问题和认知实现机制开拓了解决思路，但遗憾的是对"相似性"或"同一性"并未做出进一步实质性的规约。以往研究大多围绕"相似性"和"同一性"的表现形式和意义展开：亚里士多德指出事物具有物理属性和种属性两种属性。美国哲学家刘易斯（Lewis）则指出事物的属性是一种"感受质（qualia）"，即，某一给定的事物具有的某些可辨识的特质，这些特质可以在不同的经验中重复体验到，因而具有某种普遍性（https：//en.wikipedia.org/wiki/Philosophy of mind）。由此看，"相似性"或"同一性"是一个外延很宽泛的概念，目前远远没有定论，正如徐盛桓所指出的那样:"隐喻为什么可能"的核心问题尚未解决,即,喻体 y 是如何选定某一属性或同一性（相似性 β）同本体 x 发生传承关系的？或者说,具有"同一性"的两事物是如何在心理上联系起来以发生隐喻的（徐盛桓 2008：8；2017：15）。

本文基于近年心智哲学、心理学和认知语言学等领域相关研究成果,尝试提出隐喻的"关系范畴模型"以回答徐盛桓教授提出的"隐喻为什么可能"之问,分别在逻辑和范畴化机制两个层面围绕"相似性"（或"同一性"）提出并探讨四个子问题：（1）喻体 y 和本体 x 发生传承关系的逻辑基础；（2）隐喻义产生的逻辑基础；（3）本体和喻体之间范畴联系中介,即隐喻相似性（同一性）的属性；（4）本体和喻体取得范畴联系的机制。本文还在此基础上探讨相关发现的哲学意蕴,对当下隐喻之问的研究范式和方法论进行反思,尝试提出新的未来研究方向。

二、隐喻"关系范畴模型"的提出

范畴和范畴化理论是哲学、认知科学和语言学等众多学科的重要研究引擎。研究表明,隐喻作为"以不同类为类",其实质是范畴关系的重组（徐盛桓 2008）。本文将隐喻之问置于关系范畴理论框架下进行研究。鉴于三大主流范畴理论对范畴中介属性的相对忽视,近二十多年来以范畴的中介属性为研究主线的关系范畴理论（relational category theory）形成了一个不容忽视的理论补充（Gentner & Asmuth 2017；Goldwater 2017）。与主流范畴理论所关注的独立特征相对,关系范畴理论认为范畴的成员身份决定于某种关系（Gentner & Kurtz 2005；Goldwater & Markman 2011）。关系范畴研究的重要性在于它被认为是人类一切高等认知能力和行为的基础（Halford, Wilson & Phillips 2010）。例如,自然数字的抽象符号系统及其运算必须依赖抽象关系结构获得意义（Newell 1990）；包括类比、推理、图示建构、格式塔转化在内的复杂认知机制也都依赖关系结构的参与（Wertheimer 1945；Gentner 1983；Fauconnier & Turner 2002）；近年逐渐受到广泛关注的认知复杂结构的形成原因也是基于关系结构（Halford, Wilson & Phillips 2010）。语言学层面,与高级的认知行为相呼应,关系范畴在人类语言中占据更重要的地位,Asmuth & Gentner（2004）对不列颠国家语料库（BNC）词频最高的前 100 个名词进行了统计,发现其中超出一半是基于关系范畴的抽象名词；此外,关系范畴对句法理解和习得也起着决定性的作用（Langacker 2008；Jamrozik & Gentner 2015）,Goldwater 则明确指出当下语言学界备受关注的构式语法的认知基础正是关系范畴（Goldwater 2017：1-24）。

图 1　关系范畴中论元角色的变通性

关系范畴理论对"隐喻为什么可能"之间的解释力在于其动态赋予或调整对应关系中涉及的论元角色的认知功能。如图 1 所示，在一项经典实验中（Gentner & Smith 2012），要求被试判断图 a 中的汽车和图 b 中的两种车辆的范畴关系。结果显示，被试更倾向于将图 a 中的汽车和图 b 中的小船归为一类。两辆汽车在物理外形、颜色和尺寸上完全相同，当二者单独放置时，被试将二者归为同一范畴；但在实验中，当二者分别置于与其他事物的某种论元关系中时，抽象关系就起到了决定性的作用。在本例中，图 a 中的汽车和图 b 中的小船都是处于"被拖走"的抽象论元关系中，所处的都是受事（patient）的论元（argument）位置。与关系相似性研究呼应，在范畴理论研究领域，有学者提出双重范畴模型（dual categorization）以解释关系相似性的认定过程（Green 2008；周榕 龚玉苗 2015）。当两个事物发生某种对应关系时，这种抽象关系会形成宏观的关系范畴（本例是"拖走"）。同时，这种关系范畴所涉及的论元之间也会取得范畴联系，在本例的"拖走"关系中，拖车和汽车 b 由于都处施事的逻辑角色而归为同一范畴，同理，汽车 a 和小船由于同处受事地位而归为同一范畴。显然，"关系范畴"（relational category）理论的提出是相对于"实体范畴"（object category 或 entity category），"实体范畴"关注成员的独立特征，而"关系范畴"（relational category）认为范畴关系的确定并非通过个体某种具体特征的叠加，而是基于个体之间的某种关系。人类根据某种关系对生活环境进行范畴化，也就是说，环境中的要素的意义获得在于人们基于某种关系对其进行范畴化（Goldwater & Markman 2011）。

基于关系范畴动态地赋予或调动关系涉及的论元角色的认知功能，本文尝试提出隐喻的"关系范畴模型"。如图 2 所示，总体来说，该框架认为范畴化是隐喻运用的基石，隐喻作为"以不同类为类"，其实质是范畴关系的重组（徐盛桓 2008；龚玉苗 周榕 2011）。范畴错置和范畴重组之间的张力构成了隐喻性的来源。隐喻（如"男人是狼"）的本体（"男人"）和喻体（"狼"）之间的范畴联系取决于二者分别与其他事物（分别对应"女人"和"羊"）所形成的抽象关系（事件）的对应，从而形成了范畴中中介，即相似性β。宏观层面，形成某种抽象"关系"（或"事件"）范畴化，如图中两个竖立的加粗长方形所示，它们的对应基于关系相似性β，形成事事联系（"追逐"）；微观层面，宏观层面形成的关系中所涉及的"角色"（或"物"）之间形成"物物"联系（Gentner & Kurtz 2005；Gentner 2016；Goldwater & Markman 2011），原本按规约范畴关系不同类的本体（"男人"）和喻体（"狼"）之间形成了某种范畴联系，由此隐喻"以不同类为类"（"男人是狼"）得以形成。具体理论内涵在第三节中展开讨论。

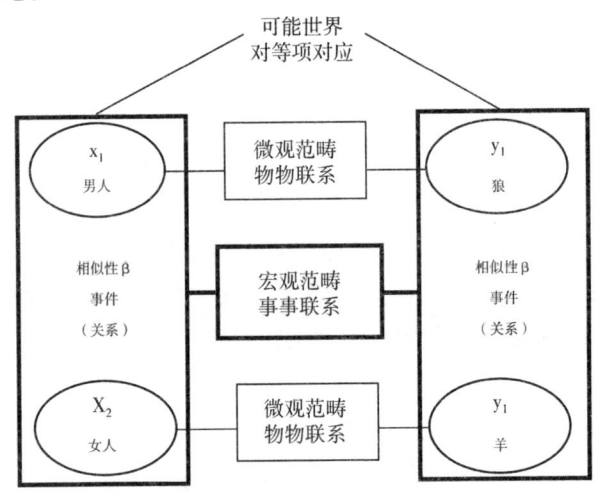

图 2 隐喻的"关系范畴模型"示意图（以隐喻"男人是狼"为例）

三、隐喻"关系范畴模型"的基本观点

（一）隐喻的模糊逻辑基础

亚氏经典逻辑的同一律、排中律和矛盾律在句法形式层面确定了隐喻本体和喻体之间的"不同类"关系，这种"范畴错置"构成了隐喻性的来源（束定芳 2008），但该逻辑体系无法解释如何通过以"不同类"为"类"的机制，即"范畴错置"的消解机制。鉴于这种缺陷，本文认为模糊逻辑（fuzzy logic）具有更大的解释力。模糊逻辑理论要义是：在模糊集中，其成员与集合的隶属关系并非二分的"是"或"否"，而是存在某种程度（Zadeh 1975；1996）。在模糊逻辑中，同一律（identity）由经典逻辑的"A 是 A"变成了模糊认同律（fuzzy identity），即"A 是 A"和"A 是非 A"可以同时成立；矛盾律（contradiction）由经典逻辑的 A 要么是 A 要么是非 A 转化成不矛盾律（non-contradiction），即 A 是 A 也可同时是非 A；而排中律（the law of the excluded middle）由经典逻辑的二分法即 A 是 A 和 A 是非 A 并排除其他任何可能性，变成连续性（continuity）的括中律（the law of the included middle），即"A 是 A"和"A 是非 A"允许其他可能性。模糊逻辑的这三个逻辑定律更好地解释了包括类比、隐喻、双关等在内的人类语言的社会文化属性（Munne 2013：179）。依据该框架下的模糊同一律，"A 是 A"和"A 是非 A"可以同时成立。还是以"老板是鲨鱼"为例，"老板是老板"和"老板是非老板"可以同时成立，这意味着"老板"和"鲨鱼"可以是同类也可以不是同类。依据这种框架下的矛盾律，A 和非 A 可以同时成立，"老板是鲨鱼"和"老板不是鲨鱼"可以同时成立，这构成了隐喻性或者隐喻张力的来源。依据这种框架下的含中律，在"老板是鲨鱼"和"老板不是鲨鱼"两个命题之间，允许存在其他可能性。糊逻辑除了更好地解释本体和喻体之间类属关系的模糊特征之外，对喻体语义的扩展性也有较强的解释力。根据模糊同一律和不矛盾律，"鲨鱼是鲨鱼"和"鲨鱼不是鲨鱼"可以同时存在并不矛盾，而根据含中律，这两种命题之间可以存在连续性的无限的等级性。由于范畴化是人类思维、感知、行为、言语最基本的方式（Lakoff 1987：5），对范畴理论的根本指导也就成了逻辑学的最大贡献。和经典逻辑相对应，模糊逻辑更好地解释了"麦堆悖论"（Paradox of the Sorites）、家族相似性、原型范畴理论以及临时范畴（ad hoc category）理论（Belohlavek & Klir 2011）。

（二）隐喻义的来源——可能世界的"对等项对应"

模糊逻辑解决了隐喻语言形式合法化的逻辑基础，但并不涉及隐喻意义达成的逻辑。徐盛桓（2008，2014）提出隐喻中"是"字表达的是从喻体到本体的外延内涵的传承，这种传承发生在类层级结构的不同水平的概念之间，下属类别自然继承上属层级概念的所有外延和内涵。遗憾的是，就意义的来源这些理论并未涉及。本文认为隐喻中本体和喻体之间的逻辑关系可以依据可能世界语义理论中的"对等项对应"（counterpart correspondence）关系得以解释（Hintikka 2001；安军、郭贵春 2007；周榕、龚玉苗 2015）。"可能"就是在逻辑上不违背矛盾律和排中律，在人的思维中能够成立的命题。可能世界就是并没有实际发生，但是又能够在人的思维中存在的各种命题组成的世界。可能世界的存在使得人们的思维和语言不再局限于眼前的直接世界。该理论认为，实际世界是多种可能世界之一，并且二者以某种方式联系起来。一种可能的联系便是不同世界里的对等项间的对应性。类比性映射（analogical referencing mapping）正是这种想象能力的所依赖的认知机制（Gentner & Smith 2012）。

这一理论和可能世界语义理论中的"对等项对应"（counterpart correspondence）逻辑关系相契合。例如，在某种语境下，"这块石头是北京"具有一定的逻辑意义。设想说话者正站在由石头标示的地图面前，指着不同城市的位置说这句话。决定该句意义的不是石头本身的特性以及与某个地点的地理位置间的对应性，而是两个相关结构间的对应类比，即某些石头间的关系与某些城市间的关系的对应类比。依据类比理论，相似性是两个事物之间类比关系成立的中介和基础。"这块石头是北京"的对等项对应逻辑关系之所以得以成立在于二者之间的类比关系赋予了二者之间的某种相似性。"石头"和"北京"按照常规关系是不存在相似性的，只是"不同类"，但二者能够通过"是"字并置并符合逻辑在于某种相似性充当中介使得二者"为类"。整个地图的意义赋予正是在于这种关系的建立，和具体涉及的个体的特征并没有关系，无论用石子，抑或其他任何物品摆放，只要这种关系成立，这些物体都被赋予了意义，具备了对应的指称功能。

（三）隐喻相似性（同一性）的关系属性

根据上述可能世界语义理论中的"对等项对应"（counterpart correspondence）逻辑关系，"男人是狼"具有一定的逻辑意义，其基础是"男人"和"狼"之间的相似性。显然，二者的相似性不可能在于二者之间的物理特征相似性，而是在于某种"心理属性"。这一点和 Davidson（1977：89）提出的属性二元论（property dualism）相契合，根据该理论，物质具有双重属性——物理属性（physical property）和心理属性（mental property），后者必须同物理属性区分开来但又是人们可辨识、可体验到的属性。心理属性的存在使得 Richard（1936）所论述的创造相似性的隐喻成为可能。

本文认为隐喻中具有"心理属性"的关系相似性和"第二代认知科学"的观点相契合，二者都对传统的认知计算隐喻提出疑问，对符号、表征、计算和规则的核心地位进行重新认识以及对认知主体与环境交互关系进行深刻反思。"第二代认知科学"思潮中发展起来的情境认知理论（Situated Cognition）（Brooks 1999）和涉身认知理论（Embodied Cognition）（Varela 1991；Clark & Chalmers 2010；Lakoff & Johnson 1999）从本质上讲都强调"关系"在认知过程中的决定性作用。认知所具有的"情境性"（situatedness）在于认知主体处于某种情境"关系"中，认知行为是靠具有动态结构的目标驱动的，并不需要涉及抽象表征；此外，认知所具有的"涉身性"（embodiment）也和相似性的关系属性相呼应，即认知主体利用躯体、感知器官、视觉系统等进行认知，其结果取决于周围环境和认知主体构成的某种关系，隐喻义的产生必须依赖语言主体参与某种事件所形成的"关系"中。

除了"情境性"和"涉身性"，隐喻的关系相似性也是认知主体"意向性"的体现和原因。"意向性"即认知的目的性，人可以根据需要来改造、规范物的形式，以满足人的需要（徐盛桓 2013：176）。由此主体的思维主动地参与认知结果的建构，在此过程中，认知主体必须将当前感受到的物理现状置于更大范围的历史、自然、人文、社会等环境中进行加工，从而发现认知对象的意义与属性。在隐喻性范畴建构过程中，人们依据各种人文社会因素赋予万物的某种"关系角色"，并通过这种"关系角色"而获得认知意义。隐喻中的关系相似性所体现出的"意向性"的获得机制是人类认知的"涌现性"，即系统作为一个整体具有其组成部分所不具备的、并且不能根据部分之和加以预测的性质。涌现的本质就是系统整体及其性质从无到有、从小到大的出现、显现、浮现等。涌现属性基于人类感受质的升级（徐盛桓 2012：3），原初意识体验（"感觉"）依赖人的身体对客观现实中各种事物的摄入，得到的是感官意象；意识体验通过回忆、联想和想象所呈现出的对事物相关意象的"感受"而涌现出基于文化、道德和价值等赋有社会属性的更抽象的意义，从而完成诸如隐喻这种更高的认知任务。

（四）关系范畴的双重性——隐喻何以"据事假物"

隐喻的本质在认识论层面主要形成了两大理论，认为隐喻运用机制的基础性因素或要假借"物"，或要指称"事"（徐盛桓 2018）。当下形成的两大理论体系中，"指事论"被认为较"假物说"更接近隐喻运作机制的本质，但我们认为"假物说"在语言层面的解释力却不可简单否定。本文认为两大理论之间的争论很大程度是各个阵营在研究目的、视角和方法等方面的隔阂和分歧造成的。"假物论"研究主要基于逻辑思辨和哲学，偏重隐喻语言形式和修辞学研究，比较缺少隐喻认知基础方面的开凿和洞见。与此相对，"指事论"阵营顺应 20 世纪 80 年代以来隐喻研究的认知进路，着力考察隐喻的认知机制，但对"指事说"的哲学研究仍非常匮乏。

本文提出的隐喻"关系范畴模型"为隐喻"假物论"和"指事论"之争提供了更全面的解释框架，也从认知角度为两者提供了整合的契机。基于关系范畴的双重性，本文尝试提出隐喻"据事假物说"，认为隐喻的"假物说"

和"指事说"并不矛盾,隐喻通过"指事"以"假物";隐喻在语言层面表现为"假物",但其认知机制是基于"指事"。基于关系范畴理论的隐喻"据事假物"观是在语境论的基调上,通过事件本体论(event ontology)(Badiou 2006;怀特海 2013;吴胜锋 2017)将事件中人的意向性行为构建成一个基于事件(关系)的行动者网络,把社会的本体论建立在"历史事件"而非"事物"的关系本体论基础上,将语言视为事件的生成,并且以一种复杂的、不断变化的方式来呈现社会世界。认知层面,隐喻"据事"以"假物"的认知机制在于关系范畴的双重性(Gentner & Asmuth 2017)。再回看图 1,在隐喻(如"男人是狼")中,一方面,按照常规范畴关系,"男人"和"狼"分属两个不同范畴"人类"和"野生动物",这种范畴错置正是隐喻张力和隐喻性的来源,使得隐喻所表述的范畴隶属关系不同于常规的范畴隶属关系。二者的相似性并非在于表面特征,而在于分别与其他事物(如"女人"和"绵羊")之间的抽象结构关系,即"事件"(图 1 中两个竖立的黑体长方形中的 β),这种抽象结构("事件")关系的激活构成了宏观的"事—事"范畴关系。除上述宏观的图式归纳之外,一旦这种结构关系得以匹配,其中得以匹配的论元(物)之间也会形成微观的抽象图式,即"物—物"之间的联系(Green et al 2006;2008),隐喻据此得以"假物"。如上例中"男人"和"狼"以及"女人"和"羊"分别归入新的物的范畴,从而形成隐喻"男人是狼"以及"女人是羊"。

  本文基于"据事假物说"关于"事"的论述为隐喻的映射机制提供了新的诠释视角。就"假物"的视角,隐喻被认为是"通过一物(one kind of thing)以理解和经验另一物"(Lakoff & Johnson 1980:5);就隐喻的运作机制,当下最为广泛接受的是映射论,但"映射(mapping)"一直是一个应用最广泛但也最模糊的术语。隐喻的映射机制"似乎是一个不是问题的问题"(王军 2011:50)。当下研究达成的较大的共识是,就认知的结果来说,映射是两个概念域之间的一个对应集(Lakoff & Turner 1989:4)。与对应集的概念相对,相关研究也采用"对应成分"、"对应性"、"不变原则"等诸多概念,都认为本体和喻体之间的互动发生在某种"结构"之间(参见王军 2011)。本文认为隐喻中这种结构性的映射机制具有"事"的属性,它体现在关系范畴中双重范畴的宏观范畴层面。如在隐喻"男人是狼"中,人们对"男人"和"狼"的隐喻性认知是基于二者分别与"女人"和"羊"之间的"事件"。"物"("男人"和"狼")唯有融入于"事"(分别与"女人"和"羊"之间的关系),才能取得认知层面的联系。通过某种"事件",现实世界中的"物"(生物学视角下的"男人"和

"狼") 才获得人类的价值判断 (隐喻理解中对本体"男人"产生某种负面评价)。这一观点和近年逐渐受到重视的事件本体论 (event ontology) 相呼应 (Badiou 2004；怀特海 2013；杨国荣 2016)，认为基于事件的意识活动是人类认知的基石。语言表达是在意向性主导下，认知主体基于对事件及相关感觉，通过联想和想象，使事件在大脑里发生格式塔转换，成为主体对事件的感受，从而对事件涉及的"物"进行感知和范畴化。这种基于事件的认知机制体现于语言层面，就是语言主体对事件的感受，也即意识结构所对应的语言"事件"和"用例事件"（徐盛桓 2015：5）。

四、隐喻"关系范畴模型"的哲学意蕴

（一）隐喻的复杂系统属性

近年来，衍生于自然科学学科的"复杂系统范式"引起了社会科学（哲学）家的广泛重视。复杂性科学改变了传统还原的、线性的和简单性的思维方式，而强调认知的自组织性、非线性、整体性、不确定性特征（殷杰 王亚男 2016）。本文认为"关系范畴模型"视角下，隐喻具有复杂系统属性，理据如下：在本体论层面，复杂系统理论以关系本体论代替了原子本体论，使具有主体能动性的研究对象重新获得合理性（艾士薇 2013）；这一点和本文论述的隐喻"据事假物说"所基于的隐喻关系相似性及事件本体论相契合（怀特海 2013）。逻辑层面，复杂系统的逻辑基础是反对非此即彼的二值逻辑及现实是单向度的线性思维，坚持包含中间状态的逻辑及现实世界（Munné 2013：182），这和本文所述的模糊逻辑相契合，可以更好地解释各类语言形式中的相似性问题以及隐喻形成的条件和限制。如图3所示，在复杂系统认识论背景下，隐喻之间得以置于一个宏观的、整体的相似性坐标下得以分析。在此坐标下，相似性的具体属性是人类物理感知机制（特征相似性）和社会文化、动机等各种因素（关系相似性）相互竞争的结果。相似性分为两类，一类是基于人类感知机制的表面特征相似性（如颜色、形状等），一类是基于社会文化、动机的关系相似性（如论元角色之间的抽象联系等）。如果两种事物同时具有足够多的表面特征相似性和关系相似性，那么二者之间就构成本义的范畴隶属关系（如"杯子是容器"）。与此相对，如果二者都不具备，那么就构成范畴错置（如"窗户是钢笔"）。处于这两种极端的中间地带构成了比喻，如果只有关系相似性没有表面相似性就构成隐喻（如"老板是鲨鱼"），反之则构成明喻（如"月亮像圆盘"）。这一连续体解释了隐喻认知

的连续性和普遍性，这一点和概念隐喻理论相呼应。复杂系统理论观照下，逻辑关系中间状态及多维性在语言研究中得到充分承认，隐喻中的相似性特征也不再被看作是一个二分的对立体，而是共处于人类范畴化的一个复杂连续体中，这也更好地解释了隐喻和明喻之间的理论纷争（龚玉苗 王聿良 2018）。

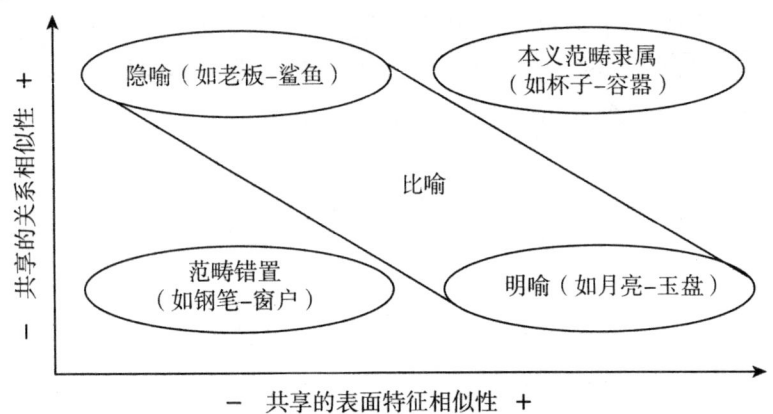

图3　复杂系统观照下相似性的连续性及隐喻形成的条件

就隐喻中相似性的关系性特征的产生由来而言，依据复杂系统理论，本文认为是认知主体的适应性。语言系统由多行为主体构成（multiple agents）（殷杰 王亚男 2016），并且这些主体具有适应性，即行为主体能够与环境以及其他主体交互作用，主体在连续不断的交互作用过程中，不断改变自身的结构和行为方式。一方面，隐喻义的产生必须依赖语言主体的参与，这一点符合体验哲学的基本要义。例如，在隐喻"我的爱人是玫瑰"中，"爱人"的意义来源于两个结构类比之间的对应："爱人：我；玫瑰：我"，没有语言主体"我"的参与，玫瑰的隐喻义就无从谈起。另一方面，复杂系统理论认为，说话者的行为是从感知机制到社会动机等各种因素相互竞争的结果。这一理论可以更好地解释为什么隐喻义的属性涉及不同论元主体之间的结构映射。如在隐喻"友谊是桥梁"中，喻体"桥梁"有无数可能的含义，包括材质、形状、大小、历史年代、地理位置等无数信息，但最终进入人类隐喻概念系统的意义项只有"联系"这一涉及不同论元角色的最主要的语义项。在这一过程中，人类对"桥梁"这一概念的隐喻理解产生于感官认知（如材质、形状、大小等）和社会文化认知（如联系、连接等）之间的竞争和适应关系。复杂系统理论下隐喻的相似性特征的连续性也为本文所提出的隐喻"据事假物"论提供了一个综合分析框架。在此框架下，隐喻运用中人类的感官特征认知（如材质、形状、大小等）和社会文化认知（如意向、目的等）之间的竞争和适应关系解释了"假物论"和"指事论"之间的张力。

值得指出的是，作为社会系统的基本构成要素，适应性主体同时也是言语共同体中的说话者，其感性约束、理性思考和社会动机等因素共同作用，导致主体的语言形式处于不断的变化和重组过程中。因此，语言发挥作用的层次既有个体层次（如个人新奇隐喻的产生），也有言语共同体层次（规约隐喻的形成），个人习语与公共语言之间交互作用，共同构成了主体符号互动的基本工具。因此，言语本身的复杂适应性是社会主体的内在属性之一，它参与着语言系统整体的非线性演化。以语言为载体的人类之间的符号互动，构成了社会系统区别于自然系统的独特构成。

（二）隐喻之问研究的方法论反思

承认隐喻的复杂系统属性具有重要的方法论意义。在方法论上，复杂系统理论认为多元、跨学科的整体关联的研究方法必将代替一元、机械还原论的简单性研究方法，这使得在宏观层面考量和反思隐喻之问研究的范式渊源和走向具有了必要性和可能性。作为本体论、认识论和方法论的集合，研究范式制约着人类各个时期的知识建构（Kuhn 1970）。除了"手扶椅式"的哲学思辨和逻辑推理方法之外，长期以来，研究者也试图获取本体和喻体之间关系相似性的实证证据。心理语言学领域主要形成了三种实证范式。其一，"句法形式倾向性（grammatical form preference）"判断任务（Nakamoto & Kusumi 2004；龚玉苗 2013）显示具有关系相似性的词对更倾向于隐喻形式；其二，将同一对本体和喻体（如"历史"和"镜子"）分别以隐喻句式和明喻句式呈现，被试报告隐喻较明喻表达的语义往往更深刻，更强烈（Chiappe et al 2003）；其三，隐喻中所传达的相似性特征的认知具有发展性（Christie et al 2016；周榕 2003；彭宣维 张莎 2009）。这三种研究范式的基本逻辑出发点在于，一旦两个项目所涉及的事物之间取得结构性匹配，那么这两个项目就可以通过"是"字来连接，从而形成隐喻。但如果认为仅仅通过规约本体和喻体之间的相似性特征就可以回答"隐喻为什么可能"，就难免显得过于简单。通过严谨变量控制的心理语言学实验得出的规则在真实语料面前往往失效。例如，实际语言应用时，在结构匹配过程中，虽然有些项目可置于得以匹配的某种宏观范畴关系中，但他们并不能用于隐喻表达。如在类比"手：手套；脚：袜子"中，"手"和"脚"以及"手套"和"袜子"分别属于"四肢"和"衣物"两个常规范畴，"手"和"手套"之间以及"脚"和"袜子"之间的宏观范畴也较明确整齐，但"手"和"脚"之间以及"手套"和"袜子"之间并不能构成隐喻。

显然，回答隐喻之问除了要交代本体和喻体之间相似性的属性之外，还必须考察相似性认定机制的复杂性。复杂性的典型特征包括非线性和不可还原性。非线性即语言规则和应用的合理性之间的因果关系并非一一对应；不可还原性指人类的心智并不能够完全还原于某种物理性的行为。心理语言学实验受到的最大批判是本体论层面造成的这种非线性和不可还原性，其核心预设是长期占据主流地位的认知科学的认知计算主义纲领，核心假设是"心智（语言）的计算—表征理解"。本体论层面，认知计算主义隐含着关于心理世界和物理世界二元分立的哲学前提：我们处在一个拥有独特性质的物理世界中，通过内在地表征这些性质我们可以再现这个世界。这些假设的缺陷在于：一方面，通过严谨变量控制的心理语言学实验得出的规则在真实语料面前往往失效，如上例中，得以匹配的"手"和"脚"之间以及"手套"和"袜子"之间并不能构成隐喻；另一方面，复杂的社会文化因素在心理学研究范式中往往被屏蔽（Gibbs 2013；Kertesz *et al* 2012）。

与依赖行为数据的心理语言学相呼应，近二十年来大批神经科学家和神经语言学家使用越来越精密的技术和仪器来解读包括隐喻在内的语言和脑活动。这些研究虽然在隐喻研究领域提出了众多神经语言学理论模型，但近年同样受到了较大的批评。神经语言学的本体论出发点是20世纪50年代以来一直具有较大影响力的心脑同一论：心理状态是特定的大脑神经状态；通过对大脑神经特性和状态的描述就可以解释意识（语言）现象。这一本体论假设受到的最大的质疑是不可还原性（Gibbs 2013）。有两层含义，其一，本体论层面，意识不可还原于物质，即，意识和意识的体验并不能完全归于大脑内部神经元活动；其二，"部分论谬误"把只能归为整体（作为有机整体的"人"）才可理解的属性还原为整体的某一部分（大脑或神经元）的属性。这些质疑和认知科学哲学界所提出的"意识难题"与"解释鸿沟"相呼应：具有精神属性的意识现象（如语言）能否用处理物理现象的自然科学研究方法（如对变量进行人为控制的心理语言学）去解决，对意识现象的解释与对物理现象的解释之间是否存在着难以逾越的鸿沟？正如认知哲学家萨伽德（Thagard）（2012）所指出，以计算主义核心假设为基础的心理语言学理论和心智的计算、表征和理解研究如何回应来自情感的、意识的、外部世界的、身体的、社会的、动力系统的和量子计算的七大挑战。

面对这七大挑战，认识论层面承认隐喻的复杂系统属性意味着当下对隐喻之问的任何一种基于特定研究范式的解答都会有所纰漏，这需要将该问题推向更宏大的研究视域之中。复杂性作为包括人类语言系统在内的真实世界的一种基本性质，其核心特征是非线性以及由此产生的非均衡性、涌现性和交互性（Massip-Bonet 2013：39）。作为基于复杂系统理论的认识论、知识观和研究范式，"超学科"（transdisciplinary）路径可以为研究隐喻之问提供更全面的研究视域（Leavy 2011；Larsen-Freeman 2015；Gibbs 2015）。超学科不是工具意义上的一种方法，而是本体论意义上的一种态度或世界观，它试图打破学科内外界限，鼓励不同学科的学者和利益相关者一起工作去解决生活世界的复杂问题，将不同的知识整合成一个全面统一的知识形式获得对整体现实世界的认识（胡壮麟 2012；2015）。隐喻的复杂性可被看成是一种涌现特征（Schoenemann 2009；Gregg 2003），这就要求在隐喻研究在研究方法层面采取开放的层创方法（emergency）（语言学界多译为"涌现"）。层创方法的提出基于语言系统的涌现性，即语言系统产生出一些整体才有的、孤立的部分及其总和不具有的特性，它具有非加和性、非还原性、难预测性。虽然存在不同的声音，层创方法被看作是当前语言研究正在经历的一场研究范式的转向（Filipović. 2015；Larsen-Freeman &Cameron 2015；MacArthur 2012）。具体操作层面，层创方法要求对相关文献、实验过程中研究者或研究对象个人体验到的问题进行开放式的调查，以打开各个具体研究和试验过程的"黑箱"。总体来说，和当前基于复杂系统理论的认知科学研究相呼应（Massip-Bonet 2013），本文认为隐喻之问的超学科研究范式将涵盖三个方向：（1）在反思计算主义的基础上采取涉身认知—嵌入式认知—延展认知到生成认知的心智哲学研究进路；（2）寻找隐喻的神经相关物的生物学进路；（3）强调自组织演化的认知的动力系统研究进路。

五、结语

本文在范畴理论框架下提出隐喻的"关系范畴模型"以回答徐盛桓教授提出的"隐喻为什么可能"之问。有四个基本观点：（1）隐喻本体和喻体的关系基于模糊逻辑；（2）隐喻义的产生基于可能世界的"对等项对应"关系；（3）本体和喻体之间的范畴联系中介（相似性）具有关系属性；（4）隐喻得以"据事假物"的基础是基于关系范畴的双重性。这四点发现说明隐喻在认识论层面是一个复杂系统；认识论层面承认隐喻的复杂系统属性意味着当下对隐喻之问的任何基于某一特定研究范式的解答都会有所纰漏。以往隐喻之问的思辨、心理语言学和神经语言学研究面临着来自情感的、意识的、外部世界的、身体的、社会的、动力系统的和量子计算的七大挑战。隐喻之问的彻底解答必须通过超学科研究范式，超学科不是工具意义上的一种方法，而是本体论意义上的一种态度或世界观，它试图打破学科内外界限。和当下复杂系统理论和认知科学进展相呼应，本文认为该问题的超学科研究需要以下方向的协作：(1) 在反思计算主义的基础上采取涉身认知-嵌入式认知-延展认知到生成认知的心智哲学研究进路；(2) 寻找隐喻的神经相关物的生物学进路；(3) 强调自组织演化的认知的动力系统研究进路。

作者系江苏海洋大学，外国语学院副教授、博士；本文获连云港市第十五届哲学社会科学优秀成果奖二等奖。

再论隐喻为什么可能*
——回归现象意识

龚玉苗

一、引言

首先通过一个科幻故事来了解一下本文所探讨的"隐喻为什么可能"的研究立意和以往研究的不同（徐盛桓 2008；周榕 龚玉苗 2015；龚玉苗 2018）。想象一位来自 n 亿光年外的外太空仙女星系、具有足够先进文明的外星生物科学家来造访地球，作为一个科学家，他期待降临在这些地球生物（似乎掌管着地球的、拥有"语言"能力的无毛两足动物）中间，研究他们的脑和语言，特别是诸如"我的爱人是一朵红玫瑰"这样的句子是如何产出和理解的。这位造访者有一切充足的理由相信"科学"方法，拥有所有可能需要的研究工具（各种足够精妙的扫描仪、成像仪等等）和经费，甚至可以解剖地球生物以检测大脑的各种生化指标（设想仙女座学术伦理委员会并没有反对活体解剖外星人），并且发现了地球生物在产出和理解"爱人"和"红玫瑰"联系时大脑中精确的激活部位，他们将这个部位称之为这类语言的"相关物"。他已经获取了足够精确足够全面的数据，那么，他的研究会发现什么，又不会发现什么呢？有以下情况：

（1）像果冻一样的被地球人称之为"脑"的结构中发现所有的特定语言（如"我的爱人是一朵红玫瑰"）"神经相关物"的所有详尽的物理、化学和生物信息，拿到了最精确的时间和空间脑图谱；基于这些生化和物理信息，即使作为外星生物，他们（抑或它们）就能充分"体验"到这句话所表达的人类所表达的"甜蜜的"、"温暖的"的爱情带来的感觉。

（2）如果外星生物将所有获得的"神经相关物"的物理和生化信息毫无保留地给了地球科学家，那么这些体验过"地球爱情"，和这个地球环境发生过某种"关系"的地球科学家依据这些充分的生物数据是否能够体会"我的爱人是一朵红玫瑰"所传达的"隐喻义"呢？

这个故事旨在契合德日进的视角，将隐喻之问置于一个终极的、宇宙的尺度，以探讨自然和意识之间的关系，即无意义的物质世界怎么会包含意义（德日进 2006），落实为本文的两个研究问题：（1）现象类的"隐喻义"可以还原于生物的"神经相关物"吗？（2）现象意识（体现主体性的感受质）在隐喻中的作用如何？和乔姆斯基就语言本质的思考所提出的柏拉图问题、笛卡尔问题（Chomsky 1986：25）相呼应，这两个问题分别关注：（1）隐喻知识由什么构成？即隐喻知识可以还原为生物层面的"神经相关物"吗？（2）隐喻知识如何获得？即现象意识在隐喻知识获得中的作用如何？

和以往研究不同（徐盛桓 2008；龚玉苗 2018；龚玉苗 王聿良 2018），本文尝试采取一个非历史的、终极的视角来探究"隐喻为什么可能"。依据普罗斯（2018：98）对科学研究的分类，科研的历史视角关注具体"历史"条件，如苹果树的高度、风速等对苹果坠落速度的影响；而非历史的研究视角旨在探究普适性的、不受历史条件限制的一般法则，如找到万有引力和苹果坠落之间的终极因果关系。这种终极因果关系是发生学的，注重的是造成功能差异的机制或变化的缘由——级现象如何发生（费多益 2019：144）。以往研究（徐盛桓 2008；龚玉苗 2018）关注的是"某种语境下（具体本体和喻体的共置）隐喻如何可能"的问题，提出范畴重组（徐盛桓 2008）以及基于关系的范畴重组（龚玉苗 2018）是隐喻的基础，这些研究关注的是某种具体"历史"条件下隐喻的产生和理解，但就意义或"关系"的发生并未有进一步的追问。鉴于此，本文采用非历史的视角，尝试在生命自创生理论框架下论证"隐喻为什么可能"，对隐喻中的"关系"发生进行非历史的追问，旨在找到一种普适的、不受历史条件限制的"隐喻义发生"法则，同时以期为"意义如何产生"提供可能的解释。

二、隐喻研究的"神经相关物"进路及"意识难题"

隐喻之问在认知语言学和语言哲学界之所以受到如此广泛的关注在于它与心灵有涉。笛卡尔作为当代心灵哲学的奠基者继承了古代的灵魂哲学，并对其有所突破。这使得心身关系理论形成两大阵营：康德式的心智哲学和黑格尔式的精神哲学。前者作为 20 世纪分析哲学的引领者，在现代认知科学和物理主义的影响下，走向了科学化认知主义；后者则在以胡塞尔为代表之一的欧陆的现象学运动中得到凝练与发展。呼应于这两个阵营，当代心灵哲学形成了自然主义和现象学两大基本进路，诞生近半个世纪的认知语言学脱胎于这两大阵营之间的竞争关系，一直贯穿着其理论建构。近二十年来，随着自然主义科学哲学的深入人心以及研究设备和技术的进步,自然主义逐渐占领上风,定位"神经相关物"成为认知语言学回应其七大罪之首"过度倚重内省证据"(Dabrowska 2016)诘难并提升其"科学性"的重要途径,正如上述科幻故事中高度文明的外星科学家所采取的研究方法。Lakoff近十年来所力推的隐喻神经理论(The Neural Theory of Metaphor)(Lakoff 2014)就是其中的典型代表,旨在通过研究语言的生物基础打开人类心智的"黑箱"(Lakoff 2009;2014)。其研究路径是定位概念隐喻理论(Lakoff 1980)所描述的心理结构(mental structure)的神经相关物(neural correlates)(Lakoff 2009;2014)。Lakoff明确指出定位神经相关物是回答概念理论所有问题的根本。此外,Lakoff还更具雄心地指出,隐喻神经理论更重要的理论意义是为一些核心的哲学和概念建构理论提供最根本的解释途径,如隐喻在抽象概念建构中的作用,以及整个哲学和数学思维系统何以通过隐喻得以建构(ibid:18)。

这一理论的生物学和神经科学依据是镜像神经元的具身模拟论(embodied simulation),镜像神经元在传统现象学内部激起了一种新的自然主义思潮,这种方法论深化了胡塞尔现象学框架下的交互主体性学说,在主体间实现了意向性感知运动的交互共鸣。就隐喻来说,认知主体主观经验和感觉运动经验的并存连接激活了对应神经元的连通,从而导致从源域到目标域的激活,这种连接和激活解释了隐喻的习得以及隐喻推理的基本神经机制(Lakoff 2009;2014)。隐喻神经理论的自然主义方法论主张体现于语言风格和学术术语发生的根本转变,论述内容紧紧围绕其生物学机制,避免主观体验性的语言,绝对采用体现物理学和神经生物学术语,甚至是将隐喻直接定义为一种"神经回路"(circuit)(ibid:11)。

隐喻研究"神经相关物"进路有以下哲学假设:本体论层面的心脑同一论,即还原的物理主义,以及与之对应的自然化的认识论和方法论。Lakoff明确指出思维是物理的(physical),思想以及构成思想的概念是通过大脑结构进行物理性地计算(physically computed)。该立场认为物质世界是因果封闭的,在因果链条上不存在非物质的东西,探索心理属性的进路就是要寻找其大脑中对应的神经相关物(Chalmers 2002:55-72);随着未来神经科学的完善,心理学层面的基本术语必然会被取代,取而代之的是神经生理状态的生物学术语。认识论层面,物理现实被认为在人类知识体系中是至高无上的。知识的载体"人"被看成是一种具有"物理"属性的"自然现象",而接近知识的方式是考察发生在人身之上的"输入—输出"关系,即"神经感受器及其刺激",或在生物学层面"规范地"地还原为"神经末梢刺激—反应"

(Quine 1992：19)。方法论层面，自然主义方法论将以"与人有涉"为核心特征的社会科学置于自然科学的框架之下，来完成有关"人"的科学（the sciences of man）的重建，从而形成一种建构自然主义方法论的社会科学的思潮（naturalistic social sciences），具体体现于社会科学遵循生物学、物理学、认知科学等自然科学的方法。

就自然主义实证证据和现象学属性之间的还原关系，一种观点将该问题视为"易问题"（Chalmers 1996），之所以称之为"易问题"是因为在本体论层面持一种"可还原"的态度，即人类意识和心理属性可以还原至物理或生物现象，如果给予足够发达的实验仪器以及对所有相关变量得以足够的控制，任何神经定位研究问题都会得以解决，人类的特定意识和心理状态可以最终还原于某种特定的"神经相关物"。这一观点最大的诘难是关于"相关物"的哲学意蕴。比"可还原性"更棘手的是"还原至什么"的问题。当前隐喻研究中的"易问题"采取的是典型的功能主义多重实现，即将某种意识和心理属性还原至某种功能或行为，而非直接描述神经元和神经回路的生物学结构（Levine 1983：360；Kowalewski 2017：169）。功能主义还原经常被应用在现代自然科学中，如对"有毒"这一属性的定义并无法还原至某种特定的物理性状或生化属性，而是基于某种因果交互作用，实现于多种生理机制的"功能化"。对"疼痛"这样的主观现象属性还原为诸如缩手和龇牙咧嘴等这种动作和行为。隐喻研究领域，功能主义的多重实现路径比较直接的体现之一是隐喻的多模态化，即将某种概念隐喻实现于某种认知功能（如语言、视觉艺术和手势等等），并和相应的神经回路（或神经相关物）结合起来，通过某种功能化的神经回路（或神经相关物）以揭示语言概念结构对应的神经回路（或神经相关物）。例如，对动作动词的理解与表征脑区共享实现于运动神经回路，就此推论动作动词的概念结构可功能化地归属为运动（如手势）（Rizzolatti & Craighero 2004）；同理，理解与气味有关的词（如大蒜、肉桂）会激活嗅皮层，因此嗅觉词汇的概念结构可归属为嗅觉功能；有关味道的词（如盐）激活初级和次级味觉皮层，"盐"的概念语义归属为味觉功能（Barros-Loscertales 等 2012）。

与"易问题"路径所持的多重还原相对的是"意识难题"（Chalmers 1996），"难"体现在"笛卡尔焦虑"，即现象类的心理属性和物理或生理特征在本体论上的不可还原性，以及认识论上无法逾越的"解释鸿沟"（Levine 1983）。这契合了传统哲学中的"心—物难题"或"心—身难题"，即物理世界，或者人的身体的物质结构如何产生或涌现出人的心理现象，产生意识和意识体验？这正是近几十年来在以还原的物理主义和自然主义为基本认识论基础的现代科学理论框架中就如何安放现象类的意识经验主观性（subjectivity）面临的最重要的科学难题（贝内特、哈克 2008：249），也是推动 20 世纪认知科学和心智哲学得以建立的根本问题。

三、超越意识难题：回归现象意识

本节回答第一个研究问题，即如何弥合现象类感受质和"脑"之间的鸿沟。当前对意识"难问题"和"解释鸿沟"的不同描述引起认知科学研究中不同工作假说之间的冲突填补鸿沟的不同"桥接原则"（bridge principle）催生和引领着不同的进路。当下认知语言学实证研究成果与现象语义释义模式建构缺乏有机结合，相关研究往往止于实证数据或脑形图，对心智的主观现象意义（感受质）描述非常少（孙崇飞 2016），从而造成语义传达的感官体验被严重忽视（曲卫国 2018）。面对语义的"感受质"（qualia）和"主观性"（subjectivity），认知神经语言学必须建构一个能够整合意识的主观性及神经生物学证据客观性的科学哲学纲领，以期整合内省与实证、现象性的第一人称和实证性第三人称数据的关系。Zlatev（2016：562）指出认知神经语言学要将对语言和意识的研究在建制层面形成"科学"，就需要在本体论和认识论层面的进一步论证，这将在方法论层面构成冲出"实证帝国主义（empirical imperialism）藩篱"（Geeraerts 2016：534；Schmid 2016）。就"难问题"和"解释鸿沟"的解决方案，当下受到关注最多、最值得借鉴的是神经现象学（neurophenomenology）方案（Varela 1996；Gordon 2013；Ataria 2017），其核心观点是对现象意识（phenomenal consciousness）的回归。

现象意识依托胡塞尔和梅洛-庞蒂为代表的现象哲学，有两点承诺：其一，任何力求对人类心智的研究都无法避免意识和主体性——思考、知觉、行动和感觉如何在主体中被体验到；其二，有机体和身体成为认知和心智研究的中心，认知主体寓寄于一个"鲜活身体（lived body）"。内格尔所说的"经验感觉起来所是的东西（What it is like to be experiencing）"是对现象意识最广为接受的表述，强调的是一种非物理的、现象学的性质特征或属性（Block 1995：231），与之相对的哲学概念是大脑神经生理过程、心理过程。

类似的表述包括：Jackendoff（1987：26）论述的"现象类心智（phenomenological mind）"，或"质的体验（qua experience）"；Searle（1992：30）所论述的感受质（qualia）或语义内容（semantic content）。总之，心智哲学中现象意识往往和以下概念互为同义词：感受质、感觉或原感觉（raw feelings）以及现象学性质（phenomenological properties）等。Tye（2007：304）总结指出，与感受质互为同义词的现象意识具有如下属性：（1）内在的、可内省的属性；（2）非表征的属性；（3）不可还原的、非物理的属性。具体来说，心理状态的现象内容构成决定现象意识，例如人在经历某种心理状态时的主观感受，如疼痛、西红柿的酸味、光显现的色彩等。

与认知主义相对，神经现象学遵循生成认知和生命自创生理论（Maturana & Varela 1980；Maturana et al 1995），基于对生命现象进行新的概念化以重构心智和意义与主体性和意识之间的链接。提出生命是一个"居间（middle-way）"的现象：生命的一端是物质，而另一端是心智，即生命是具身生命，也是具心（minded）生命。由此，通过生命范畴的连贯性，意识难题和解释鸿沟有望在对生命概念的重构中得到弥合。方法论层面，对现象意识的回归代表在日益风靡的自然主义科学哲学思潮中对现象学的辩护，与之呼应的是第三人称证据向第一人称数据的回归，或二者之间达成一种平衡。就隐喻研究来说，认知神经学家不应仅满足于为隐喻研究者提供一份神经相关物清单，而应将比喻语言理解的现有认知神经科学研究成果与其现象类释义模式建构有机结合起来，即形成自然现象学进路，促进神经数据和现象意识数据的结合。

对现象意识的"回归"彰显了对认知主义旗下对计算—表征语义论的批判和摒弃。伴随着反行为主义的"认知革命"思潮，认知主义心智观采取计算机隐喻，将人脑看作一个物理符号系统，非符号的感觉输入被转换和映射为任务域的符号表征，随后以一种形式或句法的方式被处理。至此，认知主义使得意义成为科学研究可接受的以及可操作的，然而其代价是心智科学中对现象意识的排除，如 Lakoff 所述，当心智过程被理解成脑运用内部符号语言进行的计算程序时，它完全被认为是非意识的（unconscious）。因此，心智和意义与主体性和意识之间的链接完全被切割。另一值得关注的问题是，抽象思维和概念语义是否涉及现象意识或感受质呢？Bayne & Montague（2011：1）指出，相对于知觉和情感意识所受的密切关注，思维一直被冷落。以前对该问题的关注并不全面，只看到感受质存在于知觉和情感等非理性现象中，而往往忽视了它在概念语义中的地位和作用。Kowalewski（2017）专门通过私人信件和 Davis Chalmers 讨论了该问题，Chalmers 回复指出，对感受质的多重还原的研究结果至少有一些是不适用于某些概念内容的，特别是基于现象学体验的概念，一个明显的例子是"红"的概念建构，毫无疑问，"红"的概念一定基于对"红"的现象学体验；但至于诸如数学和逻辑概念，现象学体验是否起作用仍不得而知。当前的定论是，至少不能否认思维或概念等命题态度具有经验的一面，即人在从事思维活动或概念化时，有涉于和它们相关的逼真的体验。

总之，本文的第一个研究问题的回答是否定的，现象类的"隐喻义"不能还原为生物的"神经相关物"，即基于所有必要的生物化学和物理信息，外星生物，他们（抑或它们）作为体验的主体也是不能"体验"到人类通过"爱情是玫瑰"这句话所表达的"甜蜜的"、"温暖的"的爱情带来的现象类感觉。

四、隐喻为什么可能：基于关系效价的现象意义生成

本节关注第二个研究问题，即"隐喻义"传达的现象意识（感受质）如何发生。本文尝试将"隐喻为什么可能"置于"意义为什么可能"的尺度下解答（Thompson，2007）。我们认为生命自创生理论为意义的发生提供一个非历史的、终极的解释方案（张东辉 2019），这一方案从生命出发，和"人类如何可能"以及康德的"认识如何可能"问题相呼应。其基本假设是，意义产生是地球生命的定义特征，其终极原因是自然选择。像生命有机体的其他特征一样，自然界演化出现象类的意义是因为它赋予了有机体选择性的优势，即只有意义以某种方式正在改变有机体与外界的"关系"的情况下才会发生。至此，"关系"成为意义产生的基础，换句话说，"关系效价"产生即是"意义生成"（sense-making）（Varela 1996；Zlatev 2009；2018）。外部世界对于认知者来说并非其脑部一个预设的表征，而是一个由认知者的自治行动性（agency）与环境耦合（structural coupling）的模式生成的关系域（relational domain）（Thompson 2007），因此神经系统并不只是在表征和计算主义的层面处理信息，而是创造意义。这种"生命预示着心智，而心智属于生命"的观点被称为生命和心智的强连续性（Godfrey-Smith 1996）。通过自创生理论，在有机体和心智哲学之间搭建起了一座桥梁，问题是，沿着这一连续体，作为生命标志的主体性和意义生成的起点在哪里？

这个起点可以追溯至哲学界和语言学界和目的论相呼应的意向性（Held 2003：14），其哲学渊源是胡塞尔和海德格尔的现象学思想，核心思想是对"在世（existence）"的一种关涉性（aboutness）（Merleau-Ponty1962：140）。意向性在当代生命科学和生命哲学中通常被引用以阐释生命和心智的强连续性。当阐述"生命（living）是一个认知过程"时，Varela 提出"生命就是意义生成"（Varela 1997），而意向性的发生正是意义发生，也即生命发生的临界点。在此常被引用的经典例子是单核细胞（大肠杆菌）在蔗糖梯度的环境中四处游动，直到碰上某个使它更多暴露在蔗糖中的位置。这些行为的生物、化学和物理基础是细菌可以通过细胞膜上的分子受体以化学方式感知局部环境中的蔗糖梯度，可以像螺旋桨一样协调地转动其鞭毛而向前游动。在此，细菌作为生命形式的出现是基于自创生的，这包含一个动态的感觉环路：其运动方式（翻转或向前）取决于其感受的东西，而其感受则决定其运动方式。这种环路表达了系统的自治性和自创生性：这种交互作用体现了细菌的某种"主体性"和"视角"。至此，尽管蔗糖是物理化学环境中的一个真实的和当前的存在，但其"食物"的属性却并非如此，而是产生于与细菌联系在一起的"关系"特征，即只有在生命造成的"关系"中蔗糖才有作为食物的"意义"和"效价"，一旦"意义"和"效价"成立，细菌也随之获得了主体性和生命。

和梅洛-庞蒂呼应，Varela 指出，有机体的自治性使其环境或生境（niche）对应物理化学世界获得了一种"意义盈余"（Merleau-Ponty, 2003：172），此观照下，作为物理化学的存在基于与生境（milieu）的某种关系而获得了具有主体性的"意向性"。此意义上与"意向性"呼应的概念还包括：对世界的"开放性（openness to the world）"和"关涉性（aboutness）"（Zlatev 2009；2018），体验的"向性"（direction of experience）（Ihde 2012：24）以及体验和世界之间的"交互性"（the necessary interconnectedness of experience and the world）（Carman & Hansen 2005：68）。如图 1 所示：一个自然的认知行动者或主体（subject，图 1 中 S 所示）（有机体、动物或人）并不独立地加工信息，而是在与环境（world，图中 W 所示）的结构耦合中生成（bring forth）或制定（enact）意义，因此相对于纯粹的物理结构，生命结构在存在论上是涌现的（emergent）。意义生成（sense-making）被等价于一种有活力的生成（enaction），以世界（world，图中 W 所示）或生境（milieu）的效价（value，图中 V 所示）为缘起，并受制于此。此处"生成（enaction）"的意义在于"互为缘起（coconstituted）"，意味着意义和效价并不是"外在"预先存在的，而是和主体互为依存的，互为生成、引发；生命（或活着，living）蕴含了意义生成，而意义生成同时形成了生命。

回到隐喻研究。以往隐喻研究显示隐喻中范畴关系重组基于关系相似性（龚玉苗 2018；周榕 龚玉苗 2015），但就"关系"的形成并未明朗化。依托生成认知（enactive cognition）和自创生（autopoiesis）理论（Maturala & Varela 1991），"效价"和"意向性"等诸概念为隐喻之问提供了一个终极解释方案。自创生理论回归现象意识，即"活的体验（lived experience）"，将

174

相似性的终极解释落脚于意义生成所基于的主体和现象之间"关系"的"效价"。如图2所示，以隐喻"爱情是玫瑰"为例，"爱情"和"玫瑰"的相似之处在于认知主体S分别和主体和喻体之间关系R的"效价"V，这种效价驱动于对生命适应度（fitness）的优化。

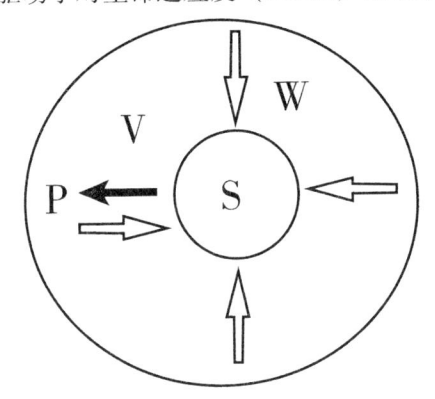

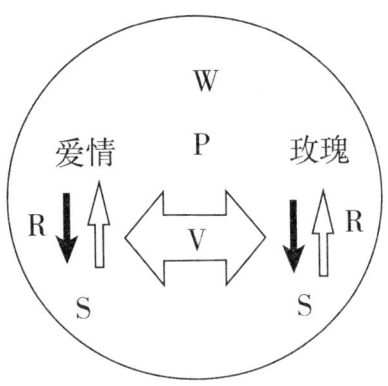

图1　意义生成示意图（来自Zlatev 2018: 4）　　图2　基于"关系"和"效价"的隐喻生成

从宇宙的角度来说，人类在地球长达40亿年的进化长河中，对"爱情"的现象意识的存在以某种方式优化了生命的延续，这种现象意识基于由性激素等生理机制所引起的性吸引，而生命的延续则体现于基因的传递，这种"效价"体现于对"爱情"现象意识（体验）促成了人类的性行为乃至基因的延续。更重要的是，依据进化心理学，人类的"爱情"范畴超越动物层面的性行为，更多地和诸如"忠贞"、"专一"以及"责任"等道德范畴相关，而这些道德范畴事实上也是进化的产物，也获得了促进基因延续的某种"效价"。虽然人类仅受性的驱动（如性滥交）具有将基因最大化地传播出去的"效价"，但没有诸如"专一"以及"责任"等道德范畴，缺失的是将基因延续下去（成功养育后代）的"效价"，此意义上，爱情的"道德感"和"美感"获得了哲学层面的统一（李泽厚 1981）。源于自私基因的演化，人类普世地在Merleau-Ponty所提出的行为的结构（从生命现象到社会规范）的层面将"爱情"和"美"联系在一起，同时也基于"效价"赋予不负责任的性行为"丑"的意义。至此，"爱情"被赋予了"意义"。同理，在进化的长河中，花朵（如"玫瑰"）和种子、食物以及适宜的生存条件密切相关，在"效价"的层面，花朵（"玫瑰"）获得了美感。这种基于"效价"的"美"和环境形成某种耦合的关系，互为因果，对"美"的追求促进找到食物的机会，从而促进了基因延续的机会，而这种行动上的追求则赋予了"玫瑰"以"美"的意义。至此，"爱情"和"玫瑰"在与认知主体关系的"效价"的层面获得了相似性，被赋予了相似的现象类意义。

事实上，"爱情是玫瑰"的喻底也往往是"美好"、"甜蜜"等具有"效价"标准的现象类释义。

需要指出的是，现象类意义到包括语言在内的人类规范之间的演化可以在 Merleau-Ponty 关于人类行为结构的思想中得到解释（Merleau-Ponty 1963）。Merleau-Ponty 指出，一旦主体和环境之间存在耦合，那么这种耦合就是有内在规范的，这种规范即是效价，而这正是构成意义演化的动力。依照 Merleau-Ponty 的理论（Merleau-Ponty 1963），Zlatev（2009；2013；2018）提出符号层级理论（Semiotic Hierarchy）以解释从生命发生到人类语言之间的演化。基于对前期研究（Zlatev 2009）的修订，Zlatev（2018）指出意义基于不同的效价系统分为五个层级：生命级别、主体级别、主体间级别、符号功能级别以及语言级别。较低一级意义预设（prefigure）更高一级意义，同时高一级意义巩固（stabilizing）和升华（sublimating）低一级意义，并保持链接。每一级内部之间都有着自主发生（spontaneity）和沉淀（sedimentation）之间的内部辩证（dialectics）关系，行为的自主发生基于意向性（intentionality），而沉淀则基于规范性（normativity），二者都是受效价所驱动。按照 Merleau-Ponty 的论述，符号显示了将某物作为对象来把握的能力，这个对象在现象学意义上是在视角中保持不变的事物。人类象征行为的特点是，它指向的是富有文化构成意义的事物（Thompson 2007：64）。五个级别中的最高两级，功能级别以及语言级别属人类特有，在系统中，一个符号不单和它所象征的事物或事件相联系，符号之间的横向（lateral）关系也使得对同一事物的不同表达和表征途径成为可能，至此隐喻也成为可能。

五、隐喻基于"关系"的现象意义：语言学举隅

关系效价为隐喻的现象类意义以及隐喻之间提供了更为基础的解释力。本体和喻体之所以得以发生范畴重组在于二者分别与其他事物之间的关系相似性，这一观点同样具有较强的语言学解释力。例如在隐喻"友谊是桥梁"中，喻体"桥梁"的隐喻义取决于能够"连接"某两个事物的角色作用和"效价"，而非建筑材料、颜色及形状等独立物理特征。换句话说，"友谊"之所以假"桥梁"之物而形成隐喻在于依据某种"关系效价"的成立，而非事物本身所涉及的物理特征。归结于句法和语义界面，这种关系效价观点和事件结构（event structure）理论相契合，主要基于三个基本理论。其一是依照必要和充分条件的关系以分析事件结构的特征和属性（Fine 2002：254）。这一点大致和 Jackendoff 的研究相呼应，例如在经典的例子"kill"的概念结构中,"to die"是必要条件,而"to cause"是充分条件(参见 Saeed 2003: 266)。其二是借鉴 Gentner 的分析框架(Gentner & Asmuth 2019),通过运用节点(node)和谓词(predicate)对知识表征采取命题表述的方式。节点指的是概念表征,即事件所涉及的论元,也就是"物";而谓词是对概念的描述,即事件或状态,也即本文所说的"关系"。较简单的命题表征只涉及一个论元及其某种属性,如,"The house is large"的命题可表述为"LARGE(X)";较为复杂的是谓词结构表述的是某种关系,如"A car collides into a tree"表述为"COLLIDE(car, tree)";更为复杂的是谓词结构表达更高的关系,即事件之间的某种关系,如"A car collided with a motorbike and caused the motorbike to strike a sign post"表述为"CAUSE [COLLIDE(car, motorbike), STRIKE(motorbike, sign post)]"。其三是借鉴 Tobing et al. 对隐喻关系结构的研究(Tobing et al 2016)。一方面认定隐喻的命题意义,另一方面对该隐喻概念隐含的前件(antecedent)和后件(consequent)进行分析,最后在充分和必要条件关系框架下分析隐喻概念所隐含的前件和后件的结构关系。

鉴于上述三个方面的基本理论和操作范式,我们尝试基于事件结构理论分析隐喻"关系效价"的语言学解释力。例如"老板是鲨鱼",该隐喻是典型"X 是 Y"形式的名词隐喻,能够更直接地展示"关系"的机制。在分析隐喻义之前,我们有必要考察一下本义句"鲨鱼吃掉了小鱼"的关系结构分析。本义句"鲨鱼吃掉了小鱼"涉及三个论元,其一是论元 ARG1"鲨鱼",其二是默认论元 D-ARG1(Default Argument)"被猎捕者"(如'小鱼'),其三是影子论元 S-ARG1"动物本能"。其语义结构基于以下事件结构及关系:其一是必要事件 E1,即论元 ARG1"鲨鱼"捕获默认论元 D-ARG1"小鱼",其二是事件 E2,即影子论元 S-ARG1"本能"引发事件 E1"捕获"。

$$\begin{bmatrix} \text{shark 鲨鱼} \\ \text{N} \\ \begin{bmatrix} \text{ARG1}' = ① [\text{animmate: shark 鲨鱼}] \\ \text{D-ARG1} = ② [\text{amninnate -object: prey 猎物(小鱼)}] \\ \text{S-ARG1} = ③ [\text{abstract-entity: instinct 本能}] \end{bmatrix} \\ \begin{bmatrix} \text{E1} = \text{process} = [\text{prey on}(①, ②)] \\ \text{E2} = \text{process} = [\text{cause}(③, \text{E1})] \\ \text{RESTR: 0a} \\ \text{HEAD: E1} \end{bmatrix} \end{bmatrix}$$

与本义句相比较,在隐喻"老板是鲨鱼"中,"鲨鱼"的隐喻义关系结

177

构分析如下：首先，论元数目没有发生变化，同样涉及三个论元，即论元 ARG1′"老板"、默认论元 ARG2"员工"和影子论元 S-ARG1"本能"。事件结构包括必要事件 E1，即论元 ARG1′"老板"剥削"exploit"默认论元 D-ARG1′"小鱼"，其次是充分事件 E2，即影子论元 S-ARG1′"动物本能"引发事件 E1"剥削"。

$$\begin{bmatrix} \text{shark}'\text{鲨鱼}' \\ N \\ \begin{bmatrix} \text{ARG1}'=① \ [\text{aninate：boss 老板}] \\ \text{D-ARG1}'=② \ [\text{animate -object：exploit 掠夺对象（员工）}] \\ \text{S-ARG1}'=③ \ [\text{abstract-entity：instinct 本能}] \end{bmatrix} \\ \begin{bmatrix} \text{E1} = \text{process} = [\text{exploit}(①,②)] \\ \text{E2} = \text{process} = [\text{cause}(③,\text{E1})] \\ \text{RESTR：0a} \\ \text{HEAD：E1} \end{bmatrix} \end{bmatrix}$$

对"鲨鱼"隐喻义的理解来自且只能来自语言使用者的基于某种关系效价活生生的现象类的体验。这一观点否定"物"作为本然形态的存在，认为现实世界形成于"关系"，即人具有意向性的活动及结果。从形而上的层面看，与基于人的意向性的"事"无涉的本然存在的"物"往往被认为具有本体论的优先性，然而，以现实世界和人类活动为基准，"事"更具备本源的意义。人通过"事"而与"物"发生关系，因此，人与"物"的关系中介在于"事"的涉入。"物"唯有介入于"事"，才呈现具体意义。通过"事"而形成的人类社会完成了"物"的价值赋予，从而在根本上完成了事实界和价值界的统一（吴胜锋 2017）。再看隐喻"我的爱人是玫瑰"中，形成的事件关系可表述为"爱人：我：：玫瑰：我"，即"爱人之于我"对应于"玫瑰之于我"。两种"之于"的抽象关系构成了隐喻理解中的"意识"之源，也为认知主体"我"与"物（玫瑰）"的抽象联系提供了内在的依据。在此过程中，心与物之间的关系超越了仅涉及诸如声、色、冷、热、硬、软等本然物理属性。从隐喻加工的结果看，感知到的对象本身不同于本然之物（此例中玫瑰的物理存在），而是形成于人的知行体验，这种活动作为人之所涉，具有"事件"和"关系"的属性，即人以实践的方式作用于对象。换句话说，隐喻喻体（抽象的"玫瑰"）成为抽象概念化的对象（不同于本然之物）之所以可能的条件，在于实践或观念活动都是人之所"事"。从隐喻运用开始，感知便与"关系"无法分离，通过感知"关系"而通达。

六、结语

本文审思自然主义影响下认知语言学界隐喻研究"神经相关物"进路的理论困境及可能出路以继续回答"隐喻为什么可能"。有以下几点发现：(1) 现象类的"隐喻义"不能还原于生物的"神经相关物"；(2) 隐喻研究的"神经相关物"进路面临两大哲学问题：本体论层面的"意识难题"以及认识论层面的"解释鸿沟"；(3) 面对这两大哲学难题，隐喻之问必须超越"表征-计算"，回归现象类语义；(4) 隐喻义产生于现象类的"意义生成"，这种"意义生成"基于生命体和环境之间结构耦合"关系效价"的形成。(5) 基于"关系效价"的隐喻义释义具有较大的语言解释力。这五点发现可以置于生命自创生理论框架下得以解释，此框架下，隐喻义是基于"生成"的现象意义；这种"生成性"的哲学意义在于它在本体论层面强调心智和生命的强连续性，从而规避和解答了语义研究中的意识难题和解释鸿沟。此框架下，意义"生成"于"活着"的现象经验，意义生成的本质是生命的自创生。本研究结果也可推至"意义为什么可能"。

作者系江苏海洋大学外国语学院副教授、博士；本文获连云港市第十五届哲学社会科学优秀成果奖二等奖。

跨界与融合：论加拿大现实主义文学的蜕变

赵晶辉

引言

什么是现实？文学如何表现现实？在当前全球化语境下的文学研究中，如此论题比以往任何时候都显得突出。不少人觉得19世纪通行的现实主义小说的艺术成规已经无法把握现实。诚然，社会的变迁、文学思潮的更迭在不断修正现实主义文学的话语叙事。现实主义涵义的嬗变成为了一个饶有趣味的现象。世界文学的新形态中，各国作家出于对本国的不同理解、想象和诉求，展现现实主义发展的多元多维面向。加拿大独特的艺术发展使得现实主义文学空间的排布和内在肌理具有了不同维度的叙事实践。学界一致认为麦克兰南（Hugh MacLenna）1941年出版的《气压计回升》（*Barometer Rising*）是最早展示加拿大主题，表现鲜明加拿大地域特色的小说。《气压计回升》开创了加拿大民族文学的先河，具有发生学和发展史的意义。目光放眼于20世纪40年代，西方文坛的文学观念、创作方法、表现技巧上发生了重大变化，碎片化、反体裁、蒙太奇、印象主义、超现实主义以及表现主义等极端的现代艺术形式表现出后工业时代的生活图景。麦克兰南在创作《气压计回升》时，对于20世纪初就在英美大行其道的现代小说写作原则极少触碰，小说以英国浪漫主义的传统方式描写加拿大本土美洲大陆的故事。比起像沃尔夫（Virginia Woolf）、乔伊斯（James Joyce）、巴恩斯（Djuna Barnes）以及福克纳（William Faulkner）等现代主义革新者的作品，《气压回升计》呈现出许多维多利亚时期小说的特征。如果说《气压回升记》标志着加拿大民族文学的开端，那么它在文学发展史上的意义在于小说的题材和主题，而非叙事风格。有鉴于麦克兰南的写作规约与审美范式带有浪漫主义的性质，克罗茨（Robert Kroetsch）认为，"加拿大文学从维多利亚时期直接跳跃到了后现代时期。"[1] 因此，加拿大文学发展的进程中现实主义能否被视为完整统一、自成体系的文学流派，一直以来未成定论。这不仅是一个文学发展阶段的考据问题，更是一个对加拿大现实主义思潮进行再次定位、分析和评判的问题。

在加拿大现实主义小说研究的发轫期,官方编著的加拿大正典文学史鲜少有学者认为现实主义是加拿大的一个文学形态。《牛津加拿大文学指南》(The Oxford Companion to Canadian Literature,1997)中有阐释:"在1920-1940的英语小说中几乎不存在现实主义作品,加拿大小说中没有现实主义小说存在的确切时期"。[2]基思(W. J. Keith)在《加拿大英语文学》(Canadian Literature in English,1985)中论及一些重要的被归类为现实主义作家的贡献,他的讨论中几乎没有涉及这些作家的现实主义写作方法,只是在开篇中提及"大部分这些作家之所以受欢迎,可以解释为通过他们巧妙地、粗线条地将浪漫主义和现实主义混杂在一起。"[3]沃特斯顿(Elizabeth Waterston)在《回顾:加拿大文学简史》(Survey: A Short History of Canadian Literature,1973)中讨论了加拿大小说的发展,没有涉及现实主义小说。在《加拿大小说家和小说》(Canadian Novelists and the Novel,1981)中,戴蒙德(Douglas Daymond)和蒙克曼(Leslie Monkman)合著了《现实主义的兴起》(The Rise of Realism),在他们颇有见地的论述中只是间接地提及现实主义。直接提及加拿大现实主义的文学读本是《加拿大文学史》(Literary History of Canada 1965-90)。这本专著中,裴西(Desmond Pacey)辟专章回顾了1965-1990这个时期的现实主义小说,他认为"现实主义"尤其是"城市现实主义"是两次世界大战间非同寻常的、有价值的加拿大小说。这种有价值的小说只有在大草原上才能得到发展,因为这里有一种独特的生活方式。[4]然而,加拿大文学的发展日新月异,不少人致力于发展加拿大自己的、独特的文学。作家写作的方式千姿百态,已不允许我们继续套用以盎格鲁—美国的现实主义(1)的时间分界来修正它们,不允许我们再用既定的文学概念、审美概念、谱系特征来演绎、束缚它们了。

一、加拿大现实主义文学倾向探源

鉴于无论是加拿大文学整体研究还是现实主义文学思潮的考究,乃至在后现代视阈下加拿大多元创作中呈现现实生活、人性特征时对现实主义表现形态的解读,都还处于构建阶段,有必要带着强烈的问题意识回到原点对现实主义的基本概念与理论范式进行界定与厘清。现实主义是文艺批评中最常见的术语之一。我们发现,当将"现实主义"这一术语转用于加拿大文学时,则产生了"现实主义"这一概念的含义以及它的通用性的问题。"倘若回顾历史,就会发现,最初'现实主义'这一标记是应用于那种已常常出现'现实主义'这个术语的文学,并且想以这个标记来说明这种文学。"[5] "在法国用'现实主义'这一术语来表示,这便是19世纪中叶以巴尔扎克和福楼拜的作品为代表的当时法国最强大的流派的文学。其他民族则使用别的词汇,例如,斯堪的纳维亚民族用'自然主义'这个词,而19世纪中叶,俄国人则用'自然派'一词来表示。"[6]但在使用过程中,现实主义本身的含义已经变得含混不清,它们经常被作为静态的概念来运用,被视为一种基本的创作方法或传统精神。现实主义作为从古典艺术到现代艺术的一个过渡的体系,必须运用逻辑演绎的方法在具体的历史条件下才能深刻把握其内涵。从历史上看,加拿大是一个古老而又年轻的国家。1867年加拿大建立了联邦政府,成为英国的自治领。加拿大经历了资本主义制度的确立和发展,殖民和反殖民的过程。加拿大文学在促成自己民族文学文化的繁荣和发展过程中记录了民族思想意识的变迁,描写了独具地域特色的景致。由此可以进一步推想,早期的加拿大文学内含现实主义的因子。

加拿大小说中的现实主义倾向可以溯源到联邦成立前期。莱克(Robert Lecker)写道:"自从19世纪,加拿大的经典活动是受以民族为参照的理想所驱动的不同表现,没有民族文学的国家不能称之为国家。"[7]虽然当时的作家讨论的是诗歌,但是他们唤起了"以民族为参照的想象"(national-referential ideal),莱克对民族事物的关注摒弃了想象的理想主义,将想象世界转移到真实图景中。当一个国家变成了文学关注的对象,现实主义便成为一个注定的文学发展形势。斯科特(Duncan Campbell Scott)和邓肯(Sara Jeannette Duncan)的创作里富含社会性的内容,现实主义倾向已清楚地显露。斯科特的《在瓦伊格村》(*In the Village of Viger*,1896)和邓肯的《帝国主义者》(*The Imperialist* 1904)都是早期英语作家的怀旧作品。虽然小说从人物刻画到叙述方式以及环境描写等方面都充满了浪漫主义色彩,但是小说的主题思想却有着巨大的现实意义,表现了民族"精神"和本国人性格的重要特点。总体来讲,这种充满理想主义的浪漫现实主义写作一直持续到20世纪20年代。加拿大现实主义艺术观念和创作理念对19世纪西方浪漫主义传统表现出较多的承继性。19世纪的时代氛围充满了浪漫主义气息,现实主义在与浪漫主义的创作旨趣与写作手法的博弈中没有达到分庭抗礼的"对峙"状态,终究难以撼动浪漫主义的艺术成规。

二、加拿大现实主义文学的融新

20世纪20年代加拿大出现了充满活力、实验性、辩论性的现代主义运动。这一时段,欧洲和美国的现实主义传统差不多被新一代的具有革新性的现实主义作家所取代。加拿大的批评家和作家已经观测到了国外文学现代主义的转变。20年代以降加拿大作家并不是将同时代欧美现实主义作家的审美标准完全移植到加拿大文学环境中,加拿大文学里的现实主义呈现方式在现代主义的背景中表现得与众不同。那么，这个时期加拿大的文学究竟面对着什么样的变量？这些变量之间相互构成的联系与1920年以前的文学有什么实质性的区别呢？文学中文化机制和自身地位的变化可以解释这一区别，具体而言，在加拿大文学中现代主义与现实主义的关联是应该明确集中讨论的问题。

对于20世纪的加拿大小说，在评论家之间存在着一种"主义"之争。任何20世纪早期加拿大小说的理论架构都会发现现代主义和现实主义的概念。批评家认为加拿大缺少现代主义作品，作家对审美品质、时间和种类的界限没有达成一致，与当代欧洲和美国的现代主义没有联系。适于现代主义既有定义的个人作品在加拿大非常缺乏，即使有也是在长时间的间隔中偶发的，与文学模式、文学运动乃至国际的感受力关联不明显。20世纪早期非常著名的加拿大小说，比如麦克伦南（Hugh MacLenna）、奥斯滕索（Martha Ostenso）、卡拉汉（Morley Callaghan）、格罗夫（Frederick Philip Grove）以及罗斯（Sinclair Ross）的作品，看起来并不像欧洲和美国经典的现代主义文学。一些批评者将现代主义的示弱归结于现代主义与文学现实主义之间的对抗关系。他们认为，20世纪加拿大的现实主义文学在对西方的选择接纳过程中，明显地采取了一种自然地理概念上的地方（region）民族主义的实用态度，从而抵牾勃然兴起的各种反传统的现代主义创作手法。现实主义以"地方书写"（regional writing）中的"本土主体"（indigenous subject）为视点，成为现代主义的对立面和论辩敌手。

事实上，加拿大现实主义作家的写作不是处在文学的隔离状态，而是在欧美现代主义文学运动的背景中。现代主义作为一种人类意识认知的探索方式影响了现实主义作家的心理机制和创作模式。那种对生活细节细密观察，不加修饰进行如实描述的现实主义已经是过去，加拿大的此现实主义不再是彼现实主义。在多元共处的文学处境下，作为创作主体的作家存在着一种明晰而又含混的现实主义与现代主义之间的融合。现实主义的表现形式、主题意向、艺术审美得到了重新审视。学界重新思考早前提及过的刻板的现代主义与现实主义的关系，跳出了文学现代主义与现实主义之间对抗关系的窠臼。当"现实主义"这个术语出现在20世纪的文学杂志《加拿大文人》（*Canadian Bookman*）和《加拿大论坛》（*The Canadian Forum*）中，它非常明显的与"现代"结合起来。《加拿大文人》在1919年的创刊号中，开宗明义地给现代现实主义下了定义："用参与者充满激情的现在语态讲述基于史实的事件"。[9]

从审美上来讲，现代现实主义作家既不是在他们的作品中对过时的19世纪现实主义的模仿，也不是笨拙地套用相对复杂的现代主义的技术。现代现实主义超越了现实主义和现代主义的内在矛盾，实现了对传统现实主义在观念和艺术方面的改造。史蒂文森（Lionel Stevenson）对现代现实主义做了进一步阐释，他认为现代现实主义小说的语言应该是"极度简单，每一个词都是简明的，大家熟知的，不曲解不牵强附会。"[10] 史蒂文森（Lionel Stevenson）所提倡的这种没有阻碍的，直接的写作方式就像缺少实验性技巧的现代散文家的笔法，这种传统以海明威（Ernest Hemingway）、里斯（Jean Rhys）、麦卡蒙（Robert McAlmon）以及安德森（Sherwood Anderson）为代表，而这些作家对威尔逊（Ethel Wilson）、卡拉汉（Morley Callaghan）等加拿大作家有深刻的影响，他们采用技术革新，模仿表述加拿大当代社会，探讨文化条件以及"现代性"的主题。摩斯（John Moss）在《当今时代：一个批判的选集》(Modern Times: A Critical Anthology, 1982)中阐释了如迷宫一般的20世纪加拿大的现实主义写作：

  小说中的现代主义已经变成了现实主义。但是现实主义，具有讽刺意味的是，意味着浪漫……在加拿大小说中，浪漫现实主义开始于弗雷德利克·菲利普·格罗夫的小说和到目前为止保留着主要的方式。还有几个特别杰出的特例，但是直到门罗的超现实主义……加拿大的现代主义传统开始崩裂。[11]

现实主义、浪漫主义、自然主义和现代主义的"主义"更迭重合彰显了加拿大现代现实主义特有的文学张力。弗莱（Northrop Frye）在《加拿大文学史》(Literary History of Canada) 的结论中表述，现代现实主义包括了各种不同的认知形式和审美元素。现代现实主义已经与前卫激进的现代主义同仁分享了很多关于写作的假设，不是单纯地将作者脱身于文本，为艺术而艺术，而是通过对人类意识的深入锐利的观察，实现对现实的呈现。在《丑陋的现代主义》(Bad Modernisms, 2006) 中，毛（Douglas Mao）和渥克维兹（Rebecca L. Walkowitz）总结道，"现代主义者"这个术语持续不断地被不同的作家和文本所使用："新的现代主义研究已经拓展了'现代主义者'这一名称，所用范围不仅适用于一些熟悉的人物……还包括到目前为止被看作是无视或拒绝现代主义的革新其他的文化生产者。"[12] 这样一个大规模地对现代主义的想象并不一定就是现代主义者，但是他们非常明显的是现代主义对人类意识表述的革新者。这样的发现阐释了现实主义文学中呈现的非同传统的新特征："作家以社会生活为写作对象，但自觉追求作品审美格调的境界，追求想象力与表达的自由，追求更深层次地把握和揭示社会本质真相，积极吸取现代主义象征性、荒诞化、变形、意识流、魔幻等表现方式。"[13] 沃森（Sheila Watson）等作家的作品在保持现实主义精神不变的情况下，具有显见的现代气质与特征。《双钩》是一部标志着加拿大现实主义传承的作品，小说以神话联想为主的现代性特点非常突出。小说的现实主义根本内核没有改变，但是写作形态是作家在现代主义渐变过程中表达经验和文化经验融新的反应。博迪克（Chris Baldic）在《牛津英语文学历史：现代主义运动》（*The Oxford English Literary History: The Modern Movement*，2004）论述了维多利亚晚期和现代主义写作之间的承续性。他指出艺术名家激进的实验性的现代主义写作是英国传统现实主义写作的一部分。理查森（Dorothy Miller Richardson）创作的《人生历程》聚焦中心人物，汲取了现代主义小说的创作技巧，用不断转换叙述人称的叙述方式聚焦人物的中心意识。劳伦斯（D. H. Lawrence）在《虹》《恋爱中的女人》等作品中实现了从现实主义向现代主义的执着跨越。在20世纪60年代以前一直被视为19世纪英国现实主义传统的继承者的福斯特（E. M. Forster）在60年代以后又成为现代主义的重要代表。这些原本是现实主义的经典人物在现代主义写作中游刃有余斡旋其中。我们因此得出一个令人信服的论点，包括英国现代现实主义在内都存于一个更大的现代主义运动中："伴随着现代主义运动共同成长的作家们认为现代主义是一个范围宽泛的学派，包括多种形式、技巧、风格和态度都是革新的，在某种程度上代表着21世纪的写作方式。"[14]加拿大作家在迅速多变的时代背景下通过持续的自我调适以及实验性的表达完成了现代现实主义审美理想的改变。

三、加拿大现代现实主义反映现实世界的方式

现代现实主义小说的审美原则、思想形成以及历史发展的论述不可避免地挑战了传统的关于现代加拿大写作的论题和加拿大文学理论的学派之说，"在文学批评中，我们始终在使用那些内涵与外延不太相配的术语：从理论上说它们必须相配；但如果它们不能，我们就必须找到某种别的方式来对待它们，这样我们才能每时每刻都知道自己要表达什么意思。"[15]现实主义自身及其推断关系的方式已发生重大变化，科学范式中的这一变化在加拿大现实主义艺术意识的层面上演绎成了现代现实主义。加拿大文学把"现实主义"与"现代主义"的二分原则加入了相涵关系中。加拿大无疑存在着才华卓越的现代现实主义作家及其优秀的作品，诸如格罗夫（Frederick Philip Grove）的《沼泽地的定居者》（*Settlers of the Marsh*）、奥斯滕索（Ostenso）的《野鹅》（*Wild Geese*）、卡拉汉（Callaghan）的《这是我的爱人》（*Such is My Beloved*）。由于作家艺术创作的探索精神和审美理想的自觉改变，这些作品表现出了对现代派风格和价值判断不同程度的感应，作品呈现出主体基调的内倾化，注重表现当代人的"主体意识"，关注人性异化，揭示人的生存状态，哲学思考多于冷静观察。除了中心人物的经典佳作耐人寻味，那些被人忘记的名不见经

传的作品都值得再思考，如贝尔德（Irene Baird）、麦考特（Edward McCourt）、斯特林格（Arthur Stringer）、赛姆（J. G. Sime）、范德马克（Chritine Van Der Mark）、布鲁克（Bertram Brooker）、德金（Douglas Durkin）、蔡尔德（Philip Child）、查普曼（Ethel Chapman）、史蒂芬（A. M. Stephen）、彼得森（Len Peterson）、格雷厄姆（Gwethalyn Graham）等，不胜枚取。这些作家倡导加拿大现实主义的现代形式，他们在坚守与创新中拒绝了经典的原型，写作的品质与著名的经典作家不相上下。作家创作中呈现出了相似的现代现实主义的写作策略与写作旨趣可以让我们将他们归并为同一类群作家，然而这并不是一群交织紧密的作家，即使接受了现代现实主义的基础，他们也没有把自己的创作陶铸在一定的形式里面，仍然对写作方式和思想内蕴进行具体入微的设计，就是这些看起来互不相干的书写聚合了相似的现代现实主义的文学、美学和文化内涵。

现实主义描写现实的因素，反映现实世界的方式必然涉及文学的艺术认识方面，"因为描写方法以至在某种程度内文学影响现实的程度和形式都是取决于艺术认识的。"[16]在传统现实主义小说中，外部世界、历史进程和主体构成大多表现为认识论意义上的相应说，"心与物之间有一种相应，或者是在经验的主观方面是清楚的、分明的、活现的，则主客观之间便是相应的"[17]。19世纪的现实主义小说的大师们多用冷峻客观的笔触或全知的视角为小说中铺陈了井然有序、有始有终的情节线索，描写了一个条理清晰的世界。然而，这样的方式不是艺术认识的唯一形式。"自然与生命的历程是瞬息万变的往前冲的……不过我们却不能全抛弃理智的努力。因为理性虽是运用符号；符号虽是不变的形式，然而我们却可以继续获得新符号，以表示世界常现的新奇。"[18]现代现实主义则是通过"现代主义的叙事策略"和"现实主义因素"的弥合，更多地渗入了主观意识乃至无意识的成分，扬弃了传统现实主义小说在认识论意义上的对事物的模仿，将对世界的认识引入至更深邃的主体意识与后现代语境下的现实重构中。而在其后期，时间线索进一步使得现实主义文学和现代主义文学彼此之间的区分复杂化，后现代的叙事策略成为现实主义的表征。加拿大现代现实主义在吸收了众多现代主义理念后，依然致力于现实主义所围绕的基本问题：观测的视点仍然是客观的现实生活，描述的背景仍然是现实的环境。因而将现代现实主义视为现实主义在现代条件下的新发展是恰当的。

正如我们能看到的现代现实主义的技巧是当前现实主义文学与世界文学互渗的体现，加拿大的现实主义文学演绎了时代演化的精神逻辑，是现代工业文明和理性主义发展的危机解救,也是作家在平衡传统现实主义的客观立场与现代主义的主观观察之间的关系中对人类认识意识的成功探索。2013年诺贝尔文学奖授予了加拿大女作家门罗(Alice Munro),她的获奖是对加拿大文学的充分肯定和赞赏,门罗的现实主义写作中融入现代主义的成分,这是她作品产生巨大影响的一个重要原因。

结语

现实主义在加拿大文学中不是一个一成不变的概念,它的美学内涵随着新的社会观念和审美判断的变化而发展。如果要从主要的编年史方面划定一些范围,加拿大现实主义文学在其历史的存在期间并不是显现为从一个阶段转向另一个阶段的更迭。加拿大现实主义文学在肇始于民族文学的崛起中因袭负重,逐渐剥离于历史注定它要更替的浪漫主义文学;在蜿蜒的前行中并未因西方现代主义的勃兴和后现代主义的突起而退隐文学历史的舞台;相反,在新的时代背景下,现代主义的表现方式成为作家在现实世界里纵横捭阖、寻找表达突破的智慧借鉴。在现实主义文学的世界历史规模的横向轴上,加拿大民族的文学超出这些范围界限,许多差异是由加拿大社会环境所发生的变化以及加拿大文学发展的内在法则引起的。福楼拜的现实主义不是巴尔扎克的现实主义,巴尔扎克的现实主义不是门罗的现实主义。不管作家的个性有如何巨大的差异,但在文学历史的、社会发展的以及艺术质素最主要的部分和发展的主要趋势方面是相似的。令人欣喜的是,世界现实主义文学的巨匠中加拿大作家的名字被不断提及,这是作家深刻执着的现实关怀和吸取世界文学精神滋养的结果。近一个世纪的加拿大现代话语语境中,现代现实主义彰显了它的多样性。或许加拿大小说的发展不够系统化,追寻它的缘起,沿着它的发展和扩散,还是能够让人分辨出来现代现实主义正在分裂为许多意义不同的亚类型:草原现实主义、城市现实主义、社会现实主义……这些,无疑极大拓宽并深化了现实主义的意蕴空间。加拿大现实主义是开放性现实主义的现代性气质指向的文学举措,在后现代、后工业社会继续为世界文学提供着有价值的研究依据。

作者系江苏海洋大学外国语学院教授、博士;本文获连云港市第十五届哲学社会科学优秀成果奖二等奖。

参考文献：

[1] 卡林内斯库. 现代性的五副面孔 [M]. 顾爱彬，李瑞华，译. 南京：译林出版社，2015.

[2] 康拉德. 现实主义与东方文学 [M]. 于海洋，译//中国社会科学院文学研究所. 世界文学中的现实主义问题. 北京：知识产权出版社，2010.

[3] 张东荪. 认识论 [M]. 北京：商务印书馆，2011.

[4] 张东荪. 认识论 [M]. 北京：商务印书馆，2011.

[5] BALDICK C. The Modern Movement [M]. Oxford：Oxford University Press，2004.

[6] DOUGLAS M，REBECCA L W. Bad Modernisms [M]. North Carolina，Durham：Duke University Press，2006.

[7] John Moss. Introduction to The Canadian Novel，vol. 3：Modern Times：A Critical Anthology [M]. Toronto：New Canada，1982，10.

[8] KEITH W J. Canadian Literature in English [M]. London：Longman，1985.

[9] KLINCK C，BAILEY A，BISSELL C，et al. Literary History of Canada：Canadian Literature in English [M]. Toronto：University of Toronto Press，1965.

[10] LECKER R. Making It Real：The Canonization of English-Canadian Literature [M]. Toronto：Anansi，1995.

[11] 彼尔卓夫. 现实主义与二十世纪初俄国文学中的现代主义诸流派 [J]. 于海洋，译//中国社会科学院文学研究所. 世界文学中的现实主义问题. 北京：知识产权出版社，2010.

[12] 孔会侠. 九十年代以来现实主义文学的现代性气质 [J]. 社会科学家，2013（5）.

[13] 李哈乔夫. 俄罗斯文学中现实主义的起源 [J]. 陈乐，译.//中国社会科学院文学研究所. 世界文学中的现实主义问题. 北京：知识产权出版社，2010.

[14] BEAUMONT S. The Essential Training of the Novelist [J]. Canadian Bookman，1921（6）.

[15] KROETSC R. A Canadian Issue [J]. Boundary，1974（1）.

[16] LYON J. Manifestoes：Provocations of the Modern [M]. Ithaca：Cornell UP，1999.

[17] STEVENSON L. The Fatal Gift [J]. Canadian Bookman，1923：235.

[18] The Oxford Companion to Canadian Literature [M]. Toronto：Oxford University Press，1997.

07

服务决策类

连云港自贸片区特色发展研究[①]

——加快连云港自贸区建设系列研究之一

古龙高　古　璇　赵　巍

连云港自贸片区的发展,既要把握自贸区建设的一般规律,又不能照抄他人的发展模式,而要注重差异化、首创性,做好"门户、枢纽、平台"文章,走出自身的特色发展之路。

一、"门户、枢纽、平台"概念释义

江苏自贸区的获批确立了将连云港建设成为"亚欧重要国际交通枢纽、集聚优质要素的开放门户、'一带一路'沿线国家(地区)交流合作平台"的发展定位,即"门户、枢纽、平台"的定位。

这个定位与"一带一路"倡议、2009至2011年间国务院下发的四个同时涉及连云港发展的国家级规划一脉相承,后者从国家层面确定连云港"我国东部地区重要的经济增长极和辐射带动能力强的新亚欧大陆桥东方桥头堡"及"中西部地区便捷的出海口和对外开放的重要门户"的区域定位及发展战略定位;"一带一路"倡议将新亚欧大陆桥经济走廊列入六大经济走廊,连云港成为新亚欧大陆桥经济走廊"首位节点城市"。这个定位形成了叠加连云港的"1+5"战略效应,推进连云港实现三大转型:一是随着新亚欧大陆桥从运输通道转变为经济走廊,连云港从桥头堡转变为"一带一路"交汇点;二是从"中西部地区便捷的出海口和对外开放的重要门户"的定位转变为丝绸之路经济带沿线国家地区东向开放的门户;三是从江苏沿海开发的龙头转变为江苏"一带一路"交汇点中核心区先导区,"一带一路"倡议支点。

与三大转型相一致,"门户、枢纽、平台"的定位具有以下内涵:

门户功能从通道层面对连云港自贸片区属性进行了刻画。本体意义上的

[①] 本文为连云港市社科基金重点项目《将江苏自贸区连云港片区建设成为"一带一路"国家(地区)交流合作平台的内涵与路径研究》阶段成果

门户是指物理通道，即提供各种资源要素集聚、疏散的必经通道关口。对于连云港自贸片区而言，是连接"一带一路"共建国家（地区）对外、对内人流、物流等基本要素汇集的场所，是自贸片区的核心功能。该功能要求连云港自贸片区既要加快与丝绸之路经济带沿线国家和地区基础设施互联互通，还要加强与海上丝绸之路的衔接互动，就如习近平总书记提出的"放大向东开放优势，做好向西开放文章"。

枢纽功能从综合功能和功能转换层面对自贸区属性了描述。"一带一路"首先是通道经济，国际交通枢纽是"首位节点城市"基本功能，确定了连云港在一定区域范围内居于引领和核心地位的门户地位。枢纽既有门户的人流、物流等物理形态要素的通道功能，还叠加了日益增多的资金流、信息流、技术流等多种要素资源，并通过规则制定等手段开始引导和调控资源要素流动秩序、方向和结构，由配置低端资源为主向配置高端资源为主转变。按照该功能要求，连云港要将提升出海通道功能放在自贸片区建设优先位置。

平台功能从服务"一带一路"共建国家（地区）具体操作层面对连云港自贸片区服务功能提出要求，资源转换基地功能是其重要功能。该功能要求连云港自贸片区要强化产业合作，促进资源转换，实现建设战略支点、服务"一带一路"的双赢。

上述定位，蕴含了巨大的发展机遇。

二、连云港自贸片区特色发展模式

连云港自贸片区特色发展要紧扣"一带一路"门户、枢纽、平台三个关键词，形成以"门户、枢纽、平台+"为基础的发展新模式。

以完善功能为核心，实施"门户+"战略。

按照完善门户功能要求，突出自贸区功能开发，上合组织物流园争取在园区内设立保税展示交易平台等特殊政策；依托园区发展跨境贸易电子商务平台、物流产业和信息基础设施，实现国际联运、物流产业、产能合作协同联动发展；大力引进国际物流企业在上合园区内建立区域总部或营运中心，吸引国际大宗商品供应商设立分销中心。按照完善枢纽功能要求，实现中哈基地和"霍尔果斯—东门"无水港联动发展，放大集成效应，降低全程物流成本，提升新亚欧陆海联运通道核心竞争力。按照资源转换基地功能要求，吸引丝绸之路经济带国家、地区进口资源深加工企业在示范区合作建设石油化工、有色金属、精品钢材、粮油食品、木材等加工基地和深加工产业园等，形成资源性加工产业集聚区；建设出口产品加工分装、装备制造出口组装等专业化生产加工基地。

以要素集聚辐射为目标，实施"枢纽+"战略。

建设交通信息枢纽设施，引进总部企业、金融机构以及各区域联合体等枢纽主体，建设价值创新园区、商贸会展平台等枢纽型平台，创新构建国际化互联互通、高效便捷的组织体系和网络体系，最终形成交通枢纽、信息枢纽、航运枢纽、金融枢纽、创新枢纽和国际交往枢纽，从而强化连云港对全球各类资源要素的集聚辐射和高效配置能力。

加快推进大陆桥国际航运功能区建设，打造全球资源配置功能的基础性平台，以此为引领驱动建设对外开放门户、国际交通枢纽和要素集聚平台。引导现代航运服务业集聚，拓展产业链和服务功能，探索形成具有区域国际竞争力的航运发展制度和运作模式，为大力发展过境运输、国际中转、国际配送、国际采购、国际转口贸易和出口加工等业务提供保障。尽快在连云港设立国家一类集装箱中心站，与中哈基地、上合基地、连云港多式联运海关监管中心一体联动，放大多式联运海关监管中心的政策效应。发挥连云港"一带一路"海陆统筹优势，利用连云港国际枢纽大港作用，强化对"一带一路"的辐射带动作用，使连云港成为"引进来"和"走出去"的桥头堡。

以创新为驱动，实施"平台+"战略。

以经济社会发展智能化为导向，已成为新时代发展的重要指针。在现有的全球经济格局中，简单依赖制造业等产业的发展难以在经济竞争中占据有利地位，现有的技术发展已然跃升至新的层级。连云港应当积极推进人工智能和大数据、云计算、物联网等新一代信息技术与区域开发建设、城市管理、社会治理、产业发展等深度融合，营造城市全领域智能化发展生态，通过新型智慧城市示范区的建设，积极探索"现代化国际城市"建设的新形态、新模式，为高水平对外开放门户枢纽提供高技术含量的空间载体支撑。

三、连云港自贸片区特色发展的实现路径

坚持合作共赢。

连云港的政策优势、区位优势、港口资源优势是对"一带一路"交汇点、战略支点建设有全局意义的核心资源，要把连云港发展机遇与"一带一路"倡议、与新亚欧大陆桥经济走廊建设、与江苏区域协调发展大背景紧密结合，将思想统一到在更广领域引进国内外各种发展要素、在更高层面谋划和推动连云港发展的步伐上来，坚持"共享、共建、共用"，才能补好短板，实现合作共赢。不仅要共建共用共享自贸片区，还要共建共用共享中哈物流中转基

地和上合组织出海基地，共同建设大宗商品交易中心，发展大宗产品现货交易和国际贸易，加快形成区域性大宗产品信息中心和价格形成中心，拓展与中亚国家在铁路运输、物流仓储等方面的深度合作。合作用好哈萨克斯坦"霍尔果斯—东门"无水港，扩大在"一带一路"共建国家的竞争力。

突出港航引领。

港口方面，加快形成门类齐全、功能完善的码头集群，幅提升港口通过能力；加快推进疏港铁路、深水航道拓宽工程建设，提高港口通航能力和集货功能。借鉴新加坡经验，推进港口智能化改造，建设更智能、更高效的港口管理系统，完善国际航运集疏运体系，建设智慧港航和平安绿色港口。物流方面，强化国际供应链枢纽服务功能。引进和建设物流仓储项目，强化物流枢纽保障。发展大宗商品期货保税交割服务，打造国际采购配送中心以及一体化冷链物流中心、出口商品集拼中心。继续做大整车进口规模，建设汽车国际物流大通道。航运方面，要加强与国内外港口城市的合作，积极引进世界级的船务公司、货运公司、物流公司和航运保险公司，大力发展船舶登记、航运交易、航运金融等现代航运服务业，提升国际航运枢纽能级，推动全球资源配置能力迈上新台阶。

实施港口+战略。

通过港口+海关特殊监管区，建设大陆桥国际航运中心；通过港口+产业，发展临港大工业，大力发展邮轮、游艇经济，争取设立国家邮轮旅游发展实验区；通过港口+通道，发挥港口优势，大力发展海铁联运，发展国际物流，将过境运输和中欧班列打造为"一带一路""标杆和示范项目"；通过港口+园区，依托国家级经济技术开发区、高新技术产业园区等各类园区，重点发展硅材料、纳米碳、碳纤维、复合材料以及化工新材料，建设新兴产业和先进制造业集聚区、新能源产业基地、药物研发及产业化示范基地等，提升产业整体实力。

着力创新发展。

深化自贸区改革创新，形成发展新优势。更高起点推进自贸区制度创新，积极争取自贸区更大的改革自主权，拓展自贸区制度创新的广度、深度和高度，强化改革创新措施系统集成。对标世界银行发布的营商环境指标体系，深化贸易投资便利化、自由化改革，建设国际贸易"单一窗口""数字口岸"和全球质量溯源中心；深化"放管服"改革，推进商事登记、"证照分离"、政务服务等改革，不断提升国际化法律服务水平，打造具有国际竞争力的一流营商环境。制定针对"一带一路"倡议的更高水平开放政策，推进服务贸易自由化，积极争取在服务业领域对港澳投资者实行更大程度的开放，吸引服务型企业落户；探索实行"一码通关"、先入区后报关、货物状态分类监管等创新监管方式，以项目推动保税港区监管制度创新。

谋划枢纽经济支撑。

枢纽经济的特质是集中集聚，自贸区建设要是区域经济体在一定发展目标和战略路径的指导下，通过枢纽平台的转换，将自身资源禀赋高度释放，并提升制度、文化、领导力等软要素，以提升集聚平台，打造场效应和吸引力；同时，通过地缘、信息、投资、贸易等联系，通过发挥枢纽功能，发掘运作整合资源中的要素优势，积累和实现优势协调效应，提高综合竞争能。抓住自贸区建设的机遇，加快轨道、高快速路建设，进一步强化连云港对内地的辐射，通过中欧班列品牌打造"一带一路"陆海统筹的枢纽，强化对环太平洋和欧洲市场的影响力。要以区域性国际枢纽聚产业，培育港口经济、高铁经济、临空产业，大力发展枢纽经济，将交通枢纽优势转化为创新发展竞争优势。

作者古龙高系江苏省社会科学院沿海沿桥发展研究中心副主任、二级研究员，古璇系江苏海洋大学博士、副教授，赵巍系江苏海洋大学期刊社副社长、博士、研究员；本文获连云港市第十五届哲学社会科学优秀成果奖一等奖。

加快连云港自贸片区生物医药产业发展研究[①]
——加快连云港自贸片区建设系列研究之二

古龙高 古 璇 赵 巍

"生物医药产业"目前尚无标准的定义,一般认为其由生物技术产业和医药产业两部分组成,其中生物技术产业是指利用生物技术研发医药、能源和化工产品,经规模化生产,在市场流通的产业;医药产业主要包括以生物制药、化学药、中药为主要产品类型的制药产业和以药品、医疗器械、人工材料为主要产品类型的生物医学工程产业。

《江苏省生物技术和新医药产业发展规划纲要》定义生物技术产业主要包括生物能源、生物工业、生物农业、生物环保等新兴产业领域。新医药产业以新技术、新工艺、新剂型、新装备等的开发应用为特征,是蕴含巨大经济社会效益、最具广阔发展前景的新兴产业,主要包括生物技术药、中药、小分子药物和医疗器械、生物试剂、医用材料等。

一、连云港生物医药产业已经形成区域特色

近年来,生物医药产业已成为国家重点发展的8大新兴产业之一,也是连云港的重要支柱产业。国家给予江苏自贸区最大的产业政策集成为生物医药产业提供更大发展、创新空间。

近年来,连云港生物医药产业快速发展,成为区域创新人才最集聚、创新能力最强劲、创新成果最显著的产业板块,形成了以连云港经济开发区技术区为核心的产业发展集聚区,构建了以抗肿瘤药、抗肝炎药、麻醉手术药、新型中成药、新型药用包装材料和医用消毒灭菌设备等六大产业为特色的医药健康产业体系,并培育一批行业龙头企业,逐步成为中国医药创新的领军力量。

[①] 本文为连云港市社科基金重点项目《将江苏自贸区连云港片区建设成为"一带一路"国家(地区)交流合作平台的内涵与路径研究》阶段成果。

规模实力方面。产业规模：生物医药制造业产业快速增长，产值规模逼近千亿。根据《连云港市"十三五"战略性新兴产业发展规划》，计划到2020年，连云港市战略性新兴产业实现倍增目标，即产值突破2300亿元，占规模以上工业总产值的比重由20%提升至25%，其中大健康产业发展成为千亿级规模的龙头产业。企业实力：企业快速增长，创新能力突出2014—2018年，连云港医健企业保持两位数快速增长。目前，连云港已成为全国最大的对美制剂出口基地、抗肿瘤药物、抗肝炎药物生产基地和全国重要的创新药、现代中药生产基地。

产业链方面。已形成聚焦抗肿瘤药、抗肝炎药、麻醉手术药、新型中成药、新型药用包装材料、医用消毒灭菌设备六大特色产业，规划打造"防—治—养"一体化的大健康产业体系，重点发展生物制药、现代中药、小分子药物、先进医疗设备及医用耗材、生物技术及产品、海洋生物医药、医药电子商务、保健养生产品、健康服务业等细分产业。

空间格局方面。连云港医药产业是江苏八大城市产业集群之一，主要布局在国家级连云港经济技术开发区和灌云县，其中连云港经济技术开发区制药企业占总量的70%，并已成为连云港市创新人才最集聚、创新能力最强劲、创新成果最显著的产业板块。

二、连云港自贸片区的设立为生物医药产业提供更大创新发展空间

目前，医疗器械和生物医药类企业的大部分设备、生产原辅料和研发检测样品依赖于进口。江苏自贸区连云港片区的设立，将对未注册医疗器械、特殊生物制品及设备、原辅料、参比试剂进口带来巨大的突破。在国务院印发的江苏自贸区方案中，还对于创新贸易综合监管模式、推动服务贸易创新发展、支持制造业创新发展和推动现代服务业集聚发展等多个领域，都给予生物医药产业创新发展提供了更大的空间，从而去构建生物医药完整产业链，打造具有国际影响力的生物医药研发产业集群。如明确提出"支持依法依规建设首次进口药品和生物制品口岸。搭建生物医药集中监管和公共服务平台。开展进境生物材料风险评估，优化对细胞、组织切片等基础性原料的检疫准入流程。优化生物医药全球协同研发的试验用特殊物品的检疫查验流程。""开展医疗器械注册人制度试点，允许自贸试验区内医疗器械注册人委托江苏省医疗器械生产企业生产产品。""打造健康服务发展先行区。在相关制度安排框架下，允许港澳台服务提供者按规定设立独资医疗机构。加快质子放射治疗系统、手术机器人等大型创新医疗设备和创新药物审批。探索开展前沿医疗技术研究项目、重大新药创制国家科技重大专项成果转移转化试点。"

完善自贸区生物医药产品管理政策，促进生物医药产业规模化发展。在连云港自贸片区实行上海自贸区的生物医药产品管理政策，直接对出入境的生物医药产品进行风险评估，避免因绕道北京和上海等地而加重企业经济负担，促进整个自贸区生物医药产业的规模化发展，使更多的生物医药企业拥有对辖区内出入境生物医药产品进行风险评估、推行风险分级管理、强化企业管理和改进审批制度的权限，降低企业成本。

另外，高端人才和产业人才方面，自贸区连云港片区能在居住、就业、子女上学等方面提供更多的便利性，营造更加宜居的创新创业环境。这些为连云港生物医药创新创业企业长期可持续性发展率先解决供应链和人才两大瓶颈问题。

三、连云港自贸片区生物医药产业的发展重点

（一）突出重点领域，抓住重大项目、平台建设

以千亿级"中华药港"建设为依托，进一步提升连云港生物医药科技创新能力，加快成果转化和产业化，推进生物医药产业高质量发展，要重点支持提升生物医药创新和发展能力的重大科技攻关和产业发展项目以及生物医药科研和产业发展必需的公共服务平台建设等项目。争取设立药品、医疗器械审评机构。

生物制品领域，重点抓抗体药物、新型疫苗、蛋白及多肽类生物药、细胞治疗等产品研发和产业发展项目；创新化学药物领域，重点抓肿瘤、心脑血管疾病、糖尿病、神经退行性疾病、呼吸系统疾病、重大传染病等疾病治疗药物的研发和产业发展项目；现代中药领域，重点抓心脑血管疾病、代谢性疾病、呼吸系统疾病等中药治疗新药的研发和产业发展项目；医疗器械领域，重点抓数字医学影像设备、高端治疗设备、微创介入与植入医疗器械、临床诊断仪器等创新性强、附加值高的产品研发和产业发展项目；生物医药产业其他领域重大产业发展项目。

公共服务平台（包括技术服务平台、知识成果服务平台）将为自贸区生物医药产业提供坚实的公共服务平台支持。推进首次进口药品和生物制品口岸建设，探索引进国际多中心临床试验。在自贸区内设立知识服务平台，帮助园区内的企业完成新药注册工作，同时建设生物医药企业加速器和科技创新苗圃等多种技术服务平台。为自贸区内的孵化基提供资金，扩大面积，增

强其产业服务功能;建设合同研究组织、生物医药临床服务公司和基地医药销售公司等机构,健全中介服务机构。通过公众服务平台的完善保护科技创新成果和知识产权,保证生物医药产品的创新性,提高其市场竞争力。

(二) 制定重大促进政策

瞄准定位,从产业引导基金投资、社会融资奖励、股改上市政策激励、高端创新研发补助、产业化扶持、国际市场开发及认证补助等方面为生物医药创新企业提供全方位全生命周期的政策支持。

政策重点针对创新药物和高端医疗器件企业,鼓励企业高端创新及产业化。支持高端创新企业入驻;强化政府引导基金支持;鼓励企业市场化引进社会资本;鼓励企业上市发展;支持创新药物研发产业化,对研发完成各期临床、获得新药批件、正式生产销售等各阶段给予相应鼓励扶持;支持高端医疗器械创新及产业化,对通过创新医疗器械特别审批、取得医疗器械注册证书、实现产业化销售等各阶段给予相应鼓励扶持;支持推广药品或医疗器械产品上市许可持有人制度;支持企业开拓国际市场;支持企业申请国际国内行业资质认证;支持知名企业重大项目发展,南京自贸区实行"注册资本达 2000 万美元或 2 亿元人民币的,单个企业最高不超过 1 亿元;年收入首次达到 10 亿元的,给予 200 万元一次性奖励"等政策,我们可以借鉴。

还要从人才引进、专业创新孵化、企业管理培训、科技成果转化、国内外交流合作、定期投融资路演活动等不同角度给予企业全方位发展支持服务,加快形成生命健康千亿级规模。

(三) 推行出入境检疫新政

根据企业的业务特点,积极探索相适应的海关监管制度,推行自贸区出入境检疫新政,破生物医药产业发展"瓶颈"。

争取审批方式从逐批审批调整为年度审批,检验检疫部门不再以每一个物品为审核对象,而是以一个项目或一类产品为审核对象;同时,该部门将为企业定制信息化数据库,一次审批后企业无需重复提交申请材料。此外,检验检疫部门为企业提供产品风险分级,重点关注高风险产品,对低风险产品审批期限放宽至 12 个月。

加强检验检疫部门事中、事后监管,把重心由监管货物本身转向企业诚信与产品风险相结合的监管方式,通过对自贸片区内企业信用等级水平分类,实施动态监管,确保生物安全防控有效落实。检验检疫部门相应改变以往查验方式，按企业诚信和产品风险实施抽批查验。

作者古龙高系江苏省社会科学院沿海沿桥发展研究中心副主任、二级研究员，古璇系江苏海洋大学博士、副教授，赵巍系江苏海洋大学期刊社副社长、博士、研究员；本文获连云港市第十五届哲学社会科学优秀成果奖一等奖。

连云港自贸片区发展新型商贸业态研究[①]
——加快连云港自贸片区建设系列研究之三

古龙高　古　璇　赵　巍

自贸区发展与平台经济相互融合，形成了物流、金融、咨询、代理的专业服务链，并体现出了平台化、网络化、智能化、国际化的新特点，也催生了包括电商业态、服务贸易业态、离岸贸易业态及文创产业业态等新型商贸业态。可以说，自贸区经济也是平台经济，新型商贸业态就是平台的载体，为平台双方提供交易空间，提高商贸运营的能力，促进资源配置的提升。所以，连云港自贸片区的发展，一定要关注、研究新型商贸业态，并通过新型商贸业态这个平台载体，谋划布局，创造商机，拓展功能，提升竞争力。

一、电商业态

电商业态是一个汇聚了资金流、物流、商流和信息流，综合了贸易双方或多方的综合信息平台，依托这个平台，可以对商业信息进行有效整合，并对物流运输和资金流动方向提供综合服务。连云港自贸片区建设要大力发展大宗电商业态、跨境电商业态。

大宗电商业态涉及物流、金融、交易等多方面服务，也涉及产业链服务和供应链服务等，是对运用互联网技术进行大宗商品交易、物流及支付等方式的总称。连云港自贸片区发展大宗电商业态，一方面，要通过提供高标准的服务，创新大宗电商平台的交易功能，提高产品营销的效率，使平台上的用户进行安全、高效的商贸交易。另一方面，在经济一体化的时代，商贸竞争不再是传统的商品竞争，而是产业链的综合竞争。大宗电商平台涉及物流、金融、交易等多方面服务，因而也涉及产业链服务，并居于产业链的战略环节。在连云港自贸片区建设中，要充分利用大宗电商平台的这一特质，协同

---

① 本文为连云港市社科基金重点项目《将江苏自贸区连云港片区建设成为"一带一路"国家（地区）交流合作平台的内涵与路径研究》阶段成果

产业链上下游，大幅度提升产业发展的空间，推进自贸区加工制造业的生产由传统向高附加值改变，开展大宗商品电商交易连云港指数平台工程，提高区内企业在国际的竞争力。

跨境电子商务是指分属不同关境的交易主体，通过电子商务平台达成交易、进行支付结算，并通过跨境物流送达商品、完成交易的一种国际商业活动。随着我国的电子商务已经与国际接轨，跨境电商业态已经成为一种新型商贸业态，能够促进外贸发展模式的改变，提高产品在国际市场的竞争力，并促进国外市场同国内跨境电商的全面合作，具有传统商贸无可比拟的优势。目前，我国跨境电商的 B2B、B2C、C2C、C2B、B2G 等运营模式迅速发展，上海自贸区通过发展跨境电商业务，形成了大型电商品牌经济效应，这种现象为连云港自贸片区发展跨境电商业态提供了借鉴。连云港自贸片区建设中要抓住全国第二批放开跨境电商零售进口业务试点城市的机遇，培育本土跨境电商重点企业，引进国内外跨境电商企业，设立境外产品展示中心，建立公共海外仓。要整合跨境电商工程的信息资源，在自贸区开展网购保税进口商品、"网购保税+线下自提"（1210）、"跨境直购"（9610）等各种通关模式。自贸片区已经出台对跨境电商的奖励政策，要用好用足，鼓励电商自身的发展和创新，并结合当前国际形势，把跨境电商工程的信息资源进一步整合，从而形成完整、高效的电子信息网络，以促进连云港自贸片区平台经济的持久运行。"打造以数字化贸易为标志的新型服务贸易中心。"

二、服务贸易业态

作为全球三大产业之一，服务业的发展对全球经济的影响举足轻重。现代服务业的大力发展，特别是金融等生产服务业的发展，能够显著提高企业生产率，提升投资、贸易的国际竞争力，为自贸区建设提供强大的竞争基础。传统的概念，商业服务、通信服务、建筑及有关工程服务、销售服务、教育服务、环境服务、金融服务、健康与社会服务，与旅游有关的服务娱乐、文化与体育服务，运输服务等都是废物贸易的范畴。随着经济一体化的发展，金融、商贸、航运、物流、信息、地产等作为现代服务贸易业态的重要产业，在服务贸易业态中的作用日益凸显，成为自贸区依托平台经济拓展新型商贸的发展基础。而且，自贸区的服务贸易业态应将制造业的生产环节进行有效整合，从产业金融结构转型成商务金融，发展成物流金融、贸易金融、通信金融、航运金融等众多创新型金融服务业态。

目前，服务业已经成为全球产业链和国际分工的主要行业，服务贸易是扩大自贸区商贸发展的前提，其优势在于可以对商贸产品的范围扩大，自贸区政策的自由化发展，可使商品的不可贸易转变为可贸易。从而提升产品服务贸易的国际分工合作，有效带动自贸区金融开放和产品加工的发展，持续带动自贸区企业产品的高附加值。因此，连云港自贸片区要加大发展市场服务业，扩大开放服务市场，放宽对服务贸易领域市场准入的限制，为跨国企业、总部企业来自贸片区开展服务外包业务创造条件；制定措施，加大对服务业基础设施的投入，以现代化的技术装备改善国内的服务手段，提高服务质量和服务效益，从总体上提高服务业的国际竞争力。参与服务贸易的国际分工，使服务业更好地与其他行业相融合，以提高产品服务贸易的整体水平；要持续加大相关制度和政策的开放力度，吸引物流、航运、贸易企业的集聚。

三、离岸贸易业态

离岸贸易业态是当今国际上自由贸易港的最高业态，将有力推进自贸区的建设。离岸贸易业态是一种全新的商贸业态，该业态使得企业合理规避各种税收和商贸壁垒，避免国际金融结算时的各种金融风险，推动自贸区产品商贸的国际化进程。离岸贸易业态在打造自贸区功能性离岸中心的同时，还对自贸区整合国际金融机构、集聚融资渠道、打通国际商贸、筹集国际资本、大力发展离岸金融市场，增强人民币的国际地位，发展自贸区离岸金融中心具有重要作用。海南的洋浦在对其最终业态的定位就是离岸贸易。

离岸贸易业态的核心，一是价值链管理，二是贸易成本管理，连云港自贸片区的建设中，要通过采取国际通行的贸易规则实施物流链、供应链、价值链管理，大力发展离岸贸易业态。通过离岸贸易，物流可以不到连云港，但资金流、信息流却可以在连云港实施。还要通过成本管理，以接轨国际通行贸易规则为目标推动制度创新，降低制度性交易成本，包括物流成本、资金成本、税收成本等运营成本，为离岸贸易试验创造条件。离岸贸易由于两头在外，应进一步强化"一线放开"，通过先进的数字化管理系统实现对于贸易数据的实时监控。要强化实施差别化探索，简化通关程序，提高通关便利，形成适应转口贸易、离岸贸易、服务贸易发展的制度安排。

在发展离岸贸易时，要加大对于离岸贸易的金融服务支持力度，在自贸区内"支持依法依规设立中外合资银行、民营银行、保险、证券、公募基金、持牌资产管理机构等法人金融机构。支持设立保险资产管理公司。支持发展离岸保险业务。"还可在自贸区内对金融业务采用服务外包的方式，把握好实施的重点，注重自贸区服务水平的提高，建立完善的在岸和离岸金融服务制度，保证金融服务的有效开展，推进服务外包在金融服务中的快速发展。

当然，发展离岸贸易，也要根据金融服务的类型制定相关的离岸贸易监督，使离岸贸易的金融服务可以有效进行，保障离岸贸易的稳定，避免走开曼群岛避税式的离岸贸易，要"加强对重大风险的识别和系统性金融风险的防范。强化反洗钱、反恐怖融资、反逃税工作。"走出一条规则重建和制度创新之路。

四、文创产业业态

文创产业是正在迅速崛起的绿色朝阳产业，广播影视、动漫、音像、视觉艺术、表演艺术、工艺与设计、雕塑、广告装潢、服装设计、软件和计算机服务等文创产品已经成为满足社会各界文化需要和广大民众精神需求的新兴业态，不仅具有突出的人文亮点，还具有重要经济动能。

文创产业业态主要体现在文化服务和文化产品上，是对传统文化、传统文化产业的重大突破，居于各类产业的高端位置。文创产业业态是从互联网和数字媒体技术中引申而来的，具体形态包含新媒体和新兴行业的出现、新技术对传统文化的改造和传统文化融入网络化后的新模式等。从全局来看，文创产业业态提升了各产业的整体素质，又扩大了平台经济的综合文化水平和创新能力。

从国内自贸区建设的实践过程看，各自贸区对文化领域的开发越来越重视。同样，连云港自贸片区的设立，也为自贸区的演艺产业、文化产业、旅游产业、文博产业、民创产业和动漫产业等文化产业发展拓展了空间。在连云港自贸片区的建设发展中，文创传播必不可少，文创贸易、文化产业将成为支撑自贸区发展的重要载体。"促进文物及文化艺术品在自贸试验区内的综合保税区存储、展示等。"集聚整合连博会、农洽会、国际医药技术大会、文博会等展会资源，提升规模、层次。

人工智能、大数据等数字科技在文创领域的结合，促进全新的数字文创业态悄然形成。一方面，数字技术融到原有文创业态中，进而形成新的数字文创业态，比如数字文化旅游、数字动漫、数字游戏、数字影视、新媒体等；另一方面，基于数字技术形成全新的文创业态，比如虚拟现实。在连云港自贸片区文创产业发展中，以促使数字化技术和网络化技术在新常态经济环境中更好的运行，促使信息技术同文化产业相互发展，连云港是孙悟空的老家，利用三维特效真实呈现神话小说《西游记》精髓，结合史料研究创造性还原花果山的生态系统，在虚拟现实中再现《西游记》场景，带动连云港数字文化旅游的整体前行，促进自贸区平台经济实力提升；要把科技元素融入传统文化产业中，促进新兴文创产业的发展；要推进新兴文创产业在电脑、手机和电视的三网融合，使连云港自贸片区的文创产业具有科学性和前沿性；要以文创带动科技创新，使连云港自贸片区企业增长核心竞争力；要在连云港自贸片区建立区域化文创产业集群，实现文创产业的集中集聚发展。

作者古龙高系江苏省社会科学院沿海沿桥发展研究中心副主任、二级研究员，古璇系江苏海洋大学博士、副教授，赵巍系江苏海洋大学期刊社副社长、博士、研究员；本文获连云港市第十五届哲学社会科学优秀成果奖一等奖。

连云港自贸区发展总部经济研究[①]
——加快连云港自贸区建设系列研究之四

古龙高　古　璇　赵　巍

总部经济是指某区域由于特有的区位优势吸引企业，特别是国际化经营的企业将其总部在该区域集群布局，而将生产制造基地布局在具有比较优势的其他地区，从而使企业的价值链与区域资源实现最优空间耦合，以及由此对该区域经济发展产生重要影响的一种经济形态。我国自贸区已经成为企业总部集聚的地区，江苏自贸区提出："进一步完善总部经济促进政策，打造总部经济群。"连云港自贸片区建设在发展总部经济方面要有重大突破。

一、抓住总部经济发展新机遇

自由贸易区作为开放层次和自由度较高的特殊区域，在投资、贸易、金融方面具有更大的制度空间。连云港自贸片区的获批，更高的自由度和自主性给连云港发展总部经济带来了历史新机遇。

（一）投资领域进一步开放的机遇

自贸区的建设降低了资本的市场准入门槛，改变了现有准入审批的投资管理体制，从而吸引外资进入现有的优势制造产业及航运物流、电子商务、高新技术、财务咨询、法律等服务行业，推动产业结构优化升级和服务行业发展，进一步促进总部经济的发展。同时，自贸区的建设还将进一步打开企业对外投资通道，允许企业，特别是连云港的企业以连云港为总部进行扩张，实现市场开拓和资本并购等投资活动。

[①] 本文为连云港市社科基金重点项目《将江苏自贸区连云港片区建设成为"一带一路"国家（地区）交流合作平台的内涵与路径研究》阶段成果。

（二）贸易发展方式优化转型的机遇

连云港保税区目前定位于对外贸易、转口贸易、仓储运输业务及金融、保险、期货、商品展销等服务业务。自贸区的建设可协助连云港将对外贸易、转口贸易、仓储运输等业务作为贸易转型的方向，简化对外贸易操作手续，促进对外双向贸易的发展。

（三）金融领域进一步开放创新

自贸区的建设，一方面通过推动金融利率市场和人民币资本项目的兑换，特别是开展对台贸易人民币结算业务，引入国外金融机构和金融市场，加速资本市场发展和资金流动。另一方面，通过创新现有的总部跨境资金流动流程，突破现有总部外币资金池和跨境人民币双向资金池的限制，降低总部企业的资金交易和运营成本，使连云港成为企业地区资金总部和结算总部。

（四）政府职能转变和法律保障完善的机遇

自贸区建设将政府由规则执行者的角色转变为规则制定者和保障者的角色，政府致力于提供公正的市场约束机制、有效的公共服务以及高效的行政服务，创造良好的政治环境和法律监管环境，有助于进一步吸引企业总部的入驻，推动连云港总部经济发展。

（五）地区整体优势进一步提升的机遇

自贸区建设的本质是将该区域建设成为跨国生产要素流动的枢纽节点，从而更好进行资源优化配置。连云港自贸区建设将从基础设施构建开始，营造良好的制度环境，集聚发展各种专业化现代服务业体系，吸引高层次高素质人才，有效提升区地优势。而这些都是总部经济发展的必要要素，可以说自贸区建设给总部经济发展奠定了新条件。

二、探索总部经济发展新思路

在发展过程中，连云港总部经济应契合区域特点，探索特色、错位发展路径。

（一）在服务"一带一路"共建国家（地区）中发展总部经济

连云港作为"一带一路"战略倡议，具有与总部经济发展相关的区位优势、接近目标市场和客户等客观因素。自贸区的建设将凸显连云港在"一带一路"新亚欧大陆桥经济走廊中的核心作用，有利于加强连云港对外经济贸易、物流、金融、投资等方面的交流合作，提高生产要素的流动和配置效率，促进总部经济的发展。

在自贸区的背景下，连云港发展总部经济，要突出"一带一路"沿线重点国家地区。以东亚、东盟成员国及台湾、香港地区为主。如做好与台资的合作，利用石化、农业等双边产业优势和直航优势，争取台湾在连云港设立工业研发、制造总部和市场总部，农产品市场总部和物流总部，服务业运营总部和资金总部等。探索与"一带一路"共建国家开展贸易供应链安全与便利化合作，推进自贸试验区内企业以自建、收购、股权合作等多种方式在"一带一路"共建国家建立境外营销、物流、结算等区域性运营总部。

（二）在推进自贸区产业优化升级中发展总部经济

强化与优势产业的合作。连云港的优势产业，应包括在经济发展过程中已经形成了的新医药、新材料、新能源、装备制造等产业，自贸片区刚出台的文件确立的总部经济中重点发展的先进制造业与建筑业、现代服务业，自贸区建设中省委省政府重点支持连云港建设的投资100亿元的"一带一路"超大规模物流大数据中心等项目。这些优势产业在发展过程中正面临着汇率变动、市场开拓、技术创新和产品升级、产业链整合、产业转移、关税调整和退税、原材料采购等方面的难题。自贸区的建设既要引导优势产业进行产业转移，将生产制造环节迁移至劳动力资源丰富、制造成本更低的地区，又要鼓励现有优势产业以连云港为跳板，在自贸区中设立投资总部，通过发展总部经济尝试进行产业链相关的国际收购和投资，特别是对产业链上游的研发、设计、原材料生产及下游的销售网络的投资收购，实现产业的优化升级。

强化与跨境电商等平台载体的合作。通过10亿元跨境电商项目的实施吸引跨境电商平台业务分支机构入驻的方式，或在跨境电商平台开设专门区域进行业务推广。围绕跨境电商平台的运作规则联合平台对入驻企业进行培训，通过以点带面、以新带旧的方式带动跨境电商业务的发展，力争尽快形成规模，打造跨境电子商务企业总部。积极争取重大开放平台税收优惠政策，吸引互联网平台公司入驻，为企业提供一站式服务，打造集贸易、物流、结算等功能于一体的服务平台。培育具有龙头引领作用的电商品牌企业和企业总部。

强化与离岸贸易等新型贸易业态的结合。通过总部集聚，增强连云港自贸片区基于全球产业价值链集成的功能定位及发展模式，形成一个集先进制造和研发、离岸贸易以及离岸金融配套的贸易体系，通过总部经济进一步集聚优势资源，促进产业升级。吸引国外航运企业入驻，以航运交易、船舶租赁、航运信息咨询等服务领域为突破口，优先发展航运总部经济、航运金融、船舶交易、临港大宗商品交易、航运信息、海事法律、邮轮经济和滨海休闲旅游等产业。同时，在中国新一轮改革开放过程中，连云港要力争成为参与"一带一路"贸易资源分配的重要战略支点，在国"一带一路"共建国家（地区）经贸合作新秩序建立中扩大话语权，掌握更强大的主动权。

强化与农业对外合作试验区等开放形态的合作。连云港市是农业农村部批准的全国首批10个（江苏省）唯一的农业对外合作试验区之一，要将农业对外合作试验区与自贸区建设结合起来，发展农业总部经济。将农业产业相关企业的设计、研发、营销、品牌、物流、金融等总部活动在自贸区集中配置，培育一种更高级的农业产业化业态，增强集聚和强带动效应。

（三）在助力江苏"一带一路"交汇点建设中发展总部经济。

江苏自贸区的定位之一为"亚欧重要国际交通枢纽、集聚优质要素的开放门户、'一带一路'沿线国家（地区）交流合作平台。"连云港作为"一带一路"战略倡议，是这一定位的具体承担城市。连云港与"一带一路"国家地区存有深远的血缘和亲缘关系，自贸片区建设为连云港总部经济明确了新的发展目标，注入新的发展动力，要加快"一带一路"大数据中心、"一带一路"供应链物流基地建设，在助力江苏"一带一路"交汇点建设中发展总部经济。

三、优化总部经济发展新举措

（一）明确发展方向

重点行业。总部经济发展的驱动要素包括投资架构优化驱动、经营功能转型与完善驱动及开拓投资新机遇的驱动等。要充分把握自贸区建设的契机，围绕区域特有的资源禀赋和特色产业集群及区位、开放等方面的优势，增强产业特色，以特色产业集聚地的优势打造提升连云港对总部的吸引力。

重点类型。积极引进世界500强、中国500强和民企100强，吸引跨国公司、大企业、大集团设立区域性总部。吸引国内优秀企业设立全国性综合总部。打造一批符合连云港特色定位的职能性总部，如围绕门户、枢纽、平台定位，吸引贸易、物流等商贸会展总部、制造业总部及投资、票据、结算等金融总部。

重点区域。合理确定总部经济的产业布局，以自贸区为依托，以形成总部集聚区为目标打造总部聚集区：以连云区区块为依托，重点培育打造金融业、现代服务业总部核心区；以开发区区块为依托重点打造先进制造业、高新技术产业总部板块；以港口区块为依托，重点培育现代物流业、文化创意产业总部板块，发展文化旅游业总部经济，促进连云港山海神幽的自然风光和悠久历史文化资源的整合优化。

（二）注入发展动力

引导连云港企业价值链在"一带一路"共建国家（地区）的布局调整，促进总部、制造、市场等功能的分离，引进来与走出去相结合，为总部经济全面发展注入新动力。在"一带一路"国家（地区）经贸合作中扮演"先行先试"的角色，在投资项目、境外融资、离岸金融等方面进行积极探索，为企业总部运营奠定基础。在发展总部经济发展中，要在现有投资贸易平台的基础上，着力构建专利和品牌交易平台，为传统产业构建信息前导平台；尝试放开自贸区企业境外投资和境外融资的限制；发挥中欧班列优势，不断提升国际贸易和国际物流效率。

（三）夯实发展基础

优化发展环境。总部经济能否持续健康发展，关键因素包括政府政策透明度、行政能力和服务水平，这些都对现在政府的行政管理能力提出更高的要求。要坚持服务为本，优化总部经济发展软环境。可借鉴韩国在发展自贸区中采取的措施，如针对企业高管个人所得税的减免，在土地出让金方面的优惠，允许开设面向外籍人士的学校、医院和药店并在财政上给予支持，解除或减少有关限制，为总部入驻的企业在投资、运营和员工生活方面创造更好的条件，从而更好地服务于自贸区下的总部企业。

激发要素活力。加强对本地高端人才的培育力度，大力引进和充分利用国际国内优秀人才，提升人才流动的便捷化程度。针对总部经济发展所需制定专项的总部人才支持政策，为总部发展所急需的高级管理人才和专门技术人才提供落户、住房、子女就学、医疗、交通等方面的高质量保障。为外资总部的人才需求提供保障，在人才出入境、在华居住及生活等方面提供高效服务，营造开放包容的多元区域文化，激发外资总部人才的创新活力。

作者古龙高系江苏省社会科学院沿海沿桥发展研究中心副主任、二级研究员，古璇系江苏海洋大学博士、副教授，赵巍系江苏海洋大学期刊社副社长、博士、研究员；本文获连云港市第十五届哲学社会科学优秀成果奖一等奖。

连云港自贸片区制度创新的重点与路径研究[①]
——加快连云港自贸片区建设系列研究之五

古龙高　古　璇　赵　巍

制度创新并"做好可复制可推广经验总结推广",是自贸区建设的规定动作和共性要求,连云港自贸片区的制度创新要遵循规律,突出特色,做好自选动作,走出新路

一、上海自贸区的实践对连云港自贸片区制度创新的借鉴

上海自贸区设立以来制度创新的实践为连云港自贸片区制度创新上提供借鉴。

（一）自贸区制度创新要对标国际最高标准加大压力测试力度

上海自贸区运行7年来,没有出现重大的风险事件,但存在风险压力测试力度不够的情况。一是部分制度创新与市场需求存在脱节。二是个别主管部门在制度落地时执行偏严,企业参与试点的主动性不够。三是上海自贸试验区在基本建立与国际通行做法一致的投资、贸易、金融等制度体系,并复制推广到全国后,制度创新进入了平台期,目前推出的大部分改革举措,主要还是已推出的基础性制度创新的配套措施。

（二）自贸区制度创新要加大对功能培育的直接推动力度

总体上,上海自贸试验区的产业活跃度高于区外,对各类创新企业的吸引力较大,但是还没有形成明显的新产业、新业态、新模式的集聚态势,对产业新功能的直接推动作用不够明显；上海自贸区内制度创新受外部环境变化影响比较大,稳定性不够；一些制度创新的配套政策体系不完善,与制度

[①] 本文为连云港市社科基金重点项目《将江苏自贸区连云港片区建设成为"一带一路"国家（地区）交流合作平台的内涵与路径研究》阶段成果。

创新相关的业务无法开展，如放开了国际船舶运输业务的外资股比限制，但是没有相应的税收配套政策；放开了外资船舶管理业务，但不允许外资管理中资船舶，等。

（三）自贸区制度创新要增强市场主体对制度创新的获得力度

许多企业对上海自贸区推出的部分制度创新存在"无感"的情况，即市场主体对制度创新的获得感不强：聚焦基础性制度创新多，涉及与企业直接利益关联的税收等政策少，与企业关系不太密切，单个企业直接利用自贸区特色制度开展业务的少；有些制度创新的设计初衷与实施方案差距明显，与国际通行做法差异大，如国际船舶登记制度，虽然交通运输部出台了相关的办法，但是不涉及国际通行的税收、监管等内容，缺乏国际竞争力；一些涉及调整上位法的制度创新，从发布到落地的周期偏长，导致错过了市场窗口期，等。

二、连云港自贸片区制度创新的重点

借鉴先行经验，连云港自贸片区制度创新体系的设计上要坚持问题导向，以五个"自由"为重点，打造制度创新新标杆。

（一）推进促进投资自由化制度创新

全面推行"互联网+政务服务"模式，深化"不见面审批（服务）"，细化和落实外商投资准入前国民待遇加负面清单管理制度，探索试行商事主体登记确认制，尊重市场主体民事权利，对申请人提交的文件实行形式审查。争取在科研、技术服务、教育、卫生、证券等重点领域加大对外开放力度，借鉴国际上自由贸易园区的通行做法，实施外商投资安全审查制度，放宽注册资本、投资方式等限制，促进各类市场主体公平竞争。

（二）推进促进贸易自由化制度创新

在自贸片区发展具有国际竞争力的重点产业，根据企业的业务特点，争取海关总署支持积极探索相适应的海关监管制度。推进服务贸易自由化，加快文化服务、技术产品、信息通信、医疗健康等资本技术密集型服务贸易发展，打造以数字化贸易为标志的新型服务贸易中心。创新跨境电商服务模式，鼓励跨境电商企业在自贸片区内建立国际配送平台。

在自贸片区设立核心区进口农产品、食品体验店及直销中心，打造品牌展示中心，加快推进连云港农业对外开放合作试验区建设。争取在自贸片区内设立物理围网区域，以中哈物流园区等作为对标国际公认、竞争力最强自由贸易园区的重要载体，在全面实施综合保税区政策的基础上，取消不必要的贸易监管、许可和程序要求，实施更高水平的贸易自由化便利化政策和制度。

（三）推进促进资金自由化制度创新

支持符合条件的境外投资者依法设立中外合资银行、民营银行、保险、证券、公募基金、持牌资产管理机构等法人金融机构，保障中外资金融机构依法平等经营。探索投融资汇兑便利化，研究开展离岸保险业务。经国家金融管理部门授权，运用科技手段提升金融服务水平和监管能力，建立统一高效的金融管理体制机制，切实防范金融风险。

（四）推进促进国际运输自由化制度创新

提升拓展港口口岸功能，建立完善国际邮件互换局（交换站）、国际快件监管中心、汽车整车进口口岸、首次进口药品和生物制品口岸功能，开展对国际船舶登记、国际航权开放等方面的探索，提高对国际航线、货物资源的集聚和配置能力。以海港、空港与陆港为依托建设铁路集装箱中心站，推动海运、空运、铁路运输信息共享，提高多式联运的运行效率。

（五）推进促进自由便利的人员管理制度创新（将有专题研究）

三、连云港自贸片区制度创新的对策

依据新制度经济学理论，连云港自贸片区制度创新既要渐进性，防范出现重大失误；又要同时应重视正式制度和非正式制度的同步创新，增强系统性。

（一）连云港自贸片区制度创新要形成系统集成

与多种国家战略集成。连云港四大国家战略叠加，其中，四大国家战略赋予连云港机制体制创新的政策，这是连云港发展最大的红利。但连云港目前国家战略赋予的政策落实空间还很大，通过内生制度变迁的集聚和扩散效应，逐步向周边地区扩散和传导，促使周边地区结合自身的实际发展情况，进行相应的改革和调整，进而形成累积制度创新机制，获取相应的制度变迁

的潜在利益。

法律法规自身的集成。法律法规的滞后性是导致上海自贸区深化改革驱动力不足的重要原因，连云港自贸片区要结合自身特色，加快与自贸区改革相关的法律法规体系建设，及时提请修订现存不合时宜的法规；加快地方立法支持创新，争取中央部委、省政府放权；对于自贸区深化改革中所带来的新问题，要健全完善法规予以支持。

中央地方合力的集成。由于制度创新是需要在实践中完善或验证的事项，事前难有定论，因此需要多部门的合作协调，难度很大。有些改革涉及国家、省级事权，国家及省级部门的意见非常重要，尽管这些部门一定会大力支持连云港自贸片区的改革，但也会存在相互之间意见不一致的时候，需要我们以高度负责精神，做好部门间协调协同工作，避免应人为导致自贸区制度创新推进滞后。

（二）连云港自贸片区制度创新要以人为本

增强自贸区在对外开放中的压力测试作用。要将连云港自贸片区建设成为五个"自由"的特殊经济功能区，制度创新中要增强承担开放压力测试的心理准备。

另外，自贸区制度创新的专业性较强，风险较大，需要有足够的承担较大责任的心理准备。自贸区深化改革是破旧立新的过程，要完善落实容错纠错机制，对于突破旧制度带来的新问题要予以包容，有利于改革者在实践中大胆探索，也有尽快建立容错正面清单与纠错对策清单，使创新有据可依，有章可循。

建立激励机制。突破现行普通公务员的工资薪水标准，结合自贸区的工作性质及工作强度，科学设计工作人员的薪酬制度，以激发自贸区工作人员主动参与制度创新的积极性。

（三）自贸区制度创新对功能培育的直接推动作用

既要争取进一步扩大开放，更要在市场准入及准入后的实践中联动改革，解决"准入不准营""准入不能营"等问题。

大陆桥国际航运中心建设中，要在合理的港口收费制度、便捷高效的海关监管制度、竞争力的税收体制、宽松可控的金融监管体系、灵活的制度管理机构、规范完善的法律政策制度等方面实现突破性创新，最终在连云港形成一个真正意义上具有自贸港区功能的"境内关外"特殊监管区域，能够带动连云港区域性国际航运中心建设的突破。

　　对于生物医药、人工智能、大数据等自贸片区重点发展产业，应在金融、税收、信息、人才管理等方面实行差别政策，更好接轨国际市场，对标国际先行地区，通过系统集成的制度创新，提高这些重点产业的国际竞争力。

　　对于推动"一带一路"交汇点建设中的制度创新，要以新亚欧大陆桥国际运输通道为重点，完善自贸试验区与"一带一路"沿线各国海关、检验检疫、标准认证部门和机构之间的通关合作机制，开展货物通关、贸易统计、"经认证的经营者"互认、检验检测认证等方面合作，逐步实现信息互换、监管互认、执法互助。推进以自贸试验区为依托建设与中亚、东亚等国际经贸、产业、人文合作平台。探索共同出资、共同受益的资本运作模式，争取在自贸试验区建立市场化的合作基金，为基础设施建设、投资贸易和产业发展提供资金支持。加强自贸试验区与"一带一路"共建国家的高校联合培养和交流合作，加快培养适合多双边贸易投资的各方面人才。

　　企业是发展的主体，为企业创造更好的营商环境，是推进自贸区建设的重中之重。在自贸区制度创新中，还要以"服务企业"为核心，以问题和需求为导向，提高企业的参与度，根据企业诉求，坚持问题导向，找到问题需求和监管部门风险防控的结合点，有针对性制度创新。

　　作者古龙高系江苏省社会科学院沿海沿桥发展研究中心副主任、二级研究员，古璇系江苏海洋大学博士、副教授，赵巍系江苏海洋大学期刊社副社长、博士、研究员；本文获连云港市第十五届哲学社会科学优秀成果奖一等奖。

加快自贸片区人才队伍建设研究[①]

——加快连云港自贸片区系列研究之六

古龙高　古　璇　赵　巍

加快连云港自贸片区建设发展，强大的人才支持是基础，人才优先发展是关键。从世界各地自由港、自贸区实践来看，自贸试验区建设需求的人才，国际化、复合型是最重要的特质。能否拥有和保持一支规模宏大的高素质的人才队伍，直接关系连云港自贸片区建设发展。

一、人才队伍建设决定自贸区建设成败

人才支撑体系建设是加快自贸片区建设的根本保障。连云港自贸片区的设立标志着连云港"一带一路"倡议支点建设正朝着纵深的、实质性方向发展。连云港自贸片区建设对人才提出了特殊要求，自贸区的创新发展，人才引领是关键。与苏州、南京片区相比，连云港片区人才高层次人才总量不足、国际化程度不高的特点较为明显，不能适应自贸试验区建设需要。人才支撑体系的构建对于保障连云港自贸片区建设发展具有重大意义。

人才支撑体系建设是提升连云港自贸片区竞争力的核心问题。自贸区建设发展的竞争就是人才发展的竞争，目前，各自贸区正纷纷制定各种优惠政策引进和培养人才，展开激烈的人才争夺战。保持对优秀人才的强大吸引力，保持在人力资源问题上的竞争力优势是保持持续发展、提升整个自贸片区竞争力的核心问题。要尽快建立有效的人才支撑体系，加强人才的开发力度，提升现有人才的素质，扩大人才的数量，优化人才的配置，促进人才的合理流动，充分发挥人才在自贸片区中的核心作用，提升连云港自贸片区的竞争力。

[①] 本文为江苏省人社厅2020年地方合作重点课题《构建保障连云港自贸片区建设人才支撑体系研究》、连云港市社科基金重点项目《将江苏自贸区连云港片区建设成为"一带一路"国家（地区）交流合作平台的内涵与路径研究》阶段成果。

目前连云港市人才现状与将自贸区建设成为"亚欧重要国际交通枢纽、集聚优质要素的开放门户、'一带一路'共建国家（地区）交流合作平台"的定位尚有较大差距。鉴于此，以"人才先导"理论为指导，研究连云港自贸片区建设发展与人才发展问题，提出构建连云港自贸片区建设发展人才支撑体系的战略构想和发展路径是当务之急。通过人才支撑体系建设，在人才的总量、素质与结构方面适应国家对连云港自贸片区设定的战略目标的要求；通过构建机制健全、运行规范、客户化服务的人才市场体系，使市场机制对人力资源要素的整合与配置发挥决定性作用，保证各类人才能够自由、有序而合理的流动，建立健全完善的人才增量提高、存量提升机制。

二、自贸区人才建设重点

连云港自贸片区人才建设，要遵循"人地互适性"和"效用最大化"原则，紧紧以"自由便利"的人员管理为中心。

（一）遵循人才成长规律，建立以"自由便利的人员管理"为目标的人才与技术相互支撑体系

在建立人才与技术相互支撑体系方面，天津自贸区做了积极尝试，如在机场片区设立的四支产业母基金中，不仅有高端制造业引导基金、现代服务业引导基金、科技创新产业引导基金，而且还有规模为2亿元的产业人才发展引导基金，并出台了落实四个基金的配套措施。因此，在连云港自贸片区建设中，不仅要放宽现代服务业高端人才从业限制，在人员出入境、外籍人才永久居留等方面实施更加开放便利的政策措施；探索在法医毒物司法鉴定、环境损害司法鉴定等技术含量高的领域开展和加强技术合作；除涉及国家主权、安全外，允许境外人士在连云港自贸片区内申请参加我国相关职业资格考试，还应加强产业人才发展引导基金建设。在前不久刚出台的"中国（江苏）自由贸易试验区连云港片区产业发展资金管理办法"中，已经将高层次人才引进列入产业发展资金范畴，也制定了引进高层次人才的若干政策，但在力度、保障措施方面还有很大提升空间。

（二）坚持鼓励创新、注重业绩原则，构建有效的人才激励和保障体系

创新符合国际规则与惯例的人才评价体系与薪酬定价机制。在人才考核、评价与薪酬制定上，自贸区要研究国际人才流动规律，制定出符合国际惯例并具有竞争力的薪酬定价机制，营造开放、自由、利于创新与协作的氛围，

为海内外高层次人才提供具有吸引力和向心力的政策环境和激励机制，如"探索自贸试验区内上市公司外资股东直接参与上市公司配售增发业务，支持外籍员工直接参与境内上市公司股权激励计划。"

（三）坚持突出重点、立足长远原则，构建具有集聚效应的人才引进体系

遵循人才流动规律，构建以市场发展为导向的区域人才流动配置体系遵循人才竞争规律，构建有利于人才吸引聚集的管理服务体系。"开辟外国人才绿色通道，探索开展职业资格国际互认，探索放宽自贸试验区聘雇高层次和急需紧缺外籍专业人才条件限制。"要建立外国人在连云港自贸片区内工作许可制度和人才签证制度。允许具有境外职业资格的金融、建筑、规划、设计等领域符合条件的专业人才经备案后，在连云港自贸片区内提供服务，其在境外的从业经历可视同国内从业经历。允许外籍及港澳台地区技术技能人员按规定在自贸试验区工作。为到连云港自贸片区内从事商务、交流、访问等经贸活动的外国人提供更加便利的签证和停居留政策措施。制定和完善海外人才引进政策和管理办法，给予科研创新领军人才及团队等海外高层次人才办理工作许可、永久或长期居留手续"绿色通道"。探索实施外籍人员配额管理制度，为连云港自贸片区内注册企业急需的外国人才提供更加便利的服务。

（四）坚持效率优先原则，构建高效的人才市场配置体系

统一内外资人才中介机构投资者资质要求，由自贸试验区管理机构负责审批，报省级人力资源社会保障部门备案。建立自贸区人才服务联动机制。涉及高层次人才引进方面的政策措施，要联合或整合公安、社保、税务、卫生、教育等部门，构建涵盖人才引进和服务各个环节的服务平台，推行"马上办""一站式"的办事机制，为人才提供专业化、全方位的服务。遵循人才供求规律，构建人才与资本深度契合的金融保障体系，支持完善人才跨境金融服务。开展外国高端人才服务"一卡通"试点，建立住房、子女入学、就医社保服务通道。

三、自贸片区人才队伍建设路径

（一）以产业为对接平台走特色之路

人才队伍建设与地区产业息息相关，什么样的产业吸引什么类型的人，也会培养这一类型人才发展，同时人才也反过来促进产业的发展，而这些人

才集聚背后就是大量交易、信息、资金的往来。自贸区建设必定带来一大批重大发展项目。从对将连云港片区建设"亚欧重要国际交通枢纽、集聚优质要素的开放门户、'一带一路'沿线国家（地区）交流合作平台"的要求看，建设区域性国际航运中心迫在眉睫，但高级航海技术人才、高级经营管理人才、船舶管理专业人才、船舶修造和港口机械制造专业人才、国际化海事教育与培训人才、船舶检验、验船师、海事安全与海事技术服务人才、国际航运经纪人、国际航运金融人才、国际海事法律和仲裁人才、国际航运保险人才、航运咨询与研究人才等都是最为紧缺的关键人才。

（二）以打造"人才特区"为载体走改革之路

自贸片区要成为人才制度改革的高地。通过系统集成的改革，将连云港自贸片区建设成为开放程度高、聚集能力强、体制机制活的"人才特区"。围绕人才"来得了、留得住、干得好"探索国际人才管理改革。按照"来得了"要求，开辟外国人才进入连云港的绿色通道，探索建立与国际接轨的全球人才招聘、服务管理制度，完善外国人来华工作许可制度，按照"留得住"要求，建设全链条全方位人才服务体系，做好进入连云港高端人才服务，开展外国高端人才服务"一卡通"试点，建立住房、子女入学、就医社保服务通道。为在自贸试验区工作和创业的外国人提供入出境、居留和永久居留便利。保障外籍及港澳台地区技术技能人员按规定在自贸试验区工作的各项配套服务。支持完善人才跨境金融服务。创新国有建设用地开发利用及监管模式。吸引国际一流人才培训机构入驻，合作建立各类型专业人才培养基地。按照"用得好"要求，健全人才创新创业和人才使用政策，开展高端人才服务"一卡通"试点，为国（境）外人才来自贸区创业就业提供政策便利。为在自贸试验区工作和创业的外国人提供入出境、居留和永久居留便利。探索开展职业资格国际互认，探索放宽自贸试验区聘雇高层次和急需紧缺外籍专业人才条件限制。

（三）以制定落实高层次人才行动计划走求实之路

制定出台政策文件。自贸区人才问题既是自贸区建设的战略问题，又体现在出台的具体政策措施中。适应自贸区建设要求，尽快推出一套切实科学的、真正能选拔出优秀人才并激励优秀人才发挥自身价值的人才政策文件，如支持连云港自贸片区人才发展的人才综合政策，聚集航运人才实施办法等专项人才政策，并配套出台相应的实施细则，以保障文件的有效落实。补齐人才资源短板与补齐政策落地难短板平行推进。发放连云港市高层次人才服务绿卡，在出入境和居留、住房、子女入学、医疗保健、社会保险、交通、旅游、健身、工商、税务、科研等方面，提供人才创新创业、生活乐业服务绿色通道优待政策。将自贸区建设人才需求纳入到紧缺急需人才引进指导目录中，制定出台自贸区连云港片区引进高层次人才行动计划（2020-2025）。

同时，加快规划建设国际社区、学校、医院等适应国际人才需求的公共服务体系，完善各类基础服务设施，为集聚国际人才提供一流服务，提高自贸片区高层次人才承载力和吸纳能力。

作者古龙高系江苏省社会科学院沿海沿桥发展研究中心副主任、二级研究员，古璇系江苏海洋大学博士、副教授，赵巍系江苏海洋大学期刊社副社长、博士、研究员；本文获连云港市第十五届哲学社会科学优秀成果奖一等奖。

以大陆桥国际航运中心建设带动连云港自贸片区链式发展[①]
——加快连云港自贸片区建设系列研究之七

古龙高 古 璇 赵 巍

连云港自贸片区"开放门户、交通枢纽、交流合作平台"的定位是一个内容相互依存的链式结构整体,国际航运中心是内容涵盖上述三个功能要素功能性的综合概念,要以大陆桥国际航运中心建设为抓手带动连云港自贸片区链式发展。

一、大陆桥国际航运中心是连云港自贸区链式发展不可替代的载体

在连云港自贸片区建设中,建设区域性国际航运中心势在必行,我们将连云港区域性国际航运中心称为大陆桥国际航运中心。

建设大陆桥国际航运中心是连云港自贸片区建设的必然选择。世界经济及中国沿海自贸区发展的实践表明,国际航运中心位于自贸片区链条的核心环节。国际航运中心不仅直接参与国际资源优化配置,还通过航运带动港务管理、货运代理、商业贸易、金融保险和服务贸易业等相应发展,进而进一步带动区域性金融中心、贸易中心以及经济中心地位的形成与确立,对自贸区建设起着牵一发而动全身的作用。天津自贸区正重点将滨海片区打造为北方国际航运中心,福建自贸区将厦门打造为突出对台特色的东南国际航运中心,其他沿海自贸区无不是这样。

"交通枢纽"定位从"一带一路"视角对自贸区提出诉求,"开放门户"从区域定位视角对自贸片区建设提出诉求,"交流合作平台"从功能视角对自贸片区建设提出诉求,但三个诉求的共同载体都是港口,大陆桥国际航运中心是有效整合港口资源、集聚自贸片区建设核心资源的有效载体:通过港口

---

① 本文为连云港市社科基金重点项目《将江苏自贸区连云港片区建设成为"一带一路"国家(地区)交流合作平台的内涵与路径研究》阶段成果。

多式联运，将不同的运输方式紧密地连接在一起；通过港口现代物流业，将港口航运业与制造业、贸易商紧密地联系在一起；通过航运服务业将港口与整个城市的服务功能紧密地联系在一起。

国际航运中心的构建主要包括港口装卸、贸易物流、航运市场三方面基本功能要素，形成有机联系和整体的链条，相互作用；三个功能要素也构成航运中心完整的产业链、价值链。按照上述要求对标连云港自贸区，目前港口装卸产业链条形成，并具有显著的区域特色，但处于航运中心价值链的低端；港口物流链也基本形成，但缺少核心要素和载体；港口航运产业缺链，也缺席高端价值链，难以带动港口城市国际贸易、金融、经济中心的发展。在未来以港口为依托的自贸片区之间的竞争中，航运中心的能级将可能成为决定竞争成败的关键。

二、完善港口功能，实现物流产业链、价值链的率先突破

江苏自贸区总体方案进一步强化了连云港口岸功能，优化了物流业的产业链、价值链。

江苏自贸区总体方案赋予连云港汽车整车进口口岸功能，提出"支持自贸试验区的汽车整车进口口岸建设"整车进口口岸将形成连云港带来汽车运营产业链，一是要配套设立进口汽车整车专用检验线；二是汽车整车指定口岸运营后，将吸引国际汽车产业巨头在连云港设立苏北、淮海经济区、大陆桥沿线中西部地区乃至大陆桥沿线国家地区进口车分拨中心，逐步实现进口整车零配件本地化生产，推动连云港汽车产业链全面发展。

江苏自贸区总体方案赋予连云港铁路对外开放口岸功能，"授予自贸试验区铁路对外开放口岸资质。"同时提出"支持规划建设铁路集装箱中心站。"将形成铁路保税物流产业链。铁路对外开放口岸功能将打破进口产品只能依赖海港转关的现状，真正具备国际海陆空邮物流集散中心的功能，铁路口岸对外开放+汽车整车进口口岸功能，口岸功能更强大。要以连云港铁路集装箱中心站为主枢纽建设国际铁路港货运体系，推进铁路对外开放口岸资质，用好启用铁路退税政策；建设铁路海关、铁路集装箱中心站、铁路口岸、多式联运海关监管中心、保税物流中心（B型）、集装箱物流、公路港、分拨配送、冷链物流、电商物流、大宗物资仓配交易基地、综合服务等基础设施。形成包括枢纽场站功能、国际物流服务功能、多式联运功能、分拨配送功能、供应链集成服务中心、商贸物流中心、综合服务中心等功能在内的铁路物流枢纽。可依托"连新欧"为东部沿海带回欧洲制造，比空运更便宜，比海运

更快捷。

江苏自贸区总体方案赋予连云港首次进口药品和生物制品口岸功能："支持依法依规建设首次进口药品和生物制品口岸。"该功能将形成新的链条：第一，医药健康产业已经成为连云港最具特色、最具优势、最具潜力的高端产业，成了全国最大的对美制剂出口基地和全国重要的创新药、现代中药生产基地，在业界形成了"中国医药创新看江苏，江苏医药创新看连云港"的广泛共识，因此，依托现有产业基础优势，优先支持医药健康产业发展，全力打造"全国一流、世界知名"的中华药港。第二，引进更多医疗企业开拓此类业务，并结合连云港的医疗环境，打造符合自身环境的进口药品产业链；积极引进全球创新医药产品，在全国率先打造产业高地。第三，做好硬件基础设施配套，如有利于进口药品储存的恒温库等；另与各相关部门衔接，从运输、通关等环节下手，优化进口药品的运输流程、通关效率、分销渠道等，确保药品进口顺利，逐步形成进口药品的规模化和常态化。

江苏自贸区总体方案赋予连云港开展国际邮件交换口岸功能"支持国际邮件互换局（交换站）和国际快件监管中心建设。"国际邮件互换局是国际邮件的重要进出口通道，将形成港口、铁路、机场之外的第四种国际口岸，该功能还是服务跨境电子商务发展的重要平台，对满足市场需求、推动市场转型将发挥重要作用，对减少邮件流通环节、提升国际物流时效，跨境电商进出口通道将更加顺畅、壮大跨境电商产业、深化国际贸易综合改革都具有重要意义。不仅要加快推进投资2亿元的国际邮件互换局和国际快件监管中心项目建设，还要沟通与跨境电商业务的衔接。

江苏自贸区总体方案赋予连云港开展邮轮游艇口岸功能，"推动邮轮、游艇等旅游出行便利化。"通过国际邮轮旅游，发展海洋旅游、实现旅游业高端化，建设高品质旅游体验城市。

江苏自贸区总体方案批准设立大宗商品交易中心等涉及口岸开放功能性平台："建设大宗商品集散中心。""支持在海关特殊监管区域和保税监管场所设立大宗商品期货保税交割库，开展期货保税交割、仓单质押融资等业务。"交易中心兼顾现货、期货交易，为开展大宗商品网络单向竞价交易模式，联合协同大宗产品商家共同利用交易系统进行网上公开销售交易，实现跨区域交易交收，打造全国大宗商品现货交易网络平台、推动大宗商品国际交易向定价中心转型奠定了基础。要加快与国内外商品交易所的合作，探索大宗商品进口保税交易交收业务，为国内外广大投资者提供多样化的互联网+大宗商品线上线下于一体的交易平台，完善价格形成机制，健全大宗商品市场体系。

连云港已经是进口肉类指定口岸，可配套设立冷链查验和存储一体化设施；加强与农业对外开放合作试验区联动互建，打造进出口农产品加工及供应链物流基地，建成集交易结算、价格指数发布、咨询服务、冷链物流、科研会展于一体的国际远洋渔业交易中心，海产品综合性交易市场；建成跨境电商综合平台和监管中心，做大做强自贸试验区内企业跨境电商进出口业务，打造自贸区、综保区、上合园区跨境电商基地，形成线上线下联动的跨境电商格局，开通跨境电商专线班列，形成跨境电商业态的链式发展。

三、加速航运业发展，构建现代航运服务体系

按航运中心功能要求，现代航运服务体系是连云港大陆桥国际航运中心建设的弱项，需要补链。

江苏自贸区总体方案提出"推动将中欧班列（连云港）纳入中欧安全智能贸易航线试点计划"（简称"安智贸"计划），对推进现代航运体系建设具有积极意义。"安智贸"计划的启动，将为连云港企业搭建起一条欧洲贸易的绿色通道，一条安全便利的智能化国际贸易运输链。进入此项目的企业可提前报关，优先审单，优先办理货物查验和放行手续；降低进出口货物的查验率，并共同认可任何一方的查验结果，避免重复查验，缩短货物滞港时间；恐怖事件引起贸易链中断或当局加强港口管制情况时，最大限度地保证参与企业货物的快速通关。

补航运市场的链。开放航运市场，整合航运领域，加密远洋航线航班航次；大力推动发展船舶交易、船舶管理、航运经纪、航运咨询、航运金融等各类航运服务机构，拓展航运服务产业链。

补船舶集聚的链。吸引船级管理机构常驻，开展租船业务、散货船业务、船舶融资、航运保险等业务；国际船舶运输企业管理，国际航运税收、航运金融和租赁业务四项创新试点保险服务、航运信息服务。将外资经营国际船舶管理业务备案下放至江苏省。

补航运服务业的链。航运服务业既是国际航运中心建设中必不可少的重要环节，也是国际航运价值链中高附加值环节，是衡量国际航运中心发展水平的主要指标。充分借鉴国内外成功经验，积极构建现代航运服务体系，对连云港自贸试验区航运制度创新的重要性自不待言。要加强航运服务体系建设。发展航运经纪、航运法律、海事法律与仲裁、航运咨询与信息、等高端航运服务；国际航运中心建设中的离岸金融、航运金融租赁、期货保税交割、航运运价指数衍生品等方面要取得实质性突破和进展。引进国际航运服务总

部企业入驻自贸区，形成区域性国际航运服务品牌。还要健全海事服务、海事研究与交流、海事监管等功能要加强航运服务集聚区的建设。

四、争取建设大陆桥国际航运试验区

要争取国家批准在连云港设立国际航运试验区，借鉴发达国家（地区）航运支持政策"先行先试"，针对连云港自贸片区国际航运方面中的短板，实现航运税制、航运金融、船舶登记、海关监管等方面政策和制度创新，加快国际航运市场开放，促进大陆桥国际航运中心建设和发展。

作者古龙高系江苏省社会科学院沿海沿桥发展研究中心副主任、二级研究员，古璇系江苏海洋大学博士、副教授，赵巍系江苏海洋大学期刊社副社长、博士、研究员；本文获连云港市第十五届哲学社会科学优秀成果奖一等奖。

将连云港建设成为千万标箱集装箱大港作为整个江苏"十四五"发展必须完成目标的建议

古 璇　古龙高　赵 巍

一、连云港的发展关乎全局

连云港具有"南联长三角，北接渤海湾，隔海东临东北亚，又通过陇海铁路西连中西部地区以至中亚"的特殊区位，是陇海兰新沿线中西部地区最便捷出海通道、连接亚欧的新亚欧大陆桥东方桥头堡、连接海陆丝绸之路的战略支点，近年来，多重国家战略叠加连云港，并对连云港的发展做了全方位定位：一是"新亚欧大陆桥东方桥头堡，我国东部地区重要的经济增长极"（见《全国主体功能区规划》《江苏沿海地区发展规划》）的定位；二是"中西部地区便捷的出海口和对外开放的重要门户"（见《国家东中西区域合作示范区建设总体方案》）的定位；三是"国际性海港城市""亚欧之间重要的国际交通枢纽""面向亚太的区域性国际航空港""我国重要的综合交通枢纽"（见《江苏沿海地区发展规划》）的定位；四是"建设亚欧重要国际交通枢纽、集聚优质要素的开放门户、'一带一路'沿线国家（地区）交流合作平台"（见《中国（江苏）自由贸易试验区总体方案》）的定位等。习近平总书记还提出"将连云港-霍尔果斯串联起的新亚欧陆海联运通道打造为'一带一路'合作倡议的标杆和示范项目。"

因此，连云港的发展问题不仅是地方问题，而是关乎全局的战略问题。

二、连云港港口发展的现状不容乐观

上述定位都聚焦一个核心载体：港口。连云港港口的发展被寄予厚望，可以说，如果没有港口，就难以有如此多国家战略的叠加；同样，如果港口发展受挫，将对连云港自贸区的发展、示范区的发展、国际枢纽港的建设等国家战略目标的实现，以及港口联系的中西部地区的发展带来较大的负面连带影响。

但连云港港口发展的现状不容乐观，特别是集装箱运量出现了连续十年的徘徊，这在国内沿海的重要港口极为罕见。

2011年，连云港港口完成集装箱吞吐量485.19万标箱，在全国港口排名第9位，同期日照港完成139.95万标箱，连云港港口完成的箱量是日照港的3.46倍；到了2020年，连云港港口完成集装箱吞吐量480.00万标箱，在全国港口排名由第9位降为第13位，而同期日照港完成486万标箱，一举反超连云港港6万箱量。十年间，日照港从全国沿海默默无名的集装箱小港排名一跃超过连云港，为全国第12位。十年间发展情况见下表：

2011-2020年连云港、日照港口集装箱吞吐量一览表

项目 年份	连云港港 总量（万标箱）	连云港港 国内排名	连云港港 增速（%）	日照港 总量（万标箱）	日照港 国内排名	日照港 增速（%）
2011	485.19	9	25.32	139.95	——	——
2012	502	9	3.46	171	——	22.18
2013	548.8	9	9.32	202.66	15	15.86
2014	500.54	10	-8.79	242	15	19.39
2015	500.9	10	0.08	——	——	——
2016	469	11	-6.5	301	15	——
2017	472	12	0.2	323.77	14	7.6
2018	474.4	11	0.5	415	12	24
2019	478	11	0.7	450	12	12.1
2020	480	13	0.5	486	12	8.0

（根据统计资料整理，空格为数字短缺）

与此同时，名不见经传的广西北部湾港的集装箱运量，2013年刚突破100万标箱（100.33万标箱），仅为连云港港同期集装箱运量的18.28%。但近几年每年保持两位数增长，2015年突破200万标箱，2019年是415.71万标箱，2020年就突破500万标箱大关，达538万标箱，同比增长29.50%，大步跨过连云港，成为全国第11位。

三、以千万标箱集装箱大港建设的率先突破引领连云港的"高质发展"，实现"后发先至"

如何将连云港建设成为千万标箱集装箱大港，提出如下建议：

（一）深耕日韩、中亚、中西部，构建千万标箱集装箱大港腹地支撑空间

发挥已经形成的"连云港-东门"国际物流双枢纽、"连云港—里海"国际物流供应链优势，加强与日韩、中亚、欧洲等国家港口开展国际联运业务的大客户、铁路、船货代理公司的交流、合作，支持境内外企业在陆桥沿线共建海外仓、物流中转基地和产业园区，加快形成和完善国际物流供应链、产业链、价值链。

强化陆桥沿线区域合作，立足与中西部地区经济长远发展的战略高度，扩展示范区服务中西部的空间，包括拓展产业链的需求空间、拓展港口产业配套服务的需求空间、拓展产业带动的需求空间，拓展航运服务的需求空间。强化与陆桥沿线中西部地区城市、口岸（特别是郑州、西安、乌鲁木齐等陆桥沿线枢纽城市）在集拼集运方面合作，增强港口中转集拼功能，打造"东部出口基地+中西部集结中心"的枢纽型运输模式，全方位推进连云港与中西部地区的融合发展。

还要进一步做好淮海经济区、苏北鲁南地区以及本地货源企业使用连云港港口的组织引导，做好点对点货源争取工作。苏南、苏中各市应按照省政府要求"主动策应示范区建设，引导和支持产业向示范区有序转移，拓展更大发展空间。"苏北各市要按照省政府要求"充分利用好出海通道，探索共建共享机制，形成推动示范区又好又快发展的强大合力。"

（二）加快建设国际物流中心，拓展千万标箱集装箱大港的物流承载空间

抓住连云港自贸片区扩大对外开放的契机，加快国际物流中心建设。落实《中国（江苏）自由贸易试验区总体方案》（以下简称自贸区总体方案）"支持规划建设铁路集装箱中心站"的政策，加快推进铁路集装箱中心站建设步伐。设立过境运输拆拼箱中心，打造以连云港为中心的新亚欧陆海联运货物中转分拨基地、我国大区域集装箱集散中心，国际物流中心。

落实自贸区总体方案"授予自贸试验区铁路对外开放口岸资质"政策，

放大海上启运港退税政策，实现多式联运物流监管中心、保税物流园区、保税库等海关特殊监管区域与铁路相连，加快国际物流中心建设。

落实自贸区总体方案提出"建设大宗商品集散中心"要求，建设大宗商品集散中心及现货交易所和交易平台。重点建设油品、化工产品、粮食、煤炭、铁矿石等区域性大宗商品交易市场，设立铁矿石、铜矿砂、小麦等大宗商品集散中心及现货交易所和交易平台，开展现货交易，实现由运输集散中心到贸易中心的转型升级。建设保税燃料油交易中心，以保税燃料油供应为突破口，在扩大现货交易基础上，稳步推进期货交易，探索保税燃料油业务的海关监管等配套的政策创新。与上海期货交易所等合作，设立大宗商品期货保税交割库，开展期货保税交割和仓单质押融资等金融业务（优先发展铜矿期货交易），提高对大宗商品的定价能力。形成集大宗商品运输、仓储、贸易、金融等于一体的业务集群。争取扩大保税混矿范围。

（三）争取建设国际航运试验区，提升千万标箱集装箱大港的政策支撑空间

江苏省委、省政府2009年就提出把连云港港建设成为"长三角北翼国际航运中心"，自贸区总体方案提出"将外资经营国际船舶管理业务备案下放至江苏省"，为连云港国际航运中心建设带来了契机。建议省级层面争取国家先行批准在连云港设立国际航运试验区，借鉴发达国家航运支持政策"先行先试"，针对连云港发展国际航运方面中的短板，借鉴上海临港新片区政策，"在沿海捎带、国际船舶登记、国际航权开放等方面加强探索"；开展国际船舶登记业务，对境内制造船舶在"中国连云港"登记从事国际运输的，"视同出口，给予出口退税"；完善启运港退税相关政策，探索外籍国际航行船舶开展以连云港港为国际中转港的外贸集装箱沿海捎带业务；支持在示范区内按照国务院文件要求"设立外商独资的国际船舶运输、国际船舶管理、国际海运货物装卸、国际海运集装箱站和堆场企业，允许外商以合资、合作形式从事国际船舶代理业务，外方持股比例放宽至51%。"实现航运税制、航运金融、船舶登记、海关监管等方面政策和制度创新，加快国际航运市场开放，完善国际枢纽港功能，"提高对国际航线、货物资源的集聚和配置能力。"

建议以连云港自贸片区为载体探索建设连云港自由贸易港，依托新亚欧大陆桥经济走廊，面向东亚、东北亚、东南亚，服务海陆丝路经济带区域，以过境运输、转口贸易为重点，以自贸港为载体，加快打造我国面向环太平洋沿岸国家地区的重要对外开放门户。鉴于自贸港的设立是一个较长的过程，

建议先行扩大连云港国家级园区享受连云港自贸片区政策范围，将自贸片区现有的政策扩展延伸至包括国家级经济技术开发区、上合园区、连云港主港区（包括中哈园区）、连云新城在内的示范区区域。其中主港区享受上海洋山自贸片区政策，连云新城、上合园区享受上海临港新片区政策。先行在自贸片区港口区块内设立"物理围网区域"，建设对标国际公认、竞争力最强自由贸易园区的特殊综合保税区，实施更高水平的转口贸易自由化便利化政策和制度。

（四）采取有效措施，夯实千万标箱集装箱大港基础

在争取国家进一步加大对40万吨矿石泊位和配套航道的改扩建工程支持力度的基础上，在建设自由贸易试验区港口区块"五大中心"中，突出超大型智能化集装箱中心建设，把现有深水泊位升级为15万吨级，新建20万吨级集装箱泊位，提高智能化水平，适应千万标箱集装箱大港的发展需要。

建议江苏省港口集团按照海港和江港的不同特点，分别建立海港、江港两个事业部，并将海港事业部的总部放在连云港，理顺管理体制，强化对连云港国际枢纽港的支持。

支持吸引国内外港口企业采取包括参股、控股、独资等在内的多种形式，按照各自权利义务共同开发、建设和运营连云港港口、码头等配套基础设施，共建共用承接千万标箱集的装箱干线大港。鼓励港口引进国内外著名的港口运营单位，提升服务能力和管理水平。

加大对船公司运营近远洋干线的支持力度，强化与国内外知名船公司合作力度，吸引世界知名船公司、跨国公司在连设立区域总部或分公司，把连云港作为基本港；对来连设立区域分公司的船公司给予相应政策扶持；建议设立省级层面专项补贴资金、省级财政转移支付等方式，统筹用于支持连云港远洋航线、集装箱各项业务发展，将已实施的航线补贴政策延续到2025年，并逐年提高补贴的力度，千方百计提高远洋航线数量、航线密度和覆盖面，实现远洋干线的快速突破。

打通"堵点"，畅通和完善集疏运体系。实现港口与陆桥沿线地区、长三角地区、苏北鲁南地区的有效沟通和联动，强化集装箱货源集聚能力。开通连盐铁路的货运功能，争取尽快启动沿海高铁连云港至盐城段规划建设，推进连云港至临沂货运铁路建设；加快港口、园区连通陇海线大通道的铁路支线建设，徐圩铁路支线等港口、园区货运铁路专用线建设；放大"一港四线"格局，推动连接京杭运河、淮河、沙颍河及连申线等海江河联运"黄金水道"

航道升级扩能，打通京杭运河入海通道经通榆运河至灌河的全程二级航道，加快连宿徐航道等重点工程进度，构建通江达海的内河航道网和集装箱精品网。

作者古璇系江苏海洋大学博士、副教授，古龙高系江苏省社会科学院沿海沿桥发展研究中心副主任，二级研究员，赵巍系江苏海洋大学期刊社副社长、博士、研究员；本文获连云港市第十五届哲学社会科学优秀成果奖二等奖。

推动中国（江苏）自由贸易试验区连云港片区创新发展思路与对策研究

江苏海洋大学课题组

设立中国（江苏）自由贸易试验区连云港片区，使连云港的发展又一次迎来了重要的历史机遇。承载着建设"一带一路"强支点的重要战略使命和港城人热切的期望，连云港片区在获批时间晚、周边自贸区激烈竞争的不利环境下，如何充分发挥自身优势，紧紧围绕连云港片区的功能要求推进制度创新，以创新的发展思路推动连云港的高速发展和高质量发展，从而实现"高质发展，后发先至"是一个十分紧迫的问题。按照娄勤俭书记在中国（江苏）自由贸易试验区工作领导小组第一次会议中的要求，江苏自贸区建设的目标要"全力打造国内一流、国际公认的自贸试验区，奋力走在全国自贸区建设的前列"。作为江苏自贸试验区的三大片区之一，连云港片区必须在江苏"全力打造国内一流、国际公认"的自贸试验区上做出自己应尽的一份贡献。

为此，连云港片区应紧紧围绕建设亚欧重要国际交通枢纽、集聚优质要素的开放门户和"一带一路"共建国家（地区）交流合作平台的功能定位，在打造亚欧陆海联运大通道上立标杆，在与"一带一路"共建国家（地区）交流合作上做示范，产业高质量发展上开新篇，加大具有连云港特色的制度创新，为江苏开放型经济发展先行区建设方面大胆创造"连云港模式"，勇于贡献"连云港智慧"。

一、连云港片区发展现状

（一）连云港片区规划概况和功能定位

连云港片区包括港口区块（4.43平方公里）、连云区区块（1平方公里）和市开发区区块（14.84平方公里，含连云港综合保税区2.44平方公里）三个部分，东至庙岭、新光路，南至陇海铁路、港城大道、东方大道，西至海滨大道、玉竹路，北至242省道、海岸线，总面积20.27平方公里，连云区区块将港口区块和市开发区区块从东向西串在一起。按照江苏自贸试验区连云港片区实施方案，开发区区块将重点发展生物医药、新材料、新能源和高端装备等先进制造业以及现代物流、跨境电商、科技服务、金融服务等现代服务业。连云区区块将重点发展现代物流、健康医养、金融服务、休闲旅游、商务配套、大数据及跨境电商等现代服务业。主体港口区块将重点发展港航物流等现代服务业，构建集国际运输、分拨转运、仓储配送、临港加工、交易及配套服务功能于一体的物流中心。

（二）江苏自贸试验区连云港片区建设取得的成绩

连云港片区自成立近一年以来在制度创新案例、新增注册企业、签约项目、重大活动开展、重点平台建设等方面都取得积极进展，实现了良好开局。

1. 主要经济指标完成良好

2020 年上半年，新设立市场主体 1817 家。港口吞吐量完成 1.26 亿吨，同比增长 3.5%，其中集装箱吞吐量 238 万标箱；国际班列完成 2.5 万标箱，增长 42%。协议利用外资 5.1 亿美元、外贸进出口额 50 亿元，分别占全市的 80%、16%。

2. 积极进行制度创新

截至 2020 年 7 月，江苏省实施方案 132 项任务落地率达 90%。报省自贸办制度创新案例 53 项，中国（江苏）自由贸易试验区第一批创新实践案例共 20 个，其中连云港片区 6 个，分别为"港航通"特色国际贸易"单一窗口"、多式联运"一站式"监管服务、保税混矿业务新模式、二手交易集装箱交易规范化、国际班列（过境）集装箱"船车直取"零等待、中亚过境货物监管新模式等。中国（江苏）自由贸易试验区第一批复制推广改革试点经验共 20 个，其中连云港片区 6 个，分别为海事政务闭环管理、非诉讼纠纷环节"管家服务"、"互联网+"公路运力交易、非保税货物监管便利化、中欧班列"保税+出口"货物集装箱混拼和"边检边卸"实时监管等。这批试点经验中 8 项是全国首创，连云港片区有 3 项，"保税+出口"集装箱混拼业务获海关总署批复。

3. 重抓平台项目，展露现实模样

一方面，狠抓功能平台建设。汽车滚装码头、整车进口基础设施等项目加快推进，汽车整车进口口岸等功能性平台进展明显。国家级跨境电商零售进口试点城市、跨境电商综合试验区相继获批，跨境电商体验中心成功运营，全省首单海运跨境 B2C 出口业务顺利通关，国际邮件互换局加快推进。成立国内首个海事海关危险品联合查验中心。区域混矿中心探索有色矿混配业务。生物医药集中监管和公共服务平台正在筹建，药品认证审评服务中心挂牌运行。另一方面，狠抓产业项目建设。高强度强推招商引资，高密度组织项目开工建设，恒瑞生物医药产业园等产业项目试生产，中华药港、慧智光学材料、"一带一路"供应链基地、高效低碳燃气轮机试验装置等省市重点项目加快建设，韩亚超高水氧阻隔膜、互联网数据共享试验区等项目开工建设，风光互补智慧能源设施、复合材料制品等24个亿元以上产业项目签约落地。国内首艘南极磷虾专业捕捞加工船"深蓝号"启航作业，同步启动高值化产业园建设。同时，加快完善区内配套功能，自贸试验区医院开工建设、双语学校9月份开学投用，北京大学连云港单分子研究中心落地。

4. 重抓环境打造，加快擦亮招牌

认真做好省级第一批下放的171项管理事项承接和落实工作；推进商事登记确认制改革，自贸试验区全程电子化登记率超过90%；铁路审单、口岸订舱、公路运力交易等多项业务实现"网上办"，中哈物流合作基地实现铁路出口转关业务自动审放、核销，通关效率提升50%以上；先行先试一般建设工程施工"免许可"、市场监管领域容错免罚等多项举措；实施企业信用修复便利化改革，探索推行更加合理的信用修复制度；推进大数据在监管领域应用，建立模型，对重点行业、领域进行全景画像，实现有效预警。

二、江苏自贸试验区连云港片区建设存在的问题及原因

自成立近1年来，江苏自贸试验区连云港片区虽然实现了良好开局，但是也明显存在着急需解决的问题，片区各项建设与苏州片区、南京江北新区片区相比差距明显。

（一）连云港片区建设存在的问题

1. 重要任务完成进展情况不够理想

由于受客观因素影响，今年以来片区的不少工作进展缓慢，有些工作甚至处于停滞状态。省里要求立即落实及对接细化的132项任务中，连云港片区正在全力推进的119项，这119项中还存在很大一批推进难度大的事项，另外还有13项没有明显进展。此类事项共22项，包括首次药品和生物制品进口口岸、大宗商品交易中心等。

2. 制度创新工作存在不少短板

一是存在偏科现象，从服务国家战略、金融领域开放创新、贸易便利化、

深化投资领域改革、实体经济创新、政府职能转变这六个方面来看，连云港片区案例主要集中在服务国家战略、贸易便利化和政府职能转变这三个方面。深化投资领域改革和实体经济创新这两个方面制度创新进展不够深入，而恰恰这两方面的改革创新与连云港地方经济的发展关系尤为密切。二是案例质量还有待进一步提高，尤其是政府职能转变方面，与先进地区存在着较大差距，改革力度仍需进一步增强，改革理念仍需进一步解放。三是参与创新的部门间存在较大差异。本次上报的53项案例中，涉及的市级部门仅14家，主要集中在港口、海关、市场监管等部门，还有不少市级部门目前为止还未形成有效的制度创新案例。

3. 部分事项已实施但政策需求不足

此类事项共26项，主要集中在金融、投资及创新业态等领域，包括"支持依法依规设立中外合资银行、民营银行、保险、证券、公募基金、持牌资产管理机构等法人金融机构""支持依法依规开展人民币海外基金业务""允许海关接受软件报关，探索数字化贸易等新型业态通关及出口退税方式"等。

4. 优质要素大规模集聚的局面尚未形成

在连云港片区建设的三大定位中，建成集聚优质要素的开放门户是其他两个定位的核心。优质要素集聚不了，亚欧交通枢纽只能发挥"过道经济"的作用；优质要素集聚不了，"一带一路"合作交流平台只能是"空架子"和"假平台"。连云港片区以资本、高新技术、信息、高端人才为代表的优质要素集聚进展缓慢。片区虽然出台了相关的支持和鼓励措施，但是效果不明显。由于优质要素集聚缓慢，又导致了产业集聚和产业转型升级步伐的缓慢，片区整体经济实力的提升乏力，整体面貌尚未发生巨大变化。

(二) 江苏自贸试验区连云港片区建设存在问题的原因

1. 在泛自贸区化趋势明显的背景下，竞争优势不明显

目前，中央又新批了北京、安徽和湖南3个自贸试验区，使得我国自贸试验区的数量达到21个，浙江自贸试验区面积还获得了扩容。在当前的背景下，我国的自贸试验区还有继续扩容之势。因此，在泛自贸区化趋势明显的背景下，连云港片区面临的竞争压力之大可想而知。由于相关产业的基础薄弱，经济主体数量不足、实力不强，业态发展不充分，片区推出的制度创新需求明显不足。连云港片区建设要取得重大的突破必须要有创新的思路。

2. 全域自贸氛围不浓，营商环境亟待优化

最好的产业政策是改善营商环境。我国自贸试验区设立的目的之一就是

通过"放管服"改革，营造一流的营商环境，吸引国内外高端要素的集聚。连云港片区设立后引起了港城人的极大关注，也被寄予厚望。但是，由于宣传和培训工作不够充分，绝大多数民众对自贸区"无感"，部分机关干部对自贸试验区认识不清，理解不深，导致全域自贸氛围不浓，参与制度创新的部门积极性不高。由于宣传力度不够，导致片区制度创新的个别政策由于知晓度不足而无法有效落地。由于全域范围内优化营商环境的效果不明显，导致要素集聚效应发挥不足，产业发展进展缓慢。

3. 城市空间布局不合理，影响自贸区发挥要素集聚效应

连云港市与我国主要的沿海港口城市不同，行政中心远离港口，全市教育、医疗、文化和商业等优质资源主要集中分布于行政中心所在地的海州区，造成港口所在地的东部城区发展相对滞后，进而使得港口支撑产业和城市发展的能力不足、临港产业发展滞后、城市服务功能不强，人气不旺。上述三个问题的集中体现就是由于资源配置的不合理，导致连云港片区所在的东部城区的要素集聚能力不强，港产城难以互动发展和融合发展，开放度不够高，服务区域经济发展的能力不足，使得自贸试验区制度创新的实施效果难以充分发挥。

4. 思想解放不够，冲劲和干劲不足

自改革开放以来，连云港曾经拥有数次难得的历史发展机遇，但是由于思想不够解放，自我禁锢，错失了发展良机，以至于在首批沿海十四个开放城市中排名一路下滑。江苏自贸试验区设立连云港片区的初衷是借自贸试验区制度创新之势，推进全市经济社会的大发展。连云港片区只有区区20.27平方公里，对于连云港市整体而言应该是"窗口"、应该是"杠杆"、应该是"平台"、应该是"催化剂"。因此，必须跳出自贸看自贸，跳出自贸"干自贸"。到目前为止，江苏自贸试验区建设方案中明确连云港需要建设的项目进展不够理想，游轮母港建设、平行车进口口岸建设、进口药品进口口岸建设和集装箱中心站建设进展都不尽如人意。无锡市虽然没有自贸试验区的片区，但是照样争取到了江阴港和无锡空港药品进口双港口口岸。这些与连云港上下整体的思想解放不够，干劲和冲劲不足密切相关。又如，如何发挥中哈（连云港）国际物流基地和上合组织（连云港）国际物流园、东中西合作示范区（徐圩新区）、连云港农业对外开放合作试验区等已有载体与片区的融合；如何根据片区的功能定位，尽快调整港口的功能布局和加快东部城区建设；如何借助片区建设，打造几个新医药产业链的"链主"；如何打造全产业链的临港石化产业集群；如何在引进高端人才方面进行大胆的政策突破等。

这些将决定着能否借片区建设之机,"大胆闯、大胆试、自主改",实现连云港市的跨越发展和后发先至!

三、连云港片区建设的创新发展思路

(一)连云港片区建设需要处理好四个关系

连云港作为"一带一路"的重要战略支点,连南接北,承东启西,是实现国内循环和国际循环"双循环"的重要节点。因此,在连云港片区与江苏自贸试验区的其他两个片区相比,地位独特,使命重大,连云港片区的创新发展必须处理好以下几个关系:

1. 要处理好连云港片区自身发展与承担国家使命之间的关系

从连云港片区建设成亚欧重要国际交通枢纽、集聚优质要素的开放门户和"一带一路"共建国家(地区)交流合作平台三大功能定位来看,连云港片区承担国家使命的分量要远远超过对连云港自身发展的要求。为此,连云港片区的建设和制度创新要紧紧围绕三大功能定位,但是如果连云港经济发展的能级不能实现大突破,综合实力不能实现大提升,战略支点就撑不起来,起不到"撬动"作用,就承担不起国家所赋予的使命。因此,连云港不能仅仅以片区建设为着眼点而"一叶障目",而是要站在花果山上"手搭凉棚看世界",以片区建设为契机,大胆突破,大干快上,在尽可能短的时期内实现大变样,实现进位争先。

2. 要处理好现实基础和未来产业发展之间的关系

产业的发展需要遵循产业自身发展的规律,产业的集聚绝不可能是"无源之水"、"无本之木",但是如果能准确把握未来产业发展的大趋势,提前谋划、提前布局,就能抢得未来产业发展的先机。因此,连云港片区产业的选择一方面要立足现有产业基础,"锻长版、补短板、填空板、强弱项",继续大力发展新医药、新材料、新能源和高端装备制造等"三新一高"产业,补足石化、化工、钢铁等临港重工业的短板,强化现代服务业发展滞后和产业转型升级和技术创新的弱项;另一个方面又要根据片区的功能定位和未来产业发展的趋势,大力发展以"一带一路"大数据中心和跨境电子商务中心为核心的大数字产业;打造为"一带一路"共建国家(地区)交流合作平台服务的集运输、商务、会展、金融、旅游、教育、康养和娱乐为一体的现代服务业,从而吸引国内外优质要素的快速集聚。

3. 要处理好制度创新与经济发展之间的关系

虽然自贸试验区的核心任务是制度创新，但是制度创新的最终目的还是落在能进一步促进经济社会的发展上。连云港片区制度创新的经验已经证明，不能为了创新而创新，脱离现有产业或现实需求的制度创新意义不大。因此，连云港片区要围绕阻碍经济社会发展的"难点"、"堵点"和"痛点"大胆进行制度创新。如连云港在陆海联运、陆桥沿线联动、"一带一路"共建国家交流合作、国际区域经济合作载体建设、医药产业发展、游轮母港建设、平行车进口和苏北一体化等方面开展创新尝试，在解决连云港存在问题的基础上，形成连云港特色，贡献连云港智慧。

4. 要处理好片区建设短期目标和长期目标之间的关系

连云港片区只有区区20.27平方公里，与连云港的功能定位和承担使命相比面积显然不足。从在近期浙江自贸试验区面积扩容以及海南岛全岛将建设成为自由贸易港的情形看，结合我国将构建国内和国际"双循环"经济体系来看，全国自贸试验区面积扩容和功能升级将是大趋势。连云港在最初申请设立自由贸易区就是以设立自由贸易港身份申报的。连云港具有建设自由贸易港的良好条件，因此，在规划建设连云港片区乃至连云港市全域时必须为未来自由贸易港的设立留下足够的空间。

(二) 聚焦核心引擎加快实现五个转变

以习近平新时代中国特色社会主义思想为指导，全面把握新发展阶段的新任务新要求，坚定不移贯彻新发展理念、构建新发展格局，坚持创新引领、协同推进，陆海统筹、东西贯通，双向开放、辐射周边，市场发力、政府引导，以构筑东西双向开放新高地为引领，加快建设亚欧重要国际交通枢纽；以建设现代化海滨城市为载体，迅速提升高端优质要素集聚力；以构建合作共赢平台为追求，持续深化"一带一路"共建国家合作交流；大力发展总部经济、平台经济、枢纽经济和现代服务经济，着力推进制度创新、产业创新、开放创新、平台创新、机制创新，对标RCEP和中日韩自贸区规则，先行先试、敢闯敢干，为探索建设连云港自由贸易港奠定坚实基础。加速激活高质量发展"核心引擎"，必须推动连云港在以下五个方面实现历史性变革：

一要加快推动"外生"优势向"内生"优势嬗变。迈入新征程的连云港需要跳出"外生"优势依赖的思维惯性，加快向"内生"优势至上的思维转变，构建人才、创新、体制、观念、开放新优势。

二要加快推动"传统"产业向"新型"产业蝶变。后发地区要实现"先至"发展，必须打破过去传统支柱产业依赖，大力推动"传统"产业向"新型"产业甚至"初创"产业逆势而上，推动产业链、供应链、价值链优化升级，促进连云港经济转型发展。

三要加快推动"陆域"发展向"全域"发展突变。抓住"战略支点"建设的有利时机，统筹陆海，把大力发展海洋经济作为弥补资源短缺、缓解就业压力、优化产业结构、培育新增长点、拓展经济空间的战略选择，助推连云港"后发先至"。

四要加快推动"片区"观念向"全球"观念跃变。在经济全球化的今天，必须打破传统的开放门户观念，由地方区域性狭隘思维向开放全球化视野跃升，在推动"双循环"新格局下，加快推动全域、全要素对外开放，进一步增强对国际资本和产业的吸纳和承载能力。

五要加快推动"后发"体制向"先至"体制转变。推动连云港"后发先至"，需要加快体制机制转变，推动机构优化整合，大幅提高制度效能，最大限度降低市场和社会运行成本，构建"亲""清"新型政商关系，激发体制机制新活力。

（三）连云港片区建设的创新发展思路

与发展基础好，经济实力强的自贸试验区不同，连云港片区的建设要实现方案中设定的三大功能，带动连云港实现"高质发展，后发先至"，更好地承担国家赋予的历史使命，就必须要采取一套充分既能发挥自身优势，又能够摆脱传统的"路径依赖"，实现"弯道超车"的创新发展思路。

1. 创新构建亚欧重要交通枢纽的发展思路，以打造国内国际"双循环"重要节点为目标，变东西双向运输通道为"双漏斗底"型的重要交通枢纽。

连云港自身最大的优势是新亚欧大陆桥的东桥头堡，东临日韩，西接陇海兰新地区，直至中亚和西欧。但是一直以来，由于综合性交通立体交通体系没有形成，与周边腹地的联系不密，连云港的交通一直呈现出东西双向通道式运输。在构筑以国内大循环为主，国内循环和国际循环相互促进的"双循环"经济体系的大背景下，连云港必须构筑既是国内循环的"漏斗底"，又是国际循环的"漏斗底"的"双漏斗底"的节点，即国内的各类要素能够呈扇形在连云港快速集聚和扩散，国际的各类要素也能够呈扇形在连云港快速集聚和扩散的亚欧立体交通枢纽。

2. 创新构建集聚优质要素的开放门户的发展思路，以现代化海滨城区建设为突破口，以优质服务要素在海滨城区的快速集聚快速提升片区高端要素集聚力，实现港产城融合发展。

连云港与国内外发达的沿海城市不同，中心城区远离港口和海滨，城市的优质资源大部分集中在市政府所在地海州区，港产城分离严重，使得沿海城市本来能以现代化海滨城区吸引国内外高端要素集聚的能力大大降低，严重制约城市和产业的发展。因此，对于连云港来说，要吸引国内外高端要素的快速集聚，就必须下定决心，城市建设中心东移，建设现代化的海滨城区。

3. 创新打造"一带一路"共建国家（地区）的合作交流平台的发展思路，以信息化和数字化为手段，线上和线下各类平台和载体融合发展，"虚实结合"，发挥联动机制，构建合作共赢的合作交流平台。

连云港要打造"一带一路"共建国家（地区）合作交流的平台，不能搞赢者通吃，零和博弈；不能单打独斗，唱独角戏；在信息化高度发达的今天，更不能采用单一的线下模式，要"线下活动经常办，线上交流不停留"。只有互利双赢才能长期坚守，源远流长；只有联动协同，才能各展所长，百花齐放；只有线上与线下融合互促，才能业态丰富，渠道畅通。

4. 创新产业发展思路，摆脱传统路径依赖，以片区为"窗口"或"杠杆"，大力发展总部经济、平台经济、枢纽经济和现代服务经济，以临港重工业发展为重中之重，快速提升连云港的产业能级和经济实力，肩负起"一带一路"倡议支点的重大使命。

国内外发达的沿海城市绝大部分临港重工业发达，而一直以来连云港港口经济，特别是临港重工业发展滞后应该是连云港经济社会发展落后的主要原因。

5. 找准片区制度创新的着眼点和发力点，打造具有连云港特色的制度创新案例，为江苏自贸试验区建设贡献连云港智慧。

连云港片区的制度创新是要瞄准国家在"一带一路"建设中需要连云港解决的制度创新问题，不能追在别人屁股后面搞创新，不能别人想搞什么连云港也想搞什么；二是要以连云港的实际需求为制度创新的发力点，在解决影响经济社会发展中的"难点"、"痛点"和"堵点"的过程中积累制度创新成果，推广连云港经验，贡献连云港智慧。

6. 以打造中日韩自由贸易区先行试验区为突破口，对标世界先进自由贸易港标准，为在"十四五"期间设立连云港自由贸易港而不懈努力。

连云港只有在将现有片区建设好，实现好三大功能定位，承担好"一带一路"倡议支点使命的前提下，超前布局，在东亚区域经济一体化的进程中谋得一席之地，在内外"双循环"中发挥不可替代的作用，才有可能在国家下一轮（"十四五"期间）自由贸易港扩容中抢得优先权。

四、连云港片区创新发展的对策

连云港片区总面积仅为20.27平方公里，承担着建设亚欧重要国际交通枢纽、集聚优质要素的开放门户和"一带一路"共建国家（地区）交流合作平台的三大任务。这20.27平方公里不仅仅是制度创新的试验田，更是连云港建设"一带一路"倡议支点的"窗口"和"杠杆"。这个"窗口"就是引领全市进行制度创新、营造一流营商环境的窗口，高水平对外开放的窗口和服务"一带一路"共建国家和地区的窗口。这个"杠杆"就是撬动连云港产业实现大发展的杠杆，带动周边地区的杠杆和撬动"一带一路"共建国家和地区发展的杠杆。连云港片区的建设面临着获批晚，错失先机，面临周边自贸试验区的激烈竞争，自身实力不强等诸多问题，将连云港建设成"一带一路"倡议支点，充分发挥连云港片区的"窗口"和"杠杆"作用显得尤为重要。

（一）创新构建亚欧重要交通枢纽的对策

1. 调整港口功能空间布局，迅速改变港口形象，打造亚欧重要国际交通枢纽

现代化的海港不仅是货物陆海转运的节点，更是港城一道美丽的风景线。随着运输工具的发展，集装箱运输已经成为现代化港口的标志之一。连云港港散装货码头、杂货码头、集装箱码头与客运码头混于一体，码头的一部分还布局了大型生产性企业，严重影响了港口的形象和环境，尤其是散装货装卸时严重影响港口周边的空气质量。在江苏自贸试验区实施方案中，连云港港将成为平行车进口口岸和国际邮轮的母港口岸，港口必须拥有足够的适合汽车滚装的岸线；港口的卫生环境和空气质量将是影响邮轮游客的重要因素。因此，尽快调整港口功能空间布局，尽快将主体港区散装货的装卸移至两翼港口，主体港区重点发展集装箱、汽车滚装和杂货的装卸业务，为打造亚欧重要国际交通枢纽创造条件。按照现代化美丽海港的要求对岸线进行高标准规划设计，尽快确定拦海大堤的功能并实施开发，将主港区打造成江苏版的"维多利亚湾"和具有国际影响力和吸引力的国际邮轮目的地。

2. 以打造国内循环"漏斗底"为目标，依托港口优势、打造立体化交通体系

第一，着力提升以连云港为核心的区域交通网络能级，按照"完善铁路、

拓展公路、提升空港、打通运河"的思路，与周边地区形成通道化、枢纽化的交通网络。第二，以沿陇海线为服务对象，以上合组织出海基地和中哈（连云港）国际物流合作基地建设为核心，构建集国际运输、分拨转运、仓储配送、临港加工、交易及配套服务功能于一体的物流中心。第三，依托淮安航空货运枢纽和连云港区域性国际空港，发挥国家级综合保税区功能，打造以货为主、以客为辅的区域性国际航空货运枢纽和航空物流集散中心。第四，重点要在省级层面处理好连云港与徐州运输问题，形成东西互济、利益共享的机制。第五，加强与周边港口的合作，全面融入长三角一体化等区域建设，推进连云港港与上港集团交流合作；发展沿海捎带业务，实行离港退税政策，提升港口航班密度。第六，推进建设智能化大通关体系，积极推动通关环节提效降费，加速海关通关便利化。

3. 以打造国际循环"漏斗底"为目标着力提升陆海联运通道功能

第一，加快国际邮轮母港和平行车进口口岸相关配套设施建设。这是江苏自贸试验区建设方案中的重点项目，也是连云港市多年争取的重大利好政策，是提升港口竞争力的重大举措。第二，加快建设连云港国际邮件交换中心，充分利用和放大功能，逐步发展成为综合性国际物流中心，使其成为发展跨境电商的重要载体。第三，深耕中欧班列国际物流主通道。中欧班列是擦亮连云港"一带一路"倡议强支点建设的标志品牌，要将海运网络与中欧班列紧密结合，开放连云港铁路和公路口岸，实行离站退税（即货物一装车离开口岸即被视同出口，可以申请退税）新亚欧大陆桥多式联运国际物流主通道。创新中亚欧班列集拼集运模式，提高中亚中欧班列密度和运行效率，打造精品中亚中欧班列。第四，积极完善班列集货组织，逐步在阿拉木图、塔什干、阿克套、伊斯坦布尔以及日韩地区布局办事处、海外仓或物流场站等。第五，创新货源组织，研究开发中亚与日韩、东南亚地区之间的冷链物流，以及日韩汽车平行车进口等新业务，形成重去重回、双向对流的运输模式。第六，要加强与霍尔果斯之间的联动，继续推进"霍尔果斯—东门"经济特区无水港建设，通过共同打造一系列的标杆示范项目，起到"带中间、促两边"的作用。

2017年6月8日，习近平总书记指出，将连云港—霍尔果斯串联起的新亚欧陆海联运通道打造为"一带一路"合作倡议的标杆和示范项目。2018年9月25日，娄勤俭书记考察江苏对口援疆工作时表示，江苏与新疆都是"一带一路"上的重要省份，希望两省区在对口援疆工作的基础上，推进全方位、多层次、宽领域的交流合作，把合作发展提升到一个新的层次。因此，连云港片区致力打造区域经济融合发展的综合运输通道，是其成为国内循环的"漏斗底"；致力打造连接"一带""一路"的联动通道，使其成为促进陆海内外联动、东西双向互济的国际循环的"漏斗底"，从而使连云港成为国内循环和国际循环"双漏斗底"的节点。

（二）创新构建集聚优质要素开放门户的对策

1. 打造现代化海滨城区，迅速提升片区高端要素集聚力

连云港片区吸引高端要素能力不强的主要原因是缺少吸引高端要素的平台和载体。生产要素，特别是高端要素的集聚需要满足相对应的必要条件。作为沿海港口城市，现代化的海滨城区是吸引高端要素集聚的最宝贵的资源。东部城区作为连云港片区实现三大功能定位的主要载体，必须是一个现代化、国际化、智能化、生态化的具有海滨城市特色的城市新中心。根据对连云港片区的功能定位，这个城区必须是区域性国际物流中心、现代化的区域性国际商务中心、现代化的区域性国际金融中心、现代化的科教和创新中心、高水平的国际合作基地、现代化的区域性国际文化交流中心、智慧化和生态化的宜居康养胜地。但是由于一直缺少关键性的举措，东部城区开发进展缓慢，一直人气不旺，特别是连云新城开发时断时续，晚间更是人迹罕至。因此，应该下定决心，在连云新城建设江苏海洋大学海滨校区。这将是打开东部城区现代化新城区建设的一步活棋。以江苏海洋大学海滨校区为平台和载体，吸引更多国内外科研机构、教育机构、检验机构等入驻，带动周边的快速发展和城市化，为高端人才的集聚搭建平台和载体，为高端要素的集聚创造条件。

2. 深化金融领域开放创新，吸引国内外金融资本集聚，打造区域性国际金融中心

探索建立与自贸区相适应的外汇管理体制，积极引进境内外金融机构设立外资银行和中外合资银行，建设国际跨境结算中心和金融服务中心。在有效防范风险基础上，稳妥有序发展供应链金融、航运金融、贸易融资、海外保理等创新型金融产品和业务，吸引国内外金融资本集聚，打造区域性国际金融中心。

3. 大胆突破现有政策藩篱，迅速扭转高端人才"集聚"难困境

科学技术是第一生产力，人才，特别是高端人才是一个地区发展最宝贵的资源。连云港经济基础薄弱，城市发展相对落后，高等院校和科研院所数量寥寥，不仅人才集聚效应没有形成，而且还存在一定程度的人才净流失现

象。招人才难是连云港机关和企事业单位最为头疼的难题之一。针对高端人才和紧缺人才，片区应先行先试更大力度和更加积极的人才政策。尽管连云港片区已出台了人才政策，但"含金量"仍然无法与南京和苏州相比，而苏州和南京与粤港澳、上海比，政策实施和落实上也存在较大差距。目前粤港澳大湾区对补贴免征个人所得税，使得大湾区工作的境外人才实际税负水平明显降低。上海临港新片区也借鉴粤港澳大湾区吸引人才的做法。这项政策突破对大湾区和上海临港新片区广聚英才起到积极的引导和推动作用。因此，建议片区创新对高层次人才的服务管理模式，对于人才的奖励以人数为导向，对在片区工作的境外（含港澳台）高端人才和紧缺人才给予补贴，对补贴免征个人所得税。

（三）创新打造共建"一带一路"国家（地区）的合作交流平台的对策

1. 擦亮现有线下平台"招牌"，拓展线下交流平台

进一步提升中国（连云港）丝绸之路国际物流博览会展会层次；加大对新亚欧大陆桥安全走廊国际执法合作论坛（连云港论坛）的支持力度；推动完善省级层面协调机制，加快"一带一路"国际执法安全合作联合行动协调中心建设；争取上合组织部长级会议、双多边各领域工作会议在连云港召开；探索开通丝绸之路经济带国际旅游客运专列；推进海上丝绸之路联合申遗，力争进入"海上丝绸之路"申遗备选城市；成立中亚留学生服务中心，实施中亚国家留学生资助教育项目，吸引中西亚国家学生来连学习交流就业，引进日韩等国知名高校发展国际合作项目或在连云港设立分校；加强友城建设，力争与更多国际城市缔结友好城市，为对外合作开放提供外事便利等，使得线下交流平台内容丰富，活动长年不断。

2. 借力现代信息技术，打造线上"不间断"云交流平台

建设"一带一路"连云港大数据中心、"一带一路"连云港跨境电商平台、"一带一路"国际物流线上平台、"一带一路"网上展览中心、"一带一路"线上文化交流中心等一系列线上交流云平台，不仅能提供便捷和不间断的人文交流渠道，而且还能为国际贸易和国际物流提供便利，实现互利双赢。

3. 实行协同联办机制，调动各方面积极性，各展所长，百花齐放

第一，展会、论坛和会议等实行轮流主办或展会主题方（国）轮流转换的方式，调动各方积极性，让参与方有充分展示自身的机会。第二，要推进与"一带一路"共建国家（地区）的实体化合作，实行联动机制，以"飞地"形式合作共建一批海外仓、物流园、加工园区等，以合作共赢的利益纽

带连接起经久不衰的线上线下合作交流平台。

（四）创新产业发展路径，壮大连云港产业规模和实力的对策

1. 注重优先时序，统筹分步推进连云港片区重点产业发展

连云港市在长期的产业发展中已经形成了新医药、新能源、新材料和高端装备制造为代表的主导产业，尤其以医药产业为代表形成了全国医药看江苏，江苏医药看连云港的良好局面。以神鹰碳纤维为代表的新材料；以太阳雨太阳能、中复连众风力叶片、连云港田湾核电站等为代表的新能源等产业在全国占有一席之地。因此，连云港片区应以优先发展上述已有主导产业为重点，以产业链招商为重点进行制度创新，加大支持力度。目前，众多的自贸区将生物医药产业作为主攻方向，而且发展迅速，大有后来居上之势。连云港的新医药产业必须要有强烈的紧迫感和危机感。片区要加快中华药港的建设，为医药产业发展加快制度创新，当好"店小二"。新医药行业企业更要有争当产业链"链主"的勇气谋划和布局新医药产业的发展。作为海洋大省，江苏不是海洋强省，但是建设海洋强省是江苏省的历史使命和既定目标。因此，发展海洋经济，连云港必须勇于担当，不辱使命，在中船"七一六"研究所、江苏海洋大学、中科院汽轮机连云港研究基地的基础上，尽快启动"海"的文章，把发展海洋经济，补足江苏海洋经济发展的短板作为连云港片区创新发展的历史使命。临港石化产业将是连云港今后几年实现后发先至的"撒手锏"。连云港片区不仅要为石化产业正式投产进行有利的制度创新，提供自贸试验区应该享受的支持政策，而且还要围绕石化产业基地建设，统筹谋划油气全产业链布局，提前谋划"油"文章。

2. 以综合保税区为"窗口"，以跨境电商为平台，大力发展"平台经济"

综合保税区是我国开放层次最高、优惠政策最多、功能最齐全、手续最简化的海关特殊监管区域，区内可以发展国际中转、配送、采购、转口贸易和出口加工等业务。发挥好综合保税区的功能，对于打造开放型平台经济十分重要。平台经济是一种基于数字技术，由数据驱动、平台支撑、网络协同的经济活动单元所构成的新经济系统。而跨境电子商务的开展离不开保税物流功能的配套。因此，要将发展跨境电商商务与综合保税区联动起来，发展平台经济才有基础。

连云港市 2020 年 5 月获批国家跨境电商综合试验区和跨境电商零售进口试点城市，这为连云港市发展以跨境电商为核心的平台经济提供了良好的机遇。连云港片区包含 2.44 平方公里的综合保税区，要发挥综合保税区的"窗

口"作用，实行围网内外联动机制，形成区内订单、区外生产；区外服务、区内维修；区外加工、区内配送；区内展示、区外销售等多形态联动体系以区外园、区外库等形式将综保区的海关特殊监管政策和各项优惠政策拓展至区外，与中哈（连云港）国际物流基地和上合组织（连云港）国际物流园形成保税物流"铁三角"，以连云港农业对外开放合作试验区为补充，大力发展保税物流、保税展示、跨境电商、保税加工等业务。围绕跨境电商综合试验区建设，推进保税展示和免税店业务，推进跨境直购模式和海运快件业务、海外仓平台、企业和人才孵化培育平台、"点点通"线上综合服务平台建设，积极培育保税备货+"直播带货"等电商模式。

跨境电子商务发挥连云港等全球供应链物流节点中的核心作用，重点面向苏北地区、上合组织国家及环太平洋地区，构建包括电子商务平台企业、进出口供应商、跨境贸易商、跨境物流、支付结算、数据处理、研发在内的跨境电子商务产业链。结合创新的优惠政策，片区将依托落户的海洋捕捞加工项目，打造"一带一路"国际远洋渔业交易平台。充分利用有色矿进口全国第一港优势，加快打造大宗商品交易和期货交割平台。加强与陆桥沿线国家地区交流合作，争取设立免税店，做优做强以日韩化妆品、欧洲红酒、中亚农副产品为特色的保税商品展示交易中心。农产品食品冷链跨境贸易以水产、肉类、蔬菜、水果、酒类等为主要贸易品类，构建东北亚西向拓展和中西亚地区东向出海的农产品食品加工生产和商贸物流基地。商品车跨境贸易重点抓住欧美日韩平行汽车、汽车整车进口，完善进出口代理、仓储、分拨配送、交付前监测、汽车简单加工等服务体系。

建立超大规模数据平台，"一带一路"大数据中心，大力引进电商平台企业，支持跨境电商网购保税进口商品进入海关特殊监管区域时"先进区、后报关"作业模式。支持开展保税备货、境内交付模式的跨境电商保税展示业务。以电商为依托，吸引大型物流企业，特别是大型快递企业落户，同时建设国际邮件互换局（交换站）和国际快件监管中心，发展国际快递业务。以保税、电商和物流为主要支撑，大力发展平台经济，逐步形成跨境电子商务平台、保税展示交易平台和大宗商品交易平台，使平台经济成为连云港市"高质发展，后发先至"的引擎之一。

3. 发挥连云港片区的营商环境优势，大力发展"总部经济"

总部经济是指一些区域由于特有的优势资源吸引企业总部集群布局，形成总部集聚效应，并通过"总部—制造基地"功能链条辐射带动生产制造基地所在区域发展。总部经济概念由研究制造业而提出，但是总部经济理论不仅适用于制造业，也适用于服务业等其他行业。总部经济的发展有六个一级指标：基础条件、商务设施、研发能力、专业服务、政府服务和开放程度。自贸试验区以其优于区外的基础条件、商务设施、开放程度，特别是政府"放管服"改革，为企业的注册、运营和监管带来诸多便利，无疑会对各类企业的入驻产生强大吸引力，但是由于面积的限制，自贸试验区无法容纳众多的生产性企业。因此，大力发展总部经济应该是自贸试验区的必然选择。

第一，在产业选择上，连云港片区应结合自身产业的优势，大力引进新医药、新材料、新能源、高端装制造企业在片区设立运营总部或研发总部。特别是围绕"中华药港"建设，深入推进生物医药产业全链条政策研究，破解药品企业政策障碍。围绕石化产业基地建设，统筹谋划油气全产业链布局，提前谋划"油"文章。海洋经济已经成为江苏省经济发展的主要引擎之一，作为沿海城市，连云港市应依托片区的优势，争取更多的涉海企业和涉海科研机构入驻片区。不仅要引进制造业企业总部入驻，而且更要引进研发机构和服务企业的总部入驻。第二，在税收上要探索并处理好注册地、营业地和生产地税收分成问题，消除人为障碍，为总部经济的集聚提供不竭动力。第三，要进一步完善总部经济促进政策，在区内推进企业跨境财务结算中心集聚发展；开展跨国公司总部外汇资金集中运营管理；跨境财务结算中心经批准可以进入境内银行间外汇市场交易；支持符合条件的跨国企业集团设立跨境人民币资金池，集中管理集团内人民币资金等。大力招引贸易类、物流类企业，打造区域性总部经济和互联网结算中心。努力形成辐射"一带一路"的、具有连云港特色的平台经济集聚区。

4. 以打造亚欧重要国际交通枢纽为契机，大力发展"枢纽经济"

连云港市经济发展滞后的主要原因之一是一方面连云港从未形成真正意义上的以港口为核心的国际交通枢纽，另一方面没有形成以临港经济为核心的枢纽经济。江苏自贸试验区总体方案中明确提出要将连云港打造成亚欧重要国际交通枢纽，将建设铁路集装箱中心站，设立铁路开放口岸，批准连云港口岸成为平行车进口口岸、首次进口药品和生物制品口岸和国际游轮母港口岸，设立国际邮件交换局等。

因此，连云港要借片区设立之机，不仅要尽快打造亚欧重要国际交通枢纽，而且与此同时要大力发展枢纽经济。枢纽经济是借助经济要素资源聚集平台（交通枢纽、物流枢纽、物流服务平台、金融平台等）对商流、物流、资金流、信息流、客流等进行集聚、扩散、疏导，通过聚集具有区域辐射能力的经济要素，主要是具有"流"的特征的经济要素，实现城市经济总量扩张、产业层次跃升、发展地位提升。发展枢纽经济需要交通硬件、交通软件、集散能力和枢纽产业的共同作用，其中交通硬件和交通软件是基础，集散能力是关键，发展枢纽产业是目标。

连云港通过构建海陆空河立体的综合交通体系，提升陆海联运能级，强化物流节点建设等提升交通硬件水平。通过在连云区片区内建立多式联运中心，探索建立以"一单制"为核心的便捷多式联运体系，搭建新亚欧大陆桥陆海联运电子数据交换通道，建设"一带一路"大数据中心等提升交通软件水平。通过建设大宗商品集散中心，海产品综合性交易市场，提升贸易便利化水平，改善营商环境等措施提升要素的集散能力。在此基础上，充分发挥连云港临港产业用地充裕的优势，大力发展以石化、化工、钢铁、海工制造为核心的现代临港产业；同时借助片区的政策优势，发展以加工贸易为主的临铁经济和临空经济；利用游轮母港的优势大力发展滨海旅游产业等。

5. 大力发展"在岸人"享受"离岸服务"业务，推动现代"服务经济"集聚发展

随着我国人民生活水平的提高，人们对健康、医疗、教育和文化消费的要求越来越高。近年来，到国（境）外进行美容、康养、旅游和留学的人数急剧增加，说明我国在高端医疗、康养、教育和文化服务等领域存在短板，不能满足人们业已提高的消费需求。大力发展"在岸人"享受"离岸服务"业务，使人们不出国（境）就可以享受到与国（境）外同等质量的服务应该具有广阔的市场空间。

在自贸区内，允许设立中外合资、中外合作医疗机构；在相关制度安排框架下，港澳台服务提供者按规定可以设立独资医疗机构；质子放射治疗系统、手术机器人等大型创新医疗设备和创新药物审批速度加快；允许外商独资设立经营性教育培训和职业技能培训机构；允许设立由中方控股的文艺表演团体等。

连云港东部城区本来就是疗养机构的集聚区和旅游资源富集区，完全具备打造健康服务、观光旅游和休闲娱乐发展先行区的条件。通过设立中外合作（合资）教育机构，提升东部城区整体的教育水平；通过打造国际邮轮母港，大力发展滨海旅游业；通过促进文物及文化艺术品在综合保税区存储、展示、境外艺术团体的演出等提升旅游的国际品位；通过跨境电商零售进口试点，开展保税进口商品展示和设立进口商品免税店；通过打造品牌化、市场化、国际化的展会平台和国际论坛，打"亮"会展经济品牌。通过大力发展在岸人享受"离岸服务"等国际水准的现代服务业，使东部城区成为现代

"服务经济"的集聚区。

（五）找准连云港片区制度创新着眼点和发力点，贡献连云港智慧

1. 找准制度创新的着眼点，为国家推进"一带一路"建设贡献连云港智慧

作为地处"一带一路"交汇点的战略支点城市，围绕推进"一带一路"建设，立足片区的三大功能定位进行制度创新是连云港片区重要的使命。第一，围绕陆海联运便利化、规模化、经济化进行制度创新。在现有减少环节、缩短转运时间的基础上，加强与日韩、东南亚和澳新等国（地区）的衔接，以减少制度性障碍为中心进行制度创新，使连云港成为这些国家（地区）链接中国市场的节点。第二，围绕服务"新丝绸之路"经济带和中欧（亚）班列运行进行制度创新。在打造海外仓、合作共赢的"飞地"经济上进行制度创新；在实现中欧（亚）班列的品牌化、规模化和集约化运营上进行制度创新；在拓展中欧（亚）班列线路和与欧亚国家经贸合作模式上进行制度创新。第三，在"联动"发展，实现苏北区域经济一体化上进行制度创新。如苏北共同利用连云港建设游轮母港的机遇，实现苏北旅游一体化；利用连云港平行车进口口岸的机遇，共同打造苏北的汽车产业产供销一体化发展模式；利用连云港的保税园区的优势，共同构建海陆空一体化的国际综合物流体系等。

2. 找准制度创新的发力点，聚焦产业发展和内在需求推进制度创新

制度创新的最终目的是促进产业发展。连云港产业基础薄弱，经济实力不强，迅速壮大经济实力是当务之急。在片区推出的制度创新举措中，一部分由于市场经济主体数量不足，实力不够而需求不足。瞄准制约连云港产业发展的赌点、痛点和难点进行制度创新，如在促进医药产业发展、大宗商品（石化）全产业链投资贸易自由化、大宗商品交易、跨境电商发展、汽车平行进口、国际邮轮服务、医疗和康养服务等进行精准创新，让制度创新迅速转化为生产力，并以此为重点推进集成性制度创新。

（六）营造"全域自贸"氛围，打造一流营商环境

1. 转变思想观念，将连云港片区尽快打造成制度创新的试验田

连云港片区建设的任务是进行制度创新，通过制度创新来促进连云港经济社会的全面发展，从而实现"高质发展，后发先至"。这需要我们转变以往主要通过政策优惠来吸引投资的传统观念，而要在制度创新上费真心思，下真功夫，动真格！以营造一流的营商环境来吸引高端要素的集聚。因此，连

云港片区既要跑赢起步时制度创新的"百米冲刺",更要跑赢持久制度创新的"马拉松"。

(1)尽快复制和实施现有成功的制度创新成果,跑赢起步时制度创新的"百米冲刺"

自贸试验区是通过制度创新来实现贸易和投资的自由化和便利化。自由化主要是通过准入前国民待遇+负面清单管理等降低或取消贸易和投资壁垒的方式比较容易实现,而便利化则是通过在现有管理制度下放松管制和加强政府部门协同,以减少不合理的审批和监管,提高效率来实现,避免出现准进不准营或准进难以营的局面。因此,便利化必须通过政府行政管理的一系列改革("放管服"改革)才能实现。对于新批准设立的自贸试验区而言,在自贸试验区内没有实施过的制度就是创新的制度。因此,尽快复制和实施其他自贸试验区成功的制度创新成果,尽快启动"放管服"制度改革是连云港片区建设的一场"百米冲刺",起步慢,将丧失先机;起步快跑,将赢得"开门红"!对于连云港片区而言,尽快开展"证照分离"全覆盖试点;设立惠企服务"单一窗口",推进"一件事"改革和"不见面审批",完善"全域通办",建立重大外资项目"直通车";搭建连云港片区公共信用信息服务平台,为事中事后监管提供支撑等。

片区要在前一段制度创新的基础上要开展差别化探索,向上,要结合国家战略需求找准切入点;向下,要结合地方发展实际找准切入点;向内,要在地方事权范围内找准切入点;向外,要对标国际规则找准切入点,紧扣三大功能定位,结合多式联运、"一带一路"倡议支点等既有优势,从有利于经济社会发展总体提升的角度开展功能设计、制度设计,探索出适合连云港、有利于连云港发展的建设路径,助力改革试点任务落实落地。

(2)发挥企业和个人的主观能动性,跑赢持久制度创新的"马拉松"

制度创新永无止境,是一场持久的"马拉松"。因此,制度创新必须要有不竭的动力源泉。制度创新的动力源泉主要来自两个方面,一个方面是自上而下的,另一方面是自下而上的。自上而下是我要改,是政府的自我革命。这种创新(或称之为改革)往往动力不足,也不知急需创新的方向。而自下而上是要我改,是政府回应社会大众,特别是企业的强烈要求,被动的革命。这种创新不仅具有针对性,而且具有不竭的动力源泉。因此,自贸试验区的制度创新不仅需要专家智库的顶层设计,专业指导,更需要发挥社会大众的聪明才智,集思广益,定期或不定期地举行座谈会或进行实地调研,听倾听企业和个人的呼声,能改则改,能快则快,持之以恒,只有这样才能跑赢制度创新的"马拉松"。要改变"我不要你觉得，我要我觉得"观念，制度创新不是坐在办公室闭门造车，制度创新最根本的出发点是企业需求。要多到基层走一走、多去企业问一问、多往先进地区学一学，加快建立企业需求征集平台和办理信息反馈制度，真正做到围绕企业需求开展制度设计。

对于连云港片区而言，制度创新更要立足于连云港的实际，围绕企业需求开展制度创新，提高制度创新的精准性。力争在陆海联运监管体系构建；药品、生物制品进口，细胞、组织切片等基础性原料的检疫准入流程，生物医药集中监管，推动中医药服务贸易创新；区内区外联动发展和区域间联动发展上重点发力，形成一批成熟的可复制可推广的连云港经验和案例。

如，建议连云港医药产业在片区建立创新公共服务平台，鼓励发展集中制造平台，特别是强化创新中试、产业化等后道创新环节的扶持，降低企业产业化的成本与风险。积极争取国家支持，推动创新药物临床试验审评改革。加快上市许可注册申请的审评审批速度；对已列入国家重大新药创制专项的原创药物给予医保药品目录准入的绿色通道等。

连云港片区要进一步深化商事制度集成化改革，推进企业从注册到注销的全生命周期流程优化。打造一批"当年开工、当年竣工、当年投产"标杆项目，为项目加快建设提供经验模板。搭建连云港片区公共信用信息服务平台，为事中事后监管提供支撑。对标国际规则，完善独具连云港特色的国际贸易"单一窗口"、"港航通"等功能，推进由监管服务为主向口岸全程物流服务延伸。

2. 以片区"放管服"改革为引领，营造全域自贸氛围，带动全市营商环境的大改善

未来全球竞争的趋势是逐步转向制度竞争，公共服务的竞争和营商环境的竞争。以资本为纽带的生产要素流向哪里很大程度上受到营商环境的影响。产业和产品价值链中的高端生产环节的区位配置、高端生产要素的跨境流动，对营商环境的要求越来越高。因此，营造法治化、规范化、国际化的营商环境，是最重要的"基础设施"建设。自贸试验区建设的主要任务是在加快政府职能转变、探索机制体制创新、促进投资贸易便利化等方面先行先试，探索新途径、积累新经验。对于连云港片区来说，一方面要进一步激发市场主体蕴藏的巨大活力，持续优化营商环境，提升发展软实力。

连云港片区只有区区 20.27 平方公里，片区的各项制度创新需要市委、市政府各个部门的通力配合，营商环境的改善不仅取决于片区的小环境，更取决于全市范围的大气候。自贸试验区是制度创新的试验田，从这个意义上

来讲，自贸试验区没有严格的地理界限，处处可以创新，人人可以创新。因此，要以设立连云港片区为契机，树立"全域自贸"的观念，积极发动，大力宣传，推进全市上下的放管服改革，要将"法无禁止即可为，法无授权不可为，法定职责必须为"落到实处，举全市之力改善营商环境，以一流的营商环境吸引优质要素的快速集聚。应当说，连云港市的营商环境近几年有很大改善，但是对标深圳等国内先进水平和新加坡等国际先进水平，还有巨大的提升空间。营商环境没有最好，只有更好。

今后，进一步加大对内和对外的宣传力度，加快搭建连云港片区官方网站、微信公众号，运用微视频等新兴宣传方式，深化与国家和省、市新闻媒体的沟通衔接，争取更多省级以上媒体关注、报道连云港片区，在全社会营造人人支持、人人参与的浓厚氛围。加大与兄弟片区的交流，学习借鉴先进地区经验做法，对标找差、取长补短，持续释放最高平台带动效应。

（七）打造中日韩自贸区先行先试的载体，提前谋划连云港自由贸易港

1. 注重发挥区位优势，提前谋划，打造中日韩自贸区先行先试的载体

连云港东临日韩，向西联通欧亚大陆，沟通南北，横贯东西，是"一带一路"倡议的战略支点，但是由于东亚区域经济一体化的进程缓慢和日韩关系的起伏变化，连云港"一带一路"倡议支点主要服务于中亚国家，支点真正的撬动作用没有充分显现。随着东亚区域经济一体化进程的加速，中日韩自贸区协定签订在即，区域全面经济伙伴关系协定 RCEP（Regional Comprehensive Economic Partnership）谈判几近结束，而且中国正酝酿加入 CPTPP（没有美国加入的 TPP），中国加入高水平自贸协定的重要性明显上升。我国自贸试验区战略的部分意图是对标国际最新高标准经贸规则，连云港自改革开放以来一直保持着与日韩两国良好的经贸联系，连云港片区应及早谋划，加强与日韩两国的联系，以对标 CPTPP 规则为基准，与日韩两国先行建设合作园区（可以分别在对方国家建设合作园区），将国家东中西区域合作示范区打造成东亚—中国—中西亚乃至欧洲的国际合作示范区，进行先行先试，为我国加入 CPTTP 发挥"探路"作用。连云港中日韩自由贸易区先行区的打造将使连云港在东北亚区域经济合作中占有一席之地，为设立连云港自由贸易港创造条件。

2. 以海南自由贸易港的相关政策为基础，对标国际自由贸易港政策，为连云港自由贸易港设立进行制度储备

连云港片区具有江苏自贸试验区其他两个片区所不具有的建设自由贸易港的特质。因此，连云港是江苏省在我国下一轮增设自由贸易港的唯一选择。

连云港片区在探索货物贸易自由化和便利化、投资自由化和便利化的基础上，超前谋划，适时扩大金融开放和制度创新，探索运输工具和自然人出入片区的自由化；借鉴海南自由贸易港博鳌乐城国际医疗旅游先行区的经验，打造集康养、旅游、娱乐等休闲产业于一体的高端服务业集聚区；依托连云港医药产业的优势，探索特许药械贸易自由便利和医药中间体的贸易自由化和便利化等，为连云港自由贸易港的设立进行制度创新的储备。

五、保障机制

（一）建立省领导项目直接"联系机制"，加大对连云港片区的精准支持力度

连云港片区在江苏三大片区中地位独特，承载着连云港建设"一带一路"强支点的战略使命，连云港片区建设的成败也将决定着江苏自贸试验区建设的成败。但是由于连云港整体上底子薄，实力弱，面临着周边自贸试验区的激烈竞争，因此需要省委省政府强有力的支持。建议采用行之有效的省领导对重大项目的直接"联系机制"，指定一名省领导直接负责连云港片区的建设，协助片区向中央和各部委争取政策，统筹调度和协调省内资源支持连云港片区建设，向下为连云港市委市政府建设连云港片区提供指导。

（二）建立对连云港片区建设的"倾斜机制"，增强连云港片区的发展动能

习近平总书记在近期召开的长三角区域一体化座谈会上指出长三角地区要增强欠发达区域高质量发展动能，有关部门要针对欠发达地区出台实施更精准的举措，推动这些地区跟上长三角一体化高质量发展步伐。连云港作为江苏的欠发达区域，要在江苏自贸试验区建设中不拖后腿，有所作为，而且还要贡献连云港的智慧，就必须要增强连云港高质量发展的动能，省委省政府必须给予一定的倾斜政策。比如，省财政为连云港片区人才引进，特别是高端医药人才或团队提供专门资金；为了扩大连云港临港产业规模，提升连云港产业发展能级，建议提高连云港能耗总量控制指标和排放指标，重大项目采取省级点供或直供，确保项目落地需求标；为连云港本地高校提升办学水平和层次，鼓励高校和科研院所来连云港设立分支机构提供专门的财政补贴；为了连云港建设"一带一路"共建国家（地区）交流合作平台，对相关国际展会和论坛继续提供资金支持等。

（三）发挥政府与市场之间的"互补机制"，加大政府对连云港片区的统一协调力度

自贸试验区虽然需要大力推进政府的"放管服"改革，减少政府的微观管理，但是并不等于政府无需作为。政府作为自贸试验区制度创新的探索者、制定者和推广者，更需要积极主动和有效的作为，发挥政府这只"看得见的手"的作用。营造一流营商环境、持续进行制度创新、搭建与国内外的合作交流平台等都离不开政府积极有效的作为。由于连云港片区的三个区块分别属于连云港港口集团、连云区政府和连云港经济技术开发区，建立强有力的领导机构，片区内实行统一领导、统一规划、分工协作和优势互补，避免相互间恶性竞争显得十分重要。因此，对于连云港片区来说，发挥政府"有形的手"的作用尤为重要。

（四）建立"容错"机制，让干部"放心闯，放心试，放心改"

改革开放的总设计师邓小平同志关于改革有两句有名的话；一是"不管白猫黑猫，抓住老鼠就是好猫"，二是改革"是摸着石头过河"。这两句话为当时全国上下解放思想，放下包袱，锐意改革创造了良好的舆论氛围，解决了干部的后顾之忧。事实证明，这两句话在当时是十分及时和有效的。自贸试验区制度创新要求"大胆闯、大胆试，自主改"，同样面临水深水浅还不很清楚，要走一步看一步，走错了收回来重走的问题。连云港市全域自贸氛围不浓，制度创新动力不足，营商环境改善不理想等与能否建立"容错"机制有一定的关系，"多一事不如少一事"思想在部分机关干部中作祟。因此，要在全市上下同时引入容错机制，加快建立容错的正面清单与纠错的对策清单，让广大干部放下包袱，"放心闯、放心试，放心改"！

（五）建立鼓励敢于向国家部委要政策的"激励机制"，争取相关制度创新早日落地

国家虽然赋予了自贸试验区"大胆闯、大胆试，自主改"的使命，但是一些制度的创新，如海关监管、检验检疫、出入境管理、税收、交通运输和金融监管等制度创新需要与相关部委咨询协商，最终落地仍然需要相关部委的认可或批准。自贸区建设的一项重要内容是倒逼政府职能改革，涉及地方事权改革能很快落地，中央事权则需要争取国家支持。涉及医药（中间品）进出口监管、陆海联运、平行车进口相关制度创新恰恰是连云港片区制度创新的亮点所在，需要找准中央事权与地方实际的结合点。海南自贸港在"医

疗旅游先行区"建设获得大量国家事权下放，2019年海南"国九条"升级版允许开展真实世界临床数据应用研究，将进一步巩固博鳌作为全球最新医疗技术进入中国门户的地位。舟山自贸区乃至整个浙江"不产一滴油"，浙江自贸区"油"产业的异军突起，离不开国家顶层设计的保驾护航。连云港片区到目前为止一些事项进展不力或没有进展，与不敢向国家部委"要政策"有一定关系。因此，连云港片区必须做好与国家相关部委及时和有效的沟通和衔接，让好的制度创新早日落地、早日实施、早日成熟、早日推广。

　　课题主持单位：江苏海洋大学；课题负责人：宣昌勇；课题组成员：刘江船　孙巨传　张磊　王贵彬　何兵；本文获连云港市第十五届哲学社会科学优秀成果奖二等奖。

参考文献：

[1] 顾宝志．提高开放水平与加快实施自贸区战略新举措［J］．国际经济合作，2017（10）．

[2] 何枭吟．内陆地区"自贸区+临空经济"模式研究述评［J］．技术经济与管理研究，2019（12）．

[3] 黄小凌，肖本华．中国（上海）自由贸易试验区制度创新研究：2013—2018［J］．上海立信会计金融学院学报，2019（02）．

[4] 金维熊．自由贸易试验区的概念辨析［J］．环渤海经济瞭望，2019（7）．

[5] 刘秉镰，边杨．自贸区设立与区域协同开放：以京津冀为例［J］．河北经贸大学学报，2019，40（1）．

[6] 欧阳天健．论上海自贸区税收优惠法律制度的完善［J］．北京理工大学学报（社会科学版），2016，18（6）．

[7] 王晓玲．自由贸易试验区视角下城市、区域发展动力机制研究［J］．东北财经大学学报，2018（11）．

[8] 王竹宇．海南自贸区视角下"医疗+全域旅游"发展模式探讨［J］．全国流通经济，2018（12）．

[9] 张二震，戴翔．江苏自贸区建设的目标与思路［J］．唯实，2019（11）．

[10] 张二震．开放再出发，苏州如何发力？［N］．苏州日报，2020-01-07（6）．

高标准建设"一带一路"强支点推动连云港高质量发展对策研究

张国桥　谢朝清

第1章　导论

一、研究背景

作为国家首批沿海对外开放城市和新亚欧大陆桥东端起点，连云港位于中国东部沿海的脐部，南连长江三角洲区域，北接山东半岛城市群，东与日韩隔海相望，西通新亚欧大陆桥与中国中西部乃至中西亚、欧洲相连，地处中国最发达的沿海经济带与带动中国东中西区域共同发展的陇海线经济带交汇处，是连接环太平洋地区与欧亚大陆的海陆枢纽，一直以来在国家生产力布局中占有重要位置。

近年来，江苏沿海地区发展、国家东中西区域合作示范区建设、长三角一体化发展、"一带一路"倡议实施等国家战略纷纷聚焦连云港，为连云港发展带来了重大机遇。党中央、国务院和江苏省委、省政府对连云港给予高度重视，希望连云港在促进区域协调发展、服务国家扩大开放上发挥更大作用。2009年，时任国家副主席的习近平同志到连云港视察，指出连云港要实现后发先至，构建新亚欧大陆桥，完成新时代的西游记。2013年以来，习近平总书记四次见证连云港中哈物流合作项目协议签署和启动运营，并指出要将以连云港为东端起点的新亚欧陆海联运通道打造成为"一带一路"标杆和示范项目。2013年，李克强总理在上合组织成员国政府首脑（总理）理事会会议上提出在连云港为上合组织成员国提供物流、仓储服务。2014年，习近平总书记视察江苏时指出，江苏处于"一带一路"的交汇点上，要主动参与"一带一路"建设，放大向东开放优势，做好向西开放文章，拓展对内对外开放新空间。2017年，江苏省委、省政府提出要提升连云港的发展站位，作为"一带一路"倡议支点来规划发展、重点支持。2019年，江苏省委省政府明确，支持连云港加快"一带一路"交汇点的强支点建设，加快打造有影响的区域发展中心、重点产业中心、综合枢纽中心，努力成为"一带一路"交汇点建设的"强支点"。所有这些，对连云港发展提出了更高定位，要求连云港高标准建设"一带一路"强支点、在服务国家战略实施中发挥更大作用。作为"一带一路"交汇点建设的强支点，连云港的使命有哪些，处在什么站位，汇聚何种资源，撬动哪些力量，达到怎样效果，找寻这些答案的过程，是连云港贯彻落实习近平总书记重要指示精神，全力融入、服务多重国家战略实施的过程，也是连云港人时不我待、只争朝夕，抢抓机遇、加快发展的过程。

本文根据城市发展的基本规律、城市定位的一般原则，结合连云港这座城市的发展历程，分析时代对连云港提出的使命要求，围绕高标准建设连云港"一带一路"强支点开展相关研究，以求更科学准确地明确连云港的发展定位、发展战略和发展路径，为更好地服务国家战略实施、服务江苏高质量发展提供理论政策依据。

二、研究意义

从连云港层面来看，作为江苏省委省政府提出的"一带一路"交汇点建设的强支点，研究分析如何抢抓"一带一路"倡议机遇，按照中国特色社会主义进入新时代这一历史方位，遵循创新、协调、绿色、开放、共享新发展理念，迅速做强综合实力，提升辐射带动能力，实现总书记寄语的"后发先至"期望，走出一条具有连云港特色的发展之路。

从江苏层面来看，通过"一带一路"交汇点强支点建设服务江苏高质量发展，更好地发挥区域增长极作用，更好地发挥港口龙头带动作用，更好地发挥生态本底优势，探索解决江苏区域发展不平衡问题，探索创新区域合作体制机制，探索实践生态优先、绿色发展之路。

从国家层面来看，如何立足连云港连接南北、沟通东西的特殊地理区位优势，着力打造"一带一路"标杆和示范项目，打通"一带一路"倡议实施的重要战略通道，把连云港建设成为"一带一路"海陆东西双向对外开放的枢纽，发挥连云港服务国家战略实施的支点作用，更好地促进区域协调发展、优化中国对外开放格局。

三、研究现状

"一带一路"倡议提出以来，学术界围绕经济发展、国际合作、贸易投资、设施联通、人文交流等方面开展研究，取得了一系列成果。一方面，新闻媒体报道的数量呈急剧增长，反映了国家的高度重视和公众的热情关注；另一方面，围绕"一带一路"倡议的专题研讨会也日益增多，如2014年12月在北京外交学院举办的"一带一路与亚洲命运共同体"研讨会、2015年10月在山东大学举办的地缘政治视域下的"一带一路"倡议、2017年7月在连云港举办的"一带一路"倡议支点城市与区域合作发展"国际论坛等，充分体现了学术界对"一带一路"倡议的关注和研究价值上的认可和肯定。国内也涌现出了数量繁多的优秀论文和专著，代表著作有李向阳主编的亚太蓝皮书系列《亚太地区发展报告（2015）——"一带一路"》、王灵桂主编的《国外智库看"一带一路"》及邹磊的《中国"一带一路"倡议的政治经济学》等。

有关连云港城市发展的研究文献有千余篇之多，"城市定位""发展战略""发展路径""强支点"等日益成为研究热词。李隽通过对连云港城市营销的目标市场分析和城市竞争力分析，结合"一带一路"倡议指导，分别从城市文化、空间、功能、产业、特色等五方面进行城市定位探索，并对发展战略进行思考：国际视野，加快构建城市价值链；整体联动，推动港产城融合发展；文化传承，助推合作走向纵深；城市营销，打造国际知名海港城市。孟力强对连云港市城市定位进行了回顾，提出了"桥头堡中心"定位概念，分析了"桥头堡中心"的功能特点，提出了实现连云港发展战略定位的对策建议。江行舟、段东、张国桥分析了连云港建设沿海中部区域性中心城市的战略意义，并对连云港建设沿海中部区域性中心城市的条件进行分析。研究认为，连云港应充分发挥港口的龙头带动作用，大力提升城市经济内核，加快完善重大基础设施，深入推进区域战略合作，建设山海相拥的知名旅游城市、中国沿海新兴港口工业城市和辐射带动能力强的新亚欧大陆桥东方桥头堡。刘成文就连云港建设"现代化国际海港中心城市"的内涵和标准、面临的问题和差距，以及建设"现代化国际海港中心城市"的发展战略进行了分析研讨，提出了实施东方大港战略、显山亮海战略、科教创新战略、交通优先战略、旅游提升战略和文化引领战略。杨东升分析了连云港在"一带一路"交汇点核心区和先导区的理论依据，提出了连云港在"一带一路"中应该扮演龙头地位、发挥枢纽作用，指出了当前存在的开放层次低、经济总量小、城市功能弱等问题，提出了将连云港发展定位为"四个城市四个中心"，即国际性海滨城市和金融商贸中心、世界著名港口城市和物流中心、现代化工业城市和科技研发中心、国内外向往的旅游城市和休闲娱乐中心，建议实施国家牵动战略、开放拉动战略、创新驱动战略、环境带动战略。

综合来看，学术研究领域将一座节点城市尤其是国内城市，作为"一带一路"交汇点强支点研究的文献并不多，更多的是侧重于布局国外城市战略支点或者支点国家，研究国家层面政治经济文化方面战略意图。建设连云港"一带一路"强支点、服务江苏高质量发展，是国家战略在地方实践上的典型范例，有利于打造"一带一路"标杆和示范项目，对其开展对策研究，可以为更好地落实国家战略提供理论支撑，并为"一带一路"倡议辐射城市提供发展实践启示。

四、相关基本理论综述

（一）"一带一路"强支点的基本概念

强支点的概念可以拆解成两个子概念，强即力量大，这里特指地位特别重要，关系全局。支点即指杠杆发生作用时起支撑作用固定不动的一点，引申指事物的关键、中心。

国家层面对"一带一路"倡议作了顶层设计，确定了共建"一带一路"五大方向，明确合作重点和空间布局，以及"六廊六路多国多港"的合作框架。2017年5月，推进"一带一路"建设领导小组办公室发布的《共建"一带一路"：理论、实践与中国的贡献》提出，在建设"一带一路"过程中，中国同沿线国家共同打造新亚欧大陆桥、中蒙俄、中国—中亚—西亚、中国—中南半岛、中巴和孟中印缅六大国际经济合作走廊。事实上，如果把"一带一路"看作联通世界的合作"网络"，那么经济合作走廊就是结网的"经线"，沿线支点城市则是连线结网的空间"支点"。从经济视角看，支点城市对"一带一路"经济合作走廊的沿线区域发挥着"内聚"和"外联"作用：一方面，支点城市是经济合作走廊各区域的要素集聚"中心地"或经济"增长极"，通过要素和产业集聚，支点城市可以辐射带动周边区域的经济发展；另一方面，支点城市又是经济合作走廊沿线区域的外部联通"门户"，在要素配置中发挥着"四两拨千斤"的重要作用。

连云港作为"一带一路"交汇点，地理上连接南北、沟通东西，战略位置重要，发展基础良好，具有建设强支点城市的基础条件。

(二) 区域经济理论

区域经济是国民经济的子系统，在一国社会经济发展中的地位举足轻重。新中国成立70年来，中国区域经济理论研究大体经历了两个不同时期，即改革开放前的30年和改革开放后的40年。

新中国成立初期，经济基础十分薄弱，近70%的工业位于沿海地区。为了改变这种地区经济极不平衡的状况，在改革开放之前30年，中国实施"均衡发展"的区域经济战略。这一时期，出于加快国防建设、缩小沿海与内陆的差距以及赶超西方国家战略的需要，中国开始改变原有的生产力布局，把重点工程项目更多地安排在内地建设。"一五"计划实施的156个工业项目主要分布在资源丰富的东北和中西部地区，20世纪60年代的"三线建设"项目更是以西部为主。

改革开放之后，中国区域经济理论的发展大体经历了三个阶段：第一阶段，20世纪80年代，向东部沿海倾斜的不平衡发展阶段。邓小平1988年提出"两个大局"战略构想，即先发展沿海地区，发展壮大的沿海再反过来帮助内地发展，这是区域非均衡发展战略的集中体现和战略部署；第二阶段，20世纪90年代，兼顾中西部的区域协调发展阶段。1997年，党的十五大报告中强调"促进地区经济合理布局和协调发展"，标志着区域协调发展战略已经取代不平衡发展战略，成为占支配地位的主流思想。1999年，中央正式提出"国家要实施西部大开发战略"。第三阶段，进入21世纪，随着协调发展战略不断付诸实践，开始了区域总体发展的新征程。2005年，"十一五"规划纲要中明确提出了中国的区域发展总体战略，即"坚持实施推进西部大开发，振兴东北地区等老工业基地，促进中部地区崛起，鼓励东部地区率先发展的区域发展总体战略，健全区域协调互动机制，形成合理的区域发展格局"。

(三) 城市定位理论

城市定位的一般内涵是：根据自身条件、竞争环境、需求趋势等及其动态变化，在全面深刻分析有关城市发展的重大影响因素及其作用机理、复合效应的基础上，科学筛选城市地位的基本组成要素，合理地确定城市发展的基调、特色和策略的过程。

城市的发展命运取决于多方面的因素，影响城市定位的主要因素概括起来主要有五个方面：一是政治因素。指来自国家的乃至国际组织的意志，对于一个城市的城市定位起着强制约作用。例如，由于联合国、国际货币基金组织等世界权威政治、金融机构总部的设立，致使纽约必然发展成为世界主要的政治和金融中心。二是资源禀赋。指一个城市行政区划范围内所拥有的自然资源，是支撑城市定位的根本物质基础。例如，威尼斯由于及早发掘和集中开发利用了城市水系的特有优势，成就了享誉世界的"水上之城"城市发展目标。三是主导产业。城市"大不大"是由其基础条件决定，但城市"强不强"则是由主导产业决定的。许多城市往往以现有的主导产业来确定城市定位。例如，"世界电影之都"洛杉矶、"中国油城"大庆。四是区域文化。指在历史进程中形成的一个城市特有的区域文化积淀，是支撑城市定位的人文基础，是决定城市未来发展的文化资本和"软实力"。例如，"世界音乐之都"维也纳，"东方园林之城"苏州。五是竞争环境。指城市竞争对象特别是可比对象的状况与发展动态，它是制约城市发展的外在矛盾力量，也是城市定位战略决策的重要参考因素。要尽可能避开强势者的锋芒，寻求差别化、个性化、优势化定位，做到"人无我有、人有我优、人强我让"。

根据城市经济学、城市地理学、城市规划学等相关学科的基本理论，城市定位的主要内容包括以下方面：一是城市空间定位。是对城市的区域地位及空间势力范围的界定，城市作为区域的节点和纽带，必须明确城市所辐射的区域，由此确定城市在城市群或城市体系中的空间地位。不同的城市，其所能影响的空间范围是有差异的，如国际性、洲际性、全国性、大区域性、地区性城市等。二是城市功能定位。是城市发展总体战略的核心组成，引导城市中长期的发展方向。可分为一般功能和特殊功能，一般功能是指城市所必须具备的，如政治、经济、文化和社会功能等，特殊功能是指由城市某个特殊的优势而形成的独特功能，具有个性化和特色性，往往作为一个城市区别于其他城市的一大特征。三是城市产业定位。是一个城市参与区域专业化分工和协作的前提，是一个城市生存和发展的经济基础。必须在充分考虑资金、技术、人才、市场等因素的基础上，依托城市所拥有的资源条件，对城市主导产业、战略性新兴产业和优势产业进行筛选和组合，从而确定与城市发展方向一致，体现城市优势，并能够使之融入全球产业链，创造价值的产业体系定位。四是城市特色定位。是指能够综合反映城市的政治、经济、文化、历史和景观形象的地域化个性特征。城市特色是此城市有别于彼城市的核心性标志，港口城市、风景旅游城市、工业城市、数字化城市、学习型城市、绿色城市、钻石之都、金融中心、软件之都、展览之都、钟表之都、石油城等等之间有着迥然相异的特色和个性。城市特色定位必须与原有的自然、人文环境有机融合,正确反映城市的特色,才有利于城市历史文脉的延续和发展。五是城市文化定位。包括对城市意象和城市赋形的归纳和构建。城市文化意象,是凝聚着不同地域、各个民族智慧和历史文化的一种文化符号。赋形就是强调在城市规划、建设和发展中,要通过具体形式体现和传承城市特有的文化意象。

第2章 连云港建设"一带一路"强支点的实证分析

一、历史实证分析

(一)连云港素以"淮口巨镇""东海名郡"著称

连云港古称海州,历史上可追溯到黄帝时代。早在四五万年前,原始先民就在这块土地上繁衍生息。据史籍记载,市境古为少昊氏之遗墟。市域内有明确行政建置于秦代,名朐县,属东海郡。始皇帝曾三次东巡于此,秦代统一交通所修筑的驰道,连接了当时都城咸阳和在连云港所设置的秦东门,这奠定了面向大海的海州成为秦王朝东大门的战略定位,也是今天亚欧陆桥陇海兰新线段的前身。东魏武定七年(549年)设海州,这是历史上第一次出现"海州"名称,辖6郡19县,以"东滨渤海,西缩徐郯,北控齐鲁,南蔽江淮"的区位优势,成为苏北、鲁南沿海地区的政治、经济、文化中心和军事重镇。元、明两代,时称海州为"淮口巨镇"。1948年连云港全境内解放,将新浦、海州、连云港及附近地区划建新海连特区;1949年更名为新海连市;1953年新海连市划归江苏省;1961年新海连市面向连岛、背倚云台山,因港得名改连云港;1962年升为江苏省辖市;1983年国家地市体改时,将徐州的赣榆、东海两县与原淮安市的灌云县划归连云港;1996年将淮阴市灌南县划归连云港;2001年撤销云台区;2014年撤销赣榆县设立赣榆区,撤销新浦区、海州区,设立新的海州区。历经沧海桑田变迁,连云港形成了目前的政区版图。

(二)连云港自古为我国重要通商口岸

从云台山下的大村和朝阳等地出土的商周遗址、春秋战国遗址及汉墓群、石刻等,说明岛上和陆上的交往相当频繁。海州朐港秦汉时就开始同越南、缅甸、印度、斯里兰卡等国往来，素有"海道第一程""海上丝绸之路"之称。唐宋年间，海州朐港可沟通外海内河，北通登、荣、胶、烟，南连通、泰、江、浙，市境内成为海上丝绸之路和陆上丝绸之路的交汇点。唐代，海州开凿 80 公里长的官河，沟通运河和海运，使海州港成为繁华的商港、南北货运集散的码头和海上补给粮饷的军港，宿城出现新罗人居住的村落。宋代，海州年运销原盐 47 万石，在全国六大茶叶集散市场中茶税总额最高，海州被朝廷作为与高丽等海外国家往来的四大重要口岸之一。元、明两代，改漕粮河运为海运，海州港是中转之处，时称海州为"淮口巨镇"。明朝海州已是"漕运重地"，盐业经营举足轻重，在海州设有惠泽和高桥二巡检司，赣榆设有荻水镇和临洪镇巡检司，说明海州在明朝时，海上交往已经频繁。清康熙年间，海州是与"宁波、漳州、澳门"并列的"四海关"之一，成为朝廷"钦定口岸"，设海关，征收海船货税。到了近代，伴随着大浦港及连云港的兴建和东陇海铁路的铺设，连云港的手工作坊及物资交流活动呈现群体性的格局，城市经济发展出现新的繁荣，至上个世纪二三十年代，逐步发展成为苏北鲁南的区域贸易中心。

（三）近现代连云港逐步演变为新兴商业码头

在晚清兴起洋务运动、推动实业救国的背景下，沈云霈、许鼎霖等士商名流就在海州兴办实业，这些推动着海州地区工商业乃至苏北近代资本主义工商业的发展。1933 年中央大学地理系胡焕庸教授来新浦专程考察，在其《两淮盐政考察报告》中讲，"新浦水陆辐辏，商铺林立，是新兴的商业码头，商民俨然以小上海自诩，其前景方兴未艾。"这个阶段，其城市功能有三个标志性的规划定位。

一是孙中山与"东方大港"。孙中山先生于 1917 年撰成《建国方略》，提出中国经济建设的设计。在其第二部分《实业计划》中，提出在我国沿海建设三个头等大港，即北方大港天津港、东方大港上海港和南方大港广州港；四个二等海港，即营口、海州、福州、钦州；还有九个三等港。连云港被列入了二等海港建设之列，在所有大港中名列第五。他认为"海州今已定为东西横贯中国中部大干线陇海铁路之终点""在沿江北境二百五十英里海岸之中，只此一点，可以容航洋巨舶逼近岸边数英里而已"。但直到新中国成立，多点式的连云港还是典型的农耕社会的传统集镇，城市功能就是行政中心或商贸集市的功能。

二是陇海铁路与"东端起点"。沈云霈是东陇海铁路的奠基人，他致力于陇海铁路的规划和建设，促成老窑为陇海铁路的终端。东段徐州至海州的大浦，1923年竣工，全线1953年通车。新浦因此也在20世纪之初逐步发展成为一个区域商埠，成为沭河三角洲河口地区的商贸中心，城市中心也从古城海州转移至新浦，新浦成为地区性的行政中心和手工业、商业集中的区域。1946年以后，商埠新浦沿着交通线朝东北方向延伸，形成了工业和仓库用地的伸展轴，城市形态开始向外呈轴向发展。建国之前，连云港已经形成多点式城市构架，流通城市的基本功能已初具备，但工业和海港还很薄弱，尚不具备现代工业城市和海滨城市的特征和功能。

三是赖琏与"远东工商业枢纽"。1934年老窑港开港，为了支撑港口的发展，1935年国民党南京政府设立连云市，南京市政府秘书长赖琏任连云市筹备组的组长。他们的远程计划是："要把陇海铁路一直向西扩展到甘肃及新疆而与欧洲的铁路系统衔接起来，那么我们便以连云港为起点，横跨亚欧两洲，贯通由太平洋到大西洋的东西大道。这不但是划时代的国际交通新纪元，而且对我国外交、内政、经济、交通和对外贸易，都可以发生极广泛极有利的影响。"经过艰苦的工作，一个东方大都市规划逐渐形成，目标是要建设成为上海和青岛之间的百万人口的国际化的大都市，在江苏比苏州无锡等省辖市都要早。可是由于各种历史因素，多年来东部城区仍一直是连云港市的次中心区。

（四）新中国成立后国际化海港中心城市定位日趋明确

新中国成立后，连云港的城市发展主要还是围绕陇海铁路、港口两大资源进行定位规划。

城市解放后至改革开放前：江苏重要的生产原料基地和半成品、产成品加工基地。连云港解放后，在国家财力支持和国民经济发展计划的指导下，新海地区围绕海洋发展盐业、化工业、加工业，发展成新兴轻化工业城市；东部城区的发展围绕港口和海洋航运而展开，连云港港步入沿海八大港口之一。连云港成为当时江苏重要的生产原料基地和半成品、产成品加工基地，到20世纪70年代，其人均地区生产总值与南京、常州等城市相差无几。上20世纪70年代开始，工商业的发展、人口的集聚，促进中心城市建设进一步发展，新浦和海州、连云和墟沟在空间上连接，多点式城市演化成"一市双城"。尤其是周恩来总理关于"三年改变港口面貌"的指示指引下，连云港市经济发展取得明显成效。

改革开放后至20世纪末：新亚欧大陆桥东桥头堡、临海工业基地、带动地区经济发展的龙头、风景旅游胜地。1984年连云港被确立为第一批十四个对外开放的沿海城市之一，同年国家级连云港经济技术开发区建立，连云港的城市性质发生了根本性的改变。1984年，省政府批复同意《连云港市城市总体规划（1980—2000）》，该规划确定连云港市的城市性质为"中国沿海中部的重要海港城市"。1986年，市政府将城市性质调整为"我国沿海中部新兴的工业、外贸、港口城市"，要求积极发展轻工业、化工业，大力开发风景旅游资源。1994年，国务院把沿桥（中国段）可持续发展列入中国21世纪议程优先项目，规划把连云港建成连接太平洋沿岸国家与中亚地区的国际性港口城市、环境优美的旅游中心、国际商贸中心和交通枢纽。1995年，省政府批复同意《连云港市城市总体规划（1991—2010）》，规划明确连云港城市的性质为新亚欧大陆桥东桥头堡，中国沿海中部的重要的工业、商贸、科技、文化、风景旅游综合发展的城市；远景发展成为国际海港城市。城市的主要职能为：新亚欧大陆桥东桥头堡、临海工业基地、带动地区经济发展的龙头、风景旅游胜地。

步入21世纪之后：沟通东西、连接南北的重要节点与区域中心城市。2005年，省政府批复同意《连云港市总体规划（2003—2020）》，该规划确定连云港的城市性质为新亚欧大陆桥东桥头堡和国际性港口城市、全国重点旅游城市、江苏省海洋开发基地。"十一五"规划、江苏省沿江、沿海、沿线的"U"型战略和开发苏北的战略实施，尤其是连云港"一体两翼"港口发展和"一心三级"的城市发展战略的提出与实施，城市建设与发展，从理念到空间结构和生产力布局等方面实现全方位提升。2005年，连云港市提出了建设"区域性海滨城市、现代化港口工业城市、山海相拥的知名旅游城市"的城市定位。在修编的《连云港城市发展总体规划2008-2030》中，明确了连云港的城市性质的同时，把城市定位为：沟通东西、连接南北的重要节点与区域中心城市，我国中部沿海的国际性干线大港，江苏省乃国家级临港产业基地，山海相拥、环境优美的现代化海滨城市，开放创新、和谐发展的生态宜居城市。提出到2030年，将连云港市打造成开放创新、生活宜居现代、环境绿色低碳的国际化海港中心城市。

二、现实因素分析

（一）资源禀赋和竞争优势

客观而言，相对于国内许多城市，连云港具有诸多得天独厚的资源禀赋和竞争优势，这些既让连云港在一批国家战略实施中占有重要地位，又为连云港建设"一带一路"强支点提供了有利条件。

1. 地理区位独特。1923年陇海铁路修建到大浦，1934年老窑现代港口开港，一条铁路、一个港口，奠定了连云港现在特殊的地理区位。南开大学刘秉镰教授在《论港口城市的经济发展》中分析了港口城市的经济增长，认为城市经济增长的根源在于需求和供给的变动，域外对城市的需求可有效促进这种变动，域外需求和内部供给之间相互促进，加之城市利用本区域所具有的比较优势进行生产，在国际分工中取得比较利益。就港口城市而言，海陆两个腹地使其具有广阔域外需求优势，海运的低物流成本使其发展工业具有极大的成本优势，港航业的极强产业关联性使其对要素集中有较强的吸引和凝聚作用，这些推动了港口城市的经济增长速度往往明显高于一般城市。盛洪教授在《制度为什么重要：如何在地区竞争中胜出》中指出，一个地方的发展，要考虑其自然资源因素、人文历史资源因素以及其地理位置，一个城市的兴衰与其在贸易通道上的地理位置非常相关，某种程度上地理位置决定了其发展潜力和前景。连云港具有连接南北、沟通东西的特殊地理位置，铁路大陆桥将连云港与中西部、中亚西亚乃至欧洲紧紧连接在一起，国际性大港离全球三大主航线较近，处在优势洲际大通道的起始点，在航运区位上具有全国其他沿海港口城市无法比拟的地理优势。地理区位的独特优势，使连云港具有广阔的发展前景，也让国家赋予了连云港诸多使命。

2. 发展空间广阔。连云港陆域面积7615平方公里，处于北纬34°12′~35°07′、东经118°24′~119°24′之间，位于鲁中南丘陵与淮北平原的结合部，地势由西北向东南倾斜，地形以平原、岗地为主，地貌基本分布为中部平原区、西部岗岭区、东部沿海区。地处暖湿带与亚热带过渡地带，受海洋影响，为湿润季风气候，四季分明，光照充足，气候温和。海陆交汇、南北过渡地理位置的特殊性，以及气候特征和地貌类型的多样性，造就连云港独特的资源禀赋优势，赋予了连云港极为广阔的发展空间。连云港农产品物产丰富，是国家重要的粮棉油、林果、蔬菜等农副产品生产基地，海州湾渔场为中国8大渔场之一，全市有地理标志保护产品22个，发展生态、有机、外向农业的条件得天独厚。更需要看到的是，连云港是一个海洋城市，有海域7516平方公里，海岸类型齐全，有组合深水大港，有标准海岸线162公里，其中40多公里的基岩海岸为江苏独有，还拥有480平方公里滩涂，发展海洋经济空间广阔。依托沿海组合大港和300平方公里国有工业性质的盐田，连云港由北到南辟建了一系列产业园区，是国家规划建设的七大石化产业基地，为发展临港工业提供了其他很多城市无法比拟条件。2022年4月，习近平总书记在海南考察调研时指出，"现代化的国家是什么样的，不仅是一个陆地强国，也是一个海洋强国，一个陆海兼修的现代化强国。"国家"十四五"规划和2035年远景目标纲要明确提出，"积极拓展海洋经济发展空间。"连云港海洋资源十分丰富，要进一步树牢海洋意识，把海洋经济作为重要发展空间。

3. 支持政策密集。改革开放之初，连云港被确定为首批14个沿海开放城市之一，批准设立国家级经济技术开发区。2008年，国务院出台的《江苏沿海地区发展规划》，在连云港对外开放、投融资、资源开发与管理、人才保障方面给予极具含金量的政策。2009年，国家出台《国家东中西区域合作示范区建设总体方案》在财政和投资、用地、海关监管、金融等方面给予政策支持，赋予示范区相当于省级政府投资主管部门的项目管理权限。2013年"一带一路"倡议提出后，连云港被确定为新亚欧大陆桥重要节点城市，国家在中哈物流基地、上合组织物流基地、中欧班列等方面给予大力支持。2019年，国务院宣布江苏获批建设自贸试验区，连云港成为三个片区之一，被赋予了"亚欧重要国际交通枢纽、集聚优质要素的开放门户、一带一路共建国家（地区）交流合作平台"三大定位。2021年，中共中央、国务院印发的《国家综合立体交通网规划纲要》中，连云港港被列为全国沿海27个主要港口之一，并正式确定为国际枢纽海港。纲要在"国家综合立体交通网主骨架布局"中提出建设7条走廊，大陆桥走廊位列其中，其主要路径之一为"连云港经郑州、西安、西宁、乌鲁木齐至霍尔果斯/阿拉山口"。

4. 开放载体齐全。港口是连云港最重要的开放载体平台。连云港港是国际枢纽海港、我国综合运输体系的重要枢纽，是中哈物流合作基地、上合组织出海基地。连云港港现已形成连云、赣榆、徐圩、灌河"一港四区"，30万吨级航道水深超过20米，万吨级以上的海港泊位79个、千吨级以上的内河泊位35个，最大泊位等级30万吨级，辟有中东、波斯湾、美西南、非洲等远洋干线在内的集装箱航线73条，与全球150多个国家和地区进行通航往来。连云港经济技术开发区是1984年经国务院批准设立的首批国家级开发区，现已形成新医药、新材料、高端装备制造等主导产业，建成全国最大的抗肿瘤药物、抗肝类药物生产基地，全国重要的现代中药生产基地，全国最大的碳纤维生产基地，亚洲最大的风电装备生产基地。连云港高新技术产业开发区2015年经国务院批准升格为国家级高新区，规划总面积145.2平方公里，区内汇聚了江苏海洋大学、中国船舶第七一六研究所等"九校一所"，建有江苏省海洋资源开发研究院等多个省级新型研发机构，正在加快培育发展智能制造装备、医药与大健康、电子信息及软件、新材料和现代服务业等产业。此外，连云港还有中哈物流合作基地、上合组织（连云港）国际物流园、哈国东门特区无水港、"一带一路"连云港国际农业合作示范区、江苏自贸区连云港片区、连云港综合保税区、中欧跨境运输班列等一批开放载体，举办了中国（连云港）丝绸之路国际物流博览会、中国—中亚合作论坛、新亚欧大陆桥"安全走廊"国际执法合作论坛、国际医药技术大会等国际国内展会。

5. 产业基础较好。2021年连云港实现地区生产总值达到3728亿元，一般公共预算收入完成274.8亿元；社会消费品零售总额实现1203亿元，全市已初步形成新医药、新材料、新能源、高端装备制造"三新一高"新兴产业和石化、冶金"两基型"临港产业等六大主导产业。产业规模逐步壮大，工业应税销售收入突破4000亿元，实现翻番；年销售过百亿元企业达到10家，苏北第一；连续6年获省长质量奖，位居全省前列。产业结构日益优化，2020年全市三次产业占比为11.8：41.9：46.3，第三产业占比超过第二产业4.4个百分点。外向型农业全省领先，农产品出口位居全省首位。"三新一高"产业增势强劲，生物医药产业入围国家先进制造业集群，"中华药港"正在成为中国医药行业新地标；高性能纤维及复合材料、硅材料、化工新材料等产业规模持续扩大，国内领先的新材料产业基地初具雏形；江苏核电5号、6号机组并网发电，7号、8号机组开工建设，新能源发电量占全省近半，是华东地区重要能源基地。临港产业快速崛起，全市临港产业产值达到2600亿元，占到规模以上工业总产值的42%。盛虹炼化一体化项目顺利投产，卫星化学、中化国际部分项目投产达效，世界一流石化产业基地强势崛起。全市产值20强企业中大部分是发展与港口关联产业，基础性、基地型临港工业加快发展，临港产业成为全市经济发展新的重要增长极。

6. 文化底蕴深厚。连云港境内名胜古迹众多，对于城市文化建设、对外文化交往、旅游产业发展来说是宝贵的资源。距今7000多年的将军崖岩画号称东方天书，被考古学家苏秉琦评价为"中国古代文明多元化起源的物证"。二涧遗址、大伊山石棺墓证实6000多年前此地受北辛文化和青莲岗文化影响，形成了独特的地域文化。藤花落遗址证实此地在6000多年前已跨入早期文明的门槛。孔子登山望海、秦始皇东巡等脍炙人口的传说，中国最富浪漫主义色彩的两部古典名著《西游记》《镜花缘》，均诞生于连云港。尤其是"徐福东渡"和"佛从海上来"极为著称，徐福东渡日本在2000多年前是空前的壮举，促成了一代"弥生文化"的诞生，给日本带去了文字、农耕和医药技术。为此，徐福成了日本人民心目中的"农神"和"医神"。另外，"佛从海上来",从20世纪七十年代末开始,我国考古界和佛教界对连云港市的孔望山摩崖造像研究证明,佛教文化有一条路径是从海上首先传入我国的,最早登陆的地方就是中国连云港市。"东渡"与"西游"等地方历史文化,在"一带一路"背景下具有十分重要的当代文化价值。连云港南北交汇、海陆交融的多元文化特质,有利于打造连云港开放包容的城市形象,有利于培育市民的全球视野、包容意识、开放思维。

(二)竞争态势和存在不足

一直以来,连云港存在着经济总量不大、发展不充分、新旧动能转换和产业升级步伐不够快、中心城区带动能力不强、港口优势未能得到充分发挥等问题,这些是在建设"一带一路"强支点过程中,必须客观正视和亟待解决的问题。

1. 综合实力与承担的使命不相匹配。连云港是一个不缺战略的城市,但综合实力不强仍是最大的市情。在江苏13个设区市中,连云港的经济总量长期处在倒数的位置。在全国首批14个沿海开放城市中,连云港的地区生产总值、一般公共预算收入、工业增加值、港口吞吐量等指标都处在靠后位置。在陆桥沿线重要节点城市中,郑州的地区生产总值是连云港的3.5倍左右,西安是连云港的2.8倍左右,徐州是连云港的2.5倍左右,洛阳是连云港的1.6倍左右。不管放在哪个参照系中,连云港的发展都相对落后,与其优越的资源禀赋、地理区位不相称。习近平总书记期望连云港实现"后发先至",辩证地说明目前连云港尚处在"后发"状态。事实上,"一带一路"沿线城市可以分为三类:一类是世界级中心城市,如上海;一类是次区域中心城市,如西安;一类是沿线的口岸城市,比如连云港。英国拉夫堡大学的全球化与世界城市研究组织,通过对研究对象城市与其他城市的关联、城市的商业新闻和先进服务提供水平三个维度分析,测量眼球对象城市对外关联度、"世界形象"和"全球能力"等指标,将城市确定为 α、β、γ、HS(High Sufficiency)、S(Sufficiency)等级,定期推出世界城市排名。2016年推出的新亚欧大陆桥经济走廊中国境内的10个支点排名中,西安 γ 级,郑州、乌鲁木齐 S 级,连云港、徐州均尚未跻身世界城市行列。

2. 桥头堡地理区位优势日益被削弱。港口是连云港最核心的战略资源,港口优势是连云港最大的优势,但是连云港桥头堡的地理区位优势呈现被削弱的趋势。在腹地拓展上,天津、青岛、日照、上海的腹地与连云港交叉,货源争夺激烈。因港口功能、通关水平、航班航线等方面的限制,提供的主要还是船货代服务、引航拖轮服务、船舶供应服务、客货班轮运输等港口航运初级阶段的服务。航线航班密度不够，口岸环境、市场环境、信息环境不成熟，与国际航运配套的金融、保险、贸易服务业务有待发展，导致港口缺乏参与更大范围扩张的竞争力，对中西部地区货源的吸引力不够，沿陇海线地区甚至苏北一些城市舍近求远，选择走上海港、青岛港。尤其是相距不足100多公里的日照港快速崛起，给连云港港带来了巨大的挑战。与此同时，天津、上海、广州等港口城市也在积极作畅通陆桥通道的努力。

3. 产业支撑不足，港口与产业互动不够。虽然近年来连云港经济取得了长足发展，但地区产业基础仍很薄弱，直接腹地对港口的产业支撑不足。炼化一体化等产业项目产出效益还需要时间，新旧动能转换和产业升级步伐不够快，一些小化工的清退为大项目落地腾出了空间，但必须承受转型时期的阵痛。港口功能不能适应临港产业发展的需要，30万吨航道二期工程建设相对滞后，徐圩港区、柘汪、灌河等两翼港区集疏运体系完善需要周期，综合功能尚不能满足临港产业快速发展的需要。港区之间功能布局有待优化，受先天地理因素影响，传统的连云港区后方陆域狭小，港口集疏运一直是个难题，导致了大量的货物需要运输、大批的散杂货集中在中心城区。规划连云港区向两翼港区转移货种，但大型矿石码头、原油码头仍然布局在传统港区。港口与产业互动不足导致本地产业对港口上量贡献不大。据统计，连云港本地货源占港口吞吐量的比重较低，处在20%左右。与之相比，青岛本地货源在港口吞吐量中的比重超过60%，日照超过40%，大连超过35%，苏州及苏南地区货源生成量在太仓港的比重超过60%。连云港港口具有的大运输、低物流成本优势，在推动本地及周边地区产业发展上还远没有得到充分发挥。

4. 城市布局大而散，辐射带动作用不强。长期历史形成了连云港中心城市双城发展格局，全市政治文化经济的重心是新海城区，人口主要集中在新海城区，港口所在的东部城区主要是服务港口，但人口数量不足20万。赣榆县改区后，形成"一心三极"组团发展格局，但其融入主城区步伐还不够快。有限的城市资源、旅游资源、海洋资源、岸线资源的整合程度都不够，资源利用碎片化、配置低效化现象突出，一定程度上是囿于体制机制而互相掣肘，没有发挥出应有的效应。连云港不是大城市但是城市大，发展不够紧凑，导致中心城市的承载和辐射带动能力偏弱。从港城互动来看，港口与城市、旅游、社会事业发展整体水平仍然滞后，港口、城市、工业、旅游互相争夺发展空间。从港口对城市的功能需求上看，城市功能对港口服务的支持不力，航运服务业发展还不够成熟，金融保险、航运贸易、法律咨询、信息服务、航运服务等高端航运服务体系需要加快构建，尤其是作为港口经济发展的主要地区—东部地区的商务环境还需大力营造，世界知名的航运、物流、贸易、金融企业较少，社会服务体系和各类要素市场还不够发达。

5. 交通发展不快，综合交通枢纽建设滞后。连云港境内1935年就建成了90公里铁路，连云港港于1933年现代港口开港。近年来在多重叠加的国家战略机遇推动下，连云港交通运输发展取得了一定成效，但总体上与国家级综合交通枢纽城市的发展定位相比，仍存在较大差距。主要表现在：一是高铁发展滞后。三十多年来铁路交通仅有东西向，没有南北向。陇海铁路连徐段作为国家级铁路大动脉，一直是单线，直到2006年才开始电气化改造。连徐高铁作为国家"八纵八横"高速铁路网的规划项目，成为整个陇海铁路客专最后开工的一部分，实际上早在2009年《江苏沿海地区发展规划》就被省政府明确提出，由于"各种原因"一推再推，直至前几年连盐铁路、连青铁路和连淮扬镇铁路、连徐高铁才建成通车。二是交通集成度不够。服务港口、铁路枢纽、机场等重要交通枢纽的集疏运路网仍需加快建设；支撑服务产业园区发展的连接性道路、铁路专用线等需要加快建设，机场快速连接线开工建设迟迟未提上日程；城市环线、县区通道、功能板块和乡镇节点道路覆盖等有待加强，至今三县、赣榆区与中心城市没有建设成体系的快速通道，影响到中心城市集聚辐射作用的发挥；内河航运通达性不够，海河联运的能力不足。三是出行条件亟待改善。全市对外交通联系通道中，城际间出行可供选择的交通方式较为单一。公路仍有缺失通道，与宿迁方向尚无直连高速道路，与淮安、南京方向若遇雪雾天气没有一级公路辅助通道；部分道路标准偏低、功能不足，不利于城际间高效便捷联系。

6. 经济外向度开放度仍不高，城市国际化水平较低。连云港开放型经济总量小，三资企业、生产企业出口总量偏低，中小企业开拓新市场能力不足；外资缺少重点项目、重点企业支撑，外商投资企业直接从业人员少；"走出去"境外投资项目规模普遍较小；开发园区作为发展开放型经济主阵地作用发挥不够，全市经济外向度、开放度不高，远远落后于国内几大港口城市。西向贸易交往是连云港的传统优势，但是由于西向贸易无论从规模还是种类都相对较小较少，如何将"一带"的西部地区、中西亚国家与"一路"的地区、国家联合互相呼应，是连云港贸易开放的一个课题。连云港与日韩一衣带水，但对日韩、港台的开放合作上与周边盐城、淮安等城市都有差距。在投资开放方面，连云港不仅存在开放程度不足，还存在开放政策权限的掣肘，由于本身的投资体量较小，导致对外金融服务领域发展较慢，国家开放政策倾斜程度一般。在城市国际化方面，缺乏系统化制度设计，城市提供国际服务的功能偏少，国际化色彩不够鲜明。在徐福东渡传说与《西游记》所蕴含的"东渡西游"精神、《镜花缘》少有的农业社会开放意识表征上的文章做得不足、挖掘不深、辨识度不高。徐福在日韩拥有深远的影响力，但是这一文化纽带没能充分利用，对日韩文化交流做得不深不透。自2016年以来，青岛已顺利完成三轮"国际化+"行动计划，推进完成439项重点工作任务，涵盖推进经济发展、城市规划、社会治理、公共服务、国际交流、人文环境、人才引进等各方面，推动城市综合实力显著提升，城市面貌发生深刻变化，城市集聚辐射功能日益显现，相比之下连云港还有很多工作需要做。

第3章 推进"一带一路"强支点建设的路径选择

连云港建设"一带一路"强支点，应牢固新亚欧大陆桥经济走廊节点、国家东中西区域合作示范区，上合组织出海口、中哈物流基地、打造标杆和示范项目、海洋强市等意识，着力提升城市发展定位。（1）从空间上来看，连云港应定位为"一带一路"枢纽城市。连云港是国家"一带一路"规划确定的新亚欧经济走廊节点城市、上海合作组织出海基地、中哈物流中转基地，同时也是江苏省"一带一路"交汇点建设的强支点。连云港向东辐射日韩经济圈，向西辐射中西部、西亚、中亚以及欧洲地区，其城市潜在的空间影响范围，具备建设"一带一路"重要枢纽城市的条件。（2）从功能上来看，连云港应定位为东西双向开放的重要门户。着力发挥对日韩开放的地理优势和对大陆桥合作的传统优势，打造东西双向开放的重要门户，向西看更重要的是向东看，扩大向东开放，引领向西开放，不断提升开放能级，全面建设与"一带一路"共建国家和地区在更宽领域、更深层次的良性互动合作示范区。（3）从产业上来看，连云港应定位为新型临港产业基地和中国东部沿海重要的经济增长极。建设"一带一路"强支点，综合经济实力是根本。一方面要发挥临港综合优势加快做大做强临港经济，另一方面要发挥"三新一高"产业竞争优势加快做优做强战略性新兴产业，加快建设世界级沿海新型临港产业基地、极具竞争力的先进制造业基地，全面深度融入国际产业链、供应链和价值链，不断提升连云港在国际经济中的作用和地位。（4）从特色定位上看，连云港应定位为"一带一路"东方大港。建设具有更强集聚辐射能力的枢纽港、产业港、物流港、贸易港，使之成为"一带一路"东方大港和"一带一路"重要的海陆物流枢纽。同时积极承担重点面向大陆桥、面向东北亚的国际功能，举办大型国际性活动，提升连云港在"一带一路"的影响力和话语权。(5) 从文化上来看，连云港应定位为"一带一路"重要人文交流城市。连云港是一座历史文化资源富集的东方城市，尤其是"东渡"与"西游"文化品牌。应坚持古为今用、推陈出新，彰显和而不同、自强不息的城市文化精神和开放包容、兼收并蓄的城市文化品格，大力推进"一带一路"人文交流。

重点采取以下发展战略：(1) 以港兴市战略。"建港兴城，城以港兴，港为城用，港以城兴，港城相长，衰荣共济"，正是港城关系的内涵。港口是连云港最核心的战略资源，最大限度地发挥好港口的比较优势，实施以工兴港、以港兴市，是推进连云港发展的必然选择。要加快打造国际基本港、区域枢纽港和特色产业港，加快以港兴市，实现港城互动，真正发挥好港口的龙头带动作用。(2) 产业强市战略。工业化是连云港发展不可跨越的阶段。大体上工业化可以划分为初期、中期、后期三个阶段：初期是以轻工业为主体的发展阶段；中期是以重工业为主体的发展阶段；后期也称之为后工业社会时期，是由以工业为主体转向以服务业为主体的发展阶段，或者说是发达的工业化阶段。目前，连云港正进入工业化的中后期，要加快推进工业化进程，并推动现代服务业发展，实现城市经济多元集聚增长。(3) 创新驱动战略。这是大的发展趋势，不创新没有前途，否则永远是个平庸的城市。对于科技创新资源相对缺乏的城市，需要加快破解这个瓶颈制约。与先进发达城市相比，连云港创新资源比较薄弱，但是在一些领域创新很有特色，在国内甚至国际领先。要坚持一手抓好投资拉动，另一手抓好创新驱动，推动经济实现质的有效提升和量的快速增长，通过聚力创新，转变发展动能，激发发展活力。(4) 绿色发展战略。贯彻落实"生态优先、绿色发展"要求，科学处理好经济发展与生态保护的关系，坚持以发展为主旋律，以环保为硬约束，以生态为竞争力，在解决好化工园区整治、入海河流水质改善、饮用水源安全等现实问题的基础上，着力保护好、发展好连云港的自然之美、生态之美、绿色之美。(5) 协调共进战略。发展经济只是手段，是为了夯实物质基础，最终目的是改善民生。连云港实现后发先至，应在经济社会发展的协调性上下功夫，多方面多领域同步发力，解决结构性民生矛盾，提升普惠性民生水平，强化扶助性民生兜底，满足多样性民生需求，让人民生活每年都有新变化、一年更比一年好。

连云港建设"一带一路"强支点，关键在于提供面向"一带一路"的先进国际服务，关键在于深度融入全球产业链。应采取有力措施，扎实加以推进，重点做好以下几个方面的工作。

一、加快推动物流运输港向区域资源配置中心转变

加快推进面向陆桥的区域性国际航运中心建设，推动物流运输港向区域资源配置中心转变。航运中心不是一个简单的港口定位，而是涵盖了港口所在城市与航运相关的功能，涉及经济、外贸、加工、仓储、航空、金融、保险、海事、信息、人才等多领域。加快航运、物流、商贸、金融、信息等产业发展，推动港口由物流运输港向资源配置中心转变，是对连云港城市总体功能的定位，其主要是从整体上强化城市功能，为生产要素自由流动畅通渠道，增强港口城市对腹地的辐射能力和承接国际产业的能力。连云港建设区域性国际航运中心，具体功能体系包括以下几个方面：一是大陆桥运输与物流服务中心。国际运输与物流服务是连云港陆桥国际航运中心的核心功能，主要涉及口岸的物流通过与处理能力，包括完善城市与经济腹地的海陆空河管道等综合立体交通体系，健全物流、仓储、配送、分拨及供应链一体化管理系统，整体提升口岸通过能力与服务水平。二是大陆桥商品与贸易服务中心。贸易引起的物流集散是国际航运中心发展的动力所在。只有形成发达的国际贸易，才能从货源上为航运中心提供有力支撑。作为大陆桥沿线地区重要口岸的连云港，应该成为服务大陆桥沿线地区开展国际贸易的重要口岸。国际商品与贸易服务中心主要涉及国际商品贸易市场的建设，以及区港联动和保税港区、自贸区试验区的发展。三是大陆桥生产与加工服务中心。利用深水组合大港，丰富的岸线资源、土地资源，临港产业区、出口加工区，以及东中西区域合作示范区等优质载体，加快建设陆桥沿线地区出口产品加工基地和进口资源深加工基地。四是大陆桥海事咨询与服务中心。国际海事等航运服务功能对航运企业和货物委托方具有很大的吸引力，是最能体现国际航运中心地位之所在，是航运中心所在港口城市经济能量与活力的反映，应大力强化其航运咨询、航运交易、海事保险、海损理算、海事仲裁、海事监管等职能。五是大陆桥航运信息服务中心。航运信息中心具有航运信息有效集聚、航运信息专业分析、航运信息权威发布、航运信息辅助决策、航运信息增值服务等基本功能，要建立标准化、系统化、多接口的国际信息交换与服务系统。六是大陆桥航运金融服务中心。主要涉及的是位于连云港的各银行、保险、证券、事务所与财务结算中心等金融服务机构的发展。七是大陆桥航运人才服务中心。航运中心建设不仅需要高级工程技术人才，还需要大

批精通国际航运以及与之相关的管理人才，如航运业务管理、金融、贸易、海关、商检、港监、理货等各类高级人才。

围绕建设区域性国际航运中心，着眼建设枢纽干线大港、提升城市整体功能，加快推进以下重点工作。一是建设枢纽大港。连云港建设区域性国际航运中心，要坚持航道深水化、码头专业化、船舶大型化、航线国际化的要求，按照"一体两翼"组合大港空间布局，推进港区功能调整和专用码头整合，着力形成功能齐全、分工合理、协调发展的组合大港布局。二是提升物流体系。按照"完善铁路、拓展公路、提升空港、打通运河"的思路，构筑现代化的海陆空铁水立体交通体系，凸显沟通南北、连接东西的国际中转枢纽的战略节点优势。深入实施水运主通道建设工程，实现"一体两翼"港区深水航道通航，着力形成连接京杭大运河、长江的内河干线航道网。加快完善建成面向周边地区的"七纵十横"干线公路，加快推进连云港至淮安高速改造工程，争取建设连云港至宿迁高速通道。同步提升海空双港能级，推进花果山机场二期建设，积极发展临空经济。争取连云港至临沂方面铁路建设。加快徐圩新区、赣榆港区等重点园区、港口铁路专用线建设，完善港口集疏运体系。三是优化口岸环境。提高口岸管理的规范化、标准化和国际化水平，完善连云港口岸"大通关"体系，使连云港口岸的功能、效率、管理、服务达到国际一流水平。加强与西部内陆地区的跨口岸协作，在主要腹地城市建设具有综合物流集散功能的内陆"无水港"，拓展"属地申报、口岸验放"和检验检疫直通放行业务，延伸连云港口岸功能，逐步放大"大通关"范围，实现大陆桥全线贯通，简化进出境货物通关、转关和过境手续，提升通关贸易便利化水平，吸引新亚欧大陆桥更多货物从连云港口岸通关。四是集聚航运要素。围绕港口航运发展相关服务业，强化航运要素集聚，使港口城市从"交通枢纽"上升为"航运中心"。重点加快建设航运服务集聚区，吸引现代服务业集聚，打造国际一流的航运服务环境。积极拓展船舶管理、船舶经纪、船舶保险、航运信息、国际海事诉讼、国际海事仲裁等服务功能，完善航运科技、航运咨询和航运信息服务产业体系，加快发展船舶技术转让、技术开发和船舶技术咨询、技术服务等业态。五是大力发展金融服务。加强金融市场体系、金融机构和业务体系建设，大力改善金融环境，加快引进银行分支机构，积极发展地方性银行和各类金融、保险业务，重点强化航运融资、航运保险、国际结算、中介机构等方面的业务，建设服务苏北鲁南、面向"一带一路"的区域性金融中心。

二、打造开放特征更加明显的国际化枢纽城市

建设"一带一路"强支点，加强区域协作、扩大对外开放是核心要义，这既是连云港服务国家战略实施的重大使命，也是推动连云港高质量发展的现实需要。要大力度打造开放特征更加明显的国际化枢纽城市，充分利用国际国内两个市场，汇聚国际国内两种资源，助力连云港实现后发先至。

（一）加快推动海陆双向对外开放

既要注重发挥大陆桥海陆联运传统优势形成向西开放的比较优势，更要注重发挥与日韩一衣带水的地缘优势形成向东开放的竞争优势。与东部沿海地区和东北亚的日、韩国家相比，地广人稀的中西部地区和中、西亚国家的经济实力相对较弱，客观上经济深度合作的空间相对较小，连云港对外开放合作的重点应更加突出"向东"方向。一方面，要围绕"打造标杆示范项目""上合组织国家出海口""中哈物流基地""国家东中西区域合作示范区""中欧班列"等时代课题，在向西开放上既"写意"又"写实"，擦亮中哈物流基地、"霍尔果斯—东门"特区无水港、上合组织出海基地等品牌，加快布局里海、中西亚、中东欧等大陆桥沿线物流节点，加快提升中欧班列运营水平，加快扩大中国（连云港）丝绸之路国际物流博览会（连博会）、新亚欧大陆桥国际执法合作论坛（连云港论坛）、上合组织国际圆桌会议等影响力，加快推进东中西产业合作示范区等载体建设，积极发挥连云港在新亚欧大陆桥的枢纽作用。另一方面，要切实加大对日韩招商引资力度，强化对东北亚经贸合作。东北亚是全球最具活力和发展潜力的区域之一，其经济总量占亚洲70%以上。连云港离日韩海上距离在500海里以内，空中距离在2小时以内。源自连云港的徐福传说影响比较广泛，与徐福相关的传承地在日本、韩国有20多处，中日韩三国与徐福相关的研究社团共计约50多个。连云港与日韩地缘相近、人缘相亲，应努力在对日韩经贸合作上尽快实现突破。连云港一度设立过中日生态科技园、中韩产业园，也曾试图与日本方面开展生态产业合作，但很长时间未取得实质性的突破。目前西大堤填海区域尚未开发，建议与连岛连片规划建设，深入落实中国（江苏）自由贸易区政策，学习借鉴海南自由贸易港做法，争取国家层面给予更大相关政策支持，对标国际高水平经贸规则，建设面向日韩、中西亚地区的特殊海关监管区，推进贸易自由便利、投资自由便利、跨境资金流动自由便利、人员进出自由便利、运输来往自由便利和数据安全有序流动，打造中国东部沿海重要的开放门户。

（二）加快建设国际性海港中心城市

从城市基础建设和城市治理两个方面着手，大力提升城市的承载和辐射能力。城市基础建设方面，要加快建设美丽宜居特色海滨城市，为引进吸纳国际国内优质发展要素创造一流的人居环境。优化城市空间布局，按照"城市东进、拥抱大海"发展方向，着力形成组团发展、功能互补、提升品质、彰显特色、快速联通的城市发展格局。遵循港口城市空间演变规律，优化岸线资源配置，连云港区加快推动部分货物向两翼港区转移，老港区岸线适度转变为城市、产业、旅游岸线。以连云新城建设为重点，加强商贸商务、港航服务、高端居住等业态集聚发展，形成功能配套齐全、高端商务服务集聚的特色居住区。强化赣榆城区与主城区、连云老城区与连云新城融合对接，切实提升赣榆、连云海洋经济、商贸旅游、滨水居住等城市功能。树立公园城市理念，把整个城市建设成美丽宜居的大公园，着力发挥山、海、湿地等良好生态本底，构建大尺度的生态宜居空间，打造绿色发展的城市样板。把海滨特色、地方文化、旅游城市等理念融入规划建设，加强对重要节点的景观设计，打造"显山、露水、见海、融绿"城市天际线。深入挖掘本土文化和民风民俗，深化保护性修复，加快特色文化街区建设。突出海滨特色，串联海岛、沙滩、湿地、岸线等资源，做优做美黄金海岸风光带，大手笔勾勒海州湾印象。城市治理方面，要加快构建同国际投资和贸易通行规则相衔接的制度体系，努力营造市场化、法治化、国际化的一流投资发展环境。要树立开放思维，置身于当代国际政治、经济、文化的情境思考问题，承认并容纳必要的复杂性和不确定性，看到全球问题与商业机会或挑战之间的直接联系，坚持国际先进经验和连云港实际相结合，积极在国际先进国家合作中寻找切入点和结合点，主动学习、接轨国际规则和国际惯例，引入国际通用的行业规范和管理标准，提升城市治理现代化水平。要将营商环境作为重要生产力。打造优良营商环境是要让市场主体蓬勃发展，企业主体拥有较强获得感，其背后是政府思路和理念的创新，以及能够提供完备的制度安排和服务。要树立更高标杆、打造典型示范，持之以恒，不断努力，下大力气把连云港打造成为审批事项最少、办事效率最高、服务质量最优、创新创业活力最强的区域之一。要依托中国（江苏）自由贸易试验区、连云港综合保税区、中哈物流基地、上合组织国际物流园等开放载体建设，建立与国际接轨的营商规则，引导企业遵循相关的国际公约和协定，让开放环境更加互利共赢。

（三）加快打造具有影响力的国际交流平台

以政策沟通、设施联通、贸易畅通、资金融通、民心相通为主要内容，"一带一路"倡议致力于共同打造政治互信、经济融合、文化包容的利益共同体、命运共同体和责任共同体。除推进经贸合作、推动设施联通、贸易畅通、资金融通外，政策沟通、民心相通必不可少。为此，包括连云港在内的节点城市纷纷建设合作交流平台，开展多层次、多渠道沟通磋商，建立完善多边联合工作机制，如"一带一路"国际合作高峰论坛、博鳌亚洲论坛、中国—东盟博览会、欧亚经济论坛、中国—阿拉伯博览会、中国西部国际博览会、中国—俄罗斯博览会、丝绸之路（敦煌）国际文化博览会、丝绸之路国际电影节和图书展等。连云港要切实发挥中国（连云港）丝绸之路国际物流博览会的效应，推动更多国际物流企业助力连云港物流产业发展、打造标杆示范项目。积极办好上合组织国家圆桌会议，争取将连云港作为永久性会址。推动"连云港论坛"常态化机制化运行，加快建设"一带一路"国际执法安全培训和研究中心，构建新亚欧大陆桥执法安全合作新平台。同时，要积极参与《区域全面经济伙伴关系协定》（RCEP）落实和中日韩自由贸易区建设，探索促进中日韩自贸区建设的地方合作机制，加强对日韩以及东南亚国家区域交流合作。"东亚文化之都"评选是落实中日韩三国领导人会议精神，由三国共同发起的国际性文化城市命名活动，是中日韩人文领域交流的重要成果和东亚区域文化合作品牌。自2013年启动"东亚文化之都"评选以来，每年中日韩三国各评选1-2个城市当选"东亚文化之都"，目前青岛、宁波、扬州、大连、济南、泉州、西安等城市都已获评。建议启动"东亚文化之都"评选工作，推广连云港的城市文化品牌，促进连云港与日韩的文化交流。要积极与"一带一路"共建国家和地区开展公共外交、民间外交和民族文化交流，缔结更多友好城市，加强环保、旅游、文化、教育领域的对外交往合作，推动江苏女子民乐团走进沿线国家，打造"丝路东方留学连云港"品牌，支持江苏海洋大学马卡洛夫学院建设。建设"一带一路"交汇点研究与科普基地，积极开展"一带一路"学术交流和文化传播。

三、建设辐射带动能力强的重要经济增长极

抢抓"一带一路"重大机遇，发挥连云港比较优势，加快建设辐射带动能力强的重要节点城市。

(一) 加快推动港口经济转型升级

港口经济的内涵理论界尚未形成普遍的认定，一般认为港口经济从空间上看是一个区域经济概念。港口经济（Port Economy）是在一定区域范围内，由物流运输、临港工业、港航、商贸等相关产业有机组合而成的一种区域经济。港口和城市是两个复杂的经济系统，港城互动发展是港口城市经济发展的关键。港口城市经济发展一般遵循从初级商港经济阶段发展到临港工业经济阶段，进而发展到多元集聚经济增长阶段的历程。初级商港经济阶段，港口经济主要以交通运输为主。港口工业经济阶段，主要是利用港口物流成本优势（李克强总理在长江经济带座谈会上讲，公路货物运输每吨每公里物流成本在 0.45 元左右，铁路运输每吨每公里物流成本在 0.13 元左右，水运每吨每公里物流成本 0.05 元左右）和港口海陆两个扇面腹地的市场优势，发展临港工业经济。多元集聚经济阶段，主要是发挥港口强关联作用，发展航运、贸易、金融、信息等现代服务业，实现多元经济增长。尤其是贸易发展，港口的本质是商埠，是贸易通道。近代以来农业文明走向海洋文明，国际上经济发达地区主要集中于沿海港口周边区域。港口城市具有诸多发展优势，以港兴市是港口城市发展的基本战略，港城互动是港口城市经济发展的基本要义。就连云港而言，作为横贯中国东中西三大区域的铁路大动脉最直接、最便捷、最经济出海口，连云港在沿海港口具有先天优势，但很长时间以来停留在运输装卸经济阶段，围绕港口的贸易经济长期未得到充分的发展。囿于港口后方陆域狭窄，临港工业发展迟缓（全市最先突破 40 亿产值的工业企业益海粮油，其厂区坐落在港口作业区），直至徐圩、赣榆以及两灌港区建设，临港工业经济才有发展空间。目前连云港处在港口工业经济加速集聚阶段，要发挥两翼港口和岸线资源优势，重点发展石化产业等大进大出的临港工业，以及面向"一带一路"的资源加工产业。临港产业有丰富的内涵，如果仅仅立足于石化产业，会显得过于单一，连云港需要加强向日本的"三湾一海"、新加坡的裕廊工业区学习，加快发展现代临港工业。日本的三湾一海的太平洋工业地带，不仅是日本也是世界工业最发达工业区之一，几乎集中了日本全国的石油化工、钢铁机械、建材造船、汽车等基础工业。新加坡裕廊工业区的工业包括造船、修船、炼油、钢铁、水泥、化学、汽车装配、食品、电缆等，各主导产业由最初的初加工向高附加值产品领域延伸。国内一些港口城市临港工业发展迅速，今年 9 月巴斯夫湛江一体化基地首套装置正式投产，该项目投资总额达 100 亿美元，是巴斯夫迄今为止最大海外投资项目，建成后将成为巴斯夫全球的第三大一体化生产基地，仅次于德国路德维希港和比利时安特卫普基地。项目首批装置将生产工程塑料及热塑性聚氨酯，为汽车、电子产品以及新能源汽车等领域提供材料。连云港要遵循港口经济发展一般规律，加快推进盛虹炼化、中化国际、卫星石化、新海石化等一批旗舰型龙头项目，高标准打造千亿级石化产业集群，建设世界级的沿海新型临港产业基地，同时加快发展港航、物流、贸易、金融、信息等现代服务业，推动港口经济从临港工业经济阶段向多元集聚经济阶段转变。

（二）加快做强战略性新兴产业

创新型经济是经济发展的主导力量，战略性新兴产业是做强未来产业竞争优势的必然选择。连云港尽管创新资源相对薄弱，但创新型经济有特色，要坚持有所为有所不为，在战略性新兴产业发展上占有一席之地。连云港创新型经济发展应重点突出几个方面：一是"药"（新医药产业）；二是"材"（新材料产业包括碳纤维、硅材料、化工材料等方面）；三是"化"（化工及其下游材料产业）；四是"机"（燃气轮机及其相关产业）；五是"海"（海洋高科技产业方面）；六是"农"（现代农业方面）。要继续瞄准新医药、新材料、新能源以及高端装备制造等"三新一高"和石化、现代农业以及中科院燃气轮机项目、深海科学技术太湖实验室连云港中心等相关科技创新资源，积极拓展延伸产业上下游，开展产业原始创新、应用研究和集成创新，加快把特色优势转变为竞争优势。新医药方面，加快打造"中华药港"。燃气轮机方面，其产业链涉及机械、冶金、材料、化工、能源、电子、信息等诸多工业部门，涵盖气动热力学、工程热力学、传热学、燃烧学、结构力学、控制理论、材料学、制造工艺等众多基础学科和工程技术领域，要依托大科学装置中科院燃气轮机建设，围绕相关产业链开展招商，加快发展燃气轮机相关产业。新材料产业方面，强化石化产业基地科技创新，引导化工产业向新材料产业延伸。现代农业方面，依托现有的创新园区平台，加快建设国家级农业科技园区，做强做优现代农业。海洋经济方面，深入挖掘、积极对接江苏海洋大学、702研究所、716研究所等高校院所的创新资源，加快推进海洋科技创新，打造国内具有影响力的海洋产业基地。

（三）加快培育壮大海洋经济

21世纪是海洋的世纪。2021年，我国海洋经济生产总值突破9万亿元，江苏海洋经济总产值突破9000亿元，连云港海洋经济实现产值1048亿元。

连云港海洋资源丰富，有港口、渔业、盐业、矿产、土地、旅游、能源等资源，但开发利用多局限于渔业、盐业、港口和旅游等产业，海洋利用规划滞后，海洋经济平台缺失，海洋科技创新体系刚刚起步，涉海中介服务发展缓慢，开发科技含量不高，资源开发效益偏低，生态保护矛盾凸显，管理协调水平不高，总体上仍处于传统粗放型开发阶段，缺乏有规模的海洋特色产业、龙头企业和品牌产品，海洋经济总量与海域面积比重不相称，还没有形成完备的现代海洋产业体系。要坚持陆海统筹和区域联动，促进空间布局、产业发展、基础设施、资源开发、生态保护协同发展，形成全方位、多层次、广覆盖的协调海洋经济发展新格局，打造"海州湾湾区经济"。加快做优海洋渔业，着力培育高效特色精品渔业园区，推进海洋牧场建设，扶持发展远洋渔业，强化渔港经济区建设，构建现代化水产品加工流通体系，积极引进有实力的社会资本，加快推进南极磷虾和深海养殖工船项目。打造海洋新兴产业增长引擎，加快发展壮大海洋装备、海洋药物和生物制品、海水利用等海洋新兴产业，积极布局海上风电、海洋能、海洋新材料、海洋工程等潜力产业。推进与中船重工702所、716所、江苏海洋大学等科研机构合作，加快建设深海技术科学太湖实验室连云港中心等一批创新载体平台。组建连云港海洋经济金融服务平台和产业发展基金，引导金融机构、社会资金投向海洋产业。强化全社会的海洋国土意识、海洋经济意识、海洋环境意识和海洋国防意识，牢固树立"向海洋要资源，向海洋要发展空间"的观念，将海洋经济强市作为立市战略，研究制定海洋经济发展战略和主要政策措施。

（四）深度开发文化旅游产业

围绕建成全国知名的滨海旅游目的地目标，大力推动全域旅游发展，加快旅游产品开发，加强旅游品牌营销，切实提高旅游公共服务水平，把连云港建设成为国内著名的旅游强市、国际著名的旅游目的地。大力发展全域旅游，精心编制全域旅游发展规划。全面提升花果山西游文化旅游的核心带动作用，形成海洋休闲度假产业轴、山海城市风情发展轴、山水人文体验发展轴，把前云台山片区、连岛及后云台山片区、锦屏山及海州古城片区、东海水晶产业园和温泉等旅游资源核心区打造成为特色鲜明、功能完善、优势互补的旅游产业集聚区。推进旅游业与相关产业融合发展，重点打造工业旅游、休闲农业、体育休闲等新型旅游产品。深度挖掘旅游资源，构建以观光旅游为基础，休闲度假旅游为主体，新型业态为特色的旅游产品体系，大力发展海洋休闲度假、海州文化体验、山地休闲体验、温泉休闲养生、时尚休闲田园五大旅游业态，着力开发潜水、垂钓、海底观光、海上休闲运动等旅游产品。推进国家历史文化名城建设，深入实施文脉整理研究工程，夯实旅游经济、文创产业发展基础，推广连云港海陆交融、南北交汇、开放包容的城市品牌形象，促进与"一带一路"共建国家文化交流。强化"文化是旅游灵魂、旅游是文化载体"理念，大力发展文创产业，提升文旅服务和产品供给质量，培育和壮大文旅消费新业态、新模式，激发文旅消费潜力，加快打造文化和旅游注意力经济亮点。

第4章 连云港"一带一路"强支点建设的政策建议

将连云港打造成为"一带一路"强支点，是一项长期性、系统性和全局性工程，需要整个城市上下齐心，需要相关区域协调配合，更需要强有力的政策支持。

（一）支持连云港提升先进国际服务能力

一是支持上合组织国际物流园建设，将上合组织物流园设为省级开发区，向国家层面争取纳入上合组织合作框架。完善设立上合组织国际物流园海关监管场所，支持依托中哈铁路装卸场站设立铁路口岸。二是支持打造国际骨干精品班列，设立专项资金，增强对日韩过境货源、西向出口货源、东向回程货源的市场开发能力。三是支持连云港强化与国际航运、铁路、海关等合作协同，在"一带一路"沿线建设物流场站、分拨中心、海外仓等物流节点。支持建设"一带一路"物流大数据中心，沿线主要物流节点建设信息化平台。四是支持建设区域性国际航运枢纽，深化连云港与中远海运集团、上海港口集团合作，共建集装箱外贸干线港和内贸中转港。支持连云港近远洋航线开发、江苏长江北向出海通道建设、全国区域内贸中转中心建设和海铁联运、海河江联运等业务发展，提高航运市场分担率和话语权。五是支持重点基础设施建设，将连云港至临沂城际铁路纳入省中长期铁路网规划，加快连宿高速建设，争取早日建成服务于沿线经济社会发展。

（二）支持连云港深度融入国际产业链

一是支持临港产业基地建设。增加能源消费、煤炭消费、节能考核和主要污染物排放指标，并对国家规划的重大项目和产业转移项目给予倾斜。二是扶持特色产业做大做强。推动省产业研究院在连云港设立医药创新分院。加快省药品认证审评分中心等机构建设，缩减新药注册申报周期。支持连云港对全球和全国物流龙头企业合作，布局一批枢纽型物流企业。省市联动推进省内航运企业快速发展，支持连云港自主发展龙头型航运企业。借鉴厦门航空创立发展经验，省市共同出资，成立省属航空公司。支持将连云港港打造为江苏国际邮轮第一港、国际邮轮母港。三是强化金融支持发展政策。鼓励金融机构提高融资便利程度，创新金融服务产品，多渠道为企业提供长期低成本融资。支持连云港开展跨境人民币创新业务试点，争取在外商直接投资资本金结汇管理方式改革等更多领域开展先行先试。争取在连云港设立国开行二级分行和"一带一路"开发银行。放大省"一带一路"产业基金效应，设立连云港"一带一路"强支点建设专项基金，撬动社会资本参与建设。支持连云港建设大宗散杂货进口商品国际交易中心和交易平台。

（三）支持连云港拓展对外交流合作

一是打造"一带一路"品牌展会，成立省"连博会"工作领导小组，统筹协调各项具体工作，继续给予专项资金扶持，将其打造成国家级物流专业展会。二是加快连云港论坛建设，完善省级层面协调机制，成立省政府联席会议机制，会商研究论坛建设有关重大问题。支持"一带一路"国际执法合作论坛永久会址建设，在立项、资金等方面给予支持，同时扶持连云港安防产业发展。三是支持连云港承办国际性会议，积极落实在连云港召开的上合组织国际圆桌会议联合声明，争取在连云港设立永久会址。四是开展"一带一路"文化人才交流，支持连云港地方高校发展，推动科技与人才资源加速集聚。支持连云港建设省重点产业高技能人才专项实训基地。设立"一带一路"文化交流工作专项资金，重点支持相关文化活动。五是与"一带一路"国家和城市搭建交流平台，助推江苏女子民族乐团走进更多国家，提升国际影响力。

作者张国桥系江苏省连云港工贸高等职业技术学校党委书记，谢朝清系连云港新丝路城市发展研究中心主任、副教授；本文获连云港市第十五届哲学社会科学优秀成果奖二等奖。

不做局外人：探寻跨境电商借力融入自贸试验区的现实路径
——全域自贸系列研究之一

张永华　吴　迪　孟昶酉

跨境电商是不同国家和地区交易主体，通过互联网平台进行的国际商业活动，是传统国际贸易的网络化，传统电子商务的全球版。随着国内国际双循环发展格局的加快构建，我国跨境电商迎来井喷式增长，成为全球发展最快的市场，"十三五"期间，跨境电商交易规模增长了3.4倍，从0.5万亿元增长至1.69万亿元，年均增长率35%左右，尤其是刚刚过去的2020年，跨境电商在全球新冠疫情防控中起到了"渠道"作用，为跨国防疫物资供应作出重要贡献，增长率超过50%。面对国际贸易保护主义、关门主义抬头升温的严峻现实，跨境电商日益成为外贸保持增长的新引擎、转型升级的主力军、连通双循环的新链接。

近年来，连云港市跨境电商发展势头良好，初步形成以东海水晶产业为支柱、以连云区综合服务为支撑的发展体系，先后建成大陆桥跨境电商产业园、跨境电商监管中心、海运快件运营中心等各类功能载体，获准开展"9610""1210""9710""9810"、海运快件、国际邮件等跨境电商业务，是苏北唯一同时获批跨境电商零售进口试点和跨境电商综试区的城市，具备全模式、全业态的竞争优势。开放是跨境电商的天生基因，作为开放能级最高的载体，江苏自贸试验区连云港片区的成功获批，为连云港市跨境电商发展带来新的风口。如何抓住用好这一重大机遇，借力融入自贸试验区建设，激活"全域自贸"新动能，实现跨境电商更高质量发展，我们以东海县跨境电商为样本，进行了调查研究。

一、成效：东海县跨境电商发展情况

凭借"世界水晶之都"品牌和"买全球、卖全球"优势，自新世纪初，以通过阿里全球速卖通平台销售水晶为标志，东海县跨境电商在全市率先起

步,经过十几年的发展,跨境电商取得了显著成效,成功获批国家级外贸转型升级基地。

（一）交易规模增长迅猛

以水晶特色产业为基础,跨境电商交易规模近三年实现了80%以上的大幅增长,2020年全县交易额突破18亿元,同比增长200%,占全市交易额的60%以上,其中水晶跨境电商交易额超16亿元,为国内规模最大、产品链最全、集聚度最高。现有从业人员超过1万人,间接带动创业就业3万人以上。产品销往美国、澳大利亚、欧洲、日韩等100多个国家和地区,包括"一带一路"沿线所有国家和地区。

（二）主体培育效果初显

强化扶持培育,实施跨境电商龙头企业专项扶持计划,捷晶水晶、风铃水晶等骨干企业迅速成长,现有规模以上跨境电商企业13家,年交易额均超过1亿元人民币。开展以新带旧,靠前指导培训,鼓励生产企业开展跨境电商业务,引导企业与阿里国际、eBay、亚马逊等平台对接合作,用互联网延伸销售渠道,扩大出口规模。大力推动跨境电商创新创业,建成啡咖啡、青巢等双创基地,创建跨境电商孵化中心,成功孵化跨境电商企业85家,全县拥有各类跨境电商经营主体超3000家。

（三）载体建设不断突破

以全国有影响、全省有地位为目标,全力将跨境电商打造为东海县又一张靓丽"名片"。全省首家直播电商产业园投入使用,建成水晶电商跨境电商交易中心,设有商品展示、社交洽谈等8个功能区。公用保税物流仓开仓运营,保税物流中心（A类）基本建成。启用水晶跨境电商大数据平台,汇总水晶产业各类数据,实时开展精准分析研判。大力推广"点点通"跨境电子商务公共服务平台（以下简称"点点通"服务平台）,实现一点接入、一站式服务。2020年6月,东海县四海国际物流公司跨境电商"9610"海运出口商品顺利从连云港通关,3个月后"9810"转关出口也顺利通关,均系苏北第一单。

（四）服务保障稳步夯实

提高金融服务水平,促进金融机构、第三方支付平台、第三方电商平台合作创新，为跨境电商企业提供在线支付结算、融资保险等金融服务。电商物流园一期基本建成，先后引进UPS、FedEx、DHL等国际知名快递企业和eBay橙联、虾皮电商等专业跨境物流服务企业，是苏北跨境物流成本最低、时效最快的地区之一。打通"最后一公里"，在日本、巴西、马达加斯加等十余个国家布局建设海外仓，喜马拉雅工艺品公司洛杉矶公共海外仓获批全市首家省级公共海外仓，为50多家跨境电商企业提供报关办理、北美发货、营销展示等服务。每年高规格召开电商发展大会，连年举办跨境电商创业大赛、网红直播之夜、跨境嗨购节等节会活动，推动跨境电商线上线下融合快速发展。

二、不足：跨境电商发展存在的差距困难

跨境电商为开放型经济发展注入了强劲动力，逐渐成为东海县外贸逆势增长的最大亮点，2020年全市外贸进出口总额同比下降0.7%，东海县则同比增长21.1%。由于尚处于起步阶段，与先进地区相比，东海县跨境电商仍存在不小差距，自身也面临一些困难，主要表现为"四个化"。

（一）平台发展存在"被动化"

跨境电商包含交易、支付、物流、通关、退税、结汇等多个环节，流程复杂、手续繁多。综合性服务平台被誉为跨境电商发展的"心脏"，不仅可以有效提高运行效率，还便于政府监管。连云港市"点点通"服务平台于2017年4月正式上线，集成了订单申报、商品溯源等多种功能，经过近4年运行，在国内同类公服平台中居于领先地位，但因数据连通共享原因，税务、外汇管理、市场监管等部门的政务服务运行不够流畅，金融、物流、电商平台等商务服务也没纳入进来，一条完整的服务链条在"点点通"服务平台尚未完全形成，又受限于后场仓储配套不足、口岸服务水平不高、招商主体责任不明等因素，导致平台引流能力不够强，企业数和业务量有限，品牌影响力未能充分彰显，平台发展没有变"被动应付"为"主动出击"。

（二）载体利用存在"碎片化"

在多方共同努力下，连云港市跨境电商载体建设不断升级壮大，但因分属不同主体，布局也不在同一区域，"碎片化"现象较为突出。比如，"点点通"服务平台隶属连云区，跨境电商展销展示中心位于连云新城，跨境电商产业园地处板桥工业园，保税物流中心和海运快件中心坐落上合物流园等等。

目前，市级层面还没有对各方载体进行整合，就共享共用制定具体办法，载体处于各自为战状态，无法形成"1+1>2"效果，东海县利用市级公共平台资源也存在诸多不便。

（三）人才供给存在"紧缺化"

从全国层面看，跨境电商人才缺口已达450万以上，并以每年30%的增速扩大。东海县跨境电商的经营主体、从业人员均为全市最多，但人才数量和质量双重问题并存现象依然突出。一方面，具备基本跨境电商技能素质的人才数量不足，超过20%为外来人员，跟不上跨境电商发展需求；另一方面，人才质量不高，缺乏商务沟通、网站运营、供应链管理、网络营销等方面的"拔尖"人才。2019年6月，教育部增补跨境电商专业为高职院校独立专业，但目前连云港市还没有学校开设，少数企业虽与职业技校开展了校企合作、定向培养，但杯水车薪，人才数量与质量紧缺的情况，一直未能明显改善。同时连云港市高校数量偏少，城市经济实力较弱，专业人才不仅紧缺，还存在引进难、留人更难的问题。

（四）支撑体系存在"薄弱化"

相对于传统贸易，跨境电商具有小批量、多批次、订单散、周期短的特点，现有海关、税务、外汇管理等监管体系相对滞后，导致出现外汇结算慢、出口退税难等问题。由于基础设施短板、国际物流体系不畅、自动化和信息化程度低等原因，对比上海、青岛、宁波等地区，东海县跨境电商物流成本相对较高、效率偏低。连云港市国际直飞航班较少、中欧班列开行频次不高，东海县跨境电商如在本地出口，一般要从日韩中转，相比直飞，物流费用增加了20%以上，时间至少延迟了一天，加之外地优惠政策吸引、第三方中介服务缺失等原因，东海跨境电商绝大多数从上海、青岛等地报关，纳入"点点通"服务平台统计的极少，可以说连云港市跨境电商数据流失相当严重。此外，县级层面未出台跨境电商发展的专属扶持政策，受财力不足限制，也未设立专项引导资金。对跨境电商投入较少，重点载体项目进度偏慢，无法满足跨境电商发展资金需求。

三、赋能：自贸试验区为跨境电商发展提供全新舞台和独家红利

自贸试验区的目标是对标FTA（自由贸易协定）开展探索，给我国对外开放带来了全新的高度、深度和广度，也为跨境电商发展提供全新舞台和独家红利。今年 3 月 1 日刚实施的《中国（江苏）自由贸易试验区条例》，明确提出"自贸试验区支持跨境电商企业、跨境电商公共平台和行业组织发展"。

（一）降低成本提高效率

自贸试验区与综保区的叠加联动，形成了支持跨境电商发展的优惠政策体系。强化增量培育，出台《自贸试验区连云港片区"1+8"产业发展政策》，从资金补助、平台建设、人员培训、展示展销等方面，对跨境电商给予完整政策支持。自贸试验区范围涵盖综保区，是"一线放开、二线管住"的海关特殊监管区域，实施非保税货物监管便利化措施后，实现了"一站式"手续办理、24 小时快速通关，极大提高了通关速度和效率，大幅削减了进出口的制度性成本，进而降低货物成本，拉低商品价格。

（二）巩固增创试点优势

连云港市先后获批建设国家跨境电商零售进口试点城市和综合试验区，以"六体系两平台"为主要内容，初步建立起一套适应跨境电商发展的政策体系，探索了一批有价值的经验做法。从全省范围看，综合试验区+自贸试验区，为连云港市跨境电商创造了独一无二的发展利好，比如，对符合条件的跨境电商企业试行增值税、消费税免税政策，按照特殊政策核定企业所得税，让企业"轻装上阵"。围绕业务流程、监管模式和数字贸易等方面，可在自贸试验区局部试验，进一步放宽准入门槛，提升"点点通"服务平台功能和辐射范围，做大做强垂直平台，加快专业化外贸交易及综合服务平台建设。

（三）创新集成放大效益

习近平总书记强调自贸试验区要"对照最高标准、查找短板弱项，大胆试、大胆闯、自主改，进一步彰显全面深化改革和扩大开放试验田的作用"。目前，连云港市已推出具有连云港特色的创新案例 60 余项，其中"互联网+公路运力交易"、中欧班列"保税+出口"集装箱混拼等 5 项为全国首创，国家、省改革试点任务实施率达 95%，覆盖贸易便利、投资改革、综合监管和营商环境等多个领域。跨境电商方面，跨境电子商务监管中心通过备案验收，国际海运快件业务有序恢复，保税物流中心（B 型）开展网购保税业务进展有序，"9610"一般出口业务及"1210"网购保税进口业务已全面开通运营。

(四)平台载体提质增效

近年来连云港市跨境电商发展的载体越来越多,"点点通"服务平台、跨境电商体验中心、跨境电商保税仓等相继投用,大陆桥跨境电商产业园一期建成,当前,自贸试验区正在积极申报大宗商品交易中心、汽车整车进口口岸、药品进口口岸等开放平台,国际邮件互换局即将获批,"一带一路"供应链基地、中科院能源动力中心、"一带一路"大数据共享交换试验区等基础项目也在加快推进,这都将为跨境电商提供全方位、智能化服务,打开发展空间,彻底激发潜能。

四、路径:乘"全域自贸"东风,跑出跨境电商加速度

习近平总书记在第三届中国国际进口博览会开幕式上指出:"中国将推动跨境电商等新业态新模式加快发展,培育外贸新动能。"2020年4月7日召开的国务院常务会议提出:"近年来我国跨境电商进出口规模持续快速增长,成为外贸发展新亮点,当前传统外贸受到疫情较大冲击,必须更大发挥跨境电商独特优势,以新业态助力外贸克难前行。"连云港市自贸试验区在全省三个片区中面积最小,但自贸试验区强调的是示范带动,并非简单的物理空间概念。池小能容月,山高不碍云。以"全域自贸"为引领,东海县也能乘上东风,加快融入自贸试验区,跑出跨境电商加速度。

(一)加速"飞地经济"落地

"飞地经济"是打破区域壁垒,实施跨空间合作开发的创新模式。在自贸试验区发展"飞地经济"是高频热词,但不能仅停留在理念层面,要真正落下来,推动东海县与自贸试验区深度合作,探索"飞地经济"运行的具体模式,共同开拓市场和发展空间。可以在自贸试验区规划建设"东海园中园"或"东海自贸大厦",引导东海跨境电商企业到自贸试验区设立子公司或分公司,便于享受自贸试验区各项贸易通关便利化改革举措。对接发货链路,拿出更优质服务,引导东海跨境电商企业更好应用"点点通"平台,从连云港口岸通关交易。实行以奖代补,鼓励企业在区内建设跨境电商线下展示体验店、保税商品交易店和区域性国际商品直销中心。

(二)完善利益共享机制

自贸试验区会在周边县区、板块产生一定的"虹吸效应"。包括东海县在

内的不少县区、板块，一直有顾虑，担心与自贸试验区合作得不偿失，会导致企业、税收流失，对产业尤其是现代服务业造成冲击。应坚持高位统筹、刚性约束，建议以市委、市政府名义，出台县区、板块与自贸试验区合作的指导意见，明确双方权利义务和利益分成。东海县与自贸试验区相关板块，可以就跨境电商开展试点，就指标如何统计、财税如何分配，按什么比例调整核算，如何开展考核等探索出具体实施办法，让县区、板块吃下"定心丸"，企业在区内大胆注册、在区外放心经营。

（三）深入开展协同创新

自贸试验区是全面对外开放、践行 FTA 的"前沿阵地"，具备压力测试、风险防范的缓冲功能。要加强与自贸试验区产业规划衔接，紧扣跨境电商发展需求，在深入梳理发展堵点、痛点及面临的制度性障碍基础上，突出监管服务、统计监测、技术标准等方面，依靠自贸试验区先行开展改革试验、制度创新，通过不断试错、反复测试，共同培育创新成果。做好成果转化，能复制推广的，及时由点到面，形成典型案例，上升到国家、省级层面复制推广；适合解决具体问题、微观问题的，尽早拿出实施方案，推进落实。

（四）建立联动发展区域

连云港市自贸试验区面积有限，只有 20 平方公里，从全球自贸试验区发展经验看，很多都是通过加强"后向联系"，增加自贸试验区"腹地"，以此推动自贸试验区赋权扩区，调动全域参与积极性。建议按照全省统一部署，制定落实连云港市自贸试验区联动创新发展实施方案，挂牌设立东海联动创新区，建设自贸试验区 2.0 版，形成市内"一区多片"布局。东海联动创新区重点围绕跨境电商，推进管理权限下放，除国家明确实施界限的，全部向联动创新区推广实施。健全联动创新区信息交流和经验分享机制，定期召开联席会议、主题沙龙，确保自贸试验区"真经"第一时间传播到位。强化督查考评，将联动创新区建设纳入全市高质量考核体系，实行全程跟踪问效，对具有示范效应的成果予以通报表彰。

（五）优化整合平台载体

立足综合试验区建设，发挥连云港市网红经济优势，打造 RCEP 区域直播中心，培育发展"保税备货+直播带货"模式。扩大跨境电商进口市场，以自贸试验区跨境电商体验中心为样板，探索"保税备货+现场体验+身份核验"网购保税进口新零售试点。导入"我的连云港"APP流量，搭建自贸试验区跨境电商网上体验中心，积极开拓市场，提升群众获得感。在国际邮件互换局基础上，统筹推进国际邮件、国际商业快件和跨境电商"三关合一"，改造升级跨境电商分拨中心，为跨境电商企业提供关、税、汇、融等一站式、一体化服务。畅通海外直邮，推动东海县与自贸试验区共建出口产品"海外仓"和海外运营中心。加强与海关部门沟通协调，争取在东海县增设跨境电商进出口监管场所，方便货物在本地查验，降低物流成本。在东海直播电商产业园建设跨境电商集聚区、体验店和特色街区，力争早日开通跨境电商"9610"业务。

（六）完善配套延伸链条

紧扣集聚优质要素的开放门户目标定位，重点围绕东海水晶、灌云主题服饰等特色商品，鼓励在连高职院校整合师资力量，结合产业发展需求开设跨境电商专业，并给予一定资金扶持。加大跨境电商产品创意设计、法律服务、外文翻译、商户培训等专业服务机构的培育引进力度，打通产品溯源、质量鉴证、转运物流、跨国支付等一系列服务链条，构建跨境电商发展的专业服务体系。抢抓RCEP签订机遇，发挥中韩轮渡、中欧班列等通道优势，积极引进跨境电商头部互联网企业，在连云港规划建设日韩化妆品、汉方药、中亚红酒等特色消费品分拨基地。

（七）畅通网上"一带一路"

连云港市自贸试验区肩负着"一带一路"共建国家（地区）交流合作平台的重要功能，拥有连云港—霍尔果斯串联起的新亚欧陆海联运通道，这既是东海县跨境电商发展的重点，也是特色。要以水晶产业为带动，用好东西双向便捷通道，打造一条跨境电商的网上"丝绸之路"，适时拓展服装、电子产品、农产品、食品等生活类消费品。加强与霍尔果斯跨境电商产业园联系，合作建立分销体系、公共平台等线上线下服务载体。支持企业"走出去"设立海外仓，加快建设覆盖全省、辐射鲁南、沟通中西部地区的跨境电商示范县区，引领全县、全市与"一带一路"共建国家和地区在更宽领域、更高层次开展交流合作。

作者张永华系连云港市政府副秘书长，吴迪系连云港市政府办综合二处处长，孟昶西系连云港市政府办综合研究处副处长。本文获连云港市第十五届哲学社会科学优秀成果奖二等奖。

加快产学研深度融合　释放自贸区创新红利
——全域自贸系列研究之二

张永华　吴　迪　孟昶本

党的十九届五中全会强调"坚持创新在我国现代化建设全局中的核心地位"，明确"把科技自立自强作为国家发展的战略支撑"。2021年市《政府工作报告》提出连云港市"十四五"时期，要"紧扣'一带一路'强支点建设，以自贸区为引领，深化改革创新"。为深入贯彻实施创新驱动发展战略，充分发挥自贸试验区先行先试优势，探索构建产学研深度融合新路径，推动自贸试验区红利更好辐射全域，助推连云港市在开启现代化新征程、开创"高质发展、后发先至"新境界中走在前列。全域自贸课题组赴江苏海洋大学（以下简称江海大）、中船重工第七一六研究所（以下简称七一六所）和南京医科大学康达学院（以下简称康达学院）等驻连高等院校、科研院所（以下简称三家校所）开展了专题调研。

一、三家校所发展已经进入加速期

（一）发展势头愈加强劲

经过多年不断发展，三家校所均迈入新的发展阶段。2019年南北船合并后，七一六所调整发展战略，着力聚焦自主可控技术攻坚，研发投入进一步增长，将"卡脖子"清单变为自主创新清单，尖端成果应用于神舟飞天、嫦娥奔月、北斗导航系统等国家重大工程。江海大成功创建后，成为全国第7所海洋大学，对生源吸引力显著攀升，高考本科最低录取分数线提升20—30分，在安徽省全部专业和江苏省7个专业首次进入本一批次，录取人数逐年增长，全日制在校生达21548人。康达学院2013年迁址连云港后，本科录取人数从2013年的1203人上升至2020年的3183人，在校生人数8200余名。在清华大学武书连大学排行榜中，新生、毕业生质量连续三年在全国近300所独立学院中位列前10，毕业生就业率达93%。

（二）发展特色愈加彰显

在多方共同支持努力下，三家校所逐渐形成了独特的发展优势。七一六所已成为国内船舶行业唯一具备工业机器人及核心部件、智能制造信息系统、工业自动化装备、数字化车间、智慧院所、智慧工厂等整体解决方案供应商。在电子信息板块，具有信息系统集成及核心电子装备的研发制造能力。陆上联调测试中心正在成为我国唯一可满足军工全行业涉海装备科研试验需求的试验场和试验创新中心。江海大更名后更加突出海洋特色，形成了"海洋主线、理工主体、人文基础，多学科融合发展"的学科专业体系。海洋科学、海洋技术、海洋资源与环境、水产养殖学、船舶与海洋工程、港口航道与海岸工程等6个涉海专业，基本覆盖了江苏海洋主导产业。拥有江苏省海洋生物资源与环境重点实验室、江苏省海洋药用资源开发工程研究中心、江苏省智慧港口工程研究中心等12个海洋类省级科研平台。康达学院承袭南京医科大学办学优良传统，结合港城特色，重点培养临床医学、护理学、药学等地方所需的应用型人才。联合豪森药业开设豪森班，联合康缘药业定向培养制药工程、药物制剂本科生，在恒瑞医药和正大天晴设立员工医药培训基地。在省内设有5家临床医学院、17家附属医院、13家教学医院，目前连云港地区二甲以上医院已实现附属医院、教学医院全覆盖。

（三）人才储备愈加雄厚

人才是发展的第一资源，三家校所着力吸引高端人才集聚。七一六所现有从业人员2800余名，各类专业技术人员1700余名，"国务院政府特殊津贴"等各类专家70余人，人才队伍平均年龄35岁，干部年轻化特征明显。江海大现有教职工1600余人，1213位专任教师中628人具有高级职称，100余位教师被国内外高校聘为兼职教授、博士生导师和硕士生导师，聘请了蒋兴伟院士等一批著名专家学者担任学校兼职教授。康达学院教学力量不断增强，现有专兼职教师1043人，副高以上职称253人；自有教职工349人，具有博士、硕士学位的教师占85%以上。

二、三家校所服务地方发展情况

（一）有力促进成果转化

七一六所深入实施军民融合发展战略，加强地所合作，推动科研成果在地方落地转化。其中，城市智能交通业务在连云港及全国 270 多个市、县实现应用；LNG 大口径智能装卸系统、智能码头系统探索在连云港市赣榆华电 LNG 接收站、连云港港的示范应用；船舶焊接机器人数字化生产车间在连云港市研发成功。江海大高度重视校地合作，设立科学技术与产业处（技术转移中心），专门负责学校科技成果的推广转化等工作。与市政府及各县区签订了校地战略合作、人才培养、大型科研仪器共享、重点实验室开放等协议，构建多层次的产学研合作机制，取得良好效果。以海州区为例，江海大累计选派 166 名专家担任海州区企业科技副总，签订产学研合作协议 53 项，2020 年联合申报省产学研项目 8 项。康达学院通过与市内重点药企合作办班、定向培养等方式，为企业持续输送实用型人才；通过与市内各医院合作共建附属医院、教学医院，培养输送所需医护人员；举办两期"青年教师培训提高班"，第一期为附属医院培养博士生 28 人，有力支撑了连云港市医药、医疗、医养产业发展。

（二）有力培育吸引人才

三家校所对连云港市人才招引、人口流入发挥积极作用。七一六所通过博士后工作站、研究生定向培养、社会招聘和校园招聘等方式，每年吸引 50 余名高层次人才来连就业。江海大每年毕业生约 5000 余人，其中超过 20% 在连就业；通过人才引进、公开招考等方式招聘教职工百余名。康达学院每年毕业生约 2000 名，其中 10% 在连就业；2021 年学院及下属公司招聘各类人才 78 名。三家校所年均为连云港市引才育才 1400 余人。

（三）有力引领科技创新

三家校所众多科技创新成果在业内具有较高知名度和影响力。江海大参与的"海水池塘高效清洁养殖技术研究与应用"和"生物法制备二十二碳六烯酸油脂关键技术及应用"项目先后荣获国家技术发明奖二等奖；科研团队在国内首次实现限制性内切酶的规模化生产，打破国外企业 40 余年的完全垄断。近年来荣获省部级及以上科研奖项 47 项，其中国家级科学技术奖 2 项。七一六所在连云港市研发制造的 LNG 大口径岸基智能装卸系统，实现 LNG 高端装卸装备及核心部件国产化；研发建设国内首个机器人及软件均是国产的数字化车间；开发完成首款国产加固型万兆光纤网卡；大型船舶分段焊接智能车间、全自主焊接双臂机器人等均入选国家重大科技专项。累计获得国家级、省部级等科技成果奖 500 余项。

（四）有力提升城市形象

综合比较，江海大是江苏省唯一的海洋大学，康达学院是苏北地区为数不多的医学类本科之一，七一六所在海工装备、智能装备、电子信息等领域具有行业影响力。三家校所每年汇集 4 万余名教、学、研、管理人才在港城就业、学习，其独特优势在促进连云港市招才引智、科技创新、永葆发展活力和提升城市影响力等方面发挥了重要作用。

三、三家校所面临的发展问题

（一）对地方发展贡献有待提升

江海大本科专业设置对连云港市海洋经济、医药产业和石化产业等具有一定的支撑度，其中 6 个涉海学科基本覆盖了江苏海洋主导产业，与医药产业相关的学科有制药工程、药物制剂和药物分析，与石化产业相关的学科包括化学工程与工艺、环境工程和自动化等，但总体实力不强，尚无国家级或省级一流学科。学科层次不高，上述几个专业中仅有海洋科学和化学工程与技术 2 个硕士学位授予点，药学 1 个专业硕士学位授予点。2017 年 7 月，江海大获批博士学位授予立项建设单位，目前正在培育海洋科学、化学工程与技术、药学、机械工程、水产 5 个博士点，预计还需 5 年左右的时间建成，培育出第一批博士生将在 10 年之后。总的看，江海大尚难培养连云港市主导产业所需的硕博士等高层次人才。七一六所的科研方向主要在军工领域，民用智能装备研发应用集中于船舶制造工业，与连云港市主导产业关联度较弱，且实际税收贡献度不高，2020 年为市、区贡献利税不足 700 万元。康达学院受制于民办独立学院属性，无法申建硕博士学位授予点，目前仅能培养本科生，主要专业集中于临床医学、护理学、预防医学、药学、医学技术类专业等，仅能为市内医院、药企输送部分应用型人才。

（二）科研成果本地转化不高

一方面，由于缺乏必要的产业应用场景支撑，部分科研成果在本地示范应用和落地转化困难。如七一六所研发的车路协同、无人智能公交等面向道路交通环境的智能车联网系统，正积极争取在连云港本地实现试点，但一直未能取得道路示范应用许可。再如，2017 年，江海大与珠海云洲智能科技有限公司联合成立了海洋智能装备研究院，共同研发智能无人船项目，但因产业化应用障碍等问题，2019年云洲智能与盐南高新区签订合作协议，推动无人船项目在盐城产业化发展。另一方面，本地区对本土企业的支持力度，也影响着科技成果的本地应用。如七一六所在民用信息系统领域具备一定研发优势，有实力参与连云港大数据中心及新型智慧城市项目建设，此外对于石化产业基地DCS/SIS/库区管控系统和信息化、智能化管控、机房建设、网络工程等项目，七一六所也在积极争取，需要相关单位给予支持。

（三）扶持政策兑现存在障碍

为支持三家校所发展，连云港市出台了许多扶持政策，但由于各方面原因没有兑现到位。例如，2013年，康达学院迁址连云港办学时，获批教育用地500亩新建校舍，但实际可用仅有380亩，随着招生人数逐年上升，康达学院现有校舍日趋紧张，但可用土地均已用尽，新建校舍已无空间。2015年，为配合区划调整，七一六所下属杰瑞电子有限公司将注册地从经开区变更至高新区，变更前有关部门承诺，注册地转移后，企业所享受的税收返还等政策保持不变，由高新区继续给予支持，但目前该承诺尚未兑现。2017年，连云港市启动"微·博"双创计划，通过政府购买服务方式，以项目为纽带，让连云港市科技型中小微企业与高校科研院所博士团队结对开展产学研合作，江海大成为第一批项目试点，共有20个博士团队参与其中，但由于经费紧张等原因，目前有关部门已暂停计划的资金支持。

（四）引才留才面临多方挑战

目前，全国各类城市均在加大人才招引力度，北上广深等一线城市一直是尖端人才的首选，其余地市也基本放开了人才落户限制，并提供了具有吸引力的人才引进政策。在此背景下，高端人才向省外发达地区和省内苏南地区流动的趋势愈加明显，来连落户就业的意愿不强。近年来快速上涨的市区房价，以及青盐、连淮扬镇等铁路的投用，进一步加重了这种倾向。三家校所均反映招才引智存在困难。

四、对策建议

习近平总书记指出，自贸试验区建设核心是制度创新。伴随着我国自贸试验区建设进入"深水区"，以"制度创新+"赋能，推动连云港市自贸试验区与科教资源深度有效融合，对释放自贸区创新红利，打造"全域自贸"体系具有重要现实意义。

(一) 广泛凝聚发展共识

近几年，连云港市对科教资源越来越重视，政产学研合作越来越深入，成效越来越明显，但从调研情况看，我们深切感受到，还有一些观念思想、体制机制、作风责任需要更新和强化。一是树立重眼前利长远的观念。立足当下、兼顾长远是城市持续发展的保证。康达学院是连云港市宝贵的高等教育资源，康达学院转设后，可进一步启动医学专业的硕博士点申建工作，将拥有更加广阔的发展空间。同时，可重点考虑康达学院与头部药企合作共建，吸引社会资本共同办学。二是发扬迎难而上跟踪问效的务实作风。跟踪落实是肩负历史使命责任的关键。连云港市会同江海大，从促进城市和学校长远发展的战略高度，部署推动江海大滨海校区新建工作，并研究制定了校区土地置换方案，建议相关单位尽快启动江海大连云新城新校区建设，带动提升新城整体开发热力值。三是推进协同联动实现共同发展。协同联动是构建双循环新发展格局的路径。七一六所自1987年整体转移至黄海之滨，已扎根港城34载，地所发展深度融合，协同联动是必然选项。七一六所拥有丰富的产业发展资源，深入挖掘、加强合作，促进科研成果、优质项目、重大投资首先在连云港落地，将有力推动地方发展。对于已经达成合作意向的海工装备产业园项目，建议市级层面考虑在自贸试验区范围内选取合适地块进行规划建设，帮助自贸试验区展露现实模样。对于面向道路交通环境的智能车联网车路协同系统等面向未来的智能交通、智慧城市类新兴产业项目，建议市级层面支持其在自贸试验区内率先开展道路示范应用，加大在公交、出租、环卫、物流等领域推广应用，探索培育"独角兽"企业。

(二) 探索制度创新与政产学研合作机制创新深度融合

坚持制度创新核心任务，以可复制可推广为基本要求，大胆试、大胆闯、自主改，发挥自贸试验区改革"试验田"作用，先行先试，创新突破制约政产学研合作的堵点、痛点、难点。一是开展联动创新区建设。鼓励高新区会同科技部门抓住联动创新区建设契机，在区内高校复制推广自贸区政策，围绕科研项目管理、科研经费使用、科研仪器采购、科研人才评价等方面探索开展改革试点，扩大科研自主权，调动创新积极性。二是深化科技管理体制改革。探索推进职务发明创造所有权、处置权和收益权改革，鼓励高校、科研院所与职务发明人采取约定方式确认职务发明知识产权的处置权和收益权归属。三是合作共建自贸试验区智库。与江海大等高校合作，成立自贸试验区发展建设研究院,吸引相关领域专家,在制度创新案例评估、全域自贸、县区联动创新、发展路径专题研究等方面建言献策,提供智力支持。

(三)探索成果转化与自贸试验区项目建设深度融合

通过合作共建科技成果转化基地,促进本地科研成果在自贸试验区内产业化,提升科研成果本土转化率,培育优质特色项目,助推自贸试验区展露现实模样。一是合作共建海洋药物成果转化基地。联合江海大药学院与本地知名药企,探索在自贸试验区内合作共建海洋药物研发、中试、生产基地,挖潜海洋资源,突出医药优势,重点拓展海洋种质和基因资源研究及产业应用。二是合作共建海工装备成果转化基地。联合江海大、七一六所等校所,探索在自贸试验区内合作研发、应用试点无人艇、船舶制造智能机器人等科技成果;推动无人智能公交、智能码头系统在自贸试验区内先行示范,培育高端制造产业新增长极。三是合作打造育才引才新模式。人才是科研转化、项目建设的基础。强化本土育才,围绕"三新一高"产业需求,吸引国内外知名大学在自贸试验区内设立研究生院,与江海大、康达学院等院校在自贸试验区内合作共建实用型人才培训基地;借鉴广东、天津设立人才引荐奖和引才"伯乐奖"等做法,结合企业技能人才自主评等创新案例,变奖人才为奖企业,对提高内部员工培训投入和选派员工"走出去"进行研修的企业,按投入比例和人才层级给予补贴,更好地激发用人主体培育人才的积极性。优化引才模式,探索柔性引才,在不改变区外人才的人事、档案、户籍、社保等关系的前提下,通过顾问指导、项目合作、兼职引进、退休特聘等多种形式,吸引海内外人才提供智力支持。

(四)探索金融创新与科技创新深度融合

金融创新是科技创新的催化剂,也是自贸试验区制度创新、压力测试的重要内容。发挥自贸试验区"先行先试"优势,集聚科技资源与金融资源,实现同频共振,助推连云港市产业高端化发展。一是共建成果转化平台。发挥政府引导基金作用,依托金控集团探索设立连云港自贸区基金,以推进三家校所研发成果转化为方向,引导优质项目率先在自贸试验区内布局,形成覆盖种子期投资、天使投资、风险投资、并购基金的基金体系,吸引社会资本投资原始创新、成果转化、高精尖产业。支持开展政府投资基金投向种子期、初创期科技企业的退出试点,探索政府投资基金退出和让利机制。二是提升金融服务质效。鼓励符合条件的银行保险机构在自贸试验区内设立专门从事科技金融服务的专营机构，建立三家校所科技研发"白名单"，试点精准化、个性化科技金融服务，支持银行机构建立适应科技型企业特点的信贷管理制度和差异化考核机制，综合运用各类金融产品和工具，拓宽三家校所融资渠道。三是创新金融服务产品。鼓励银行机构面向三家校所开展知识产权质押融资业务，创新知识产权融资产品，完善知识产权评估机制、质押融资风险分析机制和质物处置机制；鼓励银行保险机构为科创企业量身定制服务方案，针对科技型企业不同发展阶段，综合运用投行业务的各项产品，全面延伸产品服务链，满足企业对股权融资、债权承销、顾问服务等多元化金融需求。

（五）探索在自贸试验区打造校（院）地合作新机制

一是建立校地合作交流机制。一方面，建立由市领导牵头召集的政府与科研院所、高等院校的联席会议制度，定期交流发展诉求，形成会议简报，重大事项上报市委、市政府。另一方面，探索建设校企合作信息服务平台，借助自贸试验区联动创新区建设，由高新区管委会牵头设立校企合作信息交流网页，发布专家、毕业生、科研合作、服务外包等企业需求和高校资源，运用大数据、云计算等新技术，通过后台算法实现智能匹配，推动校企深入合作。二是强化政策兑现机制。加强政策事中监督，建立政策兑现跟踪督办机制，定期通报政策执行情况，对落实不力的责任单位予以督促整改，年底纳入政策实施绩效专项考核。加强政策事后评价，建立政策扶持对象反馈机制，及时评估、纠正、调整政策。三是加大财政资金支持。2019年，市政府出台《关于支持淮海工学院建设发展的若干意见》，安排2000万元创建专项经费，有力保障海洋大学成功创建。建议连云港市继续加大对学校教育经费的投入，设立科教专项经费，夯实本土高校的经费保障。

作者张永华系连云港市政府副秘书长，吴迪系连云港市政府办综合二处处长，孟昶酉系连云港市政府办综合研究处副处长。本文获连云港市第十五届哲学社会科学优秀成果奖二等奖。

自贸试验区+联动创新区：
"高质发展、后发先至"新增长极
——全域自贸系列研究之三

张永华 吴 迪 孟昶酉

自贸试验区联动创新区（以下简称"联创区"）是指经济技术开发区、海关特殊监管区等各类开放平台，通过与自贸试验区开展协同改革创新，复制推广经验做法，承接赋权审批事项，以此建设新时代高能级开放平台和自贸试验区扩区的基础区、先行区，是践行"全域自贸"理念的重要载体。2019年8月，江苏自贸试验区连云港片区（以下简称"连云港片区"）正式获批建设，在全省三个片区中面积最小，但肩负着建设亚欧重要国际交通枢纽、集聚优质要素的开放门户和"一带一路"共建国家（地区）交流合作平台的重要使命。面向"十四五"，连云港片区要在全国自贸试验区阵列中率先突破、走在前列，就不能仅仅局限在20.27平方公里区域上做文章，必须跳出自贸试验区来发展，以联创区为强支撑和新动能，在更大空间内实现更大发展，构筑连云港市"高质发展、后发先至"新增长极。

一、谋划联动创新区：时不我待

实施联动协同发展是当前全国各地自贸试验区大力推动的"创新一招"，从全省、周边、自身、县区四个维度分析，连云港市都应尽快启动联创区建设。

（一）向上看，全省专题部署

江苏省《"十四五"规划和二〇三五年远景目标纲要》提出："要推进自贸试验区等重大平台更高水平开放，推动江苏自贸试验区联动发展创新区建设"。省委十三届九次全会强调："在抓好南京、苏州、连云港三个自贸片区建设的同时，积极推动联动创新发展区建设，提升江苏整体开放能级"。据了解，近期江苏自贸试验区工作领导小组将召开第四次会议，专题部署联创区建设,并正式挂牌设立。

(二)向外看,各地竞相发力

2019年8月,浙江省政府印发《关于进一步推进中国(浙江)自由贸易试验区改革创新的若干意见》,在全国率先提出将建设宁波等3个左右联创区。2020年5月,聚焦胶东经济圈一体化,山东自贸试验区青岛片区与潍坊市启动试点联创区建设。省内层面,江苏省自贸试验区南京片区、苏州片区都于2020年自主设立10个以上联创区,其中南京提出要建立联动创新发展机制,推动政策赋能全域覆盖、制度创新共建共创……为创新名城建设、推动全市高质量发展注入新的强大动能,苏州提出要把联创区打造成为显示度高、集成性强、吸引力大的"苏州标志"。

(三)向内看,自身应有之义

2021年市《政府工作报告》明确提出要"构建'全域自贸',实现协同发展"。经过近2年不断努力,连云港片区在制度创新、签约项目、平台建设等方面取得了良好成效,推出了一批在全省乃至全国有影响的创新实践案例,但因民生项目缺乏、覆盖范围偏小等原因,企业和民众对自贸试验区的感受度一直不高,自贸试验区的"溢出效应"也没有充分释放,撬动全域高质量发展的"杠杆"作用发挥不明显。

(四)向下看,县区需求迫切

打造"全域自贸"格局的落脚点主要在县区、板块。目前,各县区、板块都希望能有效借助自贸试验区优势,进一步提高对外开放水平,但由于没有畅通的渠道,一直无法有效分享自贸试验区红利。通过设立联创区,可以强化与自贸试验区的沟通协作,拓展腹地空间,在多领域开展特色化、差异化探索,组织互补和对比试验,以自贸试验区催生县区、板块高质量发展新动能,加快形成"全域自贸"体系。

二、剖析联动创新区:尚需努力

虽然联创区正在全国遍地开花、加速推进,但从调研的情况看,连云港市建设联创区还面临不少困难和问题,既有共性方面的,也有个性方面的。

（一）思想认识不够统一

少数县区、板块和部门一定程度上存在"等靠要"思想，认为自贸试验区工作是自贸试验区管委会的事情，与自己关系不大，怎么建设联创区要等市里统一安排，积极性、主动性不够。个别仅把建设联创区当成一项常规工作任务来落实，对打好"提前量"，如何紧抓自贸机遇、参与自贸改革、共享自贸红利等思考得不深不透。有的担心自贸试验区产生"虹吸效应"，与其合作得不偿失，会造成现有企业流失，经验做法能复制多少算多少，还是自己干自己的。

（二）赋权事项难以承接

在风险可控前提下充分赋权，是确保联创区建设取得实效的重要保障。借鉴外地经验，按照"依法放权、按需放权、应放尽放"原则，将在联创区同步下放市级管理权限，但一方面，下放权限应突出问题导向，坚持分类分步，提高针对性，不能一放了之；另一方面，县区、板块各类人才仍然匮乏，部分事项专业性强、流程复杂，加之配套措施无法衔接，导致承接难度较大，达不到预期效果。

（三）产业支撑相对薄弱

联创区的发展最终要依靠产业来驱动。对比江苏省苏南、浙江沿海等先进地区，联创区发展的内生动力仍然不足。连云港市产业不强尤其是工业不强是最大短板，医药、石化、新材料三大主导产业仍在向中高端攀升，未形成完整产业链条，集成电路、数字金融等人才密集型产业也缺乏高水平规划引领。连云港片区改革开放高度、广度都有待提升拓展，载体平台建设进展不快，高端服务业发展相对滞后、进入限制较多。

（四）联动机制还不系统

联创区作为一项新生事物，很多方面都处在探索实践阶段，没有现成模式可以照搬，要实现与自贸试验区优势叠加、功能融合，离不开系统的成果推广机制和利益分享机制。各地自贸试验区都涌现出很多创新成果，但具体评估标准和推广程序还不明确，怎么由"点"到"面"的路径不清晰。县区、板块普遍关心的统计指标、财政税收等如何分成也未建立刚性机制，缺少这些细则和纽带，联创区与自贸试验区很难成为利益共同体。

三、建设联动创新区：乘势而上

建设自由贸易试验区是党中央在新形势下全面深化改革、扩大对外开放的一项战略举措。习近平总书记强调："加强统筹谋划和改革创新，不断提高自贸试验区发展水平，形成更多可复制可推广的制度成果，把自由贸易试验区建设成为新时代改革开放新高地。"作为新亚欧大陆桥经济走廊节点城市、中哈物流合作基地和上合组织出海基地，省委、省政府又赋予了"一带一路"强支点定位，连云港有责任、有条件，也有能力在自贸试验区赛道上领跑在前，应坚持"复制推广、特色创新、全域发展"思路，立足连云港发展实际，以高标准高质量建设联创区为抓手，大胆改革、勇于创新，持续放大"溢出效应"和"辐射效应"，为全国自贸试验区建设大局贡献连云港力量。

（一）健全协同运行体系

在全省关于联创区建设指导意见出台后，尽快制定连云港片区联动创新协同发展实施办法，强化联创区建设的顶层设计。在开发区、徐圩新区等4个省级联创区基础上，考虑县区需求，再设立灌云、赣榆等4个市级联创区，构建以"4+4"为主体的联创区全域体系。联创区不能仅限于地域拓展，要找准各自目标定位，坚持有所为、有所不为，结合主导产业和资源禀赋，制定与连云港片区联动协同的具体方案，实行差异发展、错位竞争，更加精准分享自贸试验区红利。如，开发区联创区要发挥"两区"叠加优势，着力发展高端生物医药产业、新材料产业；上合物流园联创区要重点建设服务中亚一环太平洋物流集散中心、"一带一路"共建国家地区物流合作基地。

（二）加快经验复制推广

开展联创区建设的首要任务是复制推广自贸试验区改革创新经验，提升区域改革开放水平。在做好风险防控前提下，除国家明确实施界限的政策措施外，集中向联创区推广自贸试验区"放管服"改革、商事制度改革、投融资体制改革、贸易便利化等方面的创新成果和经验做法，全面推广全国自贸试验区260条改革试点经验和最佳典型案例。发挥自贸试验区"压力测试场"功能，鼓励联创区针对发展遇到的制度性障碍，先行在连云港片区内探索突破，取得成效后再推广，共同培育创新成果。建立联动创新区信息交流和经验分享机制，定期召开联席会议、举办主题沙龙，及时做好信息互通和经验交流。

（三）着力完善产业体系

推动联创区与连云港片区围绕生物医药产业深度合作，以打造"中华药港"为核心，加快建设医药公用型保税仓，支持联创区符合条件企业开展药品上市许可持有人和医疗器械注册人试点。依托国家级石化产业基地，争取油气全产业链开放发展政策，探索在连云港片区发展成品油非国营贸易出口、保税燃料油混兑调和加工贸易、国际航行船舶保税燃料油供给等业务。促进石化、纤维及复合材料产业协同发展，支持联合组建碳纤维复合材料产业创新中心，鼓励企业建立国际化的研发体系，在境外设立研发机构，融入全球新材料市场。深入推进跨境电商综合试验区建设，鼓励连云港片区内跨境电商企业区外建设保税交易体验店、区域性国际商品直销中心。引导各联创区合作共建海外仓和海外运营中心。提升"点点通"跨境电商公共服务平台功能，引导联创区企业从连云港口岸通关、交易。

（四）建强用好开放平台

推动连云港海港与徐州国际陆港、淮安空港在国际班列、多式联运、货物通关一体化等方面加强合作，构筑互为支撑的物流"黄金三角"。启动连云港片区港口区块散货业务向两翼港区和旗台作业区转移。争取上合物流园铁路装卸场站开放，实现海关监管功能叠加。加快国际粮食集散中心、国际矿石中转基地、大宗商品交易中心建设。加速汽车整车进口口岸、大宗商品交易中心等功能性平台建设，在符合条件的联创区提前布局关联产业。加快连云港农业对外开放合作试验区建设，探索农产品贸易便利化改革。搭建"一带一路"国家商贸物流展示及大宗商品进口交易平台，共同参与建设境外经贸合作区、产能合作区等。高水平建设综合保税区，完善基础设施配套，拓展加工制造、物流分拨、研发检测等功能，探索特殊区域出口业务和网购保税"新零售"路径，擦亮"班列购"跨境电商物流品牌。

（五）聚焦融入国家战略

围绕"一带一路"强支点建设，支持联创区企业建设产品加工、装备组装等出口产品加工基地，参与共建境外经贸合作区、产能合作区等。持续推进上合物流园、中哈物流基地、空港产业园、"一带一路"供应链基地等重大载体建设，为联创区提供优质仓储、物流、配送一体化服务。依托长三角自贸试验区联盟，引导联创区积极承接长三角中心区重化工业和工程机械、轻工食品、纺织服装等传统产业升级转移。以江苏省全面推进沿海地区高质量发展为契机，深化海洋经济发展示范区建设，在联创区优先发展海洋能源、海工装备、海事服务等现代海洋产业。用好连云港片区与淮海经济区成员城市、霍尔果斯市合作协议，全面推动合作产业化、项目化，打造开放合作、资源共享、平台共用的区域协同发展格局。聚焦省级农高区创建，支持联创区联手做强"连天下"农产品品牌，建设区域特色农产品营销平台，崛起长三角区域特色农产品集散地。抢抓RCEP签订机遇，组织连云港片区与联创区联合召开RCEP政策宣讲会，宣传引导企业用足用好RCEP政策，大力引进高端装备制造、供应链金融等产业，在联创区设立外资总部经济服务中心。

（六）精准做好服务保障

建议在全市自由贸易试验区领导小组增设联创区建设工作专班，由分管市领导担任组长，负责联创区具体推进。各县区、板块也要相应成立专门机构负责，加强与市自贸办、自贸试验区管委会沟通对接。实行动态管理，建议将联创区建设纳入全市高质量考核体系，制定联创区改革创新评估办法，按照"一年一总结、三年一评估"方式，组织全程监测和第三方评估，总结经验、解决问题。探索联创区在连云港片区设立"飞地"，签订共建合作协议，明确双方权利义务和利益分成等内容，形成的经济指标及财政税收，先进行属地统计征收，再按约定比例调整核算，市级层面予以考核认定。支持联创区参与连云港片区招商推介活动，推行"梯度招商"。开放共享县区、板块与连云港片区市场主体注册信息，引入"一照多址""一窗融合"等外地自贸试验区改革经验。深化产学研协同创新，统筹发挥江苏海洋大学、716研究所等驻连高等院所科教人才优势，在连云港片区和联创区开展科技成果转化和应用。

作者张永华系连云港市政府副秘书长，吴迪系连云港市政府办综合二处处长，孟昶酉系连云港市政府办综合研究处副处长。本文获连云港市第十五届哲学社会科学优秀成果奖二等奖。

基于连云港视角看 RCEP 时代下江苏自贸试验区面临的机遇与挑战
——全域自贸系列研究之四

张永华 吴 迪 孟昶酉

2022年1月1日《区域全面经济伙伴关系协定》（以下简称"RCEP"）正式生效，这标志着世界上人口最多、经贸规模最大、最具发展潜力的自由贸易区已经诞生。RCEP 整合拓展了15个国家间多个自由贸易协定，将渐进实现成员国之间90%以上税目零关税，逐步取消非关税壁垒，统一区域内规则，加速亚太经济一体化进程。RCEP 带来了新一轮深化改革、扩大开放的历史性机遇，为加快构建国内国际双循环新发展格局注入新动能。自贸试验区作为最高能级的开放试验平台，与 RCEP 实施具有高度内在一致性。面对即将到来的 RCEP 时代，如何抢抓机遇红利，全面对接 RCEP 经贸规则，充分发挥自由贸易试验区示范引领作用，推动更高水平开放，调研组以省自贸试验区连云港片区（以下简称"连云港片区"）为视角，开展了专题调研。

一、RCEP 主要内容

RCEP 由序言、20个章节和4个市场准入承诺表附件组成，主要包括货物贸易、服务贸易、投资和自然人临时移动4方面的市场开放。

（一）货物贸易方面

RCEP 在关税和非关税措施上均有突破。RCEP 成员国承诺通过立刻降税和十年内逐步降税方式，最终实现区域内90%以上的货物贸易零关税。RCEP 还采取给予货物国民待遇、临时免税入境、取消农业出口补贴以及全面取消数量限制、管理进口许可程序等非关税措施促进货物贸易自由化。RCEP 采用的区域累积的原产地规则，突出了技术可行性、贸易便利性和商业友好性。

（二）服务贸易方面

RCEP成员国通过正面或负面清单模式，均作出了高于各自"10+1"自贸协定水平的开放承诺。我国服务贸易开放承诺达到了已有自贸协定的最高水平，在入世承诺约100个部门基础上，新增了研发、管理咨询、制造服务、空运等22个部门，并提高了金融、法律、建筑、海运等37个部门的承诺水平。其他14个RCEP成员国也提供了更大市场准入，在中方关注的建筑、医疗、房地产、金融、运输等服务部门都作出了高标准的开放承诺。

（三）双向投资方面

RCEP对原东盟"10+1"自贸协定的投资规则进行整合升级，在投资市场准入和投资保护等方面作出了全面、平衡的投资安排，包含了投资保护、自由化、促进和便利化在内的投资领域4大支柱条款，确认了成员国在国民待遇、最惠国待遇、投资待遇等方面的义务。在投资准入上，各成员国均以负面清单形式作出承诺，显著提高了农、林、渔、采矿和制造业5个非服务业的投资开放水平，实质上形成了当前亚洲地区规模最大的投资协定。

（四）自然人临时移动方面

RCEP成员国承诺对于区域内各国的投资者、公司内部流动人员、合同服务提供者、随行配偶及家属等各类商业人员，在符合条件情况下，可获得一定居留期限，享受签证便利。与以往协定比较，RCEP将承诺适用范围扩展至所有可能跨境流动的自然人类别，总体水平均超过了各成员国现有自贸协定的承诺水平，具有很高的政策透明度。

（五）其他方面

RCEP拓展了原有东盟"10+1"自贸协定的涉及内容，对标国际高水平经贸规则，针对知识产权、电子商务、贸易救济、争端解决、政府采购等热点问题，新制定了符合区域特点和实际的规定，专门设置中小企业、经济技术合作等篇章，满足了不同国家的多样化需求，并就政府采购方面开展交流合作、技术互助达成共识，确保成员国之间进行公平贸易，反对市场垄断，保护消费者权益。

总体来看，RCEP在市场开放、投资规则等领域较WTO标准在广度和深度上均有所突破，但由于成员国之间差异较大，总体标准与《全面与进步跨太平洋伙伴关系协定》（以下简称"CPTPP"）相比仍有差距。CPTPP 要求成员国之间 99%的货物要达到零关税（日本为 95%）、零市场准入壁垒、零补贴的"三零"标准，在知识产权、劳动和环境、竞争、国有企业、互联网规则和数字经济等方面设定了高标准规则，且不存在 10 年过渡期。而 RCEP 除贸易开放度不及 CPTPP 外，也不包含劳动或环境章节，还留有一定农产品配额。

二、连云港与 RCEP 成员国之间经贸情况

作为当前全球最大的自贸区，RCEP 的 15 个成员国人口数量、经济体量、贸易总额均占全球总量约 30%。RCEP 成员国一直以来都是连云港开展国际经贸合作的重要伙伴。

（一）国际贸易的重要往来地

2020 年，连云港与其他 14 个 RCEP 成员国的贸易总额达 192.5 亿元，其中出口额 100.3 亿元、进口额 92.2 亿元，分别占全市贸易总额、出口额、进口额的 29.9%、38.2%和 24.2%。其中，连云港与东盟 10 国贸易总额达 82.3 亿元，占全市贸易总额的 12.8%，是第二大贸易伙伴；与韩国、日本、澳大利亚、新西兰的贸易额分别占全市贸易总额的 7.3%、7.3%、2.2%和 0.3%，韩国、日本是仅次于巴西、东盟、美国、欧盟的第五、第六大贸易伙伴。虽然受新冠疫情影响，但今年连云港与其他 14 个 RCEP 成员国贸易额仍逆势增长，1-9 月贸易总额、出口额、进口额分别同比增长 36.7%、23.5%、50.6%。

（二）引进外资的重要来源地

2020 年，其他 14 个 RCEP 成员国在连云港共设立外资项目 7 个、合同外资 0.21 亿美元、实际外资 1.5 亿美元，分别占全市总数的 8.8%、1.3%和 22.4%。投资领域既包括化学原料与化学制品制造等传统产业，也包括专业技术服务、科技推广和应用服务等现代服务业，与连云港发展的主要产业基本契合。世界 500 强新加坡丰益国际投资的高分子材料项目，主要从事化学原料和化学制品制造，到位外资 3022 万美元；韩国客商投资的新材料科技项目，主要从事专业技术服务，到位外资 5121 万元。

（三）对外投资的重要目的地

2020 年，连云港共在其他 14 个 RCEP 成员国设立境外企业和机构 2 家，

备案（核准）境外投资额90.1万美元，实际投资额2733.6万美元，分别占连云港对外投资总额的11.8%、0.9%和42.2%。受全球经贸格局调整和中美经贸摩擦影响，连云港对新加坡、日本等东盟国家实际投资快速增长。新加坡、日本分别是连云港第1、第4大对外投资国。医药制造、批发等优势产业是连云港"走出去"的主要方向。恒瑞医药在日本设立投资额为3000万美元的全资子公司，主要从事各类药品、准药品、试剂的生产、销售。

（四）合作平台的重要建设地

依托海外"连云港人"资源，经过长期培育发展，伴随中国—东盟、中澳、中新、中韩等自贸协定的签署，连云港与其他14个RCEP成员国建立了良好的经贸合作关系，并不断深化拓展。近年来，先后组织举办连云港—日本经贸恳谈会、连云港—韩国经贸恳谈会、连云港—新加坡港航物流合作恳谈会等各类经贸、展会活动。

三、RCEP给自贸试验区建设发展带来全新机遇

自2019年8月设立以来，连云港片区立足沿海开放，聚焦国家部署的"三大功能定位"和"六大重点任务"，明确了33条190项工作举措，形成了创新实践案例57项，其中5项案例为全国首创，国家、省改革试点任务实施率达95%以上，企业数量近1万家，是获批前的8倍。RCEP构建了更加开放、自由、透明的经贸规则体系，与自贸试验区的使命任务、产业导向、运行模式是一致的，将助推连云港片区全面融入和服务国家自贸试验区战略，实现新一轮大发展。

（一）为完成使命任务注入了新的动能

自贸试验区肩负着"为国家试制度、为地方谋发展"的使命任务，是对外开放的"试验田"，要在开放环境下提前做好压力测试。依托RCEP的大规模优势，连云港片区有了更大试验区域，有效提升国际国内两个市场、两种资源的统筹利用能力，可以承担更多国家使命和战略任务，深化投资领域改革、推动贸易转型升级、加快金融领域开放创新，更好完成"亚欧重要国际交通枢纽、集聚优质要素的开放门户和'一带一路'共建国家（地区）交流合作平台"的建设任务。

（二）为发展新型业态拓展了空间舞台

RCEP 较多边贸易体制下，市场准入承诺更具灵活性，金融、电信等领域的开放水平得到显著提升，服务部门数量也大幅增加，围绕电子商务、数据流动、数字产权等新型业态，制定了共同规则，这些都为连云港片区探索发展跨境电商、海外仓集货分销、油气全产业链开放等新型业态，带来了广阔的国际市场，还能促进服务业生产要素高效合理集聚，进而激发制造业新型业态的发展活力。

（三）为探索经贸规则增创了先行优势

设立自贸试验区的初衷之一，就是对标国家与国家间的自由贸易协定（以下简称"FTA"），率先探索符合国际惯例、适应高水平开放的经贸规则。RCEP 涵盖议题十分全面，不仅有货物贸易、服务贸易、原产地规则、投资等传统议题，也有知识产权、数字贸易、数字货币、电子商务等现代化议题，顺应了知识经济、平台经济、数字经济的发展趋势与需要。以此连云港片区可以更好发挥制度创新优势，重点探索跨境电子支付、跨境数据流动、贸易投资自由等机制体制创新，为提高我国在全球经济治理中的制度性话语权，贡献"连云港经验"。

（四）为促进贸易便利提供了优良环境

RCEP 达成大规模的直接关税减免，采用原产地区域累计规则，取消非关税壁垒，形成了 15 个国家的统一大市场，营造了更为顺畅的流通环境，极大促进了区域自由贸易便利化。我国作为全球第一贸易大国、第二大消费市场，RCEP 将提升中国在全球价值链中的地位，增强中国产品在区域内的竞争力，有助于连云港片区释放贸易活力，调整产业布局，优化市场主体、产品结构和贸易方式。

四、RCEP 时代自贸试验区将面临新的挑战

RCEP 是一个国家间的超大自贸区，与特定区域的自贸试验区相比，目标是一脉相承的，都天生具备开放基因，为真正实现自由贸易而设立。今年 9 月 16 日，我国正式提出申请加入 CPTPP，意味中国开放的大门只会越开越大，但开放是一把"双刃剑"，RCEP 给自贸试验区带来诸多红利的同时，也会带来新的冲击。目前来看，RCEP 生效后，自贸试验区将面临新的竞争压力

与挑战。

(一) 部分制度红利不再

自贸试验区是新时代中国最前沿的开放阵地，最大的优势不在政策，而在制度，通过彰显制度优势，对照最高标准，大胆试、大胆闯、自主改，发挥全面深化改革和扩大开放试验田的作用。对比 RCEP 各类条款与国家赋予自贸试验区的权限，可以发现很多内容是类似或相同的，本来由自贸试验区独享的，现在区域内实现了共享，某种程度上削弱了自贸试验区的制度红利，降低了对企业、人才的吸引力。

(二) 少数产业承压较重

因市场准入放宽，RCEP 加速了成员国之间资本、人才、技术等生产要素的流动，优化资源配置的同时，也加剧了市场竞争。澳大利亚肉类、泰国稻米、马来西亚植物油料等农产品，日本、韩国的汽车、电子产品、化工品等大量拥入市场，对我国农业和制造业领域将产生不小冲击。自贸试验区重点发展的现代服务业，也将在国际、国内两个市场面临日本、韩国、澳大利亚的"双向挤压"。

(三) 招商引资难度加大

RCEP 实现了贸易自由便利，加之东盟各国的人力、土地、原料成本明显低于我国，安全、环保压力也相对偏小，对服装、纺织等劳动密集型产业有较强吸引力，将推动我国以返销为主的加工贸易逐步向内外兼顾的一般贸易转变。短时间内，不仅抢占了我国出口市场，还会导致劳动密集型企业和以国内市场为主的外资企业加快向东盟各国转移，这给自贸试验区招商引资尤其是外资引进带来了更多困难。

(四) 转型阵痛摆在眼前

RCEP 涉及面广、专业性强，包含了大量规则条款，很多内容要求较高，我国在大多数上已经符合 RCEP 要求，但少数如知识产权、政府采购、国有企业等条款的标准与我国现行规则还有不小差距。RCEP 即将生效，短时间内熟悉相关规则及程序比较困难，在更加开放的环境和更充分的竞争形势下，缺乏足够的缓冲期，自贸试验区在调整适应上会遭遇较大压力。

五、借力 RCEP 高标准建设江苏省自贸试验区的对策建议

RCEP 对自贸试验区既是新机遇也是新挑战，各地都处在同一起跑线，关键在于我们如何统筹考虑自身实际和 RCEP 特点，扬长避短、有效借力，以积极主动的作为，确保接得住、连得上、用得好，为完成省第十四次党代会提出的"高标准建设自贸试验区"目标任务贡献更多"RCEP 力量"。

（一）强化对 RCEP 的研究

结合省自贸试验区三个片区管委会，组建专家团队，针对 RCEP 规则、条款和标准开展专题研究，找准自贸试验区制度安排与 RCEP 标准差异，分析带来的机遇和挑战。借鉴山东、云南等地做法，设立 RCEP 研究中心，加强对 RCEP 成员国的国别研究，夯实决策咨询的智力支撑。尽快制定《江苏自贸试验区全面对接 RCEP 行动方案》，明确工作目标、突破方向、具体措施和责任清单。

（二）广泛开展压力测试

以建设 RCEP 先导区和测试厂为目标，结合省自贸试验区三个片区各自功能划分，广泛开展高水平开放压力测试。南京片区发挥与国家级江北新区"双区"叠加联动优势，巩固海外创新中心的窗口地位，持续增强科技创新"策源"功能，高标准建设全国首个法治园区，打造产融结合的"新金融中心"。苏州片区依托中新合作、开放创新和产业基础优势，积极创建国家生物医药、第三代半导体创新中心，打造全方位开放高地、国际化创新高地、高端化产业高地、现代化治理高地。连云港片区利用"一带一路"开放门户优势，加快陆海联运通道建设，打造亚欧国际重要交通枢纽，发展生物医药、数字经济、跨境电商等现代产业。

（三）深化货物贸易自由

系统研究《关税承诺表》，为来自或运往其他 RCEP 成员国的过境货物提供清关和临时准入便利。综合用好关税减免安排，扩大现有产品出口，挖掘招商引资潜能。以 RCEP 市场为导向，立足自身优势禀赋，加速省自贸试验区三个片区外贸转型升级，培育一批市场竞争力强的进出口产业。加大向上争取，争取南京片区综合保税区、苏州片区离岸转口贸易等载体早日获批。鼓励企业参加线上线下展会，拓展优质产品的出口规模和渠道，有选择扩大进口，满足消费升级需求。

（四）加快服务贸易便利

以 RCEP 成员国《服务具体承诺表》为指引，落实服务贸易领域的投资准入前国民待遇和负面清单管理制度要求，提升服务业开放层级。释放南京片区、苏州片区服务贸易创新发展试点红利，在开放、统计、监管上谋求突破，提高全球服务业先进要素集聚水平。支持各类市场主体在 RCEP 成员国共建创新平台，设立研发设计、科创中心平台。鼓励企业设立海外研发中心。瞄准日本、韩国等国家，积极招引海事服务、跨境结算、离岸金融等生产性服务业，深化医疗、教育、第三方服务等领域开放。

（五）对标电子商务规则

促进无纸化贸易、推广电子认证和电子签名、保护用户个人信息和在线消费者权益。拓展数据自由流动范围，就跨境信息传输、信息存储等与东盟国家开展试点合作。举办 RCEP 区域（江苏）进出口产品博览会，培育商品采购、产业技术、投资促进的高端合作平台。大力发展跨境电商新业态，支持三个片区零售出口税收、"9710""9610"等监管政策落地，推动好货入苏，探索"保税备货+现场体验+身份核验"网购保税进口新零售试点。抓住网红经济"风口"，打造 RCEP 区域直播中心，支持各类 MCN 机构和电商平台开展面向 RCEP 成员国的跨境电商直播带货活动。

（六）妥善应对负面风险

结合 RCEP 实施，帮助区内企业熟悉优惠政策和便利化规则，提升企业参与国际竞争能力。面向企业、商协会和公众，组织宣介培训，提升利用 RCEP 的意识和主动性。将 RCEP 国家作为贸易摩擦预警重点地区，强化信息收集、预测和预警，加强对区域内市场变化的风险预测和具体分析，及时发布重大风险预警，支持企业应对 RCEP 贸易救济调查案件，维护自身合法权益。制定进口冲击和贸易救济措施，关注劳动密集型产业面临的竞争压力，积极引导企业及时调整，提高产品附加值，优化产业链、供应链布局，提升竞争力，尽快度过转型阵痛。

作者张永华系连云港市政府副秘书长，吴迪系连云港市政府办综合二处处长，孟昶酉系连云港市政府办综合研究处副处长。本文获连云港市第十五届哲学社会科学优秀成果奖二等奖。

后 记

时代是思想之母，实践是理论之源。近年来，全市社科界始终坚持围绕中心、服务大局，解放思想、开拓创新，在全面推进中国式现代化连云港新实践的时代进程中积极述学立论、建言献策，全市重大社科理论和应用研究成果不断涌现，学术和学科体系建设蓬勃发展，社科组织和人才队伍建设稳步推进，社科普及和理论宣传更加深入人心，全市哲学社会科学事业持续繁荣发展，取得可喜成绩。

为全面总结和展示全市社会科学研究成果，深入挖掘全市社会科学实践经验，更好发挥研究成果的社会价值，连云港市哲学社会科学界联合会决定，从2015年起，每年将有代表性的社科理论研究成果编辑成册，名为《连云港社会科学》，公开出版，并从2023年起更名为《连云港理论前沿》。

此次结集出版的《连云港理论前沿（2023）》收集了连云港社科界获得江苏省第十七届哲学社会科学优秀成果奖和连云港市第十五届哲学社会科学优秀成果奖一二等奖的部分论文和决策咨询报告，内容按照政治学、法学、经济学管理学、社会学、教育学、文艺语言学、服务决策类共7个方面进行分类，以供广大社科工作者和关注关心社科研究的读者朋友学习参考。

在本书的编辑过程中，担任主编的市社科联党组书记、主席张国桥对编写体系、论文遴选、版式设计等进行了全面统筹；市社科联党组成员、副主席韩冠旗以及汪海波、王兰舟、陈宾宾等同志参与了征稿、编辑、校对等工作。

本书在征稿过程中，得到了各县区、高校社科联、市属各社科类社会组织以及众多社科专家的大力支持，在此深表谢意！

由于本书涉猎较广，加之编者时间仓促、水平有限，错误与疏漏之处在所难免，敬请读者批评指正。

编者
2023年7月